Principles of Society

主　　编：谭明方
执行主编：陈　薇
参与编写：（按姓氏音序排列）
　　　　　陈　薇　高　飞　郭俊霞　雷　茜　李　薇
　　　　　罗雪飞　谭明方　熊　波　徐　鹏　周冬霞

社会原理

谭明方 ◎ 主编

北京大学出版社
PEKING UNIVERSITY PRESS

图书在版编目(CIP)数据

社会原理/谭明方主编.—北京:北京大学出版社,2016.6
ISBN 978-7-301-27190-2

Ⅰ.①社… Ⅱ.①谭… Ⅲ.①社会学—高等学校—教材 Ⅳ.①C91

中国版本图书馆 CIP 数据核字(2016)第 121647 号

书　　　名	社会原理 Shehui Yuanli
著作责任者	谭明方　主编
责任编辑	武　岳　陈相宜
标准书号	ISBN 978-7-301-27190-2
出版发行	北京大学出版社
地　　　址	北京市海淀区成府路 205 号　100871
网　　　址	http://www.pup.cn
新浪微博	@北京大学出版社　@未名社科-北大图书
电子信箱	ss@pup.pku.edu.cn
电　　　话	邮购部 62752015　发行部 62750672　编辑部 62753121
印　刷　者	北京大学印刷厂
经　销　者	新华书店
	650 毫米×980 毫米　16 开本　30 印张　442 千字
	2016 年 6 月第 1 版　2017 年 10 月第 3 次印刷
定　　　价	59.00 元

未经许可,不得以任何方式复制或抄袭本书之部分或全部内容。
版权所有,侵权必究
举报电话: 010-62752024　电子信箱: fd@pup.pku.edu.cn
图书如有印装质量问题,请与出版部联系,电话: 010-62756370

目　录

第一章　"社会"概说 / 001

第一节　什么是社会 / 001
第二节　社会的构成要素与内容 / 009
第三节　社会的类型 / 036
第四节　社会的运行（一）：社会持续 / 047
第五节　社会的运行（二）：社会变迁 / 055

第二章　社会怎样塑造了我们 / 067

第一节　从生物人到社会人 / 067
第二节　文化怎样塑造我们 / 082
第三节　制度怎样塑造我们 / 096
第四节　社会化的成功与失败 / 105

第三章　我们如何建构社会 / 111

第一节　自我——人们如何认识自己 / 111
第二节　"自我"与行为——互动何以可能 / 127
第三节　互动与社会——我们如何建构社会 / 135

第四章　群体与组织 / 143

第一节　什么是群体 / 143
第二节　群体中人们的交往 / 151

第三节　什么是社会组织 / 170
　　　第四节　社会组织的构成与运转 / 181

第五章　社　区 / 194

　　　第一节　什么是社区 / 195
　　　第二节　社区的构成 / 203
　　　第三节　社区中的关系 / 209
　　　第四节　未来的社区 / 220

第六章　城市与乡村 / 228

　　　第一节　城市是什么 / 228
　　　第二节　城市的主体 / 241
　　　第三节　城市问题 / 249
　　　第四节　乡村是什么 / 257
　　　第五节　乡村社会关系和社会组织 / 264

第七章　国　家 / 274

　　　第一节　国家的定义、起源及其基本功能 / 274
　　　第二节　国家形式与国家机构 / 287
　　　第三节　国家运行机制、国家建设及其治理 / 298

第八章　全球化与我们的生活 / 310

　　　第一节　什么是全球化？ / 311
　　　第二节　全球化的特征解读 / 314
　　　第三节　全球化的发展样态 / 326

第九章　互联网与虚拟社会 / 343

　　　第一节　什么是虚拟社区 / 344
　　　第二节　我们与虚拟社会 / 349
　　　第三节　虚拟社会的管理与控制 / 362

第十章　人口、资源与生态环境 / 367

　　第一节　如何认识人口现象 / 367
　　第二节　人口如何影响我们的生活 / 381
　　第三节　资源与环境 / 398
　　第四节　资源、环境如何影响我们的生活 / 417

第十一章　认识社会的方法 / 427

　　第一节　社会调查 / 427
　　第二节　实地研究 / 446
　　第三节　文献研究 / 462

后　记 / 473

第一章 "社会"概说

【**本章提要**】**目的**是帮助同学们认识"社会"这个范畴；**内容**包括社会的"含义、特征、构成要素、内容"、社会的"类型"、社会的"持续"与"变迁"；**重点**是社会的"含义、构成要素、内容"；**难点**是对社会的"内容"和"类型"的理解。

第一节 什么是社会

一、"社会"称谓的由来

(一) 中国古代使用的"社""会"

1. 古代把什么叫作"社"

"社"有两类含义，一与祭祀土地有关；二与居住和生活有关。

在中国古代，"社"的本义指土地之神；使用中逐渐引申出祭祀土地的牌位、场所、活动、节日等含义。

《说文解字》中有"社，地主也，从示、土"①。在使用中，"社"也引申来指祭祀时设立的牌位。后来"社"也引申来指各种祭祀活动的场所，各种祭祀活动，还引申来指祭祀社神的节日，即社日。

在中国古代，祭祀是国家中的大事。上至君王，中至官府，下至百姓，一年中都有相应的祭祀。"社"便成为古代人们"因祭祀而聚在一起"的常用称谓。

---

① 〔东汉〕许慎：《说文解字》(卷二·示部)，中国戏剧出版社2010年版。

"社"的另一类含义指乡村中人们共同居住和生活的具体单位;后来也包括乡村中的基层管理单位。"社"的这类含义与民间的祭祀也有一定的关系。

自周朝起一直到明清,"社"是用来指若干户人家共同居住和生活在一地的基本单位,当然也就是他们共同进行祭祀的具体单位。

"社"也曾被赋予乡村自治的管理单位的含义。在元代,《元典章》"劝农立社事理"中规定:"诸县所属村疃,凡五十家立为一社……令社众推举年高通晓农事有兼丁者立为社长。如一村五十家以上,只为一社。增至百家者,另设社长一员。如不及五十家者,与附近村分相并为一社。如地远人稀不能相并者,斟酌各处地面,各村自为一社者听,或三四村五村并为一社。仍于酌中村内选立社长。"①

可见,"社"在中国古代的使用中,逐渐含有了民间同一地方的百姓"共同居住和生活、共同祭祀、维护公共生活秩序"的丰富含义。

2. "会"在古代指什么

中国古代,"会"字的本义指盖子,使用中逐渐引申为汇合、聚会,再后来用来指人们为了相同的目标、志向而建立起来的团体,体现了人以"群"分的情况。

与"社"侧重于人们"共同居住和生活"的含义相比较,"会"则侧重于人们"共同活动"的含义。一"社"之中可以再有"会",不同"社"中的人们也可以组成同一个"会",成为其成员。

从中国古代的情况看,"会"的组建可分为四种类型。第一类是在"社"的基础上因祭祀而组成的"会"。第二类是以信仰为纽带组成的"会"。第三类是按行业组成的"会",如"船会""商会"等。第四类是按照兴趣、爱好组建的"会",如历史上一些文人组建的"诗社""乐社""棋社""书社"等。

可见,在中国古代,"会"侧重指人们"共同活动"的含义。

(二) 英语中"society"的本来含义

英语中"society"一词产生于 16 世纪,源自拉丁语中"socius"一词,意思是"伙伴、结盟"。16 世纪中叶以后,society 开始用来表示"市

---

① 《元典章》(卷二十三"户部九·立社·劝农立社事理"),中国书店影印本 1990 年版。

民社会""契约社会"。因此,19世纪以后出版的英汉词典中,有的将"society"译为"会",也有的将"society"译为"民景"。

实际上,中国古代的"会"字,也主要是用来指民间的结社活动所形成的各种"组织、团体",即亦含有民众、国民之意。除此之外,19世纪,也有的翻译文献中将"society"一词用中文里的"群"字来对译。最著名的还是严复对"society"一词的翻译。从1895年起,严复将他翻译的英文著作和文章中的"society"一词几乎都译为"群"。严复1895年2月介绍达尔文的"物竞天择"观时说:"其始也,种与种争,及其成群成国,则群与群争,国与国争。而弱者当为强肉,愚者当为智役焉。"在1895年3月底的《原强修改稿》中,他写道:"一群之成其体用功能,无异于生物之一体,小大虽异,官治相准。知吾身之所生,则知群之所以立矣。"①严复这里使用的"群",对应的是西方社会思想中的"社会有机体"一词,即社会是由担负不同功能的人组成一个共同生活和活动的整体。他在翻译赫伯特·斯宾塞的《社会学研究》(*The Study of Sociology*)一书时,将"society"一词都译为"群",将"sociology""social science""science of sociology""the morphology and physiology of society""science of society"都译为"群学"。严复的"群"的概念,既可以指一个国家,也可以指一国之内一定地方不同人组成的各种生活共同体。

康有为、梁启超等人都有关于"群"的思想。但一般认为他们使用"群"的概念与严复使用"群"的概念不同。他们是强调国人要组织起来,民众要结成群,不能散。他们更多是强调"结盟、组织起来"的意思,突出的是"民间的、民众的"意涵。

但是,康有为、梁启超使用"群"的概念时,也包含有"人们组建起来的整体"的含义。

总体来看,将"society"译为"会""结社",使"society"保留了"伙伴、结盟"之意和"市民社会、契约社会"之意;而将"society"译为"群",则使其保留了"不同的人组成的有机整体"之意。这或许就是"社会"一词至今仍存在"广义""狭义"之分的原因。

(三)将"society"译为"社会"

日文中最早将"society"译为"社会"。留日的中国学者将"社会"

---

① 严复:《严复集》(第一册),王栻主编,中华书局1986年版,第15页。

一词带回中国,使"社会"这个词逐渐取代了中文里的"社""会""群"等词。

根据日本社会学家福武直的考证,在日本明治时代初期,"society"被译为日文"同事、交际、公司、世态"的含义。将"society"译为"同事、交际、公司",取的是其"伙伴、结盟"的义项,而将"society"译为"世态",取的则是其"人们组成的有机整体"的义项。这与中文里将"society"译为"会、结社"和译为"群"的差异是相似的。

日文中的"社会"一词被19世纪末期到日本考察的官员、留学的学者带回了中国。"社会"一词传入中国以后,既用来表示与"会、群"意涵相同的"民间组织、团体",也用来指"政党、国家、全天下"。

有学者用数据考证表明,1902年,国人使用"社会"一词的频数开始增加,且与"群"作同义词混用;1903年,"社会"一词的使用频数就明显比"群"多了;1904年,"群"已经有被"社会"一词取代的趋势。此后,使用"社会"一词的人越来越普及。"群"使用得越来越少,直至完全淡出。① "社会"成为国人表述各种形式的"人群"的常用范畴。

(四)马克思主义传入中国后"社会"一词的定义

20世纪初马克思主义传入中国,马克思主义历史唯物主义社会观对"社会"有了别样的定义。1926年,李达编写的《现代社会学》将"社会"一词定义为"人类间立于社会关系上之结合,谓之社会";社会由基础关系(即生产关系与生产力之间的关系)和上层建筑两部分构成。②

马克思主义对"社会"的定义与其他人对社会下的定义是有所不同的。马克思主义是从人们之所以会组成社会的"根本原因"和"本质内容"来对社会下定义;而其他的人大多是从社会的"组成形式"对社会下定义。

马克思主义认为,人们由于必须共同从事物质生产活动以满足物质需要而组成社会,因此,社会的本质内容是人们在物质生产活动中结成的生产关系与人们的物质生产力之间的关系。基于此种基础关

---

① 金观涛、刘青峰:《从"群"到"社会""社会主义"——中国近代公共领域变迁的思想史研究》,(台北)《近代史研究所集刊》2001年第35期。
② 李达:《现代社会学》,武汉大学出版社2007年版,第17页。

系的性质,人们结成了上层建筑领域中的其他关系。社会,就是基础关系加上层建筑领域中各种关系构成的全部关系的结合体。

其他的人大多是从社会的"组成形式"为社会下定义,如将社会定义为"公司、政党、国家"等组织、团体。

马克思主义的"社会"定义,使人们有了区分不同生产资料所有制条件下人类社会不同基本形态的客观标准。"社会"在这种语境下指的主要是"社会形态",即原始社会、奴隶社会、封建社会、资本主义社会、社会主义社会和共产主义社会。

(五)"社会"一词当前仍存在多种意涵

将"society"译为"社会"已经一百多年了。但"社会"一词指的究竟是什么,在当前仍有不同的看法。

据有的学者研究,"社会"一词,在当前使用中存在三种意涵。[①]

第一种是"大社会"的概念,将"社会"作为与"自然界"对应的人类生活的领域。如人类社会、社会科学等。它包括经济、政治、组织、文化等等。除"自然界"之外,都是"社会"。

第二种是"中社会"的概念,将"社会"作为除"经济"领域之外的人们的各种生活领域。如经济与社会发展等。它包括政治、文化、组织等等。

第三种是"小社会"的概念,将"社会"作为与"经济、政治、文化"对应的人们的活动领域。如经济、生态、政治、文化、社会五位一体协调发展;政府、企业、社会;权力、市场、社会等。

可见,"社会"一词的使用确实存在外延完全不同的理解的状况。这种状况下,不同外延的"社会"的内涵指的究竟是什么,也必然会扑朔迷离。

二、给"社会"下个定义

对于初步了解社会的知识而言,我们既有必要也有可能为"社会"下一个最基本的定义。必要性是便于我们在一个贯穿全书的定义下讲述"社会"的各方面内容;可能性是学界对"社会"一词的使用中尽

---

① 谢立中:《"社会建设"的含义与内容辨析》,《北京大学学报(哲社版)》2015年第2期,第98页。

管有不同的视角,但共同认可的基本内涵还是存在的。

（一）马克思主义"社会观"的启示

马克思主义社会观的基本内涵是,社会是以人们共同从事物质生产活动为基础的;围绕着物质生产活动,人们结成物质生产关系,以及与物质生产关系相应的社会关系、政治关系和意识关系;社会就是以这些关系为内容的关系的结合体。

社会中包含人们共同活动的两大领域。一是物质生产活动领域,与一定的生产力水平相适应,人们在其中结成一定的物质生产关系;它是社会的"经济基础"。二是政治活动、社会交往活动、意识活动的领域;人们受物质生产关系的制约在其中结成相应的政治关系、社会交往关系、精神文化关系;它们是社会的"上层建筑"。

马克思主义的社会观所揭示的是人类历史中各个社会形态中的基本结构、人们社会关系的本质以及社会关系运动发展的客观规律。

既然如此,我们在马克思主义社会观的指引下,可以对"社会"下一个能涵盖其主要内容和形式的定义。

（二）为"社会"下的定义

社会,指两个及两个以上的人在一定时空中持续共同生活或共同活动所形成的各种关系的结合体。简单地说,社会就是人们社会关系的结合体。

这个定义中的几个核心范畴需要作些解释。

（1）两个及两个以上的人。"一个人"不能称之为社会。社会至少是由两个人组成的。"人们"是一个哲学层次的范畴。而在具体社会科学中,通常称"行动者、行为主体"。行动者或行为主体,可以区分为四种具体形式,包括个人、群体、组织、阶级或阶层。也就是说,社会既可以由两个及两个以上的"个人"作为行动主体组成,也可以是由两种及以上的"群体"作为行动主体组成,也可以是由两种及以上的"组织"作为行动主体组成;同样,也可以是由两种及以上的"阶级或阶层"作为行动主体组成。

两个及以上的人,有可能存在"阶级"关系,也可能是同一阶级成员在其他社会形式如"家庭"中、"社区"中、"学校"中的关系。

（2）在一定时空中。社会,都是在一定时期、一定地域中存在的,都是人们具体的关系结合体。当我们说到一定的社会的状况时,它要么是当前一定时空中的状况,要么是过去一定时空中的状况,要么是未来一定时空中的可能出现的状况。总之,不存在没有时空限定的社会。

（3）持续共同生活或共同活动。社会是人们为满足各自的需要而共同生活和活动所形成的。人们共同从事任何满足需要的活动,都会形成相应的关系结合体。这里的"共同生活和活动"既包括人们共同从事的物质生产活动,也包括从事与政治有关的活动、日常交往活动和道德精神活动。人们不仅仅为满足"生存的需要"共同从事"物质生产活动"而形成社会,人们为满足其他需要而共同生活和共同从事其他活动也会形成相应的社会。不存在没有任何共同生活和活动、不能满足人们的任何需要的社会。关于人有哪些需要,人们会共同从事哪些活动,会形成哪些类型的社会,将在本章第二节中具体介绍。

持续共同生活或共同活动,强调的是人们之间特定的共同生活和活动是"持续着的",而不是短暂存在的。

（4）关系的结合体。将"社会"界定为关系的结合体,强调的是社会都是现实的、具体的,都包含有形的边界和无形的特定内容。所谓"有形的边界",强调的是哪些人组成的关系、什么时候在哪里组成关系;所谓"无形的特定内容",强调的是他们之间关系的特定组成方式,如其中的利益关系、谁支配谁被支配、规则是怎样的、文化价值理念是什么等等。这很像英语中表达"家庭"的含义时,"family""house"表达的是有形的边界,而"home"表达的是无形的内容。当我们说社会这种关系结合体时,既包含它有形的边界的内容,也包含它无形的关系的内容。

因此,上述对"社会"下的定义,可以涵盖社会的各种具体组成方式、具体内容和具体形式。本书对"社会"一词的使用,始终是沿着这个定义的内涵展开的。

三、社会有什么特征

社会的特征,是相对于动物世界中各种动物之间的关系（模式）而言的。动物的群体关系,是通过遗传行为方式而持续存在的;其行为方式是在适应生态环境的过程中逐步进化形成的。生态环境不发生重大变化时,动物世界中的关系是不会发生变化的。

(一)社会是以一定的共同生活或共同活动为基础的

人们为了满足一定需要而共同生活或共同从事某种活动,才结成相应的各种关系,因而才形成了相应的关系共同体,即"社会"。

人们既可能因为共同从事物质生产活动而形成一定的社会,也可能因为共同从事某种非物质生产活动而形成一定的社会。如,学校、兴趣和娱乐团体、组织等。

(二)社会是人们创造的以语言为媒介通过"符号意义"建构起来的关系的结合体

人类没有遗传的社会行为方式。人类是通过创造语言,运用语言媒介,使用"有意义的符号"进行交往的。

人类不仅仅是在满足物质需要的"劳动"过程中创造语言,也在满足其他需要的共同活动和生活过程中创造语言。因此,以语言为媒介的"有意义的符号"体系,是人们共同活动和生活中所必需的关于"技能""利益""审美""规范、制度"和"宗教、道德、正义观"等内容,即我们所谓的"文化"。

社会就是人们运用和逐步创新语言符号中的"意义"进行交往和持续发展的。人们是通过运用"符号"习得社会行为的方式,使相互关系得以持续;通过创新更适合共同生活和活动的社会行为方式而不断发展的。

(三)社会中存在的"不平等"是社会现象而不是自然现象

社会中存在着人们之间的"地位分化"和"不平等"现象。但人类社会中的"地位分化"和"不平等"与动物世界中的"不平等"现象不同。社会中的"不平等"不是自然现象,而是社会现象。

动物世界的不同物种之间、同一种动物群体的内部,都存在着地位的分化和不平等的情况。这是动物世界中不同动物物种在适应自然环境的过程中通过遗传的行为习性造成的自然现象。因此,动物世界中不会出现因"过度的不平等"而引发的冲突。

而人们组成的社会则不同。人类特有的"反思性、能动性"和创新符号内容的能力,使人们对于因处于相对优势地位的人们的行为导致的与相对弱势地位的人们的关系中"过度不平等"的状况做出反思并能动地采取行动,抑制和阻止"过度的"不平等进一步扩大,促使社会关系恢复到可以容忍的差异程度之内,或者共同认为"好"的程度之内。

（四）社会是人们通过不断完善"符号的内容和意义"而得以发展进步的

人们不仅习得经过长期实践被证明为"适合的"技能、审美、规范、制度和道德、正义观等的内容,而且人们还会不断完善那些在新的生活实践中被认为"不适当的"内容,创造更适合人们共同生活和活动的技能、审美、规范、制度和道德、正义观等的内容,使社会更好地持续发展。

第二节　社会的构成要素与内容

社会的内容,是一定的社会中人们结成的关系的状况。认识、分析和评价一个社会,就是围绕其中人们结成的关系的状况来展开的。

那么,一定的社会中,人们结成了哪些关系呢？人们为什么会结成这些关系呢？人们结成的不同的关系对社会的运行和发展起什么作用呢？

马克思曾经说:"生产关系总和起来就构成所谓社会关系,构成所谓社会。"[1]需要进一步思考的是,生产关系与其他哪些关系总和起来构成了全部社会关系的内容呢？或者说,一定的社会,通常是由哪些关系构成的呢？

一、人的基本需要与人们结成的关系

社会由哪些要素构成,与人们满足基本需要有内在联系。人们正是为了满足特定的基本需要才共同从事相应的活动、结成相应的关系。

---

[1]《马克思恩格斯全集》(第46卷上册),人民出版社1979年版。

(一) 人的基本需要与人们的共同活动

1. 人的基本需要

美国心理学家马斯洛（A. H. Maslow）在他的《动机与人格》一书中将人的基本需要划分为五个内容，并且看作是由低到高五个层次的需要。这就是著名的"马斯洛需要层次理论"。马斯洛提出的五种基本需要分别是：生理需要、安全需要、归属和爱的需要、自尊需要和自我实现的需要。并且，马斯洛认为这五种基本需要是由低到高依次出现的，即人的低层次需要得到满足之后才会出现高一层次的需要。

马斯洛（1908—1970），美国社会心理学家，人格理论家，人本主义心理学的主要发起者。他对人的动机持整体的看法，其动机理论被称为"需要层次理论"。

图1.1 马斯洛的需要层次理论

生理需要，指人对于食物的需要或解决饥饿的需要。广义上指对于生存性物质的需要。马斯洛认为，人的所有需要都没有得到满足的情况下，生理需要会成为主宰人的行为的最基本的需要。①

安全需要，马斯洛也叫它为安全类型的需要，内容包括"安全、稳定、依赖、保护、免受恐吓、焦躁和混乱的折磨、对体制的需要、对秩序的需要、对法律的需要、对界限的需要以及对保护者实力的要求"。马

---

① 亚伯拉罕·马斯洛：《动机与人格》（第三版），许金声等译，中国人民大学出版社2007年版，第19—20页。

斯洛指出,在人的生理需要得到满足的情形下,安全便会成为人最基本的需要。①

归属和爱的需要,其中归属的需要指人的结群、加入集体、有所归属的需要;爱的需要指感情的付出和接受感情的需要。归属和爱的需要,本质上都是消除孤独的需要。"如果这不能得到满足,个人会空前强烈地感到缺乏朋友、心爱的人、配偶和孩子。这样的一个人会渴望同人们建立一种关系,渴望在他的团体和家庭中有一个位置,他将为达到这个目的而作出努力。"②

自尊需要,指人有自我尊重和对来自他人的尊重的需要。这是一种对自己的稳定的、牢固不变的,通常较高的评价的需要和欲望。自尊需要的满足导致一种自信的感情,使人觉得自己在这个世界上有价值、有力量、有能力、有位置、有用处和必不可少。③

自我实现的需要,指人有从事自己所适合干的事情的需要。马斯洛认为,一个人只有正在从事着他所适合干的事情,他才会安静下来。否则,新的不满足和不安又将迅速地发展起来。"一位作曲家必须作曲,一位画家必须绘画,一位诗人必须写诗,否则,他始终都无法安静。一个人能够成为什么,他就必须成为什么,他必须忠实于他自己的本性。"一个人只有从事他自己所适合干的事情,他才会认为是最有价值的事情。④

马斯洛指出的五种基本需要中,"归属和爱的需要"本质上是人消除孤独的需要。在心理学研究中将其独立出来,有必要性。而在对社会的研究中,交往是必然前提。人在交往关系中是否受到他人的尊重,才是交往关系的实质内容。因此,我们可以将"归属和爱的需要"与"自尊需要"合并,称之为"归属与自尊需要"。

据此,我们将人的基本需要归结为四种基本需要,即生存需要、安全需要、归属与自尊需要和自我实现的需要。

---

① 亚伯拉罕·马斯洛:《动机与人格》(第三版),第19—20页。
② 同上书,第21—22页。
③ 同上书,第27—28页。
④ 同上书,第29页。

2. 人们为满足四种基本需要所从事的四种活动

在社会生活中,人们的活动与人们满足基本需要是内在关联的。

人们满足"生理需要"所从事的活动,就是生产和消费活动,即"经济活动"。

经济活动是人们从事的最基本的活动。人们从事的全部生产和消费活动的领域,就是我们常说的"经济领域"。

人们满足"安全需要"所从事的活动,就是"政治活动"。

生命和财产是人们安全需要中最核心的内容。对人们的生命和财产可能造成威胁的主要因素是"权力可以被滥用"的制度。因为,这样的情况下,不拥有权力又不能制约权力的广大民众的财产甚至生命,必然是不安全的。因此,限制并规范权力的运用,使权力的运用具有确定性,是人们满足安全需要的主要内容。马斯洛说人们"一般更喜欢一个安全、可以预料、有组织、有秩序、有法律的世界。这个世界是他可以依赖的。""安全、顺利运转、稳定、健全的社会通常都会使自己的成员感到不受野兽、严寒酷暑、非法攻击、谋杀、动乱、暴政等的威胁。"①

人们为满足安全需要,针对权力的限制和规范所从事的立法、行政、司法等活动的范围,就是广义上的"政治领域"。

人们满足"归属与自尊需要"所从事的活动,属于日常生活中的"社会交往活动"。

人们除从事经济、政治活动外,还会从事满足归属与自尊需要的活动。人们会为使自己在群体、组织、社区中被其他的人所认同,受到尊重,享有与其他人一样的获取各种公共资源的权利和义务而展开社会交往活动。这类公共资源包括教育、医疗卫生、就业、最低生活保障、迁徙、空间、住房保障、公共安全、生态环境、养老保障等方面的资源。人们在这些方面拥有的权利义务的平等状况,表明人们作为社会中的成员被其他人所认同和尊重的程度;人们越是公正平等地拥有获取公共资源的权利和义务,就越会有社会归属感,就越会感到自己是受尊重的。

人们为争取和改善在上述各方面享有公正平等的权利义务的活

---

① 亚伯拉罕·马斯洛:《动机与人格》(第三版),第24页。

动的领域,属于"社会交往领域"。

人们满足"自我实现的需要"所从事的活动,属于"精神文化活动"。

不同的人认为适合他自己干的事情,通常是不会完全相同的。因而不同的人对于做什么事情对他自己才是最适合的、最有价值的,看法也不会完全一致。然而,在共同活动和生活中,不同的人必须对"共同活动的终极目的是什么""为了谁才是最值得的、最有价值的""如何对待其他人认为最适合做、最有价值的事情"等问题,形成基本一致的理念,即一定的社会价值观。一定社会中不同的人围绕上述问题的回答所展开的活动,属于一定社会中的"精神文化活动"。

(二)人们在四类活动中结成的"社会关系"

马克思说:"人的本质不是单个人所固有的抽象物,在其现实性上,它是一切社会关系的总和。"①那么,马克思所说的"一切社会关系"究竟包括哪些关系呢?

我们来看看人们为满足四种基本需要而共同从事的四种活动中结成了哪些相应的关系。

1. 经济关系:人们在物质生产活动(经济活动)中结成的社会关系

物质生产活动,是人们为满足自身物质需要,运用各自拥有的"资本"投入经济活动的相关环节,通过交换,取得经济收益,达到满足物质需要的目的的活动。人们在其中结成的关系,属于经济关系。

如企业主主要拥有"物质资本",企业工人主要拥有"人力资本",企业科技人员主要拥有"文化资本",企业管理人员主要拥有"社会资本"等。这些类型的资本是现代物质生产活动所不可缺少的资本形态。

物质生产活动的过程,是这些形态的资本之间发生交换并获得各自报酬的过程。各类形态的资本通过企业主和企业员工的体力劳动付出和脑力劳动付出投入到物质生产活动的全过程中,然后从生产出的"产品"所形成的收益中获得应当的报酬,从而实现各自的消费,满

---

① 马克思:《关于费尔巴哈的提纲》,《马克思恩格斯选集》(第一卷),人民出版社2012年版,第139页。

足各自的物质需求。

在这些资本形态之间的交换所构成的经济关系中,马克思主义认为生产资料(即物质资本)归谁所有,谁主导生产活动,产品如何分配是关系的本质内容。因为,物质资本是形成经济活动的基础和平台,人力资本、文化资本和社会资本,都只有与物质资本结合在一起,才可能形成现实的经济活动,才有现实的经济关系。因此可以说,生产资料的所有权状况,决定着所形成的经济关系的"互惠性"状况。

2. 政治关系:人们在政治活动中结成的社会关系

所谓政治关系,从广义上讲,就是社会中共同生活和活动的人之间,谁统治、谁被统治的关系,或者谁支配、谁服从的关系。从狭义上讲,就是一个国家中的各阶级之间,谁是统治阶级,谁是被统治阶级的阶级关系。

政治关系,本质上是人们为满足自己财产、生命安全的需要,在针对"权力如何运行"所展开的活动中结成的关系。

从内容上看,政治关系是人们围绕确立"共同活动中的目标、手段、评价目标达成结果的标准"等内容结成的支配—服从关系,或统治—被统治关系。

马克思主义认为,"一定社会中的政治关系(政治结构)是由该社会中的经济活动的方式所决定的"[①]。也就是说,政治关系,是物质生产资料的所有者阶级为了维持他们在经济活动中的主导者地位和物质利益,建立暴力机构和强制性制度而形成的。统治者或支配者通过这样的暴力机构和强制性制度,控制着为社会确立"目标、手段、评价目标达成结果的标准"的活动过程和内容。

政治关系,一般被区分为"专制的""民主的"两种基本类型。一定的社会中,如果统治阶级完全控制了为社会确立目标、手段和评价结果的标准的过程和内容,被统治阶级没有资格或权利,或实际上不可能真正参与,那么,政治关系就是"专制的";如果被统治阶级可以通过法定权利和程序真实参与为社会确立目标、手段和评价结果的标准的活动过程,他们的诉求和意愿被充分体现在社会发展的目标和评价

[①] 马克思、恩格斯:《德意志意识形态(节选)》,《马克思恩格斯选集》(第一卷),人民出版社2012年版,第71页。

结果的标准的内容中,这样的政治关系属于"民主的"。专制的政治关系中,各阶级成员对为社会如何发展所确立目标、手段和评价目标达成结果的标准是缺乏共识的。而民主的政治关系中,各阶级成员对于为社会如何发展所确立目标、手段和评价目标达成结果的标准,会具有较高的共识。

可以认为,一定社会中"政治关系"的状况,决定了各阶级成员对于为社会如何发展所确立目标、手段和评价目标达成结果的标准方面的"共识性"状况。这种"共识性"程度越高,表明社会中各阶级成员的财产和生命安全的需要都能够得到较好满足。反之,则表明被统治阶级的财产和生命安全的需要难以得到较好满足。

3. 社会(交往)关系:人们在日常社会(交往)活动中结成的社会关系

人们交往和尊重需要的满足状况,是由人们从社会中获取到的教育、医疗卫生、就业、最低生活保障、迁徙、空间、住房保障、公共安全、生态环境、养老保障等公共资源的状况来体现的。

正是围绕着获取上述(社会性)公共资源,一定社会中不同阶级、阶层的人之间必然会形成一定的权利—义务关系。即,或者是不同阶级、阶层的人拥有法定权利能够比较均等地获取到这些公共资源的关系,或者是不同阶级、阶层的人缺乏法定权利而使得在获取这些公共资源方面存在明显缺乏均等性的阶级、阶层关系。

一定的社会中,不同阶级、阶层的人如果能够较为均等地获取到各种(社会性)公共资源,那么,表明他们真实地享有较为公正平等的权利和义务。他们(特别是其中被统治阶级阶层的成员)的交往和尊重需要满足的情况越好。

4. 精神文化关系:人们在精神文化活动中结成的社会关系

由于一定社会中不同的人对于做什么事情对他自己是"最适合做的、最有价值的",看法并不一样。因此,不同(阶级、阶层)的人都希望主张自己认为最适合做的和最有价值的事情作为"社会价值观"的内容。

不同的人正是在围绕"共同活动的终极目的是什么""为了谁才是最值得的、最有价值的""如何对待其他人认为最适合做、最有价值的事情"等问题做出回答的过程中,形成了他们的"精神文化关系"。

一定的社会中所主张的社会价值观越是涵盖不同的人(阶级、阶层)各自认为最适合做的、最有价值的内容,这种社会价值观的"共享性"就越高,也就越具有精神凝聚力。反之,所主张的社会价值观如果只是统治阶级认为最适合做的、最有价值的内容,而较少涵盖被统治阶级、阶层的人们认为最适合做的、最有价值的内容,其"共享性"就会较低。这样的社会价值观的精神凝聚力也会较低。

需要层次	活动	社会关系
满足自我实现的需要	精神文化活动	精神文化关系
满足归属与自尊需要	社会交往活动	社会交往关系
满足安全需要	政治活动	政治关系
满足生存需要	经济活动	经济关系

图1.2 人们从事的活动与结成的相应的社会关系

可以认为,马克思在揭示人的本质时所说的决定着人的本质的"一切社会关系",主要是人们在四种活动中结成的上述四种关系。任何现实的具体社会中,人们之间的社会关系,都可以看作是由这四方面基本关系构成的。

二、社会的构成要素

"人口"和"自然环境"是一定社会存在的前提。社会作为不同的人之间关系的结合体,其中的构成要素就是"经济""政治""社会(交往)""精神文化"四个内容。它们分别担负着满足社会这种关系结合体不同需要的特定功能。

社会(作为不同人之间关系的结合体)本身不可能有所谓的需要。如果说社会本身有需要,那谁是需要的主体呢?因此,所谓社会的需要,实质上不过是人们在共同活动和生活中所形成的关于保持整体性或集体性不遭到破坏的"必备条件"的需要。一旦这样的必备条件不存在,社会中不同的人之间的关系就会出现矛盾,不同的人的社会行为之间就会发生冲突,社会的运行就会出现问题。

因此,社会的运行状况,首先取决于社会中四个构成要素各自担负功能的状况。其次取决于四个构成要素所担负的功能之间相互关联的状况。

(一) 社会中四个构成要素担负的功能

1."经济活动"担负的功能

经济活动对社会担负的功能,是使社会中不同的人所从事的物质生产活动既适应自然环境条件又在物质利益关系上相互适应。

我们知道,一定的人口和自然环境条件,是一定的社会可能存在的前提。因此,适应特定的自然环境条件,生产和创造出物质产品和财富,满足一定人口的物质生活需要,就成为一定的社会中人们从事经济活动的基本内容。

这样的经济活动对一定的社会来说,担负的是什么功能呢?美国社会学家塔尔科特·帕森斯认为经济活动担负的是"适应功能"。[①] 这里的"适应"包括两方面的含义。一是适应外部自然环境条件。二是经济活动中财富在各种经济主体之间形成分配时的适应性。

经济活动担负"适应外部自然环境"的功能,意味着经济活动必须具有较好的"可持续性"。一定社会中的经济活动在获取自然资源从事物质生产、创造物质财富的过程中,不能破坏自然环境的生态系统规律,而只能适应这种规律。

经济活动担负"财富在经济主体之间分配的适应"的功能,意味着经济活动具有较强的"互惠性"。一定社会中的经济活动,不能造成财富主要被少数经济主体攫取,而是各种经济主体都能通过资本投入获取到适当的经济收益。

一定社会中的经济活动,通过上述的"可持续性"和"互惠性",担负着社会必须具备的能满足全体成员物质生活需要的条件的功能。

2."政治活动"担负的功能

政治活动对社会担负的功能,是为社会中不同人的共同生活和活动"确立目标、手段、评价结果的标准"。

提到政治,往往使人想到利益集团及其政党与其他利益集团及其政党之间角逐国家或地方的统治权力,想到相关的选举等活动。但是,各种利益集团及其政党为什么要进行这样的活动呢?实质上,他们不过是在争取各自为社会发展确定目标、手段和评价标准的"权

---

① Talcott Parsons, *The Social System*, Routledge, 1991, pp. 45-46.

力"。也就是说,政治活动,就是角逐"做决定的权力"的活动。

那么,政治活动对一定的社会担负什么功能呢?政治活动所担负的功能,就是为一定社会中人们的共同生活和活动"设定目标,确立手段,制定目标达成结果的评价标准"。正因为如此,帕森斯将政治对社会所担负的功能称为"目标功能"。

适当的目标,恰当的手段,有价值的评价标准,是一定社会中不同的人在"内心情感上达成相互认同"所必须具备的条件。一定的社会中,不同的人在其中共同生活、共同活动,但是,他们的动机和价值取向是各式各样的。通过设立适当的社会发展目标来体现不同人的动机,通过确立恰当的手段来体现不同的人实现各自动机的方法,通过制定有价值的评价标准来体现不同的人对结果的价值取向,才可能使不同的人在内心情感上共同认可和接受这样的目标、手段和评价标准。正是在这种意义上,政治要素也被称为"人格"要素。

政治活动为社会所确立的目标、手段和评价结果的标准,既可能是一定的社会中统治者少数人独断专行、主观臆断的结果,也可能是社会中不同阶级、阶层的人广泛参与、真诚沟通所达成的结果。

3."社会(交往)活动"担负的功能

社会(交往)活动对社会担负的功能,是整合社会中不同(阶级、阶层)的人的社会行为。

一定的社会中,不同的人之间社会行为的整合状况,是通过他们日常生活中真实社会行为所能够获取到的各种(社会性)公共资源的状况来体现的。通过日常生活中的行为实际获取各种(社会性)公共资源的状况,不同(阶级、阶层)的人会知道自己真实拥有的权利与其他人的权利比较是否平等,会感受到自己在社会中是否受人们尊重。

在按照一定的目标,使用一定的手段,达成一定的结果的过程中,社会中不同阶级、阶层的人在获取教育、医疗卫生、就业、最低生活保障、迁徙、空间、住房保障、公共安全、生态环境、养老保障等公共资源方面如果比较均等,那么,表明不同的人享有较为公正平等的权利,不同的人都会感受到自己是受到社会尊重的。反之,如果不同阶级、阶层的人在获取上述(社会性)公共资源方面存在过度不均等的状况,表明其中获取到资源较少的阶级、阶层的人缺乏必要的权利,相应地,他们会感受到自己是不受社会尊重的。

一定的社会中,那些认识到自己缺乏与他人平等的权利,感受到自己不受社会尊重的人,会期待这样的不平等状况改变。他们或者抱怨这样的不平等权利,或者会以某种越轨行为甚至违法行为发泄自己对现状的不满。这时,社会中不同的人的社会行为之间就是缺乏整合性的。

社会(交往)活动对社会所担负的"整合人们的社会行为"的功能,可能因为矛盾被发现且被重视,社会冲突行为被消除,而担负了积极的功能;也可能因为矛盾不受关注而积累下来,社会冲突行为被压制,而没有担负积极的功能。

4."精神文化活动"担负的功能

精神文化活动对社会担负的功能,是维护社会中不同(阶级、阶层)的人之间社会关系的基本道德价值模式。

通过精神文化活动所形成的一定的社会价值观,是对于社会的道德正义性的价值主张。它通过凝聚一定社会中各种(阶级、阶层的)人的社会正义观、道德观,起到维护人们社会关系基本模式的作用。

人们的社会价值观对他们的社会行为方式具有极大的制约性。当一定的社会中不同(阶级、阶层)的人都基本认同社会中所主张的社会价值观时,人们的精神世界就凝聚起来了。这样的社会价值观透过人们的社会行为方式,使人们的社会关系模式得以持续。当然,当一定的社会中不同(阶级、阶层)的人缺乏相互认同的社会价值观时,他们的精神世界就没有凝聚起来。这种情形中,不同的社会价值理念透过不同(阶级、阶层)的人各自的社会行为,使社会关系出现不协调不稳定的状态。

一定社会中的精神文化活动,是担负维护社会关系模式的作用的。但它是否担负好了其功能,取决于一定社会中所主张的社会价值观是否被不同(阶级、阶层)的人认可为是正义的、道德的,是值得他们遵从和追求的。

因此,一定社会中的精神文化活动所担负的功能,可能是起到了凝聚人们的精神世界的作用,产生了积极的功能,也可能模糊甚至搞乱了人们的精神世界,产生着负功能。

(二)四个构成要素的内容和评价标准

任何一个社会中都有经济活动、政治活动、社会(交往)活动和精神文化活动这四个要素。我们已经知道,这四个要素是源于人们为满足四种基本需要而从事相应的活动形成的。因此,四个要素的性质和内容是各不相同的,评价标准自然也是不同的。

1. 经济活动

经济活动是人们为了满足物质需要所从事的物质生产活动。自然经济条件下,以农业为主的经济活动的本质是"自给自足"。商品经济出现以后,以手工业特别是以工商业为主的经济活动主要受市场所支配。市场经济条件下,经济活动的本质是"最大化盈利"或"收益最大化"。

市场经济活动是由不同的经济主体理性、自主的经济行动展开的。市场这只"无形之手"使得不同的经济主体之间自发地通过竞争使自己的经济投入形成一定的经济回报的状态。所有的经济主体都希望自己的经济投入所形成的经济回报尽可能"最大化",并且将"收益最大化"作为自己经济行为的价值取向。因此可以说,经济活动是经济主体以获利为目的,以收益最大化为价值取向的活动。

在市场"无形之手"自发作用下的经济活动,必然会造成不同经济主体之间收益的"两极分化",也必然会造成自然环境的生态系统被破坏。以"营利"为目的,以"收益最大化"为价值取向的经济活动中,只要有预期可观的经济收益,就必定会引发人们的经济投入,经济主体既不会考虑被自己打败的竞争对手是否会穷困潦倒,失去做人的尊严,也不会考虑自然环境是否被他们的经济行为所破坏。这样的经济活动必然导致社会中的经济主体都只顾追逐自己的"收益最大化",而不顾他人"有无立锥之地",使得社会出现贫富"两极分化"。另外,这样的经济活动也必然导致经济主体在追逐"收益最大化"的过程中不惜损害自然环境,使得自然环境的生态系统遭受破坏。马克思和恩格斯当年就已经深刻地描述了资本主义早期的市场经济的这种样态。

市场自发性驱动的经济活动,是不可能自动内生出为社会担负"经济收益互惠"和"适应自然环境"功能的积极因素的。社会中财富的"两极分化",必然造成社会的严重不平等,必然带来社会冲突;自然环境的生态系统被破坏,必然造成经济的"不可持续"。但是,消除财富的"两极分化"和消除经济活动对自然环境造成破坏的机制却不可能从这样的经济活动中自动内生出来。人们常说市场经济是"规范经济",是"法制经济",但这些规范和法律却不是经济活动中自动内生的。

能够为社会担负"适应自然环境"和"经济利益互惠"功能的经济活动是怎样的呢？一定的社会中,没有不断发展的经济活动,就不可能满足人们不断增长的物质需要。社会所需要的经济活动,是能够为自身的可持续发展而保持着与自然环境生态系统相互适应的经济;是能够为自身的不断发展而保持着使各种经济主体都是经济活动的受惠者,都有将各自的资本不断投入到经济活动中去的内在活力的经济。这是作为社会的一个构成要素的经济活动所应有的内容。

因此,对一定的社会中的经济活动进行评价时,评价标准不是它的"GDP总量及其增速",而是它"与自然环境的适应性"以及它给各种经济主体带来的"收益的互惠性"。

2. 政治活动

一定的社会中,没有政治活动,人们就不可能为共同生活和活动确立目标、手段和评价结果的标准。但是,权力不受约束的政治活动,却不可能形成不同(阶级、阶层)的人公认为"适当的"目标、手段和评价结果的标准。人们的安全需要也就不可能得到满足。

政治活动的本质,就是"统治或支配其他人,使其他人服从"。政治活动是一定的社会中人们角逐"做决定的权力"的活动。维护一定阶级、阶层的利益是政治活动最基本的驱动力。一定的社会中,不同(阶级、阶层)的人都希望他们自己的利益是有保障的。因此他们都希望自己的动机和价值取向能够成为社会的目标和价值取向。这样一来,不同(阶级、阶层)的人之间必然会竭尽全力角逐权力,以便将他们(阶级、阶层)的动机和价值取向转化为社会的目标和价值取向(或者体现在社会的目标和价值取向之中)。谁在这种角逐中胜出,谁就拥有了为社会的发展和转变确立目标、手段和评价标准的权力,从而也就拥有了能够支配其他(阶级、阶层)的人行为的权力。其(阶级、阶层)的利益也就有了保障。正如马克思主义所揭示的,一定的政治关系是建立在以一定的方式进行的经济活动基础上的。[1] 因此,"统治

---

[1] 马克思、恩格斯:《德意志意识形态(节选)》,《马克思恩格斯选集》(第一卷),人民出版社2012年版,第71页。

或支配他人,使他人服从"是政治活动的本质。政治活动的上述本质,使得它不可能自动地内生出促进一定社会中各阶级、阶层之间整合的机制。

政治活动是通过统治者或支配者获得"权力合法性"来实施对其他(阶级、阶层)的人的统治或支配的。德国社会学家马克斯·韦伯指出,权力的"合法性"产生于以下三种情形:一是被统治者或被支配者相信统治者或支配者所确立的目标、手段和评价结果的标准必定是正确的,因为他们崇拜统治者或支配者的超凡能力;二是被统治或被支配的(阶级、阶层的)人认为统治者或支配者所确立的目标、手段和评价结果的标准是"有效的、合理的",因为他们的确从中获得了预期的收益或物质利益;三是被统治者或被支配者认为统治者或支配者所确立的目标、手段和评价结果的标准是与过去被长久以来的历史事实证明了正确及有效的目标、手段和评价结果的标准完全相符的,因为他们对过去的生活境况是接受的。① 根据韦伯从统治的动机和价值取向来划分统治类型的做法,还可以有第四种情形,就是被统治者或被支配者认为统治者或支配者所确立的目标、手段和评价结果的标准是具有正义性的,因为他们认为那是合乎公认的社会道德价值观的。另外,德国社会学家尤尔根·哈贝马斯指出,在社会交往中,确认交往中的对方对自己"是否真诚"、所说的内容"是否真实",是比确认对方"能为自己带来多大的好处"(即经济理性)更为基本的理性。他称之为"沟通理性"。② 也就是说,被统治者或被支配者认为统治者或支配者所确立的目标、手段和评价结果的标准的确是真诚地关注和重视了他们的利益,那么,权力就具有"合法性"。

统治者或支配者会从哪里寻求权力的"合法性",取决于他们感到的来自经济、社会(交往)或精神文化方面的对于其根本利益和统治权、支配权的压力。

作为社会的一个构成要素,政治活动担负的是为社会确立目标、手段和评价结果的标准的功能。其状况如何,一是取决于拥有权力的

---

① 马克斯·韦伯:《经济与社会》(上卷),商务印书馆1997年版,第241页。
② 哈贝马斯:《交往行动理论》(第二卷),洪佩郁、蔺青译,重庆出版社1994年版,第193—194页。

人(统治阶级、阶层的领袖)"真诚"关注其他(阶级、阶层)人的动机和价值取向的状况;二是取决于统治者或支配者主导下确立的目标、手段和评价结果的标准,被其他(阶级、阶层)的人"共同认可"的状况。

权力要具有合法性,不能靠弄虚作假,更不能靠欺骗,而必须实实在在为其他(被统治阶级、阶层)人的动机和价值取向做出考虑。当然,这样做的前提,是拥有权力的人(统治者阶级、阶层)的根本利益不会受到影响。否则,权力也会展现其暴力的一面。

因此,作为社会的一个构成要素,政治活动的内容应当是"真诚地"为社会中不同的人满足不断增长的物质需要以及公共福利需要确立"具有广泛共识"的目标、手段和评价结果的标准。

评价政治活动要素为社会担负的功能的标准,是拥有权力的人对其他阶级、阶层的"真诚性程度",以及他们主导下为社会发展确立的目标、手段和评价结果的标准的"共识性程度"。

3. 社会(交往)活动

社会(交往)活动,是人们日常生活中获取(社会性)公共资源的活动。它的本质内容是"权利的真实"和"权利义务的公正平等"。

一定的社会中,人们除了通过经济活动满足基本生存性的物质需要外,另外一些生存发展性的物质需要是通过社会提供相关的资源来满足的。

这些生存发展性的物质需要,指的是人们对教育、医疗卫生、公共安全、就业培训、最低生活保障、生态环境、养老保障等物质条件和服务条件的需要。之所以称这些需要是"生存发展性的物质需要",是因为它们与人们希望生存条件不断改善的目标有关,并且,它们是以必要的物质和服务条件为基础的。

生存发展性的物质需要,是不能完全通过私人的经济活动来满足的,只有社会和国家才可能负担得起为人们满足这类需要提供物质条件和服务条件。

但是,一定的社会中,社会所能够提供的(社会性)公共资源与人们不断发展的相关需求相比,总是有限的。社会所能够提供的这类资源的状况,既受到经济发展状况的制约,也受政治活动中确立的目标、手段和评价结果的标准的状况的制约。这使得社会所提供的(社会性)公共资源在范围上、水平上总是具有局限性的。

人们都希望自己能够与其他人一样,有能够均等地获取到(社会性)公共资源的"公正平等、真实"的权利。因为,只有通过均等地获取到这些公共资源,人们的交往和尊重的需要才能够得到满足。因此,一定的社会中,人们(尤其是广大的普通民众)都特别关注自己获取到的(社会性)公共资源与其他人相比是否是均等的,自己拥有的获取(社会性)公共资源的权利与其他人相比是否是"公正平等"的、"真实"的。

作为社会的一个构成要素,社会(交往)活动本质上是促进社会整合的。与经济活动和政治活动本质上都会导致社会中经济主体之间和政治主体之间形成分化不同,社会(交往)活动本质上是促进社会中各阶级、阶层的人享有公正平等、真实的权利义务,均等地获取到各种(社会性)公共资源。

但需要指出的是,社会(交往)活动促进社会整合,往往是通过社会冲突的方式来展开,通过化解社会冲突的方式来实现的。这是因为,社会性公共资源的供给和分配受经济活动水平、政治活动状况、精神文化状况的制约,社会(交往)活动不可能自动地完成社会性公共资源的供给和分配。当一定社会中存在社会性公共资源供给不足和分配不均等的问题时,那些受到不公正对待的人就会以社会冲突的方式来表达他们的不满。化解社会冲突的过程,就是通过改进社会性公共资源供给和分配的体制机制,完善人们的权利义务,促进社会性公共资源充分供给、均等分配的过程。

因此,评价一定的社会中社会(交往)活动状况的标准,一是不同的人在获取社会性公共资源方面"权利义务的公正平等性";二是那些赋予了人们的权利义务在他们获取社会性公共资源的实际行为中"权利的真实性"。简称为"公正平等性"和"真实性"。

4. 精神文化活动

精神文化活动,是人们希望自己认定的某种社会价值观也得到社会中其他人的认可的意识活动。因此,精神文化活动的本质是从社会中求同,求价值理念的"共享",而不是求与他人价值理念的差异或者求不同。中国古训中说的"道不同,不相为谋"就是这个意思。

精神文化活动促进的"共享",包括不同的层次。不同的人在价值观上"一致"是最高的共享层次;在价值观上"不完全一致但求同存异"是较高的层次;人们在价值观上"不完全一致但理解且包容"是基本的层次。所谓文化多元性,就是价值取向或价值观的多样化。这种多样化需要不造成对其他人的不敬或者精神伤害,所以"理解且包容"也是"共享"的基本内容。

作为社会的一个构成要素,精神文化活动的内容包括两个层面:首先是"主张正义",其次是"形成共享"。即将人们公认的"正义的"社会价值观凝聚成人们"共享的"社会价值观。一定的社会中,如果人们所共享的是某种消极的社会价值观,对这个社会来说可能是灾难而不是福音。哈贝马斯在批评资本主义制度时指出,资本主义制度下,市场化条件下"追求收益最大化的原则"和"科层化条件下追求最高效率的原则",使得人们普遍忽视了关于什么是人类生活"正确的"社会价值观的问题;他认为把"讲信用"奉为主要的社会价值观,是大大降低了人类对"正义的"社会价值的追求。[①]

一定的社会中,评价精神文化活动的标准就是其中主流社会价值观的"正义性"和这样的社会价值观在各种(阶级、阶层)的人之间的"共享性"。

经济	政治
担负"适应功能"	担负"目标功能"
环境适应性	情感真诚性
利益互惠性	认知共识性
精神文化	社会(交往)
担负"维模功能"	担负"整合功能"
社会价值观正义性	权利真实性
社会价值观共享性	权利义务平等性

图1.3 各构成要素的内容和评价标准

三、社会的内容

根据马克思主义的社会思想,社会的内容就是人们在一定社会中

---

① 哈贝马斯:《交往行动理论》(第二卷),第366—367页。

结成的各种关系的状况。人们在物质生产关系的基础上结成了他们的政治关系、社会(交往)关系和精神文化关系。

社会的内容,就是社会的四个构成要素之间相互关联的状况。

一定的社会中,物质生产活动是基础性的活动。但一定社会中人们的物质生产活动具体会如何展开,却必定是要通过人们的政治活动做出的目标、手段、评价结果的标准等制度安排来实现的。政治活动做出的制度安排如果是适应于一定的生产力水平所要求的生产关系,那么,这种生产关系就是能够促进生产力发展的。反之,则是阻碍生产力发展的。因此,马克思主义所揭示的经济活动中生产力决定生产关系的规律性,是通过政治活动中对生产关系作了怎样的制度安排这种中介来展开的。

我们现在来看看一定的社会中,政治要素与其他三个要素之间的相互关联有哪些状况,使得社会呈现出特定的内容。

(一)以"支配—服从"为主要内容:政治的社会

我们已经知道,政治活动的本质就是"统治或支配他人,使他人服从"。以政治活动的"支配—服从"原则建构起来的社会,就是"政治的"社会。人们的经济活动、社会(交往)活动、精神文化活动都体现着"支配—服从"的特征。经济活动的"收益最大化"原则、社会(交往)活动的"公正平等"原则、精神文化活动的"道德正义"原则,都被"支配—服从"原则所抑制和挤压。

一个社会在什么情况下会成为"政治的"社会呢?当一定社会中的统治者或支配者将维护和巩固他们的"权力"看作是首要的利益时,社会就会成为"政治的"社会。因为,他们最大的关切是手中的权力必须是安全的,他们最迫切的需要就是"安全的需要"。

"政治的"社会中,权力如何获得"合法性"呢?为了满足权力安全的需要,统治者或支配者必须不断创造新的政绩甚至奇迹,权力才可能在被统治者或被支配者中获得"合法性"。为了不断创造新的政绩甚至奇迹,他们必须保持对被统治者或被支配者有强大的动员能力,一起创造奇迹。为了保证强大的动员能力,他们必须保持强大的行为(甚至思想)控制能力。

"政治的"社会中,人们的各种需要如何满足呢?统治者或支配者除了权力安全的需要外,也有其他的需要。广大的被统治者或被支配者更是有物质需要、安全需要、尊重需要和自我实现的需要。但是人们满足这些需要,都必须按照"支配—服从"原则,由统治者或支配者来决定人们的这些需要如何满足以及满足的程度等。

"政治的"社会是如何运行的呢?"政治的"社会中,社会的四个构成要素相互关联的方式是,政治活动是主导性的,经济活动、社会(交往)活动、精神文化活动都是被"支配—服从原则"主导的。经济活动中"支配—服从原则"的表现是,财产所有制、产权关系、如何生产、如何交换、如何分配,甚至如何消费,都必须按照统治者或支配者所确立的目标、手段来进行;社会(交往)活动中"支配—服从原则"的表现是,各种(社会性)公共资源的供给与分配,都必须按照统治者或支配者所确立的目标、手段来进行;精神文化活动中"支配—服从原则"的表现是,关于什么是社会道德的、正义的价值观,都必须按照统治者或支配者所确立的评价结果的标准来确定。

"政治的"社会中存在什么问题呢?"政治的"社会在运行中,政治要素的功能会对其他三个要素发挥各自功能造成极大的挤压,会存在经济难以发展、社会不公平、精神文化僵化的问题。"政治的"社会中,经济会出现结构畸形、活力低下,增长缓慢甚至滞涨的问题;人们在社会(交往)中存在表面的平静但掩盖着严重的社会不公平,社会矛盾积重难返的问题;精神文化活动中存在社会道德价值观高度意识形态化、思想僵化的问题。这种状况,使得广大被统治者或被支配者的物质需要、安全需要、尊重需要和自我实现的需要都难以得到基本的满足。

"政治的"社会如何持续和发展呢?"政治的"社会是缺乏可持续性的。因为,一方面,统治者或支配者必须不断创造新的政绩甚至奇迹才可能获得权力的"合法性",而这是非常困难的。另一方面,广大被统治者或被支配者的基本需要难以得到满足,他们对统治者或支配者权力的"合法性"必然会产生质疑。因此,"政治的"社会只有在统治者或支配者能够不断创造新的政绩甚至奇迹,广大被统治者或被支配者也因而对统治者或支配者仍心怀崇拜、对未来心怀憧憬的条件下才可能继续维持和发展。应该指出的是,"政治的"社会如果到了必须采用强制和暴力的方式才能维持的地步,它的末日也就不远了。

"政治的"社会中会发生什么转变呢?"政治的"社会中必然会发

生来自社会其他三个要素的张力对政治要素的抑制作用。英国社会学家安东尼·吉登斯用"反建构"这个概念来把握社会中受到过度挤压的要素对造成挤压的"建构性"要素的抑制作用。

"反建构"在这里可以理解为,当"政治的"社会中出现统治者或支配者权力的"合法性"被人们普遍质疑的情形时,受到过度挤压的经济、社会(交往)、精神文化各要素的内在原则,便必然会以种种"突破现行规则"的方式释放它们的张力,探索能满足人们被过度压制的需要的新的经济关系、社会(交往)关系和精神文化关系。

"反建构"通常会以被统治者或被支配者"要求改变"或者"自谋改变"两类方式展开。"要求改变"的方式,指被统治者或被支配者公开表达利益诉求,要求统治者或支配者对过去确立的目标、手段和评价结果的标准做出调整。"自谋改变"的方式,指被统治者或被支配者私底下展开的改造和创新活动,形成新的关系。

被统治者或被支配者的"反建构"会带来怎样的结果呢?"反建构"的结果是,统治者或支配者或早或迟必然会反思他们为社会确立的目标、手段和评价结果的标准中存在的问题,接受经济、社会(交往)、精神文化要素的原则的要求,抑制"支配—服从"原则,对已有的"支配—服从关系"进行改革。使统治者或支配者从单一注重权力的"安全的需要",转向也注重被统治者或被支配者的物质需要、尊重需要、自我实现需要的满足。

统治者或支配者接受来自经济、社会(交往)、精神文化三个要素的原则的"反建构",通常有三种可能的路径。一是主要接受来自经济活动的原则的内在要求,放松对经济活动内在张力的控制,使"收益最大化"成为为社会确立目标、手段和评价结果的标准时的"首要原则"。二是主要接受来自社会(交往)活动的原则的内在要求,放松对社会(交往)活动内在张力的控制,使"公正平等"成为为社会确立目标、手段和评价结果的标准时的"首要原则"。三是主要接受来自精神文化活动的原则的内在要求,放松对意识形态的控制,使"社会正义"成为为社会确立目标、手段和评价结果的标准时的"首要原则"。

"政治的"社会一旦接受来自其他三个要素内在原则的"反建构",不论"反建构"是从哪种路径展开的,"政治的"社会所存在的问题都能够逐步得到改善。

(二) 以"收益最大化"为主要内容：经济的社会

以经济活动的"收益最大化"原则建构起来的社会，就是"经济的"社会。它指一定社会中人们的社会关系主要是被"收益最大化原则"所主导建构起来的。人们的社会(交往)活动、精神文化活动，甚至政治活动都体现着"收益最大化"的特征。社会(交往)活动的"公正平等"原则、精神文化活动的"道德正义"原则，都被"收益最大化"原则所抑制和挤压。就连政治活动的"支配—服从"原则，都会在不影响统治者或支配者根本利益甚至带来统治者利益的前提下，做出适应"收益最大化"原则的目标、手段和评价结果的标准的制度安排。

一个社会在什么情况下会成为"经济的"社会呢？当一定社会中的统治者或支配者将"发展经济"看作是获得权力合法性的首要利益时，社会就会成为"经济的"社会。因为，他们最大的关切是权力的维系必须靠发展经济来实现，他们最迫切的需要就是"物质需要"。

"经济的"社会中，权力如何获得"合法性"呢？为了满足物质的需要，统治者或支配者必须促进经济发展，在获取统治者收益的同时使被统治者或被支配者能满足物质需要，权力才可能在被统治者或被支配者中获得"合法性"。为了发展经济，他们必须放松对经济主体的自主经济行为的控制；他们必然会为经济更快的发展改变所确立的目标、手段和评价结果的标准。

"经济的"社会中，人们的各种需要如何满足呢？人们的各种需要的满足都体现着"收益最大化"原则的特征。统治者或支配者通过体现"收益最大化"特征的税收和财政制度满足统治者收益的需要。广大的被统治者或被支配者的物质需要、安全需要、尊重需要和自我实现的需要，则会根据其"收益水平的差异"呈现出不同水平的满足程度。富人与穷人之间不仅在物质生活水平上差异越来越大，而且在教育、医疗卫生等资源方面，更是呈现出巨大的差异。因此，"经济的"社会中，有钱人的需要可以得到非常充分的满足，而中下阶级、阶层的人的需要，则只可能相对地得到满足。

"经济的"社会是如何运行的呢？"经济的"社会中，社会的四个构成要素相互关联的方式是，经济活动具有较大的主导性，政治活动、社会(交往)活动、精神文化活动都受到"收益最大化原则"主导。政治活动中"收益最大化原则"的表现是，统治者或支配者为社会确立目标、手段和评价结果的标准时主要考虑的是"经济如何快速增长",哪里增长快,政策就向哪里倾斜;社会(交往)活动中"收益最大化原则"的表现是,各种(社会性)公共资源的供给与分配,都用成本—收益的考量进行取舍,教育、医疗卫生等资源的供给基本市场化;精神文化活动中"收益最大化原则"的表现是,关于什么是社会道德的、正义的价值观,都以能否带来经济快速增长的"效率"作为标准。

"经济的"社会中存在什么问题呢?"经济的"社会在运行中,经济要素的功能会对社会(交往)要素、精神文化要素发挥各自的功能造成挤压。导致一面是经济快速增长,另一面是经济中会存在贫富"两极分化"、生态环境遭受破坏的问题,社会中会存在社会性公共资源供给不足与分配不公的问题,精神文化中会存在对道德、正义的认知被严重降低甚至被严重扭曲的问题。因此,"经济的"社会中,广大被统治者或被支配者的物质需要、安全需要、尊重需要和自我实现的需要都因"收益水平限制"难以有尊严地、体面地被满足。此外,"经济的"社会中,由于"一切向钱看"成为不少人认可的价值取向,政治领域中官员"权力寻租、腐败"现象也会成为突出的问题。

"经济的"社会如何持续和发展呢?"经济的"社会是难以长久持续的。因为,一方面,统治者或支配者必须促进经济不断增长才可能获得权力的"合法性"。另一方面,广大被统治者或被支配者经常目睹的种种"官场腐败"现象,亲身经历的"两极分化"造成的基本需要难以有尊严地、体面地被满足,自己生活其中的自然环境遭受严重破坏,不能公平地获取到教育、医疗卫生等资源的问题,他们就会对统治者或支配者权力的"合法性"产生怀疑。因此,"经济的"社会,是在一方面必须继续促进经济不断增长,另一方面必须设法抑制"腐败""两极分化""自然环境被破坏"等阻碍经济增长的问题,以降低被统治者或被支配者对"权力合法性"的质疑甚至社会冲突的过程中艰难持续的。

"经济的"社会中会发生什么转变呢?"经济的"社会中必然会发生来自社会(交往)要素和精神文化要素的张力对经济要素的张力的"反建构"作用。当"经济的"社会中出现统治者或支配者权力的"合法性"被人们普遍质疑的情形时,受到经济要素的张力过度挤压的社会(交往)要素、精神文化要素的内在原则——要求"公正平等,社会正义"——必然会以种种"社会冲突"的方式释放它们的张力,促进形成能使广大被统治或被支配的人们有尊严地、体面地满足基本需要的社会(交往)关系和精神文化关系。被统治者或被支配者通常会公开表达利益诉求,要求统治者或支配者对于那些根据"收益最大化原则"所确立的目标、手段和评价结果的标准做出改变。

被统治者或被支配者的"反建构"会带来怎样的结果呢?"经济的"社会中,被统治者或被支配者"反建构"的结果,是必然会使统治者或支配者在此起彼伏的社会冲突中,反思他们为社会确立的目标、手段和评价结果的标准中存在的问题,接受社会(交往)要素、精神文化要素的原则的要求,抑制"收益最大化原则"的张力,对已有的"经济关系"进行改革。使统治者或支配者从过度注重"经济不断增长",转向更注重被统治者或被支配者的物质需要、安全需要,特别是尊重需要的满足。

统治者或支配者接受来自社会(交往)要素、精神文化要素对于经济要素的"反建构",通常有两种可能的路径。一是主要接受来自社会(交往)要素内在原则的要求,使"公正平等"成为为社会确立目标、手段和评价结果的标准时的"首要原则"。二是主要接受来自精神文化要素内在原则的要求,使"道德正义"成为为社会确立目标、手段和评价结果的标准时的"首要原则"。

"经济的"社会一旦接受来自其他要素内在原则的"反建构",不论是从哪种路径展开的,"经济的"社会所存在的问题都能够逐步得到改善。

(三)以"道德正义"为主要内容:文化的社会

以精神文化活动的"道德正义"原则建构起来的社会,属于"文化的"社会。它指一定社会中人们的社会关系主要是被"道德正义原则"所主导建构起来的。人们的政治活动、经济活动、社会(交往)活动和精神文化活动都体现"道德正义"的特征。政治活动的"支配—服从原则",经济活动的"收益最大化"原则,社会(交往)活动的"公正平等"原则,都会受到"道德正义"原则的评价。

一个社会在什么情况下会成为"文化的"社会呢?当一定社会中的统治者或支配者将"道德正义"看作是首要的问题时,社会就会成为"文化的"社会。因为,缺乏"道德正义"已经成为导致社会失去公正平等、政治腐败、经济缺乏持续性的最主要原因。这种情形下,他们最大的关切是重塑社会的"道德正义"。

"文化的"社会中,权力怎样获得"合法性"呢?为了满足权力安全的需要,统治者或支配者必须主张能够被全社会普遍认可的"道德价值观",并且积极认真地来践行这种"道德价值观",权力才可能在被统治者或被支配者中获得"合法性"。为了主张并且践行这样的道德价值观,他们必须对"经济的"社会所造成的突出问题中那些比较容易"立竿见影"取得效果的问题进行改造。也就是说,从"确立新的评价结果的标准"入手,重新确立目标和手段。

"文化的"社会中,人们的各种需要如何满足呢?人们满足各种需要,都被要求按照人们普遍认可的"道德正义"原则来评价。经济活动不能成为造成贫富"两极分化"、"破坏自然环境"的活动;政治活动不能成为欺压百姓,滋生腐败的活动;社会(交往)活动应当成为全社会的成员均等地享受到各种(社会性)公共资源的活动。从一定意义上讲,"文化的"社会,是统治者或支配者顺应人们的要求确定各种需要如何满足以及满足的程度。

"文化的"社会是如何运行的呢?"文化的"社会中,社会的四个构成要素相互关联的方式是,精神文化活动是主导性的,经济活动、社会(交往)活动甚至政治活动都是受到"道德正义原则"主导的。经济活动中"道德正义原则"的表现是,不以"GDP 增长速度和规模"作为评价经济活动状况的基本标准,明晰产权关系;社会(交往)活动中"道德正义原则"的表现是,加大各种(社会性)公共资源的供给,加大这些资源在城乡之间、社会各阶层之间均等分配;政治活动中"道德正义原则"的表现是,要求权力的运用必须是"以'民'为本的"。

"文化的"社会中存在什么问题呢?"文化的"社会看起来是不错的,但它靠的是"道德自觉"而不强调"规则",这是可能存在的突出问题。因此其运行中也会存在精神文化要素的功能对其他三个要素发挥各自功能造成一定挤压的情形。导致的问题就是人们常说的"道德绑架"问题。"文化的"社会中,道德绑架经济的情形首先是国家将财富过度地抽取到发展社会性公共事业方面,使得经济发展的动力降低,即出现所谓"公共福利陷阱";其次是要求企业"讲道义"而将生产发展性资金用于公益慈善、提高员工工资、各种捐赠等事项,使企业承担了不知是否必须承担的道义责任,导致企业的发展能力降低;再次是对于小微企业(也包括农户)的大量补贴和税收减免,导致一些小企业(包括农户)"靠补贴、靠减免生存",甚至有些所谓企业之所以设立,就是为了"套取补贴",不思创新进取。政治活动中,道德绑架的情形是必不可少的"支配—服从"秩序被模糊,人们只要敢"往上面闹",政府就稀里糊涂地赶紧"息事宁人"。社会(交往)活动中,道德绑架的情形是"会哭的孩子有奶吃",脱离实际地强求"公正平等",在社会性公共资源的获取上盲目攀比,甚至贪得无厌,使得"公正平等"的原则难以发挥作用;另外,特别需要指出的,是重道德价值理念的作用,忽视法律制度的作用。"道德正义"可以被不同的人作不同的解释,有"美好的理念"但缺乏"明确的规矩",是"文化的"社会中常常会存在的突出问题。

"文化的"社会中会发生什么转变呢?"文化的"社会中也会出现来自社会中其他三个要素的张力对精神文化要素的张力的"反建构"作用。经济要素的"反建构"会针对上述种种"道德绑架"现象集中在对于"收益最大化"在什么样的条件下属于具有"道德正义性"的经济行为原则进行辨析;政治要素的"反建构"会集中在"支配—服从"在什么样的条件下属于具有"道德正义性"的政治行为原则进行辨析;社会(交往)要素的"反建构"会集中在关于什么样的社会性公共资源供给水平和什么样的"均等分配"是具有"道德正义性"的社会(交往)行为原则进行辨析。

上述这样的"反建构"会带来怎样的结果呢?"反建构"的结果是统治者或支配者必然会反思他们为社会确立的评价结果的标准(即道德价值观)存在的问题,接受经济、社会(交往)、政治要素的原则的要求,对"道德正义"在经济、社会(交往)、政治等活动中的意涵予以界定,特别是将"道德正义"的理念转化为具体原则和法律制度。使统治者或支配者从单一注重权力的"道德正义"性,转向注重将"道德正义"转化为经济活动中"对自然环境的适应性"和"经济主体间的互惠性";转化为社会(交往)活动中"权利—义务公正平等性";转化为政治活动中的"真诚性、共识性"。

"文化的"社会一旦接受来自社会中其他三个要素内在原则的"反建构",不论"反建构"是从哪种路径展开的,"文化的"社会中所存在的问题都能够逐步得到改善。

（四）以"公正平等"为主要内容：法律的社会

我们知道，人们的社会（交往）活动中内生的原则是"公正平等"原则。英国社会学家安东尼·吉登斯将按照这样的原则建构起来的社会称为"法律的社会"。因此，我们将按照"公正平等"原则建构起来的社会称为"法律的"社会。

"法律的"社会，指一定社会中人们的社会关系主要是被"公正平等原则"所主导建构起来的。人们的经济活动、政治活动、社会（交往）活动、精神文化活动都体现着"公正平等"的特征。经济活动中"收益最大化"原则的张力、政治活动中"支配—服从"原则的张力、精神文化活动中"道德正义"原则的张力，都受到"公正平等"原则的挤压或抑制。

一个社会在什么情况下会成为"法律的"社会呢？一定的社会中，市场的自发性作用会造成经济主体之间的经济分化（贫富分化）；权力的自发作用会造成阶级分化；这些分化会进一步带来社会成员之间的社会分化（社会不平等），社会矛盾积累，社会冲突出现。统治者或支配者稳定社会秩序的要求，使他们不得不将满足广大民众"尊重的需要"提到重要的位置，把"公正平等"作为维护和巩固权力"合法性"的首要问题，这时，社会就会成为"法律的"社会。因为，统治者或支配者最关切的权力"合法性"问题，此时只有通过促进社会（交往）中的"公正平等"才可能实现。

"法律的"社会中，权力如何获得"合法性"呢？统治者或支配者是通过确立起各阶级、阶层的人在社会（交往）活动中真实享有或者真实利用到的权利义务体系来获得权力的"合法性"的。使各阶级、阶层的人"真实享有"或者"真实利用到"是权力"合法性"问题的关键。如果法律规定的权利，人们（或有的人）根本不可能"真实享有"或"真实利用到"，统治者或支配者手中的权力就不可能获得"合法性"。因此，"法律的"社会中，权利义务体系不仅包括公正平等的"实体性"法律权利和义务，还要包括"程序性"法律权利和义务，更必须包括"救济性"法律权利和义务。"程序性"和"救济性"法律权利和义务，是保障"实体性"法律权利和义务能否为各阶级、阶层的人"真实享有"或"真实利用到"的关键。

"法律的"社会中，人们的各种需要如何满足呢？"法律的"社会中,人们的物质需要、安全需要、尊重需要和自我实现的需要,必须由社会(各阶级、阶层)的人按照"公正平等"的原则共同参与来决定如何满足以及满足的程度,并且依照法律赋予人们的实体性、程序性和救济性权利与义务来满足。

"法律的"社会是如何运行的呢?"法律的"社会中,社会四个构成要素相互关联的方式是,社会(交往)活动是主导性的,经济活动、政治活动、精神文化活动都是被"公正平等原则"主导的。经济活动中"公正平等原则"的表现是,经济增幅平缓,发展趋于均衡。社会成为约束市场和政府配置经济资源的重要因素,社会组织参与到配置经济资源、环境资源中,市场和政府对经济资源配置的调节作用范围受到社会张力的抑制。经济机会通过法律制度保持基本平等,经济中的"优势"更多依赖真正的创新,而非权力或者模仿,更非抄袭剽窃。市场竞争的过程与结果设立有社会认可的"底线"。在社会组织的关注下,资源利用、生态环境、劳动环境使经济呈现可持续性。政治活动中"公正平等原则"的表现是,统治者或支配者通过法律赋予的权利、义务,担负为社会确立经济、社会(交往)活动的目标、手段的功能,担负为社会确立评价经济活动、社会(交往)活动、政治活动的结果的价值标准的功能。精神文化活动中"公正平等原则"的表现是,关于什么是社会道德的、正义的价值观,是以各阶级、阶层的人公认为"公正平等"作为基本内容的。社会(交往)活动中"公正平等原则"的体现是,社会组织按照法律赋予的权利义务参与为社会性公共资源的供给与分配确立目标、手段和评价结果的标准。

"法律的"社会中会存在什么问题呢?"法律的"社会在运行中,会存在由于经济发展的制约因素变化了,社会(交往)活动的内容变化了,但法制建设滞后,导致的对经济要素、社会(交往)要素、精神文化要素发挥各自功能造成一定的抑制或挤压。如我国农村土地法律制度对农民自主流转土地或土地合股经营的内在要求的抑制,阻碍了我国农业按照市场要求发展。又如网络时代条件下,"大数据"经济和"互联网+"经济中,关于各种新兴经济主体经济行为权利义务的法律建设,明显滞后。这既抑制着经济主体合法追求"收益最大化",也挤压了网络社会(交往)中权利义务的"公正平等"。

一定时空中的社会的内容,并不是单纯"政治的"或单纯"经济的""社会的"或"文化的",但它必定会凸显以某种原则为主的内容特征。不仅一个国家的内容可以如此观察和把握,一个城市、一个社区、一个学校,甚至一个家庭,都可以这样去观察和把握其内容。

第三节 社会的类型

对事物进行"分类",是为了对该事物进行更加深入的把握。对社会进行分类,并无固定的标准。不同的学者出于研究的目的,基于各自的定义,会从不同的角度对社会进行分类。

为了方便对社会作必要的进一步的了解,我们在众多的角度中选择从"存在的方式""规模大小""时代""所指的领域"四个角度对社会进行分类,介绍社会的类型。

一、实体的社会与名义的社会

在社会的分类思想中,这是最早的分类。它源于哲学中的"社会唯实论"和"社会唯名论"两种不同的社会本体论。

(一)实体的社会

所谓实体的社会,指社会是有实在的形式和内容的、客观存在的事实。

实体的社会的特征是一系列外在于个人且高于个人的事实。与自然界的事实不同,这样的事实不是天然形成的,而是在人们共同生活和活动的长久过程中逐步形成和积淀起来的。尽管"人口"是社会存在的前提,但个人不是社会,许多个人的聚集也不是社会。社会是由人们共同生活和活动所造成的突生性的事实。

"文化、惯例、习俗、法律、制度、规则"等是人们共同生活和活动所造成的突生性的事实。它们就是社会的实在的内容。

"家庭、群体、组织、社区、国家"等是人们共同生活和活动的形式。它们就是社会的存在形式。因此,实体的社会,既包括宏观社会,也包括微观社会。

实体的社会中,无论宏观的还是微观的,都是由我们上一节讲过的四种要素构成的。

（二）名义的社会

所谓名义的社会，指社会是对一定时空中共同存在的人们的一种称谓。社会并不是有独立的实在形式的事实。独立实在的只是一个一个的个人。

名义的社会的特征是，社会不是以独立的实在形式存在的，但它有内容。社会的内容是以"情感和认知"的形式存在于"个人的内心和意识"之中的。

关于"文化、惯例、习俗、法律、制度、规则"以及关于"家庭、群体、组织、社区、国家"，每个人的内心和意识中都有相关的内容。譬如，像"华人社会、同学会、校友会、公众微信群、网络社会"，都并无实在的形式，但相关的所有个人的内心和意识中，都能感受到和清楚地知道他们之间存在持续的关系。

应该指出的是，名义的社会，其内容尽管存在于单个人的内心和意识中，也同样包含着四个构成要素。即个人内心和意识中关于经济关系、政治关系、社会（交往）关系、精神文化关系的感受、认知和社会价值观。不同的个人各自内心和意识中"储存的同样内容的社会"，是他们的社会行为之间之所以可以整合的原因。

（三）对"实体的社会"与"名义的社会"的理解

将社会区分为"实体的"和"名义的"，是有各自理由的，但将两者对立起来，就造成了人类社会认识史上很长时间里存在的误区。有的人认为，是实体的社会，制约甚至决定着个人的行为方式；有的人则认为，是个人自主的行为方式，决定并且改造着外部的文化、惯例、习俗、制度和规则。

近年来，人们的这种误解正在消除中。已经渐成主流的观点是，外部的文化、惯例、习俗、制度和规则等的确有实在性，但它们并不是决定个人行为的直接因素。个人在与他人共同的生活和活动中，吉登斯认为是"利用"这些外部实在性的内容中有利于或有益于自己的内容，作为"规则"，驱动着个人去获取"资源"；在这种过程中，哈贝马斯认为个人也与其他人沟通，对如何对待和利用外部实在性的内容达成一定的共识，在共识的基础上去发生其行为。因此，外部实在性的内容不再被作为决定人的行为的因素看待，个人的行为也不再被作为决定外部内容的因素看待。这不过是社会行动的两个侧面的相互作用而已。

因此,长期以来将社会区分为"实体的"社会和"名义的"社会这种"二元化"的认知,正在被近年来兴起的"一元化"认知所取代。

二、宏观社会、微观社会、中观社会

这是从"规模大小"角度对社会进行的分类。对社会作这种分类的人,都是持"社会唯实论"观点的,即社会都是实体性的。

需要说明的是,无论"规模"大还是小,社会的构成要素都是相同的,即它们内部都包含着四个构成要素;四个构成要素之间的相互关联性也都是同样存在的。不过,由于"规模大小"不同,社会中四个构成要素的具体内容和相互关联性,存在着不同的特征。

在我们以往接触到的知识中,常常将"社会"看作是指"国家、人类"这样一类事实的概念。其实不然,社会既包含人类、国家这样一些宏观规模的形式,也包含各种微观、中观规模的形式。

(一) 宏观社会

所谓宏观社会,指非常大规模的人口,在非常大规模的物理空间里持续着的共同生活或活动中所形成的社会关系结合体。

宏观社会的主要形式有,国家、国家社会、跨国的区域性社会、跨国的组织机构等。

宏观社会具有以下特征。(1)人口规模非常大。(2)物理空间非常大,是宏观社会明显的特征。除此之外,宏观社会中(3)社会行为主体也有特征。一个国家中,社会行为的主体是阶级或阶层;国家社会中,社会行为的主体就是一个一个的国家;跨国的区域性社会中,社会行为的主体可能也是国家或者地方性组织;跨国的组织机构中,社会行为的主体是它的分支组织或机构。(4)非"面对面"交往。(5)联结纽带的特征。宏观社会中,不同主体之间主要是通过共同认可的准则、法律、社会价值观、宗教等因素建立起的信任来联结的。宏观社会不可能长久依靠"强权"或"霸权"来联结,也不可能只依靠"情感"来联结,形成协调稳定的宏观社会结构。

宏观社会中,也包含经济活动、政治活动、社会(交往)活动和精神文化活动四个构成要素。宏观社会中的社会关系,就是由不同的阶级阶层，或不同的国家，或不同的跨国机构或组织，围绕满足各自的物质利益的需要、安全的需要、受尊重需要和自我实现的需要而发生各自的社会行为所形成的。

(二) 微观社会

所谓微观社会，指非常少的人持续共同生活或活动中所形成的社会关系结合体。

微观社会的主要形式有，家庭、邻里、伙伴群体、班级或寝室、办公室、个人微信圈等。从这些形式看，微观社会几乎涵盖了每个人日常生活的绝大多数方面。

微观社会具有以下特征。(1)人数较少。(2)空间一般较小。除此之外，(3)社会行为的主体通常是"个人"。所以微观社会的社会关系，主要是个人之间的关系。(4)主要是"面对面"交往。当然除个人微信圈这种新媒体外。(5)联结纽带主要是"情感"或者"爱好"。微观社会中成员之间主要不是靠规范或规则来联结，尽管可能有规范或规则。家庭、同伴群体、乡村的邻里中、寝室中，成员间的联系纽带主要是"情感"。交往中各人的人格通常都会较全面投入，而较少掩饰个性。办公室、个人微信圈、城市的邻里中、班级中，成员间的联系纽带主要是"爱好、崇拜、好处、身体吸引"等，不再主要是"情感"。交往中各人的人格会有所掩饰，特别是办公室，成员会有节制地投入展示自己个性。(6)交往关系疏密性。微观社会中，家庭、乡村邻里、同学寝室，以情感为纽带，关系通常会较为亲密。而办公室、个人微信圈、城市的邻里中、学校班级中，以"爱好、崇拜、好处、身体吸引"等为纽带，关系不会很亲密。

微观社会是每个人每天都必然会活动在其中的。微观社会关系的协调稳定，会使自己每天生活在幸福、愉快的氛围中。反之，则经常会与烦恼结缘。

尽管微观社会很小，成员都是个人，关系发生在个人之间，但微观社会也同样包含四个构成要素。微观社会中人际关系的状态，同样也是以人与人之间"物质利益、支配—服从、相互尊重、自我实现"四方面关系的状况为内容的。四方面关系都好，关系必然协调稳定。反之则不然。

(三) 中观社会

所谓中观社会,指一定规模的人口在持续共同生活或活动中所形成的社会关系结合体。

中观社会的主要形式有,群体、组织、社区(农村中的乡镇、城市中的街道)等。从这些形式看,上面讲的微观社会,基本都存在于中观社会之中。所以中观社会不仅涵盖社会成员日常生活的方面,也涵盖他们职业活动的方面。

中观社会具有以下特征。(1)行为主体的特征。中观社会中,社会行为的主体主要不是"个人",而是家庭(成员为代表)、班级或寝室(的成员)、科室(的成员)、有某种共同社会特质的人(如小区业主、某种类型的家庭等)。(2)有一定的"面对面"交往,但大多是"非面对面"交往。(3)联结纽带特征。中观社会中的联系纽带,既有正式的规则、制度,也有非正式的惯例、习俗。在我国,日常生活中不明显或严重违反法律、制度的惯例、习俗的纽带作用更为突出。(4)交往的内容。中观社会中,人们交往活动的内容主要与获取各种社会性公共资源有关,满足的需要主要是自尊和受尊重的需要。(5)交往关系疏密性。中观社会中,人们关注的主要是公共生活中权利义务的公正平等,联系纽带主要是惯例、习俗,而非情感,关系通常不会亲密,而是比较理性。

中观社会,同样也包含四个构成要素。无论在各种组织中、各种群体中还是各种社区中,主体之间的关系都是以"物质利益、支配—服从、相互尊重、自我实现"四方面关系的状况为内容的。物质关系中互惠性的状况、支配—服从关系中真诚性、共识性的状况、相互尊重中权利义务公正平等的状况、自我实现中共享价值观的状况,表明中观社会中社会关系的内容。四个构成要素的状况越好,社会关系就越协调稳定。反之则不然。

三、传统社会、现代社会、后现代社会

这是关于社会的研究中,讨论得最为充分的一种对社会的分类。基本上是以"时代、时期或时间"为线索,从生产力和生产资料所有制、生产技术进步、人们联系的纽带、认知方式、统治方式、个人与社会的关系等多重角度进行分类。因此很难说这种分类是以哪一个标准划

分的。

(一) 传统社会

传统社会,指在机器工业出现以前,以血缘、地缘关系为纽带的人们共同生活和活动形成的关系结合体。

传统社会的主要形式有,封建制时期国家中的城镇、乡里,奴隶制时期的国家(城市),原始共产制时期的氏族、部落。

传统社会的特征为,社会生活主要受基于血缘纽带的情感、规范、文化等"非理性因素"支配。社会中的四个构成要素的关联方式是,农业、手工业、商业等经济活动都"嵌入"在社会(交往)规范、文化之中。个人的"人格"主要被社会(交往)规范及其文化所塑造,社会"一元化"。

传统社会为什么会有这样一些特征呢？原因是:(1)人们联系的纽带:主要是血缘和地缘。原始公有制时期基于血缘;奴隶制时期氏族内部基于血缘;封建制时期基于与血缘紧密联系的地缘。(2)生产力/生产技术:狩猎/采集、游牧、农业等"自然经济"。特别是农业,以耕作经验、气象经验、土地规模、劳动力和劳动工具的数量为农业的主要发展因素。(3)生产资料所有制:原始公有制、奴隶占有制、封建土地制。(4)经济活动的目的:主要是"丰衣足食、生活安定、国富民强"。(5)认知方式:封建社会主要靠"形而上学"来解释日常生活。奴隶社会和更早的原始社会,主要靠"神学"来解释日常生活。(6)生活空间的封闭性:社会生活主要由"空间上在场"的人们以及与他们"时间上已经不在场"的人们(先祖)的关系为内容。(7)统治方式:封建制时期为制度控制(周朝礼制,以氏族、家族伦理制度维系)。中国秦朝以后是"帝国制",官僚权威。奴隶制时期,氏族部落内部首领管理,氏族部落之间则是暴力控制。原始公有制时期,氏族部落首领治理。

原始社会之所以会向奴隶社会变迁,原因是游牧业和早期农业使劳动有剩余产品的出现,为私有制出现提供了可能。

奴隶制社会之所以会向封建土地所有制社会变迁,原因是农业发展使土地成为最主要的经济资源,奴隶制国家之间战争的结果,使战胜国将占领的大量土地分封给自己氏族/部落的成员,封建制出现。

（二）现代社会（机器工业、城市、阶级）

现代社会，指在机器工业出现以后，以业缘关系为纽带的人们共同生活和活动形成的关系结合体。

现代社会的主要形式，包括社会分工基础上的涉及各种行业的公司、企业等"科层化"组织，以及围绕职业活动形成的各种居住和生活的社区等。

现代社会是在"现代化运动"的推动下形成的社会生活方式和组织方式。

现代化运动，是16—17世纪在西欧孕育，18世纪兴起一直持续到当前的人类活动。具体地说，现代化运动18世纪起源于西欧，18世纪末席卷整个欧洲和北美，为第一次浪潮；19世纪末20世纪初，现代化运动向其他国家和地区扩散，日本、苏联步入现代化，为第二次浪潮；20世纪中期以来，现代化运动波及世界。大批亚洲、拉美、非洲国家摆脱殖民地地位，掀起现代化运动，为第三次浪潮。

现代社会的特征为，社会生活主要受"理性因素"支配。社会中的四个构成要素的关联方式是，经济活动从社会（交往）规范、文化中"脱嵌"。个人的"人格"主要受"理性"驱使。

现代社会为什么会有这样一些特征呢？原因是：（1）人们联结的纽带：基于"业缘"，社会分工基础上通过科层制度联结。（2）生产力/生产技术：机器工业，不断创新的科技进步。（3）生产资料所有制：多元化的资本所有制。（4）经济活动的目的："收益最大化"。（5）认知方式：以实证科学来解释日常生活。（6）生活空间的开放性：社会由空间上、时间上"在场"和"不在场"的人们结成的关系为内容。（7）统治方式：依靠科学和法律。

从传统社会向现代社会变迁的原因：机器大工业与科技进步，催生新的社会生活的组织方式。

（三）后现代社会

后现代社会，指具有反思性、能动性的人们在持续的共同生活和活动中形成的关系结合体。它是在对工业化、现代化以来由"崇尚理性"所导致的消极后果进行反思的基础上提出的对于人们共同生活和活动及其社会关系样态的一系列主张。

后现代社会具有以下特征。(1)动机多样。反对"获得利益"是人的唯一动机。超越人类理性、道德和历史辖制批判传统和正统。(2)目的多重。反对现代性的"发展是必然的""推崇技术的正面效果";审视发展的标准是否是唯一的。(3)手段多样。对科学技术的效果进行多方面审视;认为技术进步很有可能带来长远的恶性影响。(4)信仰多元。反对现代性"对科学和技术的压倒一切的信仰和信任";反对"科学的独裁性"。

现代社会向后现代社会变迁的原因:经济活动中"理性"的作用被放大到政治活动、社会(交往)活动甚至精神文化活动中;社会中以收益最大化、组织科层化的"系统性",对人们的情感、对人们关于社会公平、道德正义的评价标准,造成过度挤压,个人自我实现的需要难以满足。

现代社会向后现代社会变迁的促进条件:信息技术和网络技术的兴起与迅速发展。每个人都有了通过网络将自己反思的观点发表和主张的可能。

后现代社会可能存在一些问题。后现代主义批评"崇拜理性"的过程中,提出了"无中心意识"和"多元价值取向"的主张。如果社会不能在此方面达成对目标和手段的"共识",不能形成评价结果的标准的"共享",当然会导致关于社会共同生活目标、手段和评价结果的标准上的相对主义、怀疑主义和虚无主义。所以问题的关键是,在当前信息技术和网络技术条件下,如何就"去理性崇拜"之后达成共同生活和活动的目标、手段的"共识",形成"去理性崇拜"之后评价共同生活和活动结果的标准的"共享"。只有如此,才可能使"后现代性"不至于出现像"市场自发性"曾经给社会带来的消极后果那样,给未来的社会造成消极的甚至荒诞的后果。

后现代社会中,社会的四个构成要素的关联方式是怎样的呢?精神文化活动中人们满足自我需要的张力,会成为对既有社会关系产生建构作用的起点;围绕人们满足自我实现需要的目标、手段和评价结果的标准的确立,将在政治活动中以沟通的方式展开,达成共识;社会(交往)活动中、经济活动中,按照共识性的目标、手段,各人满足自己的物质需要和尊重需要;精神文化活动中,按照共享的基本价值观,各人满足自我实现的需要。

四、大社会、中社会、小社会

这是从社会一词所指称的"不同含义"角度进行的分类,也有人将这种角度对社会的区分称为"广义社会""狭义社会"。①

(一)大社会(广义社会)

一般讲"人类社会"时,就是与"自然界"相对应的、泛指的概念。除了有"地球上的"这种时空上的意涵之外,它不具体指现实中任何时空里人们的关系结合体,而是对各种人们的关系结合体的总称。

这样使用的"社会"一词,是将人们所有的活动领域(经济活动、政治活动、社会交往活动和精神文化活动等)都包含在内,外延是最大的。这也是称其为"大"社会的缘由。

将人类社会称为"大"社会,是因为"社会"一词也经常在另外一些外延明显"较小"的语境中使用。为了区分这些语境中使用的"社会"一词的意涵,才将人类社会称为"大"社会。

(二)中社会

"中社会"是一种外延比较模糊的用法。虽然一般说它指的是"除经济活动之外"人们的其他活动,但究竟包括哪些活动,外延是不清晰的。因此,它的内涵也是不明确的。

社会科学体系中,没有哪一门学科是从这种层面对"社会"展开研究的。一般科学研究中,也没有人使用"中社会"这样的提法。

那为什么会有"中社会"这个称谓?这是我国在"社会"一词的使用中自己造成的问题。我们知道,马克思主义社会观将社会划分为"经济基础"和"上层建筑"两大领域。因此,我们长时期将社会生活划分为"物质生活"和"精神生活"两个方面;将社会发展划分为"物质文明建设"和"精神文明建设"。"经济基础"指经济活动领域,没有异议。但是,"上层建筑"指哪些领域,具体包括人们的哪些活动领域,却一直缺乏明确的把握。

我国改革开放以后,从1981年起,将自1953年起一直称作"国民经济发展计划"的"五年计划",改称为"国民经济与社会发展计划"。

---

① 谢立中:《"社会建设"的含义与内容辨析》,第98页。

表明在"物质"与"精神"中间增加了"社会"的内容。但增加的"社会"指什么,是否包括"文化""政治",另外还包括人们的哪些活动,仍然没有明确。"社会"依然是个模糊的概念。

因此,我们今天所谓的"中社会",只是这段历史中曾经存在过的一种认识。为什么叫"中"社会呢?是因为,随着改革开放以后相关认识的发展,"社会"一词又在新的语境中被使用。2004年党的十六届四中全会,提出了与之前相比内涵更"小"一些的关于"社会"的提法,即将"社会"与"经济、政治、文化"并列,强调四个领域协调发展。学界始称"四位一体"的新发展观。十六届四中全会通过的《中共中央关于加强党的执政能力建设的决定》指出:"要坚持依法治国,领导立法,带头守法,保证执法,不断推进国家经济、政治、文化、社会生活的法制化、规范化。"到2006年党的十六届六中全会时,大会的《中共中央关于构建社会主义和谐社会若干重大问题的决定》中明确将"经济、政治、文化、社会"并列的地方多达三处。这表明将"社会"作为一个独立的活动领域,已经不是偶然,而是自觉认识。此后,党和国家重大决策文件中,"经济、政治、文化、社会"并列成为标配。党的十七大以后,又将"生态"并列进来,即所谓"五位一体"的发展观。但是,党的十六大以来新语境下的"社会"一词,对其内涵、外延还是没有做出明确的界定。

因此,鉴于"大社会"主要是泛指,多用于哲学和人文类学科;"中社会"的用法缺乏学理基础和学科支撑;而"小社会"越来越成为人们讨论"社会"时常用的概念,其内涵与外延就需要有明确的界定和把握。

(三)小社会(狭义社会)

将"社会"与"经济、政治"等词并列,在马克思、恩格斯的著作中时常出现。"以一定的方式进行生产活动的一定的个人,发生一定的社会关系和政治关系。经验的观察在任何情况下都应当根据经验来揭示社会结构和政治结构同生产的联系,而不应带有任何神秘的和思辨的色彩。"[1]这表明,马克思、恩格斯将"社会""政治"作为两个不同

---

[1] 马克思、恩格斯:《德意志意识形态(节选)》,《马克思恩格斯选集》(第一卷),人民出版社1995年版,第71页。

的范畴。但是,马克思、恩格斯有时在阐述与"经济、政治"并列的其他活动中,"社会"却消失了。"思想、观念、意识的产生最初是直接与人们的物质活动,与人们的物质交往,与现实生活的语言交织在一起的。人们的想象、思维、精神交往在这里还是人们物质行动的直接产物。表现在某一民族的政治、法律、道德、宗教、形而上学等的语言中的精神生产也是这样。"① 这表明,在马克思、恩格斯的用语中,"社会"一词更像是可用来指代与"经济""政治"不同的某些人们的活动领域的词语。在上面这段话中,"社会"可能指代的是"法律、道德、宗教、形而上学"或者指代的是"法律、道德"而不包括"宗教、形而上学"。

尽管如此,国外学者多年以来的研究成果和近年来国内学界的研究成果,对于讨论"小"社会或"狭义的"社会的内涵与外延,提供了许多有较大启发性的内容。美国社会学家帕森斯在20世纪50年代提出了社会(系统)由"经济、政治、社会、文化"四个要素构成的理论,将其中的"社会"解释为人们日常生活的社会交往行为(模式)②;德国著名社会学家哈贝马斯在20世纪80年代提出社会(生活世界)由"人格、社会、文化"三个内容组成,将其中的"社会"解释为人们日常生活中真实的社会行为。③ 近年来,随着国家推进"社会管理""社会建设""社会治理",使国内学界也开始对其中的"社会"究竟应该指什么,展开了学术讨论。④

下面,基于国内外学者的研究成果,介绍"小社会"这个范畴。

"小社会"或"狭义社会",它指人们作为社会中的成员为满足自尊和尊重需要而从事的社会(交往)活动中形成的关系结合。

"小社会"或"狭义社会"具有以下特征。(1)它是与满足人的自尊、尊重需要相关的关系结合,而不是与满足物质需要或满足安全需要相关的关系结合。(2)人们是作为社会中的成员结成关系,而不是作为经济主体或者政治主体结成关系。(3)人们共同活动的内容是围绕获取教育、医疗卫生、公共安全、创业就业条件、社会保障条件等社

---

① 马克思、恩格斯:《德意志意识形态(节选)》,《马克思恩格斯选集》(第一卷),人民出版社1995年版,第72页。
② Talcott Parsons, *The Social System*, Routledge, 1991, p.65.
③ 哈贝马斯:《交往行动理论》(第二卷),第165—200页。
④ 谭明方:《社会建设:一种社会学分析框架的研究》,《学海》2013年第2期。

会性公共资源而展开,而不是围绕获取财富和权力展开。(4)人们活动的目的是均等地获取,而不是追求"最大化"获取。(5)人们活动的手段是利用法律赋予的权利。(6)人们评价活动结果的标准是"公正平等"。(7)它没有独立的关系结合体形式。它存在于人们的关系结合体——即"社会"中,作为"社会"的一个构成要素——社会(交往)活动要素。

所以,"小社会"或"狭义社会",是一定社会中人们社会关系的一个侧面,将它看作人们日常(交往)活动及其结成的关系,更为恰当。

第四节 社会的运行(一):社会持续

一、社会运行的含义与特征

(一)什么是社会运行

社会运行,指一定社会的持续与变化的进程。它包括一定社会的"结构持续"与"结构变化"两方面内容,即"社会持续"与"社会变迁"。前者是社会运行的"静态"方面,后者是社会运行的"动态"方面。

社会学的创始人法国学者奥古斯特·孔德将对社会运行的"静态"方面进行研究的知识称为"社会静力学",将对社会运行的"动态"方面进行研究的知识称为"社会动力学"。社会学的另一位创始人英国学者赫伯特·斯宾塞专门撰写了名为《社会静力学》的著作。

(二)社会运行的特征

社会运行,是社会的"结构"的运行。是人们结成的各种社会关系的"结构"的运行。不包括那些对人们社会关系结构造成影响的因素的运行,如人口、环境、工具、技术等。这些因素是社会运行的"原因"或"结果",这些因素自身的存在与变化不属于社会运行的内容。

强调社会运行的"结构性"特征意在说明,社会的运行是一个问题域,它的持续或者变化都有其内在的原因和结果;而上述这些影响着社会运行的外部因素,比如人口的增长、生产技术的进步,是通过社会中的内在因素对社会运行产生间接影响作用的,因此属于另外的问题域;同样,社会运行造成的上述某些结果,比如,对生态环境的破坏,是社会内部的因素造成社会运行中出现了问题,从而导致的结果,这是不同于社会运行本身的问题的另外的问题。

因此,社会的"结构"如何持续、如何变化,才是社会运行的专门问题。

(三) 社会运行的内容

社会运行包括两个方面的内容,一是关于社会的结构"如何持续它的既有模式"的内容,或叫"社会持续"的内容。二是关于社会的结构"如何改变了它的既有模式"的内容,或叫"社会变迁"的内容。

二、社会持续

(一) 社会持续的含义

社会持续,应理解为一定社会的"结构"的持续,指一定社会中人们之间结成的经济、政治、社会(交往)和精神文化诸方面关系在人们的这些活动中不断再生产出来。

理论上讲,它指社会中四个构成要素所担负的功能之间,保持着既有的关联方式。即,社会中起"建构性"作用的要素的张力,与另外三个起"反建构"作用的要素的张力之间,形成了一定的均衡性。社会的"内容"没有发生变化。

(二) 社会持续的特征

(1) 从形式上看,社会持续具有"稳定性"特征。

社会持续,表明社会的结构没有发生变化,是稳定的。这并不难理解,但强调社会持续具有"稳定性"这个特征,是为了说明它不包含关于"协调性"的意涵。也就是说,社会持续范畴并不能说明社会结构稳定是"协调"的或者是"刚性"的。这属于社会持续的"状态"问题。

(2) 从内容上看,社会持续具有"权力合法性"特征。

一定社会的结构能够持续着,无论它是基于"协调"的还是"刚性"的,都表明该社会的政治活动中存在着一定的"权力合法性"。否则,社会的结构是不可能持续的。

一定社会的结构在持续着,这种事实所表明的意涵是,该社会中的人们对统治者或支配者主导确立的共同生活的目标、手段和评价结果的标准至少认为是具有"共识"的;对经济活动中的物质利益关系至少认为是基本"互惠"的;对社会(交往)中获取社会性公共资源的权利义务至少认为是基本"公正平等"的;对社会中主张的"道德价值观"至少认为是基本"正义"的。总之,人们对四种基本需要的满足状况至少是接受的。

需要指出的是,上述"权力合法性"是该社会中的人所认定的,而不是外人评价的。

因此,只要一定社会的结构在持续着,就必须承认其中的人们对该社会中的支配—服从关系认为是具有"权力合法性"的。否则,社会的结构就难以持续了。

(三)社会持续的评价

当一定的社会持续运行着时,我们可以如何评价它呢?可以采用以下的标准。

(1)对经济活动的评价标准

一定社会的经济活动中"环境适应性"差,"利益互惠性"差,那么,这样的经济肯定不能算是好的经济。

(2)对政治活动的评价标准

一定社会的政治活动中人们"情感真诚性"差,"认知的共识性"低,那么,这样的政治肯定不能算是好政治。

(3)对社会(交往)活动的评价标准

一定社会的人们日常(交往)活动中,社会行为模式中"权利真实性"差,"权利义务公正平等性"差,这样的社会(交往)也肯定不能算是好的社会(交往)。

(4)对精神文化活动的评价标准

一定社会的精神文化活动中,社会价值观的"正义性"差,不同人们对社会价值观的"共享性"差,该社会中的精神文化状况肯定不能算是好的。

(四)社会持续的状态

1. 良性运行状态

根据社会持续的评价标准,凡取值高或者比较高的,可以认为社会持续处在良性运行的状态。

2. 恶性运行状态

同理,根据社会持续的评价标准,凡取值低或比较低的,都可以认为社会持续处在偏恶性运行的状态。

(五)社会持续中的社会问题与社会冲突

社会持续是伴随有社会问题和社会冲突的,即使是处在良性运行的状态,亦是如此。不过,处在良性运行状态的社会中,人们通常是解决社会问题、化解社会冲突的高手。

1. 社会持续中的社会问题

社会问题的含义,指一定社会中人们共同生活和活动的秩序出现一定程度的紊乱,成员或部分成员某些基本需要的满足受到影响并且期待解决,这样的状况已经引起某些人的关注,且只有通过该社会内外多方力量干预才能够得到解决的社会现象。可见,社会问题也属于社会现象,不过它是"出了问题"的社会现象。

社会问题的特征,从涉及一定社会中成员的数量看,有"社会公共性",不是仅涉及个别成员;从社会行为和社会关系看,有"秩序破坏性",不仅仅是某些成员的某些行为发生变化,而是行为的某些变化威胁到社会秩序,甚至威胁到更大范畴的社会的秩序;从社会内外各方面人们的态度看,"认为解决有必要性",不仅仅是一定社会内部的成员期待解决①;从解决的主体看,"参与干预的力量的多元性",一定的社会内部的力量难以解决,甚至不可能解决。

社会问题出现的原因有以下几点。一定的社会中之所以会出现社会问题,从表面上看,与其中一些成员某些社会行为出现"越轨"的状况有关,即这些成员不再按既有的惯例或规范发生社会行为。这些越轨行为导致社会中的成员或部分成员基本需要的满足出现阻碍,社会中既有的秩序受到威胁。

而从深层次看,社会问题的出现,与一定社会中经济、政治、社会(交往)和精神文化四个构成要素担负功能的能力降低以及四种功能之间缺乏整合性有关。

---

① 这里需要说明的是,有的学者认为社会问题的一个特征或属性是"引起了社会多数成员的注意","社会上多数人公认这种危害,并有组织起来消除这种危害的愿望"。笔者认为,这样的观点是值得商榷的。一种社会现象是否是"社会问题",即便是只引起了社会内部和外部"少数成员"的注意,公认其危害,这样的现象就可以认定是"社会问题"。这对于外部社会尤其是政府及时揭示"社会问题"、避免加重问题或对更大范围的社会造成威胁,是十分必要的。

一定的社会中一些成员的社会行为出现"越轨"情况,表明这些成员的动机或价值取向发生了变化。① 而这种变化会体现在一定社会的经济、政治、社会(交往)以及精神文化四个方面的活动中:对社会中确立的共同生活或活动的目标、手段和评价结果的标准发生了"不认同"的情况,即对物质生活中的互惠状况、社会(交往)活动中权利义务的公正平等状况甚至对精神文化生活中主张的道德价值观的正义性的看法都发生了变化。他们采取了对自己的收益最大化更为"有利",对自己获取到社会性公共资源更为"有利"的行为。但对于社会中既有社会行为方式而言,是"越轨"的行为。

　　这表明该社会中精神文化要素、社会(交往)要素以及政治要素已经难以对这些成员的行为起凝聚精神、规范行为和要求其服从的功能。即"社会整合"出现了问题。②

　　社会中一些成员的"越轨"行为如果的确更多地为他们带来了物质收益和社会性公共资源获取,且并无阻力,社会中其他的成员就会模仿他们的"越轨"行为,导致更大规模的"越轨"行为,从而使既有的社会秩序受到威胁,甚至出现一定程度的"社会解组"的状况。③

　　一定的社会的持续运行过程中,必定是经历过出现社会问题并且解决社会问题的过程的。

　　一种具体社会问题的最终解决,就是在新的环境和条件下,一方面,社会适应其中那些不可逆转的新的环境和条件,完善关于人们共同生活和活动确立的目标、手段和评价结果的标准,使社会成员对其

---

① 美国社会学家奥格本用"文化失调"解释社会中一些人的"越轨"行为。他认为社会变迁中文化方面的变化会存在"文化滞后"和"文化堕距"现象,新的文化因素会通过一些人们的"新"的行为选择体现出来。而这样的"新"的行为与原来文化之下的行为方式相比,属于"越轨"性质。参见奥格本:《社会变迁:关于文化和先天的本质》,浙江人民出版社1989年版,第106—108页。

② 法国社会学家迪尔凯姆将"社会问题"的出现归结为一定社会中的"社会整合"出现了问题。突出的表现是既有的"规范、惯例"对社会行为的整合能力降低。参见迪尔凯姆:《社会分工论》,渠东译,生活·读书·新知三联书店2013年版。《论自杀》,冯韵文译,商务印书馆2013年版。

③ 美国社会学家托马斯(W. I. Thomas)认为社会整合出现问题,会导致一定程度的"社会解组"。即缺乏一套社会规则和规范来指导人们如何发生社会行为;社会中对立的社会价值观念并存,使人们无所适从。参见托马斯:《身处欧美的波兰农民》,张友云译,译林出版社2000年版。

重新达成"共识"。使一定社会中的经济活动重新呈现"互惠性"、社会(交往)活动中重新呈现权利义务"公正平等性"、精神文化活动中重新呈现"正义性"。其中的关键是,对一定社会中发生"越轨"行为的成员的态度,其"越轨"行为对其他社会成员造成人身和财产伤害的要依法惩处;对他们"越轨"行为背后所蕴含的对于新环境和条件下经济"互惠性"和社会(交往)权利"公正平等性"的合理诉求,要真诚关注,使这些诉求通过政治活动体现在为社会共同生活和活动确立的目标、手段和评价结果的标准中。另一方面,对于新的环境和条件中那些尚难以判断其积极性或消极性的因素,社会可以通过各阶级、阶层的成员广泛沟通的方式,对成员中已经出现的"越轨"行为进行讨论,据此完善社会为人们共同生活和活动确立的目标、手段和评价结果的标准。

2. 社会持续中的社会冲突

一定的社会在持续运行的过程中,不仅会出现社会问题和解决社会问题,也会经历发生社会冲突和化解社会冲突的过程。社会冲突往往与社会问题是相互伴随的。有的社会冲突就是因为出现社会问题才发生的;有些社会问题则是由于社会冲突而出现的。

社会冲突指一定的社会中正在普遍发生的不同社会特质的成员之间持续着的有争斗性质的社会行动。

社会冲突具有以下特征。第一,社会冲突发生在不同社会特质的成员之间。这里的社会特质包括各种可能使人们在经济、政治生活中产生不同利益的因素,如出身、财产、收益、教育等。第二,正在普遍发生。一定社会中个别地方个别人之间的争斗行动,不能一般地称作社会冲突。只有当这类争斗行为在一定的社会中具有蔓延之势,即有普遍发生的趋势,才能称之为社会冲突。第三,持续着。只发生了一两次就自动平息了的争斗行为,不能简单称作社会冲突。当然,如果这种争斗行为不是自动平息而是被压制下去了,那么,这类争斗行为再度爆发时,就可能难以压制而成为真正的社会冲突了。另外,"此伏彼起"也是冲突行为"持续着"的一种情形,即在一地消失了,但同样的冲突在另外的地方又发生了。第四,争斗性。社会冲突表明一定社会中不同社会特质的人因为一定的利益在相互针对着,在主张自己的行为而阻止对方的行为。第五,社会行动。社会冲突是一定社会中不同的人之间社会(交往)行为的一种形式。是社会中一定社会特质的人表达利益诉求、提出他们某些社会主张、期待社会中的目标、手段或者评价结果的标准做出某种改进的行为。

社会冲突的类型可以不同的标准进行划分。第一,以冲突采取的方式为标准,可区分为"温和的冲突"和"激烈的冲突"。一般来说,采取合法手段发生的冲突,都属于"温和的冲突"。西方有的学者将"抱怨"作为最温和的冲突的形式。第二,以所处阶段为标准,可区分为"潜在的冲突"和"爆发的冲突"。社会冲突的爆发总是有一个过程的。未爆发之前有一个潜在的阶段。如果能够在社会冲突潜在的阶段发现,那么,就有可能在这个阶段化解它。第三,以争斗的内容为标准,可区分为"现实性的冲突"和"非现实性的冲突"。争斗的内容如果仅仅是围绕"手段"的,如要求增加工资、提高福利待遇、改进生活境况等现实问题的,属于"现实的冲突"。一般来讲,这类冲突比较容易化解。争斗的内容如果是围绕"目的"特别是围绕"评价结果的标准"的,如是涉及价值观念这样的"非现实性"的问题的,属于"非现实的冲突"。这类冲突就不容易化解了。但应该指出的是,社会冲突一般都是从"现实的冲突"开始的,在"现实的冲突"被忽视或被压制而看起来得不到解决时,才会升级到"非现实的冲突"。第四,以针对的对象为标准,可区分为"直接针对对方的冲突"和"间接针对对方的冲突"。社会冲突既有"民针对官",也有"民针对民"的。有时候,"民针对官"的冲突会以"民针对民"的形式表现出来,如民众对政府收入分配调节政策不满,却以对富人的敌视甚至冲突行为表现出来;民众对政府的某种移民政策不满,却以对新移民的冲突行为表现出来。同样,有些人对另一些人不满,却可能会以到政府讨说法,甚至围堵政府官员的行为表现出来。

社会冲突发生的原因包括几个方面。第一,深层原因。包括几个并列因素:一是因社会矛盾导致的社会"过度不平等"。社会不平等是社会中普遍的、正常的现象。但社会"过度不平等"就不再是正常的现象了。二是对立阶级或阶层之间缺乏沟通机会。三是被统治阶级或阶层中成员之间沟通机会增多。第二,直接原因。包括几个并列的因素:一是一定社会中受到不公正对待的人们(通常是被统治或被支配的民众)对主导着这样的不平等状况的人们(通常是占据统治或支配地位的人们)的"权力合法性"予以撤销;二是有精英或领袖人物的动员①;三是有"集体行为"一类的突发事件作为"导火索"。②

社会冲突具有以下形式。第一,有组织形式的社会冲突。如游行、集会、集体上访,甚至战争、暴力革命等形式,也包括"社会运动"③。第二,非组织形式的社会冲突。如聚众、群众、公众等形式。④像"社会运动、聚众、群众、公众"这些形式并非都是社会冲突性质的,但社会冲突常常会是以这些形式来展现的。

有一些影响社会冲突激烈程度的因素。第一,冲突群体之间达成协议的能力(如"沟通能力")。冲突群体之间达成协议的能力越是不足,冲突会越激烈。第二,统治者对被统治者"组织起来"的许可情况。统治者越是不允许被统治者沟通、不允许他们争取自己的利益、不允许他们中的领袖人物出现,一旦发生冲突会很激烈。第三,冲突派别内部的团结程度和成员感情卷入的程度。冲突群体内部越团结,感情越卷入,冲突可能越激烈。

存在一些影响社会冲突持续时间的因素。第一,冲突各方对自己的目标越是没有明确的限度,冲突持续的时间就会越长。第二,冲突各方对目标的一致性越低,冲突持续的时间就会越长。第三,冲突各方对于对方胜利或失败的符号特征越少,冲突持续的时间就会越长。第四,冲突各方的领袖人物越是意识到达到目标将付出极大的代价,冲突持续的时间就会越短。第五,冲突各方的领袖人物说服下属停止冲突的能力越强,冲突持续的时间就会越短。

社会冲突具有一定功能。社会冲突,对既有的社会秩序会造成一

---

① 被统治者对统治者统治的"合法性"予以撤销和精英领袖人物的动员,是德国社会学家马克斯·韦伯提出的社会冲突发生的两个原因。
② 在我国,社会冲突的发生往往并无明确的"精英领袖人物的动员",但是社会冲突照样发生,这与"集体行为"一类突发事件作为"导火索"有密切关系。
③ "社会运动"指一种以集体认同和团结为基础,以非制度性和超制度手段为主要行动方式,而且组织比较好、持续时间比较长的追求某种社会变革的集体努力。参见郑杭生:《社会学概论新修》(第四版),中国人民大学出版社 2013 年版,第 369 页。
④ "聚众、群众、公众"是美国社会学家布鲁默对"集体行为"所做的区分。聚众,指有共同关注或兴趣而临时聚集在某个地点的一大群人。群众,指有共同关注或兴趣,但分散在不同地方且并无有意的联系,而在行动上以及时间上却有着高度一致性的人数众多的群体。公众,指有共同关注或兴趣,分散在不同地方,但存在有意的互动且自发性地发表各自的意见,甚至形成派别;相同派别的人行动上以及时间上有着明显一致性的人数更多的群体。

定程度的破坏。但由于社会冲突的发生,也会引起一定社会中的统治者或支配者对于社会冲突中被统治者或被支配者要求改进的事项、要求改进的目标和手段甚至评价结果的标准做出调整和完善。而没有爆发社会冲突前,统治者或支配者可能并不会关注和重视这些问题。因此,从这种意义上讲,社会冲突具有积极的社会功能。越是"成熟的、健全的"社会,越具备了在社会冲突"潜在的"阶段发现社会冲突的能力,以解决相应的造成"社会过度不平等"的问题;越具备了在"温和的"社会冲突形式中化解社会冲突的能力,自觉地完善社会的目标、手段和评价结果的标准。

可见,一定的社会之所以可能持续运行,不是它没有社会问题和不发生社会冲突,而在于它具有一定的发现潜在的社会冲突的机制,或在社会冲突温和阶段发现社会问题的机制,更在于它能够真诚积极地去解决相应的社会问题。

第五节 社会的运行(二):社会变迁

一、社会变迁的含义与特征

(一)社会变迁的含义

社会变迁,指一定社会中人们的社会关系发生结构性变化的过程。

(二)社会变迁的特征

1. 人与人之间关系的变化

社会变迁是人们相互关系的变化,不是泛指社会生活中的任何社会现象的变化,更不包括自然环境和物质设施发生的变化。如一定的社会中"经济持续增长""经济结构发生变化"都不属于社会变迁,但经济主体之间的关系发生变化,属于经济领域中的社会变迁;又如,一个城市中各种设施的建设"日新月异"也不属于城市中的社会变迁,但城市中各类居民之间的关系发生变化,属于城市中的社会变迁。

2. 结构性的变化

社会变迁是一定社会中人们社会关系的结构性内容发生了变化。

它既包括社会结构发生的整体性变化,也包括社会的某种构成要素的内容所发生的变化。

3. 主体性与客观性交织

社会变迁不同于自然界的变迁,人的主体性是制约社会变迁的方向、内容、进程和结果的重要因素。以技术进步为核心内容的生产力的发展,客观上造成社会关系(尤其是生产关系)变化的前提。但一定社会中社会关系究竟可能怎样变化,却受到其中的人们(特别是统治者或支配者)主体性因素的制约。这就是同样技术进步内容的生产力水平条件下,不同的社会发生社会变迁的进程、内容及其后果可能大不相同的原因。不仅纵观人类历史中国家层面的社会变迁如此,如中国历史上的战国时期,技术条件与生产力水平相似,但各国的"变法"不同,各国社会变迁的内容与后果完全不同。横向看当今亦是如此,不同城市、不同乡村在技术和生产力水平相差不大的条件下,社会建设的"思路"不同,导致不同城市或不同乡村中社会变迁的状况和后果大不相同。因此,从人类社会历史变迁总进程的角度看,生产关系(其内容属人为设立)的状况终究要适应现实生产力水平的客观状况,具有不以人的意志为转移的客观性,这是马克思主义社会历史观揭示的规律。但是,从一个个具体社会的社会变迁角度看,其中人的"主观性因素"对社会变迁的进程、内容和后果的制约作用更为明显。

4. 价值意涵的"中立性"

社会变迁范畴没有"发展、进步"的意涵,它表示的意涵就是"变化"。因此,社会变迁既包括向"进步"的方向变迁,也包括向"倒退"的方向变迁。

二、社会变迁的内容

(一)从社会"整体"层次看,社会中"起建构性作用的要素"发生转变使得社会中四个构成要素之间的关联方式发生变化

我们已经知道,社会的四个构成要素各自的内在价值取向是不同的。经济活动的内在价值取向是"创造更多财富/收益最大化";政治活动的内在价值取向是"支配或统治/权力稳固";社会(交往)活动的内在价值取向是"权利义务公正平等";精神文化活动的内在价值取向是"社会正义"。一定的社会中,必定是某一种要素的价值取向处于主

导地位,建构着其他三种要素的内容。

社会变迁是社会中处在主导地位对其他三种要素的内容起建构性作用的要素发生了转变。即,一定社会中四个构成要素各自担负的功能之间的关联方式发生了转变。社会中曾经起"建构性"作用的要素处在了"被建构"的位置。

(二) 从社会"整体"层次看,社会中"权力合法性"发生了转变

一定的社会发生了社会变迁,意味着该社会中统治者或支配者设立的新的支配—服从关系获得了"权力合法性"。即社会中的人们(主要是被统治或被支配的人们)对统治者或支配者的价值取向和动机表示认可。因此,他们对统治者或支配者为社会确立的新的目标、手段和评价结果的标准表示认同;对经济关系中新的利益互惠状况表示接受;对社会(交往)关系中获取到的社会性公共资源的权利义务认为是公正平等的。新的社会的持续性,正是取决于人们对它的"权力合法性"的态度。而人们对"权力合法性"的态度,又取决于人们对经济中蕴含的"收益互惠性"、社会交往中的"权利义务公正平等性"、社会价值观的"正义性"的态度。社会中人们对"收益互惠性""权利义务公正平等性"持积极肯定态度,就也会对社会价值观的"正义性"持积极评价,也就会持续认同统治者或支配者的"权力合法性"。

(三) 从社会的"构成要素"层次看,某一种构成要素的内容发生变化

社会变迁也会在一定社会中的某一种构成要素的层次上发生。

经济要素中,人们投资—收益关系的"经济互惠性"发生变化。这属于一定社会中"物质利益关系"的变化。

政治要素中,人们支配—服从关系的"情感真诚性、认知共识性"发生变化。这属于一定社会中"人格/情感关系"的变化。

社会(交往)要素中,人们获取社会性公共资源权利义务关系的"权利真实性、权利义务公正平等性"发生变化。这属于一定社会中"社会行为模式"的变化。

精神文化要素中,人们道义关系中的"社会价值观的正义性、对社会价值观的共享性"发生变化。这属于一定社会中"精神/思想关系"的变化。

上述任何一种构成要素的内容所发生的变化,都属于社会变迁的内容。

三、社会变迁的类型

从不同的角度看,社会变迁可以区分为不同的类型。

(一)从"方式"角度看,可分为"渐进的"和"激进的"两类

渐进的社会变迁,指一定社会的四个构成要素的内容或者某个要素的内容中某个方面逐步地发生变化。这是社会变迁最为常见的方式。

渐进的社会变迁中,经济领域中经济关系的体制、机制的某个层面或方面逐步发生变化,"互惠性"逐步地在改善;或者政治领域中支配—服从关系的体制、机制的某个层面或方面逐步发生变化,"真诚性、共识性"逐步地在改善;同样,社会(交往)领域中权利义务关系逐步发生变化,"真实性、公正平等性"在逐步改善;精神文化领域中道德正义观逐步地改进,"正义性、共享性"逐步地在提升。

激进的社会变迁,指的则是一定社会的四个构成要素中,某一个要素的内容几乎完全发生变化,抑或是全部四个要素的内容陆续甚至几乎同时发生不同以往的变化。激进的社会变迁往往与政治权力的更迭有关,常常在一个较短的时期内展开。如1949年新中国成立以后的社会变迁,50—60年代东南亚、南美一些国家的社会变迁,以及90年代初期苏东国家按照西方国家设计的"休克式"方式展开的社会变迁,都属于激进的社会变迁。这是社会变迁较为少见的方式。

激进的社会变迁中,经济领域的所有制关系、经济体制和机制完全重新改造,经济关系的"互惠性"发生极大变化;政治领域的支配—服从关系、政治体制和机制完全重新安排,政治关系的"真诚性、共识性"重新达成;社会(交往)领域的权利义务关系、社会性公共资源的供给与分配体制和机制重新设计,权利义务的"真实性、公正平等性"重新塑造;精神文化领域的道义关系、社会价值观的形成体制和机制重新设立,精神/思想关系的"正义性、共享性"重新凝聚。

(二) 从"路径"角度看,可分为"自上而下的""自下而上的"和"自上与自下互构的"三类

1. 自上而下的社会变迁

指由一定社会中的统治者或支配者所主导和推动的社会变迁。

此类社会变迁在方向、内容、进程和后果上都主要受一定社会中统治者或支配者的动机和价值取向所支配。因此,此类社会变迁既会造成社会进步的后果,也带来社会退步的后果。

纯粹自上而下的社会变迁,通常只有在一定社会中统治者或支配者有能力"固执己见"的体制和机制中才会存在。

2. 自下而上的社会变迁

指一定社会中被统治者或被支配者自发展开的社会变迁。

此类社会变迁的方向、内容、进程和后果主要受一定社会中普通民众的动机和价值取向所支配,变迁的后果常常以逐步形成的民间做法、民俗、惯例等形式展现出来。

自下而上的社会变迁具有较强的自发性,因此它既可能造成社会进步的后果,也可能带来社会倒退的后果。

3. 自上与自下互构的社会变迁

指一定社会中统治者或支配者主导和推动的变迁内容与被统治者或被支配者的自发生成的变迁内容之间在建构与反建构中共同构成变迁的方向、内容、进程和结果的社会变迁。

自上与自下互构的社会变迁,指统治者/支配者在一定程度地把握被统治者/被支配者的需要及其动机和价值取向的基础上,结合统治者/支配者自己的动机和价值取向,为社会发展确立目标、手段和评价结果的标准,并且,在推动目标达成的过程中,一定程度地反馈来自被统治者/被支配者自下而上的对目标和手段实施中的态度和意见,校准目标、调整手段,以达成符合评价标准的社会变迁结果的过程。

通常情况下,社会变迁都不同程度地是以这样"互构"的路径展开的。其程度上的差异与一定社会中统治者或支配者对被统治者或被支配者"情感真诚性"以及相应的为社会确立目标、手段和评价结果的标准的"体制和机制"有密切关系。"情感真诚性"越强,相应的"体制和机制"越可能完善,被统治者或被支配者自下而上表达的动机和价值取向诉求也越会被较充分地纳入到统治者或支配者为社会确立的

目标、手段和评价结果的标准中。反之,"情感真诚性"越弱,"体制和机制"越不完善,统治者或支配者的动机和价值取向就会自上而下更多地植入到他们为社会确立的目标、手段和评价结果的标准中,导致一定社会中不同阶级、阶层的人对目标、手段和评价结果的标准的"共识性"降低。

(三)从"方向"角度看,可分为"进步的"和"倒退的"两类

一定的社会中所发生的社会变迁是进步的还是倒退的,可以从它的四个构成要素的内容在变迁中是否增进和改善了来把握和评价。即,用经济活动中人们的物质利益关系的"互惠性"是否增进和改善、政治活动中人们的支配—服从关系的"真诚性、共识性"是否增进和提高、社会(交往)活动中人们获取社会性公共资源的权利义务关系的"真实性、公正平等性"是否增进和改善以及精神文化活动中人们道义关系的"正义性、共享性"是否增进和改善来分别把握和评价。

进步的社会变迁,也可称为良性的社会变迁,指一定社会中四个构成要素的内容在发生的变化中或整体地或局部地得到增进和改善。

倒退的社会变迁,也可称为恶性的社会变迁,指一定社会中四个构成要素的内容在发生的变化中或整体地或局部地降低和破坏。

四、社会变迁的原因

哪些因素会导致一定社会中人们的社会关系发生变化呢?一般认为是,科技进步、人口变动、自然环境变化、新知识的发现和新思想的提出、外来文化和制度的影响、人们动机和价值取向的变化、自然灾害和战争。另外,还有一些社会变迁的某种结果,也是带来新的社会变迁的原因。

(一)科技进步

科技进步改进了生产的方式,从而改变人们经济活动中投资—收益关系、劳动关系等;改变社会性公共资源供给与配置能力,从而改变人们社会(交往)活动中教育、医疗、保障、就业、公共安全等方面的关系;改进民众利益表达的技术平台,从而改变了政治活动中主导—参与—协作关系、沟通关系等。

(二) 人口变动

人口中数量、分布与流动、自然增长率、年龄、性别、健康、受教育水平等因素的变动,都会带来一定社会中人们社会关系的变化。如,我国多年来人口分布与流动的变化,造成城市中社会关系的变化;近年来人口老龄化已经造成了劳动就业关系的变化等。

(三) 自然环境变化

自然环境是任何一个社会存在的前提。一定的自然环境条件下,人们围绕自然资源的利用形成一定的经济关系和日常生活关系。自然环境中资源条件的变化,会造成一定社会中经济关系的变化,生态环境被破坏,会造成人们社会(交往)活动中居住、出行、医疗等关系的变化。

(四) 新知识的发现和新思想的提出

新知识和新思想的出现会改变人的社会价值观,从而带来一定社会中制度的改变,进而改变人们的社会关系。

(五) 外来文化和制度的影响

与新知识和新思想一样,外来文化或制度的传入,也会改变一定社会中人们的社会价值观,从而带来一定社会中制度的改变,进而改变人们的社会关系。

(六) 人们动机和价值取向的变化

一定的社会中人们(尤其是统治者或支配者)动机和价值取向的变化,会造成所主张的社会价值理念、相关制度的变化,从而使人们的社会关系发生变化。

(七) 自然灾害和战争

自然灾害尤其是重大自然灾害发生,或者爆发战争,都会造成一定社会中人们社会关系的变化。如近年来叙利亚爆发战争,不仅造成本国人民各方面社会关系发生变化,也给德国等西欧发达国家中人们的社会关系带来变化。

(八) 一些社会变迁的结果的影响

一定的社会中,一个构成要素中人们的关系发生变化,其结果会造成其他要素中人们的关系也发生相应的变化。如,经济领域中人们的经济关系发生变迁,其结果会造成政治领域中人们的政治关系也发生变动,这样的变化也会带来社会(交往)领域中人们获取社会性公共资源时权利义务关系的变化等。

五、社会变迁的后果

我们已经知道,社会变迁是一个中性的概念;社会变迁既可能造成社会进步的后果,也可能带来社会倒退的后果。那么,一定社会中正在发生的社会变迁究竟是造成了进步的后果还是带来了退步的后果,如何看待或者评价呢?什么因素影响着社会变迁可能造成或带来怎样的结果呢?如何促进一定的社会更多进步而较少倒退地展开社会变迁呢?

(一)社会变迁后果的评价

一定的社会中社会变迁的后果,可以从该社会中经济、政治、社会(交往)、精神文化四个领域中人们关系是进步了还是倒退了进行评价。

1. 社会变迁中经济关系变动后果的评价

评价的标准是,经济关系中的"环境适应性、利益互惠性"是增强了还是减弱了。

这里"适应性增强了/减弱了",指一定社会中的经济性质活动在利用自然资源的过程中资源消耗的状况和对生态环境的保护状况是变得更好还是变得更差;"互惠性增强了/减弱了",指人们作为不同的经济主体通过参与经济性质的活动(一次分配中)所获得的经济收益的差异性是扩大了还是缩小了。

一定的社会在变迁中经济活动的"适应性"变得比过去差了,"互惠性"变得比过去差了,那么,肯定不能算是社会进步了。

2. 社会变迁中政治关系变动后果的评价

评价的标准是,政治关系中"情感真诚性、认知共识性"是增强了还是减弱了。

这里"真诚性增强了/减弱了"指一定社会中的政治性质的活动中处在支配或统治地位的人对其他(阶级、阶层)的人的利益诉求关注和关心的程度是增强了还是减弱了。"共识性增强了/减弱了"指该社会中的人们对于支配者或统治者所主导的为共同生活和活动所确立的目标、手段和评价结果的标准共同认可的程度是增强了还是减弱了。

一定的社会在变迁中政治关系的"真诚性"变得更差了,"共识性"变得更低了,那么,肯定不能算是社会进步了。

3. 社会变迁中社会(交往)关系变动后果的评价

评价的标准是,社会(交往)关系中"权利真实性、权利义务公正平等性"是增强了还是减弱了。

这里的"真实性增强了/减弱了"指一定社会中的人们获取社会性公共资源时的实际权利义务,与法律等规则赋予他们的权利义务的一致性是增强了还是减弱了。"公正平等性增强了/减弱了"指人们实际获取到的社会性公共资源与社会其他相同背景的人实际获取到的社会性公共资源的均等性是增强了还是减弱了。

一定的社会在变迁中社会(交往)关系"真实性"变得更差了,"公正平等性"变得更差了,那么,社会变迁肯定不能算是进步了。

4. 社会变迁中精神文化关系变动后果的评价

评价的标准是,精神文化关系中的"社会价值观的正义性、对社会价值观的共享性"是提升了还是降低了。

这里的"正义性提升了/降低了"指一定社会中的人们对于该社会中(支配者或统治者)所主张或提倡的社会价值观认为是符合人类文明的公认正义价值观的看法是提升了还是降低了;"共享性提升了/降低了"指社会中的人们对于(支配者或统治者)所主张或提倡的社会价值观共同认可的情况是提升了还是降低了。

一定的社会在变迁中精神文化关系的"正义性""共享性"变得更差了,那么,社会变迁肯定不能算是进步了。

除此之外,对社会变迁的后果进行评价,也可以辅之以其他相关标准。如,人们的"获得感、安全感、受尊重感、成就感"是变得比以往高了,还是比以往低了。

(二) 制约社会变迁后果的关键因素——社会控制

上面提到的各种导致社会变迁的原因,都只是一定社会所面临的"处境",在这种处境下,要经过一个因素才会真实发生社会变迁。这个因素就是"社会控制"。因此,社会变迁造成或带来了怎样的后果,社会控制的状况是一个关键的制约因素。那么,社会控制如何制约着社会变迁的后果呢?

1. 社会控制的含义与特征

英文"control"一词有控制、管理、抑制、调节、支配等含义。自然界中就存在着"控制"的现象。但自然界中的物与物之间的"控制"现象是一种"长成的"现象。最早(1901年)提出"社会控制"这一概念的美国社会学家罗斯(E. A. Ross)说:"我们的社会秩序绝不仅仅是蜂房或兽群的秩序。它似乎是建造物,而不是长成物。"① 他将"社会控制"作为与自然秩序相对的,带有一定目的和意识的社会规制。②

社会控制的含义,指一定社会中的人们对社会中各种社会关系进行管理、抑制、调节、支配,促进社会中形成人们所预期的社会秩序的过程。③

社会控制的特征,一是"人为性"。与自然界中的"控制"现象不同,社会控制的突出特征是,社会控制是经由人来实施的。它不是一种"自变量"而是一种受到人的主体性因素制约的"因变量"。因此,社会控制的状况,受人们进行社会控制的"目的""价值取向"以及"对手段的认知"等因素的状况所制约。二是"自上而下性"。即社会控制要么是一定社会中的统治者或支配者对被统治者或被支配者实施的;要么是一定社会中具有整体性的(组织的和非组织的)形式对个体实施的。

2. 社会控制的内容与方式

社会控制的内容,总的讲,就是社会关系;具体一点讲,就是人们的"社会行为"和人们的"价值观念"。再展开一点讲,就是人们结成的各种具体社会关系中人们的"社会行为""价值观念"。

社会控制的方式,有"正式控制/硬控制/外在的控制"和"非正式控制/软控制/内在的控制"两种。前者指运用法律、纪律、政治权力(制度、意识形态)等方式进行的社会控制;后者指运用伦理道德、风俗习惯、舆论等方式进行的社会控制。

---

① 罗斯:《社会控制》,秦志勇、毛永政等译,华夏出版社1989年版,第4页。
② 郑杭生主编:《社会学概论新修》(第四版),第400页。
③ 社会控制,学界有广义和狭义之分,我们这里是广义的社会控制含义。狭义社会控制的含义指"对社会越轨者施以社会惩罚和重新教育的过程"。狭义的社会控制也被称为"消极性控制",指其以"惩罚"和"制裁"为主的特征。参见郑杭生主编:《社会学概论新修》(第四版),第400—401页。

3. 社会控制的类型

社会控制都是一定社会中的人们为了构造他们预期协调稳定的社会秩序所实施的管理、抑制、调节、支配行为的过程。没有任何人实施社会控制是刻意要构造一种充满矛盾和冲突的社会秩序。

因此，社会控制可以区分为"有利于形成协调稳定社会秩序"的社会控制和"不利于形成协调稳定社会秩序"的社会控制两种类型。

导致社会控制呈现不同类型的因素，就是社会控制的主导者或实施者的"目的""价值取向"和"对社会控制方式的认知"。这些方面的不同，使社会控制呈现不同的类型。这里的"目的"指为了达成什么样的"经济的、政治的、社会（交往）的结果"而进行社会控制；这里的"价值取向"指最终是"为了谁的利益"而进行社会控制；这里的"对社会控制方式的认知"指对什么样的社会控制方式适用于实现社会控制的"目的"和体现社会控制的"价值取向"的科学认知。在社会控制的主导者或实施者目的和价值取向一定的情况下，主导者或实施者对社会控制的方式"缺乏科学认知"，也会导致社会控制出现偏离甚至背离社会控制的目的和价值取向的结果。

4. 社会控制的类型与社会变迁的后果

利于形成协调稳定社会秩序的社会控制，才会促进社会变迁造成"社会进步"的后果，反之，不利于形成协调稳定社会秩序的社会控制，必然会使社会变迁带来"社会倒退"的后果。

利于形成协调稳定社会秩序的社会控制中，所确立和运用的社会规范以及相应的方式，所倡导和主张的社会价值观念，往往是赋予了人们参与为社会变迁确立目标、手段和评价结果的标准的真实的、公正平等的权利义务；往往是赋予了人们参与对社会变迁的方向、进程和阶段性效果进行评价的真实的、公正平等的权利义务。

反之，不利于形成协调稳定社会秩序的社会控制中，所确立和运用的社会规范以及相应的方式，所倡导和主张的社会价值观念，往往是抑制人们参与为社会变迁确立目标、手段和评价结果的标准方面的权利；往往是抑制人们对社会变迁的状况进行评价。

因此可以说，不利于形成协调稳定社会秩序的社会控制，是社会变迁出现负面的，甚至倒退的后果的"瓶颈"。

参考文献

[1] 赫伯特·斯宾塞:《社会静力学》,张雄武译,商务印书馆 2012 年版。
[2] 斐迪南·滕尼斯:《共同体与社会》,林荣远译,商务印书馆 2003 年版。
[3] 威廉·菲尔丁·奥格本:《社会变迁:关于文化和先天的本质》,王晓毅、陈育国译,浙江人民出版社 1989 年版。
[4] 费孝通:《乡土中国》,上海世纪出版集团 2013 年版。
[5] 瞿同祖:《中国封建社会》,上海世纪出版集团 2012 年版。

思考题

1. 如何理解"社会"的含义?
2. 社会有哪些"构成要素"?
3. 社会有哪些主要类型?
4. 什么是社会持续?
5. 如何理解社会冲突?
6. 什么是社会变迁?

第二章　社会怎样塑造了我们

【**本章提要**】本章主要**目的**是帮助同学们认识"社会化"这个范畴,**内容**包括社会化的内涵、文化和制度对个体社会化的影响、社会化成功和失败的标准与建议。其中**重点**是社会化主体、文化和制度如何影响个体社会化,**难点**是社会化的成功和失败。

第一节　从生物人到社会人

我们是社会的动物,从呱呱落地的那一刻开始,我们就要接受各种不同社会因素的影响,形成我们独特的行为、思想、感情、语言、才能、习惯等。如果我们出生后,没有接触任何有意义的人类,会是怎样呢?

延伸阅读

卡玛拉

1920年10月,一位印度传教士辛格(J. A. L. Singh)在印度加尔各答的丛林中发现两个由狼哺育的裸体女孩。大的女孩约8岁,小的1岁半左右。据推测,她们必是在半岁左右时被母狼带到洞里去的。辛格给她们起了名字,大的叫卡玛拉(Kamala)、小的叫阿玛拉(Amala)。小的不久就死去了,大的活下来,

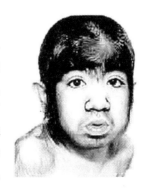

卡玛拉像狼那样用四肢爬行,舔食流质的东西,吃扔在地上的肉。她害怕光亮、怕火、怕水,从不让别人给她洗澡。天冷也不盖毛毯,却喜欢和小狗偎在一起,蜷缩在角落里。

延伸阅读

伊莎贝尔

伊莎贝尔(Isabelle)是一个私生子,被她的聋哑母亲藏了起来,出生后的前6年,伊莎贝尔完全生活在黑暗的房间里。除了母亲以外,她很少与其他人接触。当6岁的伊莎贝尔被发现时,她并不会说话,只能发出哇哇的叫声。唯一与她母亲沟通的方法,是通过一些简单的手势,她对别人的行为"就像野兽那样"。照料伊莎贝尔的人使她接受了强化训练,只有几年的时间,伊莎贝尔便获得了与同龄儿童相似的正常发展水平。[①]

一、生物人与社会人

从卡玛拉和伊莎贝尔的故事,我们可以发现,脱离社会生活的个体几乎与其他动物没什么差别。被发现之前的卡玛拉和伊莎贝尔是凸显生物属性的人,当她们被发现后与人们一起生活,逐步转变为具有社会属性的人。这一转变正是社会化的过程。

(一)生物人

1. 生物人的含义

刚刚出生的婴儿是一个极其脆弱的有机体,它们虽然是人,但主要体现为人的自然属性,我们称之为生物人,即具有原始的、未开化的动物天性的人,如8岁以前的卡玛拉和6岁以前的伊莎贝尔。

2. 生物人的特点

从进化论的意义上,作为高等动物的人具有与一般动物相类似的自然性、动物性、兽性,但这种特性与低级动物存在本质的差别。在低

---

① 理查德·谢弗:《社会学与生活》,赵旭东等译,世界图书出版公司北京公司2012年版,第112页。

级动物那里,它们是靠本能生活的,即受基因决定的复杂行为模式①,如小鸭找水、小马驹站立等。人类是没有"本能"的,生物人具有一些与生俱来的反射行为,如婴幼儿吃奶动作。而这些行为往往与人类的基本生存有关,譬如对温暖、水和性的需求,这些基本的生理需要往往通过简单的方式实现,如刚出生的婴儿会通过吸吮乳汁、放声啼哭等方式获得基本需要的满足。同时,生物人具有的生物性,凸显为人类在生物进化中形成的特性,包括生物人具有较长的依赖生活期、较高的学习能力、语言的能力和思维的能力。

（二）社会人

1. 社会人的含义

与生物人形成鲜明对比的一个概念就是社会人。我们出生以后,不能像其他动物一样,依靠本能独立生活,如果没有大人的帮助,就会在几个小时内死亡,不仅因为食物,还因为冷暖和接触。② 我们必须在人类社会的环境中接受熏陶和教养,要在社会中生活,学习并适应在人类社会中生存下去的各种需要,成为社会人。所谓成为社会人,也就是通过社会化,使生物人在学习社会生活的技能、内化社会价值标准、适应社会生活过程中形成一系列行为模式。换句话说,一个合格的社会成员即社会人。

2. 社会人的特点

人具有社会性,我们不能离开社会而孤立地生活,这是社会人的基本特点。在复杂的社会中生活,我们必然少不了受到社会各方面和周围环境的影响,人在社会上生存是少不了与人交往的。人们去做一件事情,目的也就是处理人和人或人和事之间的关系。社会人还具有情感性,人是有感情的动物,社会人应该关心周围的人和事。此外,社会人的特点还包括利他性、服从性、依赖性以及更加高级的自觉性等。

（三）生物人为什么要转变为社会人

我们从最初的生物人为什么要转变为社会人呢？我们从生物人转变成社会人的过程,其实就是社会化的过程,即人学习社会生活技

---

① 邱泽奇:《社会学是什么》,北京大学出版社2002年版,第90页。
② 同上书,第87页。

能、规范,获得个性,并通过社会文化内化,逐渐适应社会生活的过程。换言之,我们为什么要社会化呢?

1. 人区别于动物的客观要求

如果人不进行社会化,人与动物有何区别呢? 这也是违背生物进化规律的,单纯的生物人是无法在社会上生存的。社会化是人区别于动物的客观要求。

2. 社会存在的必要条件

如果不进行社会化,社会将不复存在。社会是有文化、有组织的系统;社会以物质生产活动为基础,以人际交往为纽带;社会是人类共同生活的最大的群体。① 没有社会化,生物人将脱离他人生活,无法形成文化、组织、交往等基本要素,更不用说创造社会了。换言之,没有社会化就没有人。社会化是社会存在的必要条件。

3. 社会的一致性和延续性的实现路径

社会化使得社会能够在社会的和生物学的意义上进行繁殖,从而确保它世世代代延续下去。社会作为一个整体,它的存在和发展有赖于源源不断地补充新的成员以接替老的成员。社会化过程正是社会以它特有的文化将新的成员不断教化为符合要求的合格成员的过程。② 社会化是社会的一致性和延续性的实现路径。

4. 社会良性运行和协调发展的应有之义

社会化是社会按照一定的标准培养、塑造自己的社会成员的过程。没有那些具备与社会发展水平相适应的知识、能力和素质的人,社会就不可能良性运行和协调发展。③ 社会化正是社会良性运行和协调发展的应有之义。

二、生命历程中的重要节点

社会化并非人生的一个结点,我们的社会化是一个持续终生的过程。但我们的生命历程中是存在重要节点的,包括童年期、青春期和成年期,这些重要节点往往会影响我们一生。

---

① 风笑天:《社会学导论》,华中理工大学出版社 1997 年版,第 35—36 页。
② 同上书,第 73 页。
③ 郑杭生:《社会学概论新修》(第三版),中国人民大学出版社 2002 年版,第 84—85 页。

(一) 童年期

1. 童年期的我们

出生时被父母抱起那一刻起,我们的社会化就开始了。我们的童年期可以划分为两个阶段:婴幼儿期和儿童期。

人的婴幼儿阶段是从出生到 3 岁左右,那时的我们大脑以惊人的速度发育,动作发展最为迅速,在此期间我们会逐步掌握独立行走以及用手操作物体的能力。在这个阶段,孩子从随意性的天生反射活动慢慢过渡到目标取向行为,如开始主动寻找玩具,并在 2 岁左右形成符号思维的能力。同时,孩子的学习、记忆、语言理解能力发展迅猛。随着语言的发展和对符号的理解,婴幼儿的社会化也更加有效。婴幼儿在与父母相互作用的过程中,逐渐形成一种依恋,一种感情上的联结和纽带。依恋是人类适应生存的一个重要方面,是漫长的进化过程中自然选择的结果,依恋的生物功能是维持生存,其心理功能则是获得安慰与安全感。

儿童期是 3—12 岁左右,这一阶段的我们在生理方面表现为智力发展迅速、活动范围扩大;在心理方面,开始逻辑思维,推理能力增强;在社会方面,其社会性增强,家庭生活、同辈群体游戏、学校生活成为我们重要的社会化环境。学龄前儿童的社会化主要在家庭中由父母或其他照顾者完成,同辈的重要性开始凸显;学龄初期儿童社会化发生质的变化,学校使儿童社会化更加有目的、有系统,同辈群体成为生活的重要组成部分。

2. 我们面临的主要人生任务

在整个童年期,我们的主要人生任务是什么呢?埃里克森认为,人生不同阶段会遭遇不同危机,解决危机是人生的终极任务。在他看来,0—1 岁婴儿面临的危机是信任与不信任,2—3 岁儿童所面临的危机是培养自主性与抑制、怀疑自己的能力,4—5 岁儿童开始对发展其想象力与自由地参加活动感兴趣,6—11 岁儿童所面临的危机则是勤奋上进或失败自卑。① 这些阶段看似由我们自己完成,实则受到社会的塑造。婴幼儿阶段,我们的社会化主要是通过父母或照顾者传授知

---

① 全国 13 所高等院校《社会心理学》编写组:《社会心理学》,南开大学出版社 2008 年版,第 53—54 页。

识,训练儿童适当的行为规范,使我们逐渐合乎社会标准。这一阶段,我们也开始接触同辈朋友,逐渐学会与家庭以外的成员接触。学龄前阶段,我们的社会化主要在幼儿园完成,由幼儿园老师教导社会生活、由同伴陪伴练习群体生活。学龄阶段,学校和朋友开始成为儿童的主要活动领域和对象,这一阶段社会化主要是学习社会生活的常识和规范,小学旨在培养德、智、体、美全面发展的、具有创新精神、实践能力和独立个性的社会主义现代化需要的各类人才,同学和朋友成为儿童主要的交往对象,也成为基本人际交往技能的练习对象。

(二) 青春期

1. 青春期的我们

青春期是一个敏感期,进入青春期的时候,我们的身体成长迅速,比较留意异性,智力发展达到高峰,重视朋辈群体规范,生理、心理不稳定但开始走向成熟,看待世界和思考问题的方式也有了重大的改变。青春期相对于童年期的角色结构发生了较大的变化,增加了一些新的角色,如男友、女友、运动员、学者及许多其他的角色。为此,我们必须提高新的社会地位和扮演新角色的能力。埃里克森认为,如果这些角色能够顺理成章地进入,而且在此之前已经形成了较强的信任感、自主感、主动性和勤奋感,那么,进入青春期后就比那些没有形成这些感觉意识的人有更好的机会获得强烈的自我认同感和避免角色混淆。[①]

与儿童期相比,青少年能在更大程度上采纳别人的观点,然而我们的世界观仍然是高度主观的——也就是说,建立在我们自己的直接经历和感觉上。我们经常过于关心其他人如何评价自己的行为,并且也容易在唯我主义(经常在说或写的时候过多地提到自己)与自卑之间来回摆动。同时,这一时期的我们逐渐成长并在某些方面更为独立,使得我们与父母之间的联系纽带弱化,但在经济方面还是依赖于家庭,这就产生了棘手的情感冲突、代沟,其中三个重要的冲突是在衣着、发型及宵禁方面。[②] 青春期的我们生活范围不断扩大,从儿童慢

[①] 邱泽奇:《社会学是什么》,第 102—103 页。
[②] 戴维·波普诺:《社会学》(第十一版),李强等译,中国人民大学出版社 2007 年版,第 180—182 页。

慢过渡到成年,这一时期的我们残留着少年儿童的稚嫩,又似乎显示出成年人的稳重。

2. 我们面临的主要人生任务

青春期社会化是以面向未来角色的社会学习过程出现的,这也称之为预期社会化。尽管预期社会化跨越了整个生命周期,但"预演"未来的成人角色在青春期少年身上表现得特别明显。① 伴随着青春期显著的身心变化,青少年面临的主要人生任务是寻求自我身份的认同。当青少年预期的成人角色与现实生活发生冲突,或者外部期望与自身的不一致时,他们会产生迷茫、混乱,无法顺利度过社会化。这一阶段,青少年社会化主要是学习一般的、有广泛适用性的科学文化知识,成为一个国家公民。青春期的我们必须接受学校的教育,以期掌握必要的科学文化技术知识和基本技能、锻炼身体的基础知识和正确方法,学会生活自理和参加力所能及的家务劳动,初步掌握一些生产劳动的基础知识和基本技能。

(三) 成年期

1. 成年期的我们

进入成年期后,我们身体的发育基本完成,生理器官状态良好、功能优良、抗病力强、体力精力充沛,心理也趋于稳定,逐渐承担起公民的责任和义务,并形成自身的社会行为方式。这一阶段,我们将尝试多个角色的转型,从学生到工作者、从单身者到已婚者,从为人子女到为人父母等。成年期的我们,已经发展起了关于自我的形象,既包括真实的,也包括理想的;遵从社会的规范和价值;达到一定的自我控制的程度;使个人的欲望服从社会的规则。② 同时,我们的人生经验逐渐丰富、社会角色逐渐繁杂,家庭和社会责任也越发沉重等。

2. 我们面临的主要人生任务

成年期,我们面临的人生任务包括完成学业、就业、结婚、生育等。成年期社会化与儿童期社会化有所不同,成人社会化的动机比儿童更加明确,他们能够按照自己的愿望去选择角色。如果他们想的话,他们可以改变自己的婚姻、工作状态或回到学校等。同时,当角色内容

---

① 戴维·波普诺:《社会学》(第十一版),第 181 页。
② 同上书,第 182 页。

发生变迁的时候,成人可以重新定义或再创造现行的角色,如对妻子角色的新定义。①

三、社会化的主体

前文关于卡玛拉和伊莎贝尔的故事说明,我们的社会化是离不开他人的,包括个人、群体和机构,这些群体中最重要和最有影响力者被称之为社会化的主体,即家庭、学校、同辈群体、邻里和大众传媒。社会正是通过这些社会化的主体塑造了我们。

(一)家庭

1. 家庭的含义

家庭通常被理解为一种社会组织单元,单元中的成员主要来自血亲关系或由婚姻构成的非血亲关系或模拟血亲关系。传统的家庭通常包括了夫妇、父母(或其他长辈)、已婚或未婚子女、已婚或未婚的兄弟姐妹。而现在的家庭通常还是包括了血亲关系,但也有不包括任何血亲关系的,譬如一对同性恋人领养一个孩子。② 而对我们社会化最具有影响力的主要是父母或者直接照顾者。

2. 家庭的特点

家庭具有区别于其他社会群体的特点,主要表现如下:

第一,家庭是社会群体而非个体。家庭由两个或两个以上的家庭成员构成,这是家庭最基本的特点。第二,家庭是以婚姻和血缘关系为基础的共同体。婚姻是家庭的起点,由婚姻关系而结成的夫妻关系是家庭最主要的关系,是维系家庭的首要纽带,也是判断家庭是否成立的首要标准。第三,家庭以共同生活、经济共有、情感共享为条件。家庭成员居有定所,同吃同住,共同使用家里的消费品,房屋、劳动收入、家具等都是家庭成员共同的财产。除了物质生活以外,家庭成员在精神层面同样相互依赖,从家人那里获取情感上的关怀和慰藉。第四,家庭是一个变化着的历史范畴。③

---

① 戴维·波普诺:《社会学》(第十一版),第182页。
② 邱泽奇:《社会学是什么》,第220页。
③ 邹文开、王婴:《社会工作实务操作手册》(全五册),中国社会出版社2015年版,第4页。

3. 家庭怎样塑造我们

社会化从家庭开始,我们学会了吃饭、穿衣、行走坐卧,学会了对冷暖的理解等基本的生存技能,同时也学会了自我的认知,对社会的基本了解,对人对事的态度。儿童在成长过程中,家庭这一社会化主体的缺失势必会给其造成严重的后果。

家庭塑造我们的重要途径是通过家庭的教养方式,纵向影响主要来自家庭背景和家庭中过去的事件,横向影响关注家庭成员间的互动如何影响个体的成长和发育。

宠爱型家庭教养方式下,父母对子女过分溺爱,唯恐子女受到任何挫折。据研究发现,幼时受父母溺爱者,长大后多表现为依赖性强,遇事退缩,缺乏同情,情绪不稳定,自制能力和自信心差,易受别人意见的左右。

放任型家庭教养方式下,父母对子女的行为完全放任,很少管教约束。采取这种方式不能使子女养成是非观念,子女缺乏教养,因而很难适应集体生活。

专制型家庭教养方式下,父母对子女管教非常严格,他们多是幼年受过艰难后来又有些成就,因此对子女的前途甚为关心的人。他们望子成龙心切,教育有长期计划,但对子女的能力、兴趣缺乏充分了解,常用命令、指责等手段强迫孩子服从。这类家庭出身的儿童在性格上多表现为诚实、礼貌、细心、负责任,但在其他方面却表现出羞怯、自卑、敏感和对人屈从。

民主型家庭教养方式下,父母能充分理解孩子的要求和兴趣,尊重其意见,适度满足其要求,并引导孩子独立做出自己的选择和决定。这类家庭出身的孩子表现为自立、自信,能主动解决自己的困难,情绪稳定,易理解他人。①

也就是说,家庭中对我们社会化影响最大的是父母,他们的一言一行、一举一动往往会成为我们模仿的榜样,譬如"虎妈""狼爸""鹰爸"。尤其是在孩子成长过程中,父母对子女性别角色的引导,如"女汉子""娘"等都凸显了父母性别角色引导的重要功能。此外,家庭中其他成员也对孩子的社会化起到某种特定的作用,如祖辈的传统文

---

① 全国13所高等院校《社会心理学》编写组:《社会心理学》,第49页。

化、规范、价值观和行为方式会影响孩子的成长。同时,家庭的结构也会影响孩子的社会化,如家庭破裂、家庭子女数量等。

> **新闻链接**
>
> 虎妈、狼爸、鹰爸
>
> 虎妈:本名蔡美儿(Amy Lynn Chua),女,1962年生,祖籍福建。其父获麻省理工学院博士,就职于加利福尼亚大学。蔡美儿幼年随父母移民美国,获哈佛大学文学学士、法学博士,现任耶鲁大学法学院终身教授。蔡美儿为两个女儿制定十大戒律,自称"采用咒骂、威胁、贿赂、利诱等种种高压手段,要求孩子沿着父母为其选择的道路努力"。这种苛刻的教育方法,被她写在介绍自己育儿经的一本书上,这本书名为《虎妈战歌》(Battle Hymn of the Tiger Mother)。
>
> 狼爸:名为萧百佑,香港商人,自称"中国狼爸",用"打"的教育方式,将四个孩子送进北大。萧百佑也跻身成功父母行列,出版教子经《所以,北大兄妹》,介绍自己的教育经验。
>
> 鹰爸:一名来自南京的父亲要求4岁儿子在暴雪中只穿小短裤裸跑的视频一被放到网上,立即引发了热烈的跟帖和转发,这名父亲随即获封"鹰爸"之称,4岁"裸跑弟"也爆红网络。"鹰爸"何烈胜是南京的一名企业家。①

(二)学校

1. 学校的含义

学校是有计划、有组织、有目的地向社会成员传授知识、技能、价值标准、社会规范的专门机构。② 我们人生的不同阶段,需要接受不同层次学校的教育。

2. 学校的特点

学校作为一个社会组织,有其明显的特点:有固定的人数;有明确规定的政治结构,这个结构由学校独特的社会互动(教学活动)而引

---

① 分别引自360百科词条"虎妈""狼爸""鹰爸"。
② 全国13所高等院校《社会心理学》编写组:《社会心理学》,第50页。

起;受众多小型的互动过程的影响;代表社会关系的一个紧密连接的网络;学校的所有成员具有一种同群感;有自己特定的学校文化。①

3. 学校怎样塑造我们

学校是家庭以外儿童和青少年社会化的最重要的主体,其社会化的实现途径主要是课堂。通过接受正规的带有半强制性的课堂教育,我们学会了各种科学知识和技能,也培养和树立了自身的价值观念。除了课堂上、书本上所学习的正式课程外,学校还提供大量的"隐蔽课堂"。从每周一次的升旗仪式,到轮流做卫生值日;从课堂上的举手发言,到丰富多彩的课外活动……学校作为一种特殊的社会组织,一种特殊的微型社会,将各种特定的角色、身份、地位、规范、标准和文化展示在我们的面前。老师、班主任、校长等的身份和行为,帮助我们形成了某种尊重权威、遵守秩序的观念;学校的班级划分、时间安排、纪律要求、规章制度等等,帮助我们养成了有规律的学习生活方式和习惯,约束着我们的言行举止,并形成各种角色、身份、地位相对应的亚文化,为我们进入成人世界做好准备。② 可见,学校塑造了我们的基本生活知识和技能。

同时,学校也在某种有形或无形的方式中将我们分层、分流、筛选和指引,譬如考试的成绩排名、文理科选择、竞赛选拔等。这在很大程度上影响了我们未来的发展方向和职业生涯。尤其是进入大学后,学校教育直接关系到个人为人处世的成败。大学好比炼钢炉,钢材的好坏很大程度上取决于你之前接受的学校教育的成败。

(三) 同辈群体

1. 同辈群体的含义

同辈群体是一个由地位、年龄、兴趣、爱好、价值观等大体相同或相近的人组成的关系亲密的非正式群体。③ 或者,也可以用通俗的话讲,同辈群体好比同代人的"朋友圈"。我们每个人可能同时拥有几个朋友圈,我们可能是几个同辈群体的成员,例如同一小区的孩子组成的群体、同班同学组成的群体、参加同一社团的小伙伴组成的群体等。

---

① 马和民:《新编教育社会学》,华东师范大学出版社2009年版,第210页。
② 风笑天:《社会学导论》,第84页。
③ 全国13所高等院校《社会心理学》编写组:《社会心理学》,第50页。

2. 同辈群体的特点

同辈群体的主要特点有：第一，同辈群体具有较高的心理认同感，作为非正式群体，它是个体自由选择的；第二，作为一种特殊的亚文化，形成了自身特殊的价值标准；第三，非强制性，同辈群体突出了自主选择、自愿结合的特性。[1]

3. 同辈群体怎样塑造我们

同辈群体的社会化影响是随着儿童年龄的增大逐渐扩大的，这种影响在青少年时期达到顶点。美国人类学家米德甚至认为，在现代社会，同辈群体的影响大到改变了传统的文化传递方式的地步。[2]

同辈群体的影响源于我们对平等的追求和期望，同时，它能给我们提供保护伞，也能充当催化剂。同辈群体提供了一个平等互助的社会环境，使得我们有较强的依赖感。有关调查表明，我国中学阶段的青少年有30%的人经常出现苦闷情绪，60%左右的人有时出现苦闷情绪。当他们出现苦闷情绪时，除了"闷在心里"之外，向同辈求助的最多，向父母救助的次之。[3]

同辈群体对我们的社会能力发展也具有催化的作用，当然，这种作用有正向和负向之分。同辈群体有助于我们表达自我、展现自我、相互沟通、合作等，如同一寝室同学考研往往都考上了。但是这种催化作用也会起到负面效果，例如青少年犯罪往往具有团伙性。正如我国著名社会心理学专家周晓虹所说，"由于同辈群体是形成脱离成人控制的独立性的一个重要活动场所，所以在某种程度上作为一种对成人控制的反动，它常常会带有反主流文化的特征，并因此在社会化方面具有不可低估的消极影响"[4]。同辈群体给我们提供了一个平等的人际交往环境，锻炼了我们与人交往的能力，但稍有不慎也会酿成悲剧，如"马加爵事件""复旦投毒案"。

---

[1] 马和民：《新编教育社会学》，第337页。
[2] 同上。
[3] 同上书，第95页。
[4] 周晓虹：《现代社会心理学：多维视野中的社会行为研究》，上海人民出版社1997年版，第136—137页。

> **新闻链接**
>
> ### "马加爵事件"与"复旦投毒案"
>
> 马加爵事件——2004年2月23日,云南省昆明市公安局接报后,在云南大学学生公寓一宿舍柜子内发现4具被钝器击打致死的男性尸体。4名受害学生均为马加爵的同学。
>
> 复旦投毒案——2013年3月31日中午,复旦大学2010级硕士研究生林森浩将其做实验后剩余并存放在实验室内的剧毒化合物带至寝室,注入饮水机槽。次日早上,与林森浩同寝室的黄洋起床后接水喝,饮用后便出现干呕现象,最后因身体不适入院。

(四)邻里

1. 邻里的含义

邻里,也就是邻居,是地缘相邻并构成互动关系的初级群体,是居住地毗连的人们,认同特定的一组角色,据此形成密切的互动关系,有着显著的认同感和感情联系,由此构成相对独立的小群体。

2. 邻里的特点

与其他社会群体和组织相比,邻里具有以下几个主要特点:

第一,它是一个地缘群体。每一个邻里都有一个特定的地域,构成邻里的各个家庭在地域上非常靠近,甚至是一墙之隔。居住区位的接近是形成邻里的基本条件,它为人们建立频繁的社会联系提供了前提。俗话说,"远亲不如近邻",就是这个道理。在居处相近的基础上,若干家庭守望相助,疾病相扶持,形成了现实的社会群体。从这个意义上说,居住区位的接近是构成邻里的自然基础。

第二,它是一个非正式群体。首先,邻里没有固定的成员,一个住户迁入某一楼栋、某一小区,和左邻右舍互相往来,自然就成了这个邻里群体的成员。而一旦他们迁出此地,也就不再从属于这个邻里关系。其次,邻里不是正式的组织机构,没有正式的组织领袖。一般地说,在邻里活动中起组织领导作用的多是一些有热心、有经验、有能力、有一定声望的成员,他们可能是其他组织的负责人,但不具有邻里群体的法定职务。再次,邻里没有明确的规章制度,大家依照法律、道德、社会舆论、风俗习惯从事活动、判断是非,这种群体对成员的约束是非规范化的。

第三，它是一个情感性的群体。邻里不是经济实体，也不是政治实体，而是以情感为基础结合起来的社会群体。各个家庭，如果没有相互之间的友好往来，如果没有在此基础上发展起来的情感交流，即使居住区位接近也形不成现实的邻里群体。①

3. 邻里怎样塑造我们

邻里实际上也是一个小社会，我们与邻里的交往影响我们个性的形成、人生观等的塑造。这一道理早在中国传统文化中道明，譬如"近朱者赤，近墨者黑""孟母三迁"等。国外学者对此很早提出了"邻里效应"理论，认为居住区的特征对于居民的态度、行为有影响。② 我们居住社区的人、服务、人际网络、公共设施等都会影响我们的社会化。虽然随着国家体制改革，我国城乡邻里关系趋于弱化，邻里纠纷不断，但我们居住的地理空间位置使得我们无法摆脱其影响。邻里能提供一套价值观与规范体系，并以此教化邻里中的居民和儿童，同时我们所作所为都会接受邻里的评价。

延伸阅读

"邻里效应"

邻里效应（Neighborhood Effect）最早由美国社会学家威尔逊（Wilson）于1987年在《真正的穷人》（*The Truly Disadvantaged*）一书中提出，威尔逊对美国城市的贫民窟进行了研究，他认为这些贫民窟被美国主流社会所排斥，其邻里特征会对居民的生活态度、社会行为产生消极影响。③

---

① 唐忠新：《浅议邻里的特点和地位作用》，http://teamwork.enorth.com.cn/system/2005/10/14/001139715.shtml。

② 罗力群：《对美欧学者关于邻里效应研究的述评》，《社会》2007年4期，第123页。

③ 转引自汪毅：《欧美邻里效应的作用机制及政策响应》，《城市问题》2013年5期，第84页。

（五）大众传媒

1. 大众传媒的含义

大众传媒也称为大众传播工具，指的是人们进行沟通与信息交流的各种手段与工具，主要是指报纸、杂志、书籍、广播、电视、电影、网络等。① 其中，电视和网络与人们的日常生活的关系日趋紧密，它们已经成为我们社会化的重要推动力。就其种类而言，可以划分为印刷类和电子类。

2. 大众传媒的特点

作为一种传播媒介，大众传媒具有传播信息速度快、范围广、影响大的特点。同时，大众传媒能起到宣传、新闻传播、舆论监督、实用和文化积累的作用。此外，大众传媒具有日趋电子化的特点。随着科技的发展，人们更倾向于选择电子传播媒介。

3. 大众传媒怎样塑造我们

随着科技的发展，大众传媒的方式日益丰富，它在塑造我们的价值观念方面发挥着导向作用，在塑造我们的行为方面发挥着暗示的作用。大众传媒对知识和信息的报道和传播并非是价值中立的。从积极方面来看，作为强有力的社会化主体，大众传媒所提供的信息帮助我们了解情况、做出判断、满足要求或实现目的；从消极方面来看，大众传媒所传递的不恰当的价值观念或行为模式，也会误导我们，尤其是电视节目的内容与儿童成长密切相关。再譬如在社会生活中，网络上火爆的图片或新闻，就会主导我们对事物的看法；报纸杂志特别是电视上的商品广告，就会引导着我们的消费行为；电视和电影中所描写的生活方式和人物形象，就会被我们所追捧。可以说，大众传媒改变了我们认识世界的方式，也改变了我们评价世界的途径，它塑造着我们的生活方式、思维模式、价值观念等。

延伸阅读

电视与儿童社会化

美国国家心理健康研究所资助的一项对电视和社会行为关系的

---

① 马和民：《新编教育社会学》，第337页。

研究,考察了大约900个关于电视暴力的研究,并做了如下总结:大多数研究者之间有着一种共识,电视暴力确实导致了观看此类电视节目的少年儿童的攻击性行为……从相关程度的大小来说,电视暴力与攻击性行为之间的关系,同它与其他人和所测量的行为变量之关系一样,相关性很强。①

第二节 文化怎样塑造我们

前文提到,我们必须社会化,由生物人转变为社会人。这种转变是内在的要求,也是外在的驱动,除了社会化主体的影响,社会具体通过怎样的途径来塑造我们呢?文化和制度并行,无疑是最重要的路径选择。

文化作为一种传承、积淀和整合了数千年的非正式规则形态,是一个巨大而深厚的存量,它被特定的社会群体所选择、收纳与共享,并经过时间的积淀、净化,得以绵延、传递,它具有高度的稳定性、延续性、群体认同性和内化性等特征。文化与制度的关系是辩证互动的关系,它们相互交叉、相互影响。制度主要是达成一种价值上的共识与认同;文化作为一种系统将依赖于制度得以传承和发展。②

人类是唯一具有文化的动物③,我们社会化的过程,最主要的是一步步接受文化的过程。何谓文化?关于文化的含义,存在多种界定,目前并未形成统一的看法。日常生活中,我们也经常提到"文化"一词。一个人不识字,我们常会说"没文化,真可怕";一个国家和另一个国家的差异,我们会说"这是文化差异"。此外,像传统文化、儒家文化、酒文化等术语也随处可见。这些"文化"显然具有不同的含义,但我们这里所讲的文化,主要指观念层次的文化,是非正式规则的集合体。非正式规则也称为非正式制度,是指人们在长期社会交往过程中逐步形成,并得到社会认可的约定成俗、共同恪守的行为准则,包括价

---

① 戴维·波普诺:《社会学》(第十一版),第179页。
② 胡晓霞、卢秀琴:《韦伯和斯诺:非正式制度认识之比较》,《新疆社会科学》2010年第4期,第7页。
③ 戴维·波普诺:《社会学》(第十一版),第72页。

值信念、风俗习惯、文化传统、道德伦理、意识形态等。也就是说,文化是一种传承、积淀和整合了数千年的非正式规则形态。

◎ 延伸阅读

文化的含义

文化,英文是"culture",这个词源于拉丁语,原意为耕耘、耕作。

德国学者普芬多夫认为,文化是社会人的活动所创造的东西和有赖于人和社会生活而存在的东西的总和。按照这个定义,文化既包括物质因素,也包括非物质因素。

英国人类学家爱德华·B.泰勒认为,文化是一个复杂的整体,其中包括知识、信仰、艺术、道德、法律、风俗以及人作为社会成员之一分子所获得的任何技巧与习惯。

人类学家克罗伯和克拉克洪曾专门撰写了《关于文化的概念与定义之述评》一文,文中述及关于文化的160种定义。这些定义虽多,但所定义的内容大致相近:认为文化是社会成员所享有的一切知识、思想、价值观和物质财富;认为文化是社会互动中产生的,是社会成员在社会化过程中习得的;认为文化是社会成员获得的、经社会认可的、满足生理和精神需要的方式、方法;等等。①

之所以做这样的界定,是将文化和制度的边界划清,以免理解出现混乱。也就是说,非正式规则不应被看作制度的外延组成部分。其一,若将非正式规则也纳入制度范畴,则混淆了文化和制度的界限,不利于制度概念的明晰性,一旦模糊了文化与制度的界限,文化和制度无异于同义反复。其二,作为一种调整手段,制度建设的目的在于打破分散的、各异的习俗和惯例,建立统一的社会行动体系。形式化、明确化是其要求,约定俗成、心照不宣及依靠个人良心发现不是制度扬善罚恶的运行方式。其三,非正式规则尽管是正式规则的"素材",甚至是正式规则的前身,其本身却不等同于制度。②

---

① 转引自郑杭生:《社会学概论新修》(第三版),第66—67页。
② 鲁鹏:《制度与发展关系研究》,人民出版社2002年版,第11—12页。

一、价值观怎样塑造我们

(一)价值观

1. 价值观的含义

我们每个人都有个人的标准,可能包括衡量同情心、健康以及成功的事业的标准,但是,我们身为社会中的一分子,也同时分享整个社会的价值观。这里所讲的价值观是一种文化中共同的概念,认为什么是对的、好的以及合适的,也包括什么是错的、不好的以及不合适的。① 所谓价值观,是一个社会中人们所共同持有的关于如何区分对与错、好与坏、违背意愿或符合意愿的观念,它决定社会的目标和理想的普遍和抽象的观念。② 它代表某一文化中人民的喜恶,可以针对很具体的事情,也可以是一般的观点。譬如,中国价值观是以儒家文化、道家文化、佛教文化等为基础的,我们的社会主义核心价值观是富强、民主、文明、和谐、爱国、敬业、诚信、友善、自由、平等、公正、法治。它是中华民族共有的关于国家、社会和个人的观念。

> **延伸阅读**
>
> **深刻理解社会主义核心价值观的内涵**
>
> "富强、民主、文明、和谐",是我国社会主义现代化国家的建设目标,也是从价值目标层面对社会主义核心价值观基本理念的凝练,在社会主义核心价值观中居于最高层次,对其他层次的价值理念具有统领作用。"自由、平等、公正、法治",是对美好社会的生动表述,也是从社会层面对社会主义核心价值观基本理念的凝练。"爱国、敬业、诚信、友善",是公民基本道德规范,是从个人行为层面对社会主义核心价值观基本理念的凝练。③

---

① 理查德·谢弗:《社会学与生活》,第91页。
② 戴维·波普诺:《社会学》(第十一版),第80页。
③ 吴潜涛:《深刻理解社会主义核心价值观的内涵和意义》,《人民日报》2013年5月22日07版。

2. 价值观的特点

这种文化的价值观具有如下特点:第一,价值观具有广泛性。它是代表整个社会的价值观,纵使并非每个社会成员都赞同,但它代表了绝大多数人民的看法。第二,价值观相对稳定和持久。它一经形成,在较长一段时间内,不会改变,因为它就是整个社会文化代代相传的。它是一个国家或民族文化中的核心部分,最不容易发生改变。①第三,价值观具有时代性和选择性,即不同时代、不同社会性质下形成的价值观是不同的。譬如社会主义价值观与资本主义价值观存在本质差别,这是源于社会目标定位不同。第四,价值观具有主导性。也就是说,我们对人和社会关系的看法,虽然是根据自己内心进行衡量和评价的,但都会受到所处文化价值观的影响。

3. 价值观的类型

价值观按照不同标准有各种划分方法,按照时间划分,包括传统价值观和现代价值观;按照内容划分,包括经济价值观、政治价值观、社会价值观和文化价值观;按照性质划分,包括资本主义价值观、社会主义价值观、宗教主义价值观等。

(二) 价值观的作用

价值观直接影响我们的行为,同时,也被用作评价他人的标准。一种文化中的价值观、规范与惩罚之间,存在着直接的关系。举例来说,如果一个社会对婚姻这个制度的评价很高,该文化就会有规范(以及严格的惩罚)来禁止婚外情或增加离婚的难度。如果一种文化认为,私有财产是基本的价值,该社会对于偷窃与破坏他人财物的行为,就会施行严格的法律来处罚。②

(三) 社会价值观怎样塑造我们

社会价值观也就是社会主流价值观的抽象概括和集合体,它涵盖社会化主体持有的价值观。这些价值观在我们生活的早期已经被个体所接受,并塑造着个人行为选择和态度形成。

---

① 邹千江:《当前中国社会价值观的存在特点》,《社会科学辑刊》2005年第4期,第44页。

② 理查德·谢弗:《社会学与生活》,第91页。

1. 家庭价值观对我们的影响

家庭价值观主要是我们对家庭事务的一种观念,涵盖家人关系、夫妻关系、亲子关系、亲属关系及其他家庭或婚姻事务。家庭价值观可分为核心价值观和一般价值观。首先,核心家庭价值观影响了我们对家庭和婚姻的看法,也影响了我们对待家人的行为和态度。核心价值观是家庭价值观体系中最基础、最本质的内容,具有主导作用和普世意义,是文明社会中不同历史、文化阶段的基本准则。① 有关研究表明,和谐团结是中国家庭幸福的首要因素,敬老爱幼、相互扶助以及终身婚姻观等核心价值观仍为大多数人所普遍认同。

其次,一般家庭价值观使得我们对待一些在传统社会备受推崇甚至被定型化的婚姻家庭观念更趋多元化,我们的行为和态度也更加多样化。第一,我们的社会性别观不再刻板化。譬如,男保姆、女飞行员、男幼师等。第二,我们的婚育观趋于多元化,使得我们对待结婚和生育的选择更加自由。譬如,丁克家庭、姐弟恋等。第三,我们的性观念更具包容性,使得我们重新审视性与婚姻的关系、对待婚前性行为的态度、对待同性恋的态度等。

2. 学校价值观对我们的影响

学校价值观是基于学校主体的价值选择而产生的,关于办学理念、学校文化、学校制度、规范等的观念。它是学校师生员工在学校教育活动中所遵循的价值标准和行为准则,是影响学校活动成员的基本信念和行动依据。学校价值观是在学校价值的基础上产生的,学校价值是以学校整体为价值主体的,学校价值的主体是学校活动的主体,即学校活动的参与者——学校的全体成员,因此,学校价值源于学校主体的共同期待。而这种期待意味着行动的明确方向,指导和支配着行动,由此产生学校价值观。学校价值观渗透在全部学校生活中,作为一种内隐的学校生活方式而存在,制约着学校全体成员的行为。② 可见,学校价值观在儿童和青少年社会化过程中扮演着重要的角色。

3. 同辈群体价值观对我们的影响

同辈群体持有的关于如何区分对与错、好与坏、违背意愿或符合

---

① 徐安琪:《家庭价值观的变迁特征探析》,《中州学刊》2013 年第 4 期,第 75 页。
② 黎琼锋:《论学校价值观及其生成路径》,《思想理论教育》2009 年第 5 期,第 35 页。

意愿的观念,即同辈群体价值观。这种价值观往往排斥其他群体的价值观,譬如许多学生价值观全面拒绝成人价值观。美国社会学家科尔曼的一项经典研究发现,学生同辈群体中,大多数男孩认为运动上的成功比取得学习上的好成绩更有价值;女孩则会通过假装不太聪明、不太用功来吸引男孩。① 可见,同辈群体价值观是在同辈群体的文化中形成的。有学者研究发现,学生中存在学术亚文化、娱乐亚文化和违规亚文化。② 在这样的同辈群体文化影响下,会形成相应的同辈群体价值观。由此导致学生出现"群体"差异。

4. 邻里价值观对我们的影响

邻里价值观主要是指我们的邻居所持有的关于邻里关系、邻里互助等的观念,它主导了我们对待邻里的态度和行为。在邻里文化的影响下,邻里价值观也会显示出明显的差异性。以城市和农村为例,农村社区居民之间的熟悉、信任、互助和团结的程度与城市社区居民之间存在差异,这是源于各自持有的邻里价值观不同。

5. 大众传媒价值观对我们的影响

大众传媒一直承担着重要的社会责任,它不仅提供信息,还主导社会观念,制造社会舆论。大众传媒正是通过向个体提供多元价值观,引导价值取向,左右价值判断,最终影响甚至代替个体做出价值选择。③ 虽然大众传媒主要反映社会价值观,代表主流社会观念,但由于大众传媒的方式多样化,其传播涵盖主流价值观和非主流价值观、传统的和现代的价值观、东方和西方的价值观等,这些也会给我们态度的形成和行为的选择造成一定的困扰。现代人认识世界和事物往往不是根据自身的实践经验,而是越来越依赖于大众传媒的描述和呈现④,也就是大众传媒价值观。一旦大众传媒价值观扭曲或偏离社会价值观,会给我们造成负面的影响。譬如,大众传媒低俗化倾向,使传媒承载的信息鱼龙混杂、良莠难辨,这对大学生价值观的形成会产生消极的影响。大众传媒的低俗化使大学生价值判断感性化,使大学生

---

① 马和民:《新编教育社会学》,第 96 页。
② 同上。
③ 任艳妮、秦燕:《大众传媒环境下大学生社会主义核心价值观的引导和培育》,《西安交通大学学报(社会科学版)》2014 年第 34 卷第 2 期,第 94 页。
④ 同上书,第 95 页。

价值选择功利化,使大学生价值目标短期化,使大学生价值主体自我化,使大学生价值观念非意识形态化。①

二、信仰和信念怎样塑造我们

自党的十八大以来,习近平总书记提出"四进四信"等一系列重要讲话精神,其中四信就是强调信仰信念。2015 年发布的《关于开展高校共青团学习宣传贯彻习近平总书记系列重要讲话精神"四进四信"活动的通知》也表明,信仰和信念对我们具有重要作用,那它们又是怎样塑造我们的呢?

(一) 信仰和信念

1. 信仰和信念的含义

在日常生活中,信仰和信念的含义具有一致性,有时甚至可以通用,如马克思主义信念、共产主义信念,就是指对马克思主义、对共产主义的信仰,但这两者是有差别的。

信念,是我们对人和社会关系的某种理论原理、思想主张坚信不疑的看法。它是真理确认与价值认同基础上超越现实、超越自我、坚信未来美好结果的稳定的自我意识,是坚信正确并必能产生良好结果的稳定、持久的观念。信念体现了主体对真、善、美的追求,对未来美好事物的价值追求。信念首先是"信",是由相信到信心,再到信任,在信心、信任的基础上再形成信念。②

信仰以信念为基础,信仰本身也是一种信念,是一切信念中最重要、最根本的居于统摄、支配其他信念的最高信念。信仰是我们对某种理论、思想、学说极度相信和尊重。在《现代汉语词典》里对"信仰"的解释是"对某人或某种主张、主义、宗教极度相信和尊重,拿来作为自己行动的榜样或指南"。《辞海》的解释是"对某种宗教,或对某种主义极度信服和尊重,并以之为行动的准则"。它表现了我们对最高价值的追求,也表现了我们对真、善、美的追求、向往与对未来美好生活的企盼与憧憬。可以说,它是我们对世界和人生的总看法、总方针。

---

① 吴锡存:《大众传媒低俗化对大学生价值观的影响》,《江苏高教》2006 年第 3 期,第 121—122 页。
② 王玉樑:《理想、信念、信仰与价值观》,陕西人民出版社 2001 年版,第 3 页。

2. 信仰和信念的特点

信念建立在信心和信任的基础上,但比信心、信任更坚定、更持久。就其特点而言,它具有稳定性、持久性,譬如社会主义信念。同时,信念具有深刻性,它是以坚信真理、正确、价值的认同和美好未来为基础的。

而信仰与信念不同,就其特点来看:第一,信仰具有专一性。它是支配一切的信念,我们拥有的信仰是唯一而排他的。第二,信仰具有牢固性。它与信念的执着程度不同,信仰比信念更为执着、深沉、投入,以至自己整个身心都为信仰对象所倾倒。第三,信仰具有虔诚性。它不仅是对真理的确认与价值的认同,而且还是情感的皈依,虔诚的信奉。①

3. 信仰和信念的类型

信念有多种,有理性的信念,也有非理性的信念;有社会信念,也有个人信念;有宗教信念,还有政治信念、伦理信念、审美信念、生活信念;有支配性信念和一般信念。每一种价值观念都包含一定的信念。

信仰也有很多种类型,包括社会信仰和人生信仰;宗教信仰、政治信仰、道德信仰、科学信仰;理性的信仰,如对马克思主义的信仰,非理性的信仰,如对宗教的信仰;科学的信仰,非科学的信仰;进步的信仰,世俗的信仰,也有落后的甚至有害的信仰,对"法轮大法"的信仰就是一种有害的信仰。② 我们这里强调的主要是社会的信仰和信念。

(二)信仰和信念怎样塑造我们

信仰和信念最重要的作用是精神支持,同时,信仰和信念具有导向作用、激励作用、凝聚作用、抚慰作用等。一个人一旦确立了科学的社会信仰,那么这种信仰就会促使与之相关的社会信念、生活信念、职业信念、道德信念等一系列信念建立并发展起来;就会促使这些信念形成一个较为完整的结构体系;就会促使这些信念成为主体从事一切实践活动、实现人生价值的精神支柱与动力。③

---

① 王玉樑:《理想、信念、信仰与价值观》,第 4 页。
② 同上书,第 4—5 页。
③ 刘庚:《信仰和信念之间关系的心理学辨析》,《前沿》2008 年第 9 期,第 138 页。

三、伦理道德怎样塑造我们

我们社会化的基本要义就是"做人",即言论和行动必须合乎人应该具有的基本伦理道德。在中国人的眼中,处世首先是要"做人"。

(一) 伦理道德

1. 伦理道德的含义

伦理与道德有时也是同义反复,伦理即道德,但两者也存在差异。在日常生活中,说某某人缺德,这在中国社会生活中是一种很严厉的谴责。道德既是根据一定的行为规范和规则,对人的思想和行为做出善恶荣辱等方面评价的方式,又是衡量一个人品德好坏的客观标准。① 古代典籍中,"道"表示事物运动和变化的规则,"德"是对"道"的认识,使自己和他人都有所得。道德二字合用,则表示人们在社会生活中形成的道德品质、道德境界和调整人与人之间关系的道德原则和规范。② 也就是说,道德是人们行为标准和规范的总和,它依靠人们的内心信念、社会舆论、传统习惯等力量和形式去调整人们相互之间的关系,其中包括个人之间的关系,以及个人与社会、与一定阶级、与国家、与民族、与家庭等的关系。③ 但道德并非行为本身,并非人的任何行为都具有道德意义,如饭后散步、穿衣御寒等行动。又如,某人的某种行为(如独自一人在操场上练习投掷标枪而场上又空无一人)只与自己正当利益有关,又是正当的活动,而与他人、社会并无直接利害关系,那么,此人的行为并不存在是道德的还是不道德的。但是,如果操场上有许多人,你无所顾忌,乱掷一通,那就是不道德的。④

伦理为道德提供现实内容,道德给伦理提供调节方式。"伦理"的"伦"即人伦,指人与人之间的关系;"理"即道理、规则。伦理就是我们处理相互关系应遵循的道理和规则。可以说,"道德"的关系内容就是"伦理"。伦理指的是一种客观的特殊社会关系,道德则是指主体对客观伦理关系要求的体认、规范和践行以及在此基础之上所形成的个

---

① 刘启林:《伦理道德漫谈》,甘肃人民出版社1986年版,第1页。
② 李抗美:《中国伦理道德》,安徽教育出版社2003年版,第10页。
③ 王兴洲:《伦理道德种种》,江苏人民出版社1986年版,第1页。
④ 同上书,第40页。

体情感、意志和操守。① 我们这里谈论的伦理,其实就是与道德相区别的社会伦理。社会伦理一词最早由孔德提出,在他看来,社会伦理是关于社会自身最为重要、最为直接、关于人类自身存在与发展的学问。②

2. 伦理道德的特点

道德常运用于生活或私人领域中的非职业情境,指向一种个人生活的内在文化规范,具有主观性、个体性和习俗性等特征。具体而言,特点之一就在于,它渗透到比较广泛的领域。道德往往涉及人们的各种活动,体现在广泛的领域之中(如生产中、阶级斗争中、生活中等等)。特点之二就在于,道德具有规范性。行为规范是道德的核心,是道德区别于其他社会意识形式的重要标志。特点之三就在于,道德具有稳定性和继承性。也就是说,一定的道德形成之后,就具有很大的稳定性,而这种稳定性表明道德的相对独立性。同时,当某种道德在形成过程中,对于历史上的道德遗产也会批判地继承。③

伦理则多运用于工作或公共生活中的职业情境,指向一种公共生活之外在的理性规范,具有客观性、普遍性和法理性等特征。

3. 伦理道德的类型

道德既包括道德意识,又包括道德活动,是二者的统一。道德观念、道德情感、道德意志、道德信念、道德动机等,构成了道德意识;道德评价、道德教育、道德修养、道德行动等,构成了道德活动。④ 道德依社会关系分为婚姻家庭道德、社会公德、职业道德、自然道德;依经济关系分为原始社会道德、奴隶社会道德、封建社会道德、资本主义社会道德、共产主义社会道德等。

伦理可以划分为:经济伦理,即社会对于人们的经济关系和活动进行治理的规则;政治伦理,包括政治伦理关系和政治主体德行的规则;制度伦理,即社会制度的合乎伦理的存在方式和规定;交往的伦理,即人际交往的普遍原则;科学伦理,即科学活动的规范;环境伦理,

---

① 宋希仁:《社会伦理学》,山西教育出版社 2007 年版,第 3 页。
② 同上书,第 14 页。
③ 王兴洲:《伦理道德种种》,第 39—40 页。
④ 同上书,第 5 页。

即生态环境的原则。①

（二）伦理道德怎样塑造我们

道德对于协调人与人之间的关系、维持社会生活的稳定和促进人类文明的发展，具有重要的作用，主要表现在如下三个方面：第一，认识作用。道德的认识作用表现在，道德反映自己的特殊对象。社会上人与人之间的关系、个人与社会之间的关系，都通过道德标准和道德评价等道德所特有的形式表现出来。第二，调节作用。道德的主要作用是调节作用。道德是调节人的行为的一种手段，它是靠社会舆论、内心信念、传统习惯等力量实现调节作用的。第三，教育作用。道德教育，就是用一定阶级的道德意识，按照一定阶级的道德标准，有组织、有计划、有系统地对人们施加影响，从而培养出具有一定阶级的道德面貌和道德要求的道德品质。可见，道德教育是道德活动的重要形式之一，是一定社会、一定阶级的道德转化为人的内在本质，从而对社会生活发生作用的不可缺少的重要环节。②

伦理对我们的作用体现在：首先，它能约束与鼓励我们的行为，因为伦理是社会行为的准则。其次，它是我们社会交往的媒介。基于共识的伦理，我们建立起共信互信的平台。再次，它是我们评价人和社会的标准。

四、风俗习惯怎样塑造我们

一个民族的风俗与习惯有密切联系，故有"风俗习惯"之说，这已经包含了翻译，就是说，用"习惯"翻译"风俗"。③ 所以，社会或群体的习惯就是风俗。

（一）风俗习惯

1. 风俗习惯的含义

风俗习惯是人们在长期社会生活中自发形成的、历代相传的日常行为规范的总和，如衣着、饮食、待人接物、婚丧嫁娶、庆贺等的方

---

① 宋希仁：《社会伦理学》，第176—310页。
② 王兴洲：《伦理道德种种》，第47—50页。
③ 尚杰：《远与近：佯移中国精神风俗》，《世界哲学》2007年第1期，第13页。

式。① 它是长期相沿积久成俗的社会风尚,是人类社会物质生活和精神生活的形式,是一定时代、一定社会群体的心理表现。② 与"风俗"一词常常一块出现的,还有民俗、民风、习俗等概念。这些术语接近我们这里谈到的风俗习惯。

2. 风俗习惯的特点

第一,风俗习惯是人类社会的生活方式,它的产生和发展与其他文化现象的发展密不可分。

第二,地域性。风俗习惯是一种文化现象,它是客观物质生活的精神反映。由于民族的多元,居住区域的多元,原始崇拜的多元,地理和自然条件的多元,文化素质和文化条件的多元,由于受到不同的自然环境以及在这种自然环境下所形成的独特生产方式和生活方式的影响,出现了不同习俗。

第三,时代性。风俗文化不仅因地而异,也因时有别。不同的时代有不同的风俗文化。千百年来,各个时代不断给风俗注入新的内容,保留合理内核,同时又不断出现变异。社会风俗是随着时代的进步、生产力的发展、科学技术的发明、生产方式的转变而变异的;政治因素、文化因素、宗教因素也可使某些习俗发生变异。

第四,稳定性。风俗文化是社会生活发展中长期流传、经久相沿而形成的。它既受当时的物质生产方式和政治制度、意识形态的制约,又受历史传统的制约,也是一种以传统方式出现的、大规模的时空文化的连续体。也就是说,它是一种历时持久的、由社会所传递的文化形式。这种文化形式一旦形成,就会为社会所认同,具有相对稳定性。③

3. 风俗习惯的类型

现实生活中,风俗习惯的类型划分方法很多。由于分类标准不同,类型多样。按照内容分,有饮食、住房、生育、婚娶、丧葬等方面的风俗习惯;按照国家或地区划分,有东西方国家的风俗习惯等;按照性质划分,有物质生活风俗、社会生活风俗、精神生活风俗等。我们这里主要探讨的是社会风俗习惯。

---

① 郑杭生:《社会学概论新修》(第三版),第 75 页。
② 韩养民、韩小晶:《中国风俗文化导论》,陕西人民出版社 2002 年版,第 10 页。
③ 同上书,第 20—27 页。

(二) 风俗习惯怎样塑造我们

风俗习惯作为社会文化的重要领域，塑造了我们的认知、情感和行为。

1. 风俗习惯主导我们的认知

人，生活在特定的时代与地域，亦生活在特定的风俗习惯之中。风俗习惯是我们对特定时代和特定地域里人们的思想意识、精神追求、价值取向及其心路历程的了解；对特定时代和特定地域里生产力发展水平和人们的生活水平的认识。例如，在岁时节日民俗中，春节的年画愈是以鲤鱼、莲花、蛟龙、彩凤为素材，愈会受到人们的普遍欢迎。其原因在于，这类素材在满足人们的审美需要的同时，表达了人们追求吉祥如意、走向富裕昌盛的心理。透过风俗习惯事象，使我们窥见的不仅是潜在的、深邃的风俗文化内蕴，还有先人在征服自然、战胜猛兽、谋求生存与发展进程中艰辛跋涉的足迹。① 正是从这个意义上说，风俗习惯是认知社会生活的一面镜子。

2. 风俗习惯教化我们的为人

"风俗"概念本身已彰显出教化之含义。据唐家路博士考证，孔子在论礼时曾曰："移风易俗，莫善于乐；安上治民，莫善于礼。"可见，风俗习惯主要是由下层民众创造，人人传习自我教化的习俗。一是有意而为之。例如，七巧板、智力拼图、魔方、九连环等，都是流传于汉族民间的智力玩具，作为科技风俗，当初发明者的主旨即在于启蒙益智，使儿童（亦不乏成人）在玩耍之中，获得数学知识。再如，在某些地域的婚姻习俗中，新娘出嫁的前一天晚上，由一位年长、品行端正、生活阅历丰富的已婚中年妇女对其进行婚前性教育，俗称"陪姑娘"，已婚者以自己的经验和体会，直截了当、毫不忌讳地将性生活的全部过程包括每一个细节毫无保留地告诉准新娘。正是这种有意而为之的面授机宜，消除了她可能出现的恐惧感，使之满怀憧憬地走向人生新的驿站。二是无意而为之。人之初，呱呱落地来到这个世界，可谓红尘滚滚，即被特定地域的风俗风情所包裹，满月、百天、生日，一个又一个习俗接踵而来；在这个过程中，他已悄悄地融入饮食风俗与服饰风俗之

---

① 尹伊君、王国武：《民俗文化的特征、功能与传承》，《学术交流》2009 年第 11 期，第 205—206 页。

中;长大后,婚姻民俗的洗礼又在等待着他,由此可见,无意而为之,可谓"随风潜入夜,润物细无声",风俗习惯正是通过耳濡目染、潜移默化来实现的,这也正是风俗习惯的力量之所在。①

3. 风俗习惯完善我们的人格

风俗习惯一旦被认可与接受,自然就变成人们的文化自觉,此刻,风俗习惯的规范价值就愈发彰显。它是由人们约定俗成,并且是靠人们的内心信念和社会舆论来维护的。此刻,这种约定俗成已经由他律转化为自律。自律愈久,愈加形成一种思维定式。于是,诸如精忠报国、重义轻利、邻里和睦、知恩必报、诚实守信、夫妻恩爱、父慈子孝等等,这些从传统风俗文化中传播出的真、善、美理念得以弘扬;反之,假、恶、丑则遭到唾弃。可见,约定俗成即是一种文化模式,它通过道德主体的自警、自省与自励,进行自我人格的塑造与完善。②

4. 风俗习惯调适我们的心理

生活需要调适,调适的目的在于休闲愉悦;调适的过程是通过一定的方式、方法或手段满足人们的主观需求;自然,调适结果的检验取决于人们的心理是否得到满足及其满足程度。所有这些,包括民俗信仰、民间文学、民间艺术、民间游戏娱乐在内的风俗文化发挥着不可替代的重要作用。风俗文化的调适,可分为两大类:一类为群体调适。典型的例子,当数劳动号子,它经常出现于归楞木头的林场、打夯的基建工地,尽管内容朴实无华、旋律粗犷浑厚,却能在统一步调、统一节奏的过程中,消除紧张与疲劳。这种调适有助于焕发团队精神,增强集体荣誉感,使人际关系更加和谐。另一类是自我调适。诸如梨园赏戏、茶馆听书等等,在热闹、祥和的氛围中,物我两忘,陶醉于民间艺术之美,也享受着生活的舒适与快乐。此外,自我调适还体现在民俗信仰上。例如,通过对神灵、图腾、祖先的祭祀、朝拜、供奉,企盼赐福祛灾、逢凶化吉、保佑平安,实现了心理慰藉。③

5. 风俗习惯约束我们的行为

风俗习惯是一种历史形成的规范,它对社会成员有一种非常强烈

---

① 尹伊君、王国武:《民俗文化的特征、功能与传承》,第205—206页。
② 同上。
③ 同上。

的行为制约作用。一个新生婴儿出生后,它的一生将采取哪些方式度过,风俗已为他准备了一种模式。在这种模式、规范之中,处处模仿,受其浸染和熏陶,被潜移默化。列维·斯特劳斯指出:"我们的行动和思想都依习惯,稍稍偏离风俗就会遇到非常大的困难。其原因更多在于惯性,而不是出于维持某种明确效用的有意识考虑或者需要……"①

延伸阅读

成年礼

割礼是非洲的一些国家,如吉布提、索马里、苏丹,还有埃塞俄比亚,比较普遍进行的成年礼,传统上切割女性生殖器被认为是女性成为社区内一名完整的、成熟的成员的标志。割礼原本是青春祭祀,在青春期举行,但由于切割生殖器对人的身心伤害都比较大,联合国人口基金(UNFPA)发表声明,敦促各国采取有力措施制止切割女性生殖器的陋习,并确定每年2月6日为"反对切割女性生殖器国际日"。人口基金曾调查,全球估计有1亿2000万到1亿4000万女性被切割了生殖器,每年还有300万女孩面临着生殖器被切割的危险。②

第三节 制度怎样塑造我们

制度是一个较为复杂多样的概念,不同学科、不同学派都会给出解释。从广义上来看,制度是社会生活某一领域、某一方面特定的组织、设施和规范。从外延方面看,它包含所有对行动主体在各种情景下的社会行为具有制约作用的一切规则和规范形态。③ 这与广义上的文化基本同义,在文化人类学中,制度往往是从文化意义上理解的,宗教信仰、风俗习惯、道德规范等凡是能给人的行为以规约的社会文化形式都被界定为制度。经典社会学较多着眼于比较制度分析,在这

---

① 韩养民、韩小晶:《中国风俗文化导论》,第25页。
② 转引自平章起:《成年礼的社会学分析与青年研究的理论建设》,《当代青年研究》2007年第5期,第12—13页。
③ 谭明方:《论"社会行为"与"制度文化"》,《浙江学刊》2001年第3期,第107页。

种意义上,制度具有与人类学相似的特征。韦伯着重就制度进行了法律、组织和经济行动上的比较分析。他认为理性和选择必须在特定的社会历史背景、特定的制度框架下理解,这些制度框架包括习惯、传统、社会规则、宗教文化信仰、家庭关系、亲属关系、伦理约束、组织、社团、阶级、身份等级、市场、法律和国家。①

但我们这里所讲的制度显然是狭义的,即正式规则。它与作为非正式制度、软制度的文化相对应,即正式制度、硬制度,是各种成文的法规和条款等,如国家和政府颁布的各种法规和条例,各个社会组织所实行的具有一定的理念和实践边界的规章制度等。② 这里,我们主张,制度通过政权、法律、教育、组织、指令和规章塑造我们。

一、政权怎样塑造我们

政权是占统治地位的阶级利用国家机器实行阶级统治的权力形式,具体的表现是从中央到地方的各级政权机构——政府。政权对我们的影响是以法律作为基础的,它是面向全体社会成员的。③

每个社会都会建立一个政治体系来进行统治。在现代的工业国家,这些正式的政府体系做出了很多重要的政治决定。政府的基本类型包括,君主统治、寡头统治的国家、独裁统治和极权主义、民主国家。④ 作为政权的具体表现形式——政府,是一种特殊的社会组织,是管理国家事务的权力机构,它具有积极和消极两种职能。英国哲学家罗素指出:"政府,从它存在的最初时代起就一直具有两种职能,一个是消极的职能,一个是积极的职能。它的消极职能是防止个人的暴力行为,保护生命和财产,制定刑法和保证它的实施。但是,除此之外它还有一个积极的目的,即有助于实现被认为对绝大多数人来说是普遍的愿望。"⑤

---

① 赵靖伟、司汉武:《关于制度的社会学研究综述》,《西北农林科技大学学报(社会科学版)》2008年第8卷第2期,第98页。
② 杨俊一:《制度哲学导论:制度变迁与社会发展》,上海大学出版社2005年版,第269—270页。
③ 郑杭生:《社会学概论新修》(第三版),第406页。
④ 理查德·谢弗:《社会学与生活》,第534—536页。
⑤ 罗素:《权威与个人》,肖魏译,中国社会科学出版社1990年版,第26页。

政权对整个社会生活有着极大的强制性和约束力,其作用主要表现在两个方面:一是通过提倡和宣传某种思想、观点、品质和行为,从而实现对社会行为方式的引导、限制和约束;二是通过武力镇压、劳动改造、强制教育等方式对危害社会秩序、破坏社会制度的行为进行制裁。①

二、法律怎样塑造我们

(一)法律

1. 法律的含义

法律是对社会成员最有约束力的制度,它是由国家制定或认可,并依靠国家强力推行的社会规范体系。② 法律不是从来就有的,它是生产力发展到一定水平,随生产资料私有制、阶级和国家的出现而出现的。法律反映了统治阶级的意志,它将统治阶级的共同意志上升为国家意志,使其获得人人必须承认和遵守的一般形式。③

2. 法律的特点

法律具有阶级性、广泛性、强制性和稳定性的特征。阶级性是指法律是统治阶级意志的体现,其本质是实行阶级统治的工具;广泛性是指法律的控制范围遍及全体社会成员,社会主义法律的基本原则就是"法律面前人人平等";强制性是指法律的实施以国家机器的强制力作为保证,对于触犯法律的社会成员,国家将运用强制力量予以制裁和惩罚;稳定性是指法律在一定时期内是稳定不变的,因为法律从酝酿到制定有严格的程序,而且法律的稳定性也有助于执法严明、规范明确,有利于社会稳定。④

3. 法律的类型

现实生活中,依据不同标准,法律有很多种类型。按照法律实务之技术手段的类型划分,包括形式非理性和实质非理性的法律制度、实质理性和形式理性的法律制度;按照法律担纲者为核心关注的类型划分,包括卡里斯玛天启法、法律名家的法、世俗或宗教权威的强制

---

① 风笑天:《社会学导论》,第266页。
② 郑杭生:《社会学概论新修》(第三版),第406页。
③ 风笑天:《社会学导论》,第267页。
④ 郑杭生:《社会学概论新修》(第三版),第407页。

法、专门法律家的法。① 按照法律主体的特征和它们之间的关系,包括公事法律规范和民事法律规范;按照法律主体之间权利和义务的特征,包括权利性规范和义务性规范;依据法律后果的特征,包括肯定性法律规范和否定性法律规范。②

（二）法律怎样塑造我们

法律的主要作用在于调控社会关系和社会行为,保证社会安全运转,人民生活稳定有序。它对我们的影响具体体现在以下方面:

1. 法律约束我们的行为

法律的一个重要内容是给全体社会成员规定行为模式,从而将人们的行为纳入一定的轨道,使社会生活有序化。任何社会规范对人们的行为都有指导作用,但法律规范具有最大的普遍性和强制力,知法守法是对每个社会成员最起码的要求。同时,法律还规定了行为后果,即人们的行为在符合行为规范时受到保护,违反行为规范时会受到处罚。尤其是关于反社会行为后果的规定,对人们特别是对可能的违法者就会产生很强的威慑作用,从而抑制各种反社会行为的动机和表现,预防和防止可能破坏社会正常秩序的事情发生。

2. 法律促使我们改变为人

社会中总会有少数人无视法律规定,违法犯罪,破坏社会秩序。对这部分人,国家权力机关就要绳之以法,对他们进行惩罚和制裁,强迫他们遵守法律,严重者甚至要判处监禁和死刑,以此维护社会的安定。③

三、教育怎样塑造我们

（一）教育

1. 教育的含义

广义地讲,教育乃是指促使人们成长的全过程,而通常则是对年轻人而言的,它是我们整个生命周期各个阶段的教育;狭义的教育是

---

① 李强:《马克斯·韦伯的法律类型学分析》,《甘肃政法学院学报》2010 年第 112 期,第 62—64 页。
② 赵震江:《法律社会学》,北京大学出版社 1998 年版,第 132—135 页。
③ 风笑天:《社会学导论》,第 267—268 页。

指促使人们在正规的机构(更明确地说是在学校)中成长的那一部分教育。① 我们这里谈到的教育,是作为狭义的社会制度组成部分的教育制度。法国社会学家迪尔凯姆认为,"教育是年轻一代系统地社会化的过程",教育是"共同生活的产物",表达了"共同生活的需求",表达着社会结构,并与社会的其他制度协调一致。②

2. 教育的特点

教育作为人类个体更新、产生新一代人的独特的社会机制而存在,具有下列特点。首先,教育是一种人际交往系统。教育作为一种特殊的社会系统,由人与人之间的交往构成。教育作为一种人际交往系统,由交往双方的主体构成。教育系统中,作为交往双方的主体因其任务、地位、作用及规范行为不同,扮演着不同的"角色",具有不同的职能及称号。这通常称为"师与生"或"教与学"或"教育者与受教育者"。

其次,教育系统以经验传递、造就人才为其主要内容。人际交往系统从其内容与职能来说是多种多样的。教育这一人际交往系统同其他的人际交往系统是不同的。教育主要是以经验传递、造就人才,以提高人的素质为其主要内容的人际交往系统。

再次,教育系统以促进个体社会化、满足社会的存在与发展需求为根本职能。从教育系统的职能方面来说,其根本职能在于促进个体的社会化,以满足社会的存在与发展需求。我们社会化的根本含义在于使人对发展着的社会生活要求能妥善适应,而这种适应是通过能力与品德的形成与发展而实现的。教育系统就是通过知识、技能与规范等经验要素的传递,来促进人的能力与品德的形成和发展,从而促进人类个体社会化。③

3. 教育的类型

教育按照其主体,可以划分为家庭教育、学校教育和社会教育;按照其性质,可以划分为义务教育和非义务教育;按照其内容,可以划分

---

① 风笑天:《社会学导论》,第317页。
② 迪尔凯姆:《道德教育》,陈光金等译,上海人民出版社2001年版,第309页。
③ 冯忠良:《教育的系统论观点及经验传递说》,《北京师范大学报》1989年第5期,第68—69页。

为普通教育和职业教育。①

（二）教育的作用

从宏观来看，教育具有如下的作用：

1. 社会整合

教育帮助大批的年轻人进入统一的社会，学校通过受认可的价值和规范的教育完成这一作用。教育的社会整合作用在多元社会更为重要。我国有56个民族，不同的民族有着自己的文化底蕴，学校鼓励学生广泛地交流和多元的民族认同，了解和认识不同民族的生活规范和生活习惯，使不同的文化能共存于同一社会。

2. 社会定位

正规教育为年轻人提供了一条改变自己社会天赋地位的渠道。学校教育是一种选拔人才的过程，这个过程鉴别和发展一个人的各种态度和能力。学校选拔人才的标准不是基于学生的社会背景而是基于学生本人的成就。学校鼓励有天赋的学生进入更高的教育机构，学校教育提供"英才教育"。

3. 文化传递与创新

人类社会之所以能够一代一代延续下去，其中主要的原因在于人类文化的存在，尤其是各种制度文化不断把人类文化、文明传递下去。而教育在其中的作用尤为显著。同时，教育系统既传递文化也创造文化，学校教育激励学生对知识的探求，以产生新的思想。

4. 儿童照顾

学校为许多单亲家庭和夫妻双方都工作的家庭解决了小孩照看的问题。同时，学校为儿童提供了消耗体力的场所，防止少年做碍于社会稳定的事。②

5. 行为导向

教育使人们的行为有规矩可循，而且还使人的行为有榜样可以参照。通过对理想行为模式的倡导，能够使众多的个人或团体、组织的行为具有瞄准的对象，从而促进社会行为有序化和推进社会进步。③

---

① 风笑天：《社会学导论》，第319—321页。
② 同上书，第318—319页。
③ 马和民：《新编教育社会学》，第309页。

> **延伸阅读**
>
> ### 萨摩亚人的儿童教育
>
> 儿童年龄为六七岁时,需要懂得哪些事情不能做,还要学会许多简单的技术,如简单纺织、制作风叶车、爬椰子树、做几种游戏、到海边提水、照管婴儿等。儿童年龄渐长,逐步学会纺织、捕鱼等比较复杂的工作。在青年期,男女执行的任务有了分化:男青年学会了捕鱼、种植、切肉、划独木舟等基本技术后,就要加入到青年人和无领袖资格的成年人团体"奥马加",在这里通过比赛、戒律、向榜样学习,来接受训练,提高技术效率;女青年学会了点烟烧火、端茶递水、点灯、照顾婴儿等基本技术后,就要承担诸如种植园中劳作、送粮等较重的体力活,同时从事日常的纺织工作和家务活。①

(三) 教育怎样塑造我们

1. 教育影响我们适应社会

教育促使我们发展适应社会、参与社会的本领,教育塑造我们的基本内容是完成从个体人向社会人的转变,传授知识和技能。正规教育充分利用训练有素的人向其他人传递专业技术知识。初等教育向我们传授语言和数学技能,中等教育继续教我们基本语言和数学知识,甚至大学教育也如此。因为工业社会迅速地变迁,正规教育不仅教我们信息,而且教我们如何学习以使我们将来更好地适应社会。②

2. 教育影响我们的地位

在现代社会中,教育是向上社会流动的主因素,也是导致向下社会流动或不产生社会流动的主因素。研究表明,学历和文凭成为向上升迁的一个最主要的标准,这是大多数国家人才选拔的一个最重要的标准;个体的经济收入与其受教育程度呈正相关;社会声望的高低往往与受教育程度呈正相关;教育是影响代际流动的主要因素。③

---

① 玛格丽特·米德:《萨摩亚人的成年》,周晓虹等译,浙江人民出版社1988年版,第22—26页。
② 风笑天:《社会学导论》,第318页。
③ 马和民:《新编教育社会学》,第343页。

尽管如此,教育成为向上流动的主因素是有前提的。英国的学者指出,"只有正式的教育资格成为较高社会地位的条件,教育与职业的关系才会加强。如果高地位可以循其他途径,如在职训练或在体育界、娱乐界的特殊才能获得,则教育影响社会流动的力量会减少。"[①]帕森斯甚至认为,"在当代社会里,教育资格决定一个人成功与否"[②]。

3. 教育影响我们的生活方式

研究表明,受教育程度越高,职业地位就越高,收入也越多。当然,所有这些差别并不与在校学习时间长短有必然联系。那些待在学校上学的人,往往是已经具备了雇主们所看重的素质和技能的人,他们上几年学无关紧要。而且他们很可能来自富裕家庭,不管他们学问上有多成功,经济上本身就有优势。

然而,即便来自同一类型的家庭,考试成绩一样,最初职业相似,大学毕业的人最终获得的职业地位也比只上完高中的人要高。研究还表明,获得学士学位对收入有很大影响。高中毕业生可能比具有同样背景但没念完高中的人收入高约51%。而大学毕业生可能比具有同样背景但大学没毕业的人收入多76%。

上一所"好"大学有什么优越性呢?一项研究表明,有着同样背景的人,学校声誉的差别对职业地位,即最终获得的工作声望影响不大。不过,考虑到收入,大学的选择就重要了。这项研究发现,"重点"大学的毕业生比"非重点"大学的毕业生收入多28%。[③]

生活方式是在一定的社会经济条件下,人们生活活动的全部特征的总和,它包括生活水平和生活质量。首先,教育影响我们的生活水平。尽管个体受过同样的教育未必意味着经济机会、经济收入同样均等,但是教育确实对人一生的经济收入、经济机会(潜在收入)以及许多社会价值产生影响。[④] 长期以来,我国一直存在"脑体倒挂"现象。日常生活中还经常能够听到这样的故事:有人连小学都没有上完却成了百万富翁;有的博士不得不开出租车或在超市工作。然而,这些例

---

① 转引自筑波大学教育学研究会:《现代教育学基础》,钟启泉译,上海教育出版社1987年版,第114页。
② 转引自马和民:《新编教育社会学》,第344页。
③ 转引自戴维·波普诺:《社会学》(第十一版),第484页。
④ 马和民:《新编教育社会学》,第350页。

外掩盖了教育和收入的一般模式,即,比较典型的是,上学时间越长,收入越多。人力资本理论认为,"在自由竞争的市场环境中,由于知识技能与生产效率、经济效益成正比",个体会因知识技能积累的差异性而获得相应的补偿,即教育程度越高,个体越有可能获得更高的经济收入。① 如表2.1,表明美国不同领域大学毕业生和更高学历毕业生的收入情况。

表2.1　美国1997年不同学历的年收入比较(单位:美元)②

领域	学士学位	硕士学位	博士学位
人文学科	25 078	—	—
社会科学	25 103	—	—
会计学	30 154	33 636	—
计算机科学	37 215	44 331	63 058

其次,教育影响我们的生活质量。一方面,教育与优生优育之间存在着极为精密的联系,父母的受教育程度是制约教育投入的一个重要因素。研究表明,父母尤其是母亲的文化程度与子女的教育投资存在正相关。③ 另一方面,教育影响个体的精神生活方式。研究表明,教育与个体精神生活的丰富性存在着一种正相关;教育与个体社会适应关系较大。④

四、组织指令与组织规章怎样塑造我们

组织指令是指地位较高的一级组织对其下属组织的组织行为进行调节和制约的规范性文件或口头指示。组织规章是指组织内部为调节和制约其成员在组织内的行为而制定的一系列强制性规定。例如党纪、校纪、厂规、守则等都是组织规章的具体形式。⑤

组织指令的贯彻实施是以组织权威为基础的,它具有层级性的特

---

① 转引自黄嘉文:《教育程度、收入水平与中国城市居民幸福感》,《社会》2013年第5期,第183页。
② 转引自戴维·波普诺:《社会学》(第十一版),第484页。
③ 转引自马和民:《新编教育社会学》,第352页。
④ 马和民:《新编教育社会学》,第353页。
⑤ 郑杭生:《社会学概论新修》(第三版),第405—406页。

点。组织权威源于组织的结构,表现为下级服从上级。组织结构一般为金字塔形,金字塔的顶部为组织的最高负责人,底部为一般组织成员,中部为组织各部门负责人。组织与组织之间也是金字塔形,逐级负责,层层控制。每一个社会个体和社会群体都处在这种层级控制网络之中,所以组织指令具有层级性。

组织规章有具体性和约束性的特点。组织规章一般比较细致,对组织行为规定明确,如工厂里的考勤制度、岗位责任制度、工作考核制度、奖惩制度等等。违反组织规章,一般都会受到相应的处罚,如通报批评、扣发工资、降级、撤职、警告、记过直至开除等等。①

组织指令和组织规章为组织提供了一个可预测的行为结构,使其建立稳定的组织标志。同时,稳定的组织结构提供持续的激励机制、监督机制和惩罚机制来实施组织指令和规章制度,从而诱发和延续组织成员的某种行为。② 也就是说,组织指令和组织规章在个体不断做出组织行为选择的时候,它们已经塑造了我们的行为方式。研究表明,组织规章制度非常普遍地应用于行为常规化的过程中:组织规则"似乎就没有给组织成员任何想象和个人主动留下丝毫的空间。每个人的日常行为及其以后使用其他常规工作的可能性都被准确地预测。"③

第四节　社会化的成功与失败

社会化是人们在特定文化中学习态度、价值观和适当行为的过程。④ 对于我们学生而言,社会化的成败也就是迈入社会后,我们能否适应社会,我们的认知、情感和行为是否符合社会规范。为了成为一名合格的社会成员,我们该如何进行策略的选择呢? 社会应该提供一个有利于个体社会化的文化和制度环境,个体应该努力把握社会化的实质。

---

① 　郑杭生:《社会学概论新修》(第三版),第405—406页。
② 　周雪光:《组织规章制度与组织决策》,《北京大学教育评论》2010年第3期,第4页。
③ 　转引自周雪光:《组织规章制度与组织决策》,第5页。
④ 　理查德·谢弗:《社会学与生活》,第135页。

一、社会化成功与失败的指向标

如何评判个体社会化成败呢?最重要的就是我们前面提到的文化和制度。我们在社会生活过程中,通过与他人和社会的互动,能否将所处的文化和制度内化到体内,又能否做到与文化和制度知、情、行的统一是社会化成功与失败的指向标。

(一)认知层面的诠释

认知是我们与他人交往过程中,观察、了解他人并形成的判断。在认知方面,个体社会化成功在于对自己、他人和群体的认知与社会文化和制度基本一致。文化和制度不能直接作用于个体,都是通过我们、他人和群体作为载体呈现的。他人和群体的认知反映我们所处的文化和制度环境。

1. 对自己的认知客观

成功社会化在于适应社会,与社会普遍认知基本一致。我们对社会的认知,从对自己的认知开始。我是谁?我应该成为谁?在社会化的过程中,我们会形成关于自己的看法,即自我。对于自己的认知,包括我们的物理特征,如高矮、胖瘦、衣着等,还有我们的内在特点,如能力、意志、价值观等,都应该符合客观事实。

2. 与他人的认知基本一致

社会化的重要途径之一就是与他人进行交往,在生活中,我们对人和社会关系的看法应该与他人认知基本一致,才能更好地适应社会。这里所讲的他人,包括父母、老师、同学、朋友、同事等。如果你与他人的认知不一致,就会造成你们在交往上的障碍,也无法让你获得他人的认同,更不用说彼此交往了。可见,与他人的认知基本一致是人际交往的前提,也是社会化的基础。

3. 与群体的认知基本一致

在社会上生活,我们都离不开群体。我们往往依附于某一群体或多个群体,获得存在感,获得社会生活的意义。只有与群体的认知基本一致,我们才能在群体中生活。例如前面提到的同辈群体。对学生而言,其与同辈群体的认知基本一致,使得他们有了共同的语言,使得他在同辈群体中能发展和完善自己以适应更广阔的人际交往。

（二）情感层面的诠释

情感是我们对人和社会关系产生的主观体验和感受。社会化成功在于正确地表达情感。个体适应社会的过程，就是向自己、他人、群体表达情感的过程。这比认知更容易让我们融入社会。

1. 喜欢自己

作为社会人，我们是社会化的客体。我们对自己评价时产生的正向情感体验，尤其是根据一定的道德标准评价自己，我们才能形成适应社会所需的责任感、义务感、幸福感、友谊感等。一个人如果连自己都不喜欢，很可能失去生活在社会的存在感，更可能做出阻碍社会的事情。

2. 关心他人

在对他人进行评价时所产生的情感体验，是以所处的文化和制度为背景的。我们对他人的情感体验都是源于一定的社会文化和制度的。例如，对父母的情感反映家庭文化和制度，对同学和老师的情感反映教育理念，对同事的情感反映企业的文化和制度等。对他人正向的情感表达是社会化的内涵之一，关心他人应该成为社会化的标准之一。

3. 关爱群体

无论是你所处的群体或其他社会群体，我们适应社会应该对群体表达正向的情感体验，那就是关爱群体。我们对群体的情绪体验，尤其是社会弱势群体，体现了社会文化和制度，例如农村留守儿童、高龄老人、农民工等。

新闻链接

贵州毕节儿童服农药死亡事件

2015年6月9日，贵州省毕节市七星关区4名儿童服农药中毒死亡。得知事件发生后，国务院总理李克强十分关切并作出重要批示，要求有关部门对各地加强督促，把工作做实、做细，强调临时救助制度不能流于形式。对不作为、假落实的要严厉整改问责，悲剧不能一再发生。①

---

① 《李克强对贵州毕节4名儿童服农药中毒死亡事件作出批示》，http://www.gov.cn/guowuyuan/2015-06/12/content_2878697.htm。

(三) 行为层面的诠释

行为,即受思想支配而表现出来的外在活动,它是认知和情感的最终表现形式。个体的认知、情感和行为协调一致是人的正常状态、人之合理性。成功的社会化就是知、情、行的一致性,而这种一致性的前提仍然是符合社会文化和制度要求。

1. 行为与认知的一致性

个体顺利适应社会,表现为外显行为与社会认知相一致。社会对于合格社会成员的看法,对其权利和义务的规定是社会文化和制度的体现。个体针对人与社会关系表现出来的行为倾向选择,往往具有组织化的倾向。例如,作为公司员工,我们的行为是符合企业对员工的看法的,我们往往要遵循员工守则。

2. 行为与情感的一致性

个体针对人与社会关系表现出来的行为与社会情感保持一致性,才能体现个体完成了由生物人到社会人的转变。现实生活中,我们的行为如果长期与社会情感表现出不一致,那么个体会出现混乱,自然无法适应社会了。

二、社会化成功与失败的策略选择

在从生物人转变成社会人的过程中,社会对我们施加影响,使得我们逐渐成长为一名合格的社会成员。怎么才能做到成功的社会化呢?换句话说,如何才能学会做人,或学习社会文化和制度呢?

(一) 该如何做

1. 学习基本生活技能

基本的生活技能是人们在社会化过程中首要的学习内容,包括生活自理能力和谋生能力。生活自理能力是一个人在日常生活中、在衣食住行等方面自我料理的能力。社会中的成年人之所以能独立面对生活,在于自己照料自己,在于学会了这种生活技能,锻炼和掌握了生活自理的能力。

谋生的能力即人们作为一个正式的成员在参与社会生活过程中自谋生路、自食其力的能力,也就是长大后能从事某种工作、劳动或职业的技能。人们要在社会中生存下去,要适应社会生活的要求,就必须具备一定的职业技能和谋生手段。

2. 学习社会文化和制度

任何社会要维持它的正常运转,都必须有一套完整的维持社会秩序的工具,也就是我们前面提到的文化和制度。文化和制度承载的其实就是社会规范,是社会向全体成员提出的行为规则的总和。如果不了解、不熟悉社会文化和制度,不遵守社会规范,就无法正常地参与社会生活,就会与社会的要求格格不入。

3. 内化价值观念

文化和制度所蕴含的价值观念为我们适应社会提供了价值观和生活目标。人们在其成长的过程中,或迟或早总会面对诸如为什么活着、应该怎样活着、为着什么样的目标而奋斗、以什么样的标准来评价自己的所作所为等问题。这种价值观或生活目标决定着一个人的生活道路的方向。它的确立,意味着个人将社会中某种信仰、风俗、组织等文化和制度内化为自己崇尚和追求的观念和目标,形成个人特定的政治态度、思想观点、价值标准和人生追求。它是人们社会化过程的结果,是人们从生物人转化为社会人的又一个质的飞跃。

4. 扮演好社会角色

社会角色是一套权利、义务的规范和行为模式。社会化过程的最后成果,是为社会培养和训练出一个符合社会要求、可以参与正常的社会生活的合格成员,使其能够在社会中担当一定的社会角色。[①]

(二) 社会该如何协助

社会化主要是个体发挥主动性的过程,作为社会化的主体,社会可以发挥主导和协助的作用。这一作用的发挥,依赖于发挥社会化主体的功能:家庭的支撑、学校的示范、同龄群体的陪伴、邻里的协助和大众传媒的引导与监督等。

参考文献

[1] 风笑天:《社会学导论》,华中理工大学出版社1997年版。
[2] 邱泽奇:《社会学是什么》,北京大学出版社2002年版。

---

① 风笑天:《社会学导论》,第78—81页。

［3］郑杭生:《社会学概论新修》(第三版),中国人民大学出版社2002年版。
［4］戴维·波普诺:《社会学》(第十一版),李强等译,中国人民大学出版社2007年版。
［5］理查德·谢弗:《社会学与生活》,赵旭东等译,世界图书出版公司北京公司2012年版。

思考题

1. 什么是社会化?我们如何受社会化主体的影响?
2. 文化和制度怎样塑造我们?
3. 你认为成功社会化的标准是什么?

第三章　我们如何建构社会

【**本章提要**】上一章重点从人的社会化的角度阐述了社会对我们的影响,即社会通过文化和制度要素塑造人类行为。而本章则与之呼应,**目的**在于解析社会中的个体建构起真实社会的内在逻辑,帮助同学们认识自我、心灵、角色、互动等范畴。主要**内容**包括:人们如何认识自己;互动何以可能;我们如何建构社会。其中,本章的**重点**也是本章的核心问题:即社会中的个体是以何种机制和逻辑来建构我们生活的社会,个体在建构社会的过程中从心灵、自我到与社会发生联系存在怎样的内在机理。**难点**在于如何理解心灵、自我与社会的关系。

第一节　自我——人们如何认识自己

记得"斯芬克斯之谜"吗?在探究什么是自我之前,我们先来回顾一下这则神话故事。斯芬克斯是希腊神话中一个长着狮身人面并生有双翼的怪物。他整日蹲在忒拜城附近的山崖上,向过路的行人发难。如果行人不能猜中他的谜语,就会被吃掉。他的谜语是:什么动物早晨用四条腿走路,中午用两条腿走路,晚上用三条腿走路,腿最多时最无能?俄狄浦斯猜中了谜底是"人",斯芬克斯羞愧地跳崖而死。这个"斯芬克斯之谜"推动了人对自身的探索和认识。卡西尔指出,"认识自我乃是哲学探究的最高目标"[①]。认识自我,探究心灵世界的奥秘,分析个体社会化的过程,是人有意识的生命活动的根本,也是人

---

① 《马克思恩格斯选集》(第一卷),人民出版社1995年版,第56页。

类本身对未来追求的必然,同时也是从微观角度探究社会、个体,以及二者之间关系的基本命题。那么,究竟什么是自我?不同理论流派的自我有什么异同?自我与有机体是什么关系?不同年龄阶段的自我怎么做是适当的?下文将对此一一进行阐述。

一、什么是自我

自我的研究经历了一个漫长而不稳定的过程,至少有整整一代人试图撇开自我来说明人的社会性和组织性,结果可想而知。对于"什么是自我"的探讨,首先从自我的理论渊源说起。许多学者在不同时期、不同文化和不同的理论中,对"自我"做出过不同的解释和界定。哈桑认为,要想详细地梳理西方自我的历史是极其困难的,因为"这样的历史将会是五花八门、变化多端和卷帙浩繁的历史"①。自我这个概念是许多学派建构的关键概念,虽然各派的用法不尽相同,但大致上共通的是指个人有意识的部分。下文将对詹姆斯、弗洛伊德、罗杰斯、库利和米德的自我理论分别进行梳理。

图 3.1 法国画家莫罗的著名油画《俄狄浦斯与斯芬克斯》

(一)詹姆斯的"纯粹自我"和"经验自我"

自我是心理学研究的古老话题,但是古代的哲学家们把人的自我与意识活动混为一体,真正意义上的自我概念是从美国心理学家詹姆斯(William James,1842—1910)开始的。作为自我研究的创始人,詹姆斯在著作《心理学原理》《彻底的经验主义》中,对自我进行了详尽的阐述。他认为,"自我是经验我,是我的一切的总和,包括物质自我、社会自我、精神自我和纯自我"②。也就是说,他把自我区分为"纯粹

---

① Ihab Hassan,"Quest for the Subject: The Self in Literature," *Contemporary Literature*,1988, Vol. 29, No. 3, p. 425.

② 黄希庭主编:《人格心理学》,浙江教育出版社 2002 年版,第 368 页。

自我"(I,主格"我")和"经验自我"(me,宾格"我"),即处于观察地位、认识和改造事物的自我与处于被观察地位、被认识和被改造的自我。继而又把"经验自我"分为物我(material self)、社会我(social self)和精神我(spiritual self)三种成分,其中的社会我对后来的自我概念有着重要的意义。

首先,"经验自我"是指个体可能经验到的一种对象,它是与世界的其他对象共同存在的。在这里"经验"是一个动词,是

威廉·詹姆斯,1842—1910

个体在社会实践中的亲身经历,与个体经历相关的所有对象都是"经验自我"的组成。其中,物我(物质自我、生理自我)的核心部分是身体,因为人们总是通过自己的身体与周围的世界发生联系,所有的需求也是为了满足身体的需要,物我是"经验自我"的最低层次。根据詹姆斯的观点,一个人的社会我(社会自我)就是他从他的同伴那里获得的承认,也就是他在别人心目中的形象,比如父母、教师、同学的态度等,是自我在与他人交往中所产生的自我感觉。但是,不同的人对同一个人的看法不尽相同,因此,社会自我也不是唯一的,一个人往往具有多个社会自我。对于"经验自我"而言,精神我(精神自我、心理自我)是最高层次的自我,是存在于一个人内心或主观的东西,具体如个人的性情、抱负等。其次,"纯粹自我"是与"经验自我"相对立的,它是指一个人知道一切东西,包括自我本身的东西,是除了"经验对象"之外最"纯粹"的自己。所以,从这个意义上说,"纯粹自我"是个体对自己心理活动的觉察,它具有思考的能力。可见,"纯粹自我"是由个体当下的思想构成,它受到不同感觉和情绪的激荡,是个人努力和意志的来源。

詹姆斯的自我研究带有浓厚的心理学趋向,他过分关注个体的内在心理功能,因此在他提出自我的研究方向时,也因研究角度问题阻碍了他的深层次分析。

(二)弗洛伊德的"本我""自我"和"超我"

弗洛伊德(Sigmund Freud,1856—1939)是奥地利精神病医生,他

是精神分析学派的创始人,被称为"精神分析之父"。1923年他在《自我与本我》一书中提出了"三重人格学说",阐述了他的自我概念。他将人格分为本我(id)、自我(ego)和超我(superego)三部分。本我是人最原始的、与生俱来的本能和欲望,在社会生活中表现为追求个人欲望和个人利益的满足。它像一口喷射的油井,具有极其强烈的非理性的心理能量。按照快乐原则活动,追求一种绝对不受任何约束的本能欲望的满足。超我是良知或内在的道德判断,是个体在社会化过程中将社会文化(如信仰、习俗、道德等)内化为自己的价值观念,受"至善原则"的支配。而自我是人的理性部分,遵循现实原则。介于本我与超我之间,按照现实原则协调本我的利益追求与超我的道德追求之间的矛盾,尽可能地寻找权宜之计,将那些社会不能接纳的东西压抑和储存到无意识中去,为本我寻找一个宣泄的最佳方式,使人们既不违反社会道德的约束,又不会感到太压抑。

基于此,他把人的精神活动比喻为漂浮在海洋上的一座冰山,水上部分是人格结构中的超我,而人们看不到的水下的大部分则是本我。自我处于人格结构的表层,是冰山与水面平行的部分,因而自我在人格结构中具有双重地位。"在它(自我)企图斡旋于本我和现实之间时,它常常不得不用它自己潜意识的文饰作用来掩盖本我的无意识的要求,以隐瞒本我和现实的冲突。自我就是这样被本我驱使,受超我所限制,遭现实所排斥,艰难地完成它的效益任务,使它所遭受的种种内外力量和影响之间达到调和。"①现在可以理解:为什么我们常常会情不自禁地呼喊——生活不容易啊。因为自我是有意识的,要调和本我与现实的矛盾;同时它又是无意识的,常常会陷于困惑之中而无法自拔。可见,本我和超我之间总是存在着不可调和的矛盾,自我总试图去调和。弗洛伊德认为,只有上述三者保持平衡,才能实现人格的正常发展,如三者的平衡关系遭到破坏,就会导致精神崩溃或人格分裂。只有本我的引诱和超我的监督达到和谐,自我才能正常发展。

---

① 弗洛伊德:《精神分析引论新讲》,苏晓离、刘夫堂译,安徽文艺出版社1987年版,第86页。

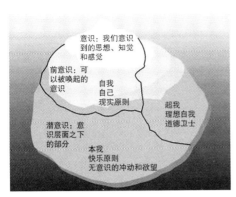 

图 3.2　弗洛伊德人格结构的冰山理论图　　西格蒙德·弗洛伊德，1856—1939

延伸阅读

用弗洛伊德人格理论分析《东邪西毒》电影中人物角色的内心世界

王家卫执导的《东邪西毒》在重新修复和剪辑后，于 2008 年在戛纳影展上映，随后登陆全国各大影院。影片集结张国荣、林青霞、梁朝伟、张曼玉、梁家辉、张学友、刘嘉玲、杨采妮 8 位明星，被无数影迷奉为华语电影的经典之作。

剧情梗概： 在恋人负气嫁给兄长的当晚，欧阳锋黯然离开白陀山，走进沙漠某个小镇，成为一名杀手中介人。他的朋友风流剑客黄药师每年都来小镇与他畅饮，酒话里有关白陀山的消息令他忘却往事的念想渐次演变成自欺行为。黄药师只是表面风流。他迷恋好友"盲剑客"的妻子桃花，桃花在丈夫死后，永远地离开了他；而对迷恋他的女人慕容嫣，他又不愿兑现承诺，这使得慕容嫣迷失于自己的身份中。与欧阳锋构成短暂"买凶杀人"关系的洪七、村姑等人，也都有一段只有他们自己才知、不愿回首的痛苦过往。这里我们尝试用弗洛伊德的人格结构理论来解释《东邪西毒》中的人物命运。电影中四个江湖人物的生活经历充分体现了本我、自我、超我三者矛盾斗争对人物性格和命运的影响。因为本我与超我的不和谐，造成自我的无所适从。

首先，放纵的本我——"盲剑客"。剑客本是一个放荡不羁的形象,不会受到太多的道德的约束和羁绊。他一向凭直觉去杀人,他毫不顾及自己的生命,一人独战数百名马贼,最终为马贼所杀。当然他也凭直觉去判断别人是否美丽,在得知自己心爱的女人爱别人后,他无厘头就强吻了孝女。他在放纵自我中获得了满足,这或许就是所谓的原始冲动,因为他只是想用放纵这种方式来治愈自己破碎的心。

其次,迷狂的超我——黄药师。黄药师是个浪漫的有情人,他一直活在理想的世界里,通过酒醉的迷狂来寻求人生真善美的超我境界。他也喜欢欧阳锋的嫂子,但他并没有说出来,他不想去破坏别人的感情而追求得不到的东西,他一直都保存着心灵的那份完美。最终桃花岛成为他精神的皈依,这种超我的境界是一般人无法企及的。

再次,压抑的自我——欧阳锋。欧阳锋是一个骄傲、自负的人,对心爱的女人也不愿表白;他自私、自我,永远活在自己的世界里。他一贯处世的态度是:"要想不被别人拒绝,最好的方法就是先拒绝别人。"他过度自我保护,害怕面对自我,害怕与人共鸣,刻意跟其他人保持距离。欧阳锋的包袱越背越重,他没有选择简化,也没有勇气改变,更接受不了别人改变。压抑的自我在理想和现实中挣扎着慢慢下沉。

最后,完美的真我——洪七。洪七是一个自由、随性的人,但是他在不知不觉中也被世俗同化。他开始用金钱来衡量自己付出的价值,这种迷失的后果就是他的刀"没有以前快了"。然而,所幸的是,洪七及时发现了这点。他用"一只鸡蛋"看似不等价的交换来挑战,并且以失去手指的代价去努力寻求本我和超我的平衡,最终自我得到了解放。这个自我已经不是最初那个纯朴简单而自发形成的自我,而是历尽磨难付出代价而回归的自我,是真正的自我,完美的真我。

分析完这部心理影片,我们不由开始思考人生,反思自身。在现实社会生活中,在瞬息万变、竞争激烈的时代,我们该如何理解自己的本我、自我和超我?如何协调三者的内在关系?怎样才能收获真正的幸福与快乐?[①]

---

① 部分摘录自曹平:《自我·本我·超我·真我——从弗洛伊德人格理论看终极版〈东邪西毒〉》,《电影评价》2009年第23期。

(三) 罗杰斯的"现实自我"和"理想自我"

罗杰斯(Carl Ransom Rogers,1902—1987)是人本主义心理学的主要代表人物之一,主要从事心理咨询和治疗的实践与研究。起初罗杰斯并不重视自我概念,但在临床上他发现患者倾向于用自我来叙述自己的病情,由此,创立了"以患者为中心"的心理疗法,同时也建立和发展了以自我为核心的人本主义理论。

自我和谐是罗杰斯人格理论中最重要的概念之一,本质上反映的就是自我一致性问题。在罗杰斯看来,自我概念不单指一个人对自己目前状况的知觉,即现实自我(real self),还意味着一个人对自己将来应当怎样的知觉,即理想自我(ideal self)。罗杰斯认为,理想自我和现实自我之间的差距是衡量一个人心理是否健康的指标。他在临床实践中发现,现实自我和理想自我之间的不一致是导致神经症的原因之一。理想自我与现实自我越接近,人就越感到幸福和满足,心理就越健康。罗杰斯认为,对于一个人的个性和行为具有重要意义的是他的理想自我概念,而不只是现实自我,人的本性就是要努力保持一种乐观的感受和对生活的满足。要想成为一个自我完善的人,就要不断接受生活中的各种考验。他把达到这一目标的人称为心理和谐的人。

卡尔·兰塞姆·罗杰斯,
1902—1987

延伸阅读

大学生正处于青少年向成年的转变时期,在这一过程中会出现自豪感与自卑感的冲突、交往的需要与孤独感的冲突、理想与现实的冲突等一系列问题。这些矛盾充分反映了"理想自我"与"现实自我"的不一致、不和谐,如果这些矛盾长久地积压,只会变得越来越强烈,在个体遭遇某种刺激时,更容易出现心理障碍,影响其健康发展。根据罗杰斯的自我和谐理论,大学生该如何对自己的心理健康进行自我维护?

首先,大学生应正确认识自我,在此基础上完善自我,对自己有充分的认识和评价,包括了解和承认自己的优缺点。一个人只有正确地认识自己,才能在人生的坐标上找准自己的位置,才能确定自己未来的发展方向。

其次,大学生也应学会合理地宣泄,找到充分表达自己情绪的方法,既不要压抑自己,也不要放纵自己。尤其是对于一些消极情绪,要学会自我疏导和自我排遣,比如自娱自乐就是很好的排解方式。

最后,勇敢面对现实,充分发挥自己的潜能。不论身处何种环境,都要勇敢地正视现实,即使身处逆境,也不怨天尤人。只要把自己的价值和潜能充分地发挥出来就是一个成功者。当然,对于自己理想的界定要置身于现实的社会大环境中进行,一旦发现理想与现实相矛盾就要考虑调整自己的计划,谋求真正的发展。

在大学里,同学或舍友之间的心理交往状况往往决定着一个大学生对大学生活的满意度。那些生活在友好、合作、融洽的心理交往氛围里的大学生往往表现出愉快、轻松、健康向上的心态,在行为上也注重学习和成就,乐于与人交往和帮助别人。因此,每个大学生都应努力建立一个和谐的人际环境,积极关注他人,因为他人也会以同样的方式回报自己。

(四)库利的"镜中我"理论

库利(Charles Horton Cooley,1864—1929)是美国社会学家、社会心理学家,美国传播学研究的鼻祖。他对自我概念有着重要贡献,在《社会组织》一书中提出了"镜中我"(looking-glass self)的概念。他认为心灵不像笛卡尔所言是超然于外在世界的,反而是个人与世界互动的产物。他以"镜中我"来形容自我是与别人面对面互动的产物。库利的"镜中我"包括三个阶段:(1)我以为别人看到我的什么,比如外貌、衣着、行为举止在他人眼中的想象等;(2)我以为别人看到我的这些什么后会有什么想法,是他人对此的评价;(3)我对我以为的别人

查尔斯·霍顿·库利,
1864—1929

的想法有什么想法,这是个体对他人评价的自我感觉,如自豪感或耻辱感。别人好像是一面镜子,我的自我意识是我从别人心里看到别人怎么看待我。人一旦步入社会,就被置身于他人的态度和行为中,这是我们可以用他人的眼光查验我们行为性质的唯一镜子。

延伸阅读
从微信朋友圈发布自拍照解析库利"镜中我"的三个阶段

第一个阶段:关于微信中的朋友如何"认识"自己的想象。每一个人在微信朋友圈发自拍照之前,都会在头脑中想象自己曾经给别人留下的是什么印象,是美是丑,是胖是瘦,是温柔还是彪悍,是拖沓还是干练,等等。朋友圈中的朋友可能是同学挚友,也可能是生意伙伴或客户。你对于别人心目中的你的形象并不清楚,这时你就会在内心想象自己给别人留下了什么印象,这是库利"镜中我"的想象阶段。

第二个阶段:设想微信朋友如何对自己的行为进行评价。在发布自拍照之前,你会想象微信好友们对你自己发布自拍照的行为如何评价。是点赞还是漠视,是被夸还是被贬,你会有一种期待或者害怕,或许你不敢发一张素颜、未经"美容"或PS的照片,害怕被别人嘲笑,害怕会有负面评价。比如你发了一张戴墨镜的自拍照,你会想象朋友们会对你有什么看法,有的人认为你是一个洒脱飘逸的人,也有人会觉得你是一个显摆做作的人,你在内心一直在想象微信朋友如何对自己的行为进行评价,这是"镜中我"的评价阶段。

第三阶段:自己对微信朋友的这些"评价"的自我感觉。在发布自拍照之后,微信朋友会对你的照片发布各种评论,诸如女神、御姐、恐龙、女汉子等之类的评价,如果微信朋友都回复女神、漂亮等正面赞扬时,你心中就会产生骄傲和满足感,下意识认为这就是大家喜欢的风格,可以一直沿用。至此,他人心中的"镜中我"也就产生了。[①]

---

① 严爽:《以微信朋友圈的自拍照为例剖析库利的"镜中我"的形成》,《科技风》2015年第19期。

(五)米德的社会自我概念

米德(George Herbert Mead,1863—1931)是美国哲学家、社会学家,符号互动论的奠基人。在芝加哥大学任教期间就与库利相识。对于库利来说,正如只有在镜子中才能看到我们自己的衣着形态一样,只有"参照"社会,我们才能认识自我。自我是在与他人的交往中产生的,不可能有孤立存在的自我,这种观点得到了米德的承认和接受,他高度评价了库利对自我理论发展的贡献。但是,无论是詹姆斯、弗洛伊德、罗杰斯、库利,还是文中没有涉及的学者,都没有像米德那样深刻、合理、详尽而系统地阐述自我的社会性质。

乔治·赫伯特·米德,
1863—1931

米德认为自我的产生过程就是一个社会过程,这意味着个体在群体内的相互作用,也意味着群体的不同成员共同参与某种具有合作性质的活动,同时也暗含了群体的优先存在。可见,米德的自我概念也起源于社会互动,是社会的自我,他从社会整体、社会和个体的互动角度来审视自我的来源。他把库利以他人为镜的范围扩大到以社会为镜,认为个人所处的社会群体也是个人认识自我的"镜子"。他进一步指出,这种社会互动不仅体现在人际传播上,也作用于人内传播。

米德提出一种新的观点来看待人类的"自我"建构。他认为自我本质上是一种社会结构,并且产生于社会经验。他把自我分为主我(the I)和客我(the social me),主我是"有机体对其他人的态度做出的反应",是思考着、行动着的主体,是创造者。"客我"是与"主我"相对立的一方,它是"一个人自己采取一组有组织的其他人的态度",是个体采取的影响他行动的他人的态度。通俗地说,主我就是真实的那个自己,客我是自己评价中或者别人评价中的那个自己。

主我与客我的互动产生了自我,这就是所谓的主我与客我的人内互动。我们以一个例子来理解米德的主我与客我概念。比如,一个打碎花瓶或洒了牛奶的孩子,从父母的批评、兄弟姐妹的指责和其他人的批判态度中会觉得打碎花瓶或洒了牛奶是一件错误的事情,从而感到内疚和紧张,形成"我是一个坏孩子"的自我意识,这种意识的形成就是"客我"在发挥作用,是孩子内化了他人的态度。这里的"我"实际上是指代后面的"坏孩子",是客体化了的对象,是客我。而有着负疚感,直接感受到自己是"坏孩子"的"我",则是主我。

客我是内化了的共同体的态度,是"一般化他人"和团体规范的总和。在互动过程中,自我接受了共同体的各种规范,并逐渐内化为自己的行为举止,才能使互动的双方形成完善的自我,并成为成熟的社会个体。可见,社会环境使自我在互动中得以形成,成熟的自我又通过互动构建着社会环境。自我与社会是互为影响、互为建构的关系,这就为我们本章的主题——"我们如何建构社会"奠定了理论基础,即社会是由个体之间的互动与行为建构起来的,个体在不同情境中与他人发生互动,在内心建立一套角色(可能与社会化的理想形象并不完全一致),从而寻求适当的行动路线,与他人建立联系,即社会是我们自己建构出来的。

在对自我理论的回顾与梳理中,我们发现,米德的理论可以被视为自我理论发展过程的一座里程碑。米德被看作是符号互动论的奠基人,其代表作《心灵、自我和社会》中对自我作了独到的论述,突出地表现在他对自我的产生和发展的解释中。詹姆斯的"自我"分析、库利的"镜中我"等相关概念被米德加以综合,成为浑然一体又独具特色的理论体系,他还提出心灵、自我和社会是通过互动而产生和发展的。可以说,米德是站在时代前面的思想家,他的观点与当前研究结果大致相符,如今在研究自我、自我与文化、社会化过程等问题时,米德的自我理论便成为相关研究的指导和基础理论。

二、自我与有机体的关系

自我具有一个显著的特征,即它是作为它自己的一个对象,或者说它是它自己的一个客体。这种特征既使它与其他对象区别开来,又使它与身体区别开来。举一个简单的例子,眼睛可以看到脚,但却看不到身体的全部,这是完全正确的。自我与生理有机体的关系较为复杂。按照常规逻辑,自我是生命有机体的自我,必然是依托于有机体本身,或者作为有机体的一部分而存在,如果这样想当然就大错特错。实际上,自我具有某种与生命有机体本身不同的特征,它并不一定包含在生命有机体之中。自我并不是与生俱来的,它是一种不断发展的东西,在我们积累社会经验的过程中,或者在我们从事社会活动的过程中产生和变化。比如我们的习惯性行动就不包含"自我"。习惯性的行动是一种自然而然的,我们不假思索就可以进行的一系列动作。用米德的话说,习惯性行动里存在一定的"感觉经验",是一种纯粹的"彼在状态"(thereness)。这种经验类似于刚刚醒来的人具有的那种朦胧的、无意识的经验,周围的许多事物都可能在不与"自我"发生联系的情况下存在于我们的自我经验之中。这里我们要区分自我经验和直接经验,直接经验是个体从社会生活中直接获得的知识或技能;自我经验的产生则是我们将直接经验通过抽象、记忆、感知等形式组织起来的过程。下面我们通过两个例子来说明习惯性行动与自我的关系,进而理解自我与生理有机体的复杂关系。

喜剧大师查里·卓别林在其经典电影《摩登时代》里为我们塑造了一个动作笨拙、滑稽可笑,又善良乐观的人物形象。在影片的开始,摩登时代大工厂的流水线工人不停地重复着拧螺丝的单一动作。卓别林饰演的工人夏尔洛为了跟上流水线的速度,被卷入巨大的齿轮还在重复拧螺丝的动作;机械化了的行为惯性竟然让他把同事的大鼻子、妇人胸前的纽扣也当成螺丝帽来拧。在这里我们无须讨论影片背后的社会现实意义,我们的目的只是举例说明习惯性行动与自我的关系。很明显,机械地重复拧螺丝动作的工人在日复一日的流水线作业下只是形成了一种习惯性的条件反射,并不具有"自我"这样一种意识。同样的,一个小偷为了摆脱警察的追击,他在拼命逃跑时会将全部的精力集中在"逃跑"这种行动上。此时,他的经验也仅与他周围的对象有关,比如警察的距离有多远,是否有障碍物阻挡去路等,在这种情况下个体有机体根本没有意识到自我,自我与有机体可能是彼此脱离的,并不存在从属关系。

图 3.3 《摩登时代》剧照

三、不同成长阶段的自我

心理学的相关研究表明,个体的自我意识从产生、发展到相对稳定,大致要经历二十多年的时间,之后才慢慢成熟。分析不同成长阶段的自我,就是从人的年龄阶段来分析"我"怎么做才是适当的。可以从成长过程的角度把自我分为如下四个阶段。

（一）儿童时期的自我

在生命降生之初,婴儿并不具有自我意识。他们甚至无法感知到自己和其他事物的区别。比如,他们经常吮吸自己的手指,就像吮吸自己母亲的乳头一样津津有味,因为他把母亲也当作自己的一部分。可见,婴儿还生活在主体和客体尚未分化的初始状态中。他们的生理自我一般在 8 个月龄左右开始萌生,这是自我意识的最初样态。

到一周岁左右,儿童开始能把自己的动作和动作的对象区别开来,开始意识到自己是动作的主体。比如,当他手里抓着玩具挥舞的时候,他就不再把玩具当作自己的一部分了。一周岁以后,儿童逐步认识自己的身体,也开始意识到自己身体的感觉。不过,他只是把自己作为客体来认识,他从成人那里学会使用自己的名字,并且像称呼其他东西一样地称呼自己。一般到两岁左右,儿童逐渐学会用代词"我"来代表自己。三岁左右的儿童,自我意识有了新的发展,主要表现在,出现了羞愧感与疑虑感。当做错了事时,会感到羞愧;当碰到矛盾时,会感到疑虑。出现了占有欲和嫉妒感。儿童看到自己喜欢的东西,就想独自占有,不愿与人共享;如果母亲对其他儿童表现出关心和喜爱,他会产生强烈的嫉妒感。第一人称"我"的使用频率提高,许多事情都要求"我自己来",开始有了自我独立的要求。应该说,三岁儿童的自我意识已经有了一定的发展,但其行为仍然是以自我为中心的,即以自己的想法解释外部世界,并把自己的想法和情感投射到外界事物上去。

(二)少年时期的自我

三岁到青春期这段时期,是个体接受社会化影响最深的时期,也是学习角色的重要时期。个体在家庭、幼儿园、学校中游戏、学习、劳动,通过模仿、认同、练习等方式,逐步形成各种角色观念,如性别角色、家庭角色、伙伴角色、学生角色等。这一时期,也是获得社会自我的时期,他们开始能意识到自己在人际关系、社会关系中的作用和地位,能意识到自己所承担的社会义务和享有的社会权利等。

青春期以前,个体的眼光是向外的,引起他们兴趣和注意的是外部世界,他们对自己的内心世界视而不见。他们虽然已经意识到自己是一个主体,可以充分认识到自己的行为,但却不了解自己的下列状态:他们常常把自己的情绪视为某种客观上伴随行动而产生的东西,不懂得情绪是自己的主观感受;他们还不善于应用自己的眼光去认识世界,只是照搬成人的观点作为对外部世界的认识。

(三)青年时期的自我

从青春发育期到青春后期大约十年时间,是心理自我的发展时期,自我观念渐趋成熟。青春期里,个人无论在生理、认识或情绪等方面,都有很大变化,如性的成熟、逻辑思维和想象力的发展、感受性的敏感,都是促成自我意识发展的基础。这一时期,个人的自我意识具有以下特点:一是自我意识分裂为观察者的我(I)和被观察的我(me),因而个人就能从自己的观点出发,认识和考量自己的心理活动。二是个体能够透过自我去认识客观世界,即由自我的观点来认识事物而不是从他人的观点去考量事物。三是个体价值体系的发展和理想自我的活动,总是与自我观念的发展相联系。这时,个体常常强调自己所具有的个性特征的重要性,以及认为自己追求的目标对于自己的重要性。

由于自我意识的发展,到了青春期,青年要求独立、自治的意识强烈,更想摆脱成年人的影响束缚。

一般地讲,青年自我意识的发展,经历着一个特别明显的、典型的分化、矛盾和统一的过程。自我明显的分化,意味着自我矛盾冲突的加剧,即主体我与客体我的矛盾斗争、理想的我与现实的我矛盾斗争的加剧。两个我不能统一,自我形象便不能确立,自我概念也不能形成。于是,青年表现出明显的内心冲突,甚至有一定的内心痛苦和激烈的不安感。他们对自我的评价常常是矛盾的,对自我的态度常常是波动的,对自我的控制常常是不自觉、不果断的。他们可能忽而只看到自己的这一方面,又忽而只看到自己的那一方面;时而能较客观地评价自己,时而又不能这样做;时而肯定自己,时而又否定自己;时而感到自己什么都行,时而又感到自己特别幼稚;时而步入憧憬境界,对自己所处的现实缺乏意识,时而又厌恶自己长大而津津乐道那令人留恋的童年;时而对自己充满自信,时而又感到自己无能,对自己不满;等等。

(四) 中老年时期的自我

如果说青春期自我意识是处于迅速发展并趋向成熟的阶段,那么青年期之后个体的自我意识则是处于完善和提高阶段。即主体我与客体我、理想我与现实我经过激烈的矛盾和斗争,重新实现统一的时期。这种统一是在新的水平与方向上的协调一致,使现实我努力符合理想我的要求。当然,矛盾斗争的统一结果有两种可能性,积极的结果是形成新的真实的自我统一,使人增强自信,努力奋斗,有利于自身发展;消极的结果是形成歪曲的自我统一,或自卑,或自负,影响自身的成长和发展。

自我的形成和发展的过程,正是一个人人格成长的过程,忽视了每一阶段的健康成长,都会给人带来终生的遗憾。同样的社会环境,处于不同成长阶段的个体对自己的自我认知不尽相同,每个人都有自己独特的自我认识。我们自己建构起来的一套角色通常是与社会化要求的角色相一致的,这样才能实现自我的和谐统一。但是,也存在自我与社会化要求的角色不一致的情况。比如,当我们还是孩童的时候,我们依赖父母,父母给予的物质保障是我们生存的基础,关爱和保护是我们获得安全感的主要来源,这时,我们和父母的关系较为亲密、和谐。但是步入青春期,叛逆的自我逐渐形成。我们不再与父母无话不谈,我们开始顶撞父母,我们渴望摆脱父母的约束,渐渐地我们与父母的关系越来越远。但是,当我们成家立业之后,尝试到为人父母的不易,体味到生活的艰辛时,便开始为自己的叛逆后悔,从而尝试以各种行为亲近、孝顺父母。从这个意义上说,不同成长阶段的自我认知,对我们理解自己与家庭、父母的关系具有一定的启示。

◎ 延伸阅读

在由中学生到大学生的角色转换过程中,心理上的紧张、不适甚至困惑,这是许多大学生普遍产生过的内在体验。青春期年龄阶段的大学生,不仅处在生理上、心理上高度成长发展的自身内部明显变化的时期,而且由于生活、学习环境以及人际关系的变化等客观世界的外部影响,在从中学生到大学生的角色转换过程中,情绪上易出现不稳定状态。如果这时能牢固掌握、驾驭住迅速成长的自己,很好地适应社会、学校对自己的期待与要求,自我的和谐统一也就易于获得。否则,就易产生自我概念的混乱,人格产生矛盾和冲突。

自我同一的获得有赖于自我意识的发展和自我形象的确立。而这些是在一定的教育条件下进行的。因此,我们应积极充分地创造条件,让学生养成积极独立思考问题的习惯,培养认识社会、认识人生的能力,使他们能够在角色转换的过程中比较客观全面地认识、分析和对待自我。这就要求教育者善于提出问题,创设一些使学生对面临的实际问题作思考、分析、判别的情境,甚至可以举出一些日常生活中的两难冲突事例,让学生在民主的气氛中发表自己的见解,在倾听别人意见中进行讨论。同时,给予学生指导和启发。①

---

① 陈瑜玲:《论青春期的自我同一与大学生人格的完善》,《广东工业大学学报》1996年第3期。

第二节 "自我"与行为——互动何以可能

一、语言是自我形成的前提条件

（一）语言与姿态

按照米德的分析，最早的社会化交流过程是从"姿态"（gesture）开始的。"姿态"这个概念为冯特所发明，它意味着一种社会动作的开端，是一种和语言不同的前语言的社会个体的沟通方式。当一个动作成为使他人做出反应的刺激时，这个动作就不只是一个简单的、孤立的动作，而成了一种具有社会意义的姿态。随着神经系统的进一步发达，无声的姿态发展为有声的姿态，一种新的变化出现了。有声的姿态和其他姿态的不同在于，有声的姿态是这样一种姿态，它使人能够响应自己给出的刺激，犹如其他人会做出响应一样。注意，此时，做出姿态的个体已经不只是做出一种姿态并对他人有所刺激，而且这个个体已经知道他的姿态会对其他人产生什么样的影响。也就是说，他的姿态在他人那里和他自己那里产生的影响是一样的。这时的姿态因此也就具有了一种普遍意义，从而成为一种表意的姿态，即语言。

语言和姿态既有联系又有区别。姿态是语言的前提，而语言则是姿态的高级形式，即表意的姿态。前者意味着个体间的交流、反应还不具有普遍意义；后者则以符号为标志，在共同体的所有成员那里引起共同的反应，从而显示出一种普遍的意义。动物具有前者，只有人类才具有后者。语言使人类个体不仅知道他人的反应，同时也知道了他自己的反应如何被他人所反应；个体在调整自己的行为过程中，扮演了他人的角色，这为共同交流提供了可能和平台。正是在这种交流的基础上，心灵产生了。米德说道："心灵通过交流产生，而不是交流通过心灵产生；交流是借助于社会经验过程中的姿态的会话而进行的。"①

（二）语言是最便利的沟通工具

在米德那里，社会行为是一种有分工有协作的关系，它发生在两

---

① 米德：《心灵、自我与社会》，赵月瑟译，上海译文出版社1992年版，第44页。

个或两个以上的个体之间。显而易见,两人或多人要进行某种协作活动时,相互理解对方的意图是必需的环节。这就需要双方具备一定的沟通和表意能力。可以说,社会行为的实施同时就是沟通的过程。而沟通的重要性则在于它提供了一种个体成为他自己客体的行为方式,因为他不仅与他人沟通,也与自己沟通。为此,个体必须找到一种沟通的媒介,通过这一媒介,个体不仅能与别人发生联系,而且也能与自己发生联系,即成为自己的对象。至此,作为社会实体的自我便具有了产生的条件。语言,作为一种有意义的符号就成为最便利的沟通媒介。

自我的本质特征就在于:它是它自己的对象。这种特征通过"自我"这样一个词语明确地表示出来,它是一个反身词,如"myself""yourself"都是反身代词,具有反身性,既表示主体又表示客体。个体如何才能通过成为他自己的一个客体这样一种方式而跃出身外?米德解决问题的方式具有独创性,他把自我的产生与语言联系在一起。如前所述,他认为语言是自我发展过程中必不可少的条件。比如动物的龇牙行为往往表示一种愤怒状态,这种现象在人这里也可以观察到。米德把这些表现形态称为"姿态"或"姿势"。但是,动物的姿态仅仅是行动的最初形式,它直接作为对另一个动物的刺激,米德称之为"姿态会话"。龇牙刺激了另一只狗做出防卫或进攻姿态,这反过来又成为对第一只狗的刺激,两只狗之间的斗争与撕咬就这样开始了。因此,这种互动是非符号的。姿态会话本质上并不是沟通,沟通必须涉及使用符号或有意义的姿态。成为有意义的姿态或符号的条件是,社会刺激对个体具有与对其他个体同样的影响,这便是语言具有的功能。

米德又把语言称为"口头姿态"。于是,我们终于发现了米德之所以在自我问题上把颇多的精力花费在语言上的关键:因为语言是普遍性的社会性符号,借助语言,个人就能像别人一样与自己发生关系、与自己谈话,从而成为自己的对象和客体。并且,借助语言,人就能进行下文将要提到的角色扮演,这使个体从外部观点来看待自己成为可能,它是自我产生和发展的必经阶段。通过语言,个体能进行自我调节和控制。比如,一个人要说一件令人不快的事,但当他开始说时,意识到这是残忍的,于是,他所说的话对他产生的影响制止了他把这件事说下去。自我是与语言特别是内部语言相联系着的。人通过内部语言与自己对话,以这种方式来对自己的心理和行为进行自觉的评价、监督、调节和控制。

二、心灵的反思性使互动成为可能

(一) 什么是心灵

心灵是一个非常含糊的术语,那么心灵本身是什么呢?就人类的心灵而言,它不是我们的头脑,也不是我们的心脏,头脑与心脏都是人体的实体器官。可见,心灵不是我们的肉体。但它存在于我们的大脑里、心脏里,以及我们的每一寸肌肤里。米德认识到人类心灵的独到之处在于它具有理解和运用象征符号的能力,他将这一过程称为"想象性预演"。想象性预演的主要内容就是选择各种行动方案,扮演他人的角色。这也正说明了心灵不是一种结构,而是一个过程,它是人类努力去适应环境时所表现出来的。那么,心灵是一个怎样的过程呢?首先是对环境中的客体进行定义,明了行动的潜在路线,想象每一路线所可能产生的结果,抑制不恰当的反应,随后选择一条有利于调适的行动路线。由此可见,心灵是一种思维的过程,它意味着深思熟虑。深思熟虑是对各种难以取舍的行动路线(在想象中)进行生动的预演,是对各种可能的行动路线进行试验,是对各种已选定的因素进行不同组合的尝试,一旦采纳了某一行动路线,行动的结果将会如何。

通常我们认为,心灵是人类的天性和本能,是先天的。而米德则认为心灵不是先于社会存在的,而是在社会互动过程中产生的,是由生理性的冲突和反应性的理智互动构成的,其本质是内在的。米德关于心灵的概念,即认为它是一个调适过程,而不是一个事物或实体,恰如库利对其自我概念所做的论述一样,米德论证了心灵只有通过人们在社会中的互动才得以形成和延续。

那么,该如何对心灵进行界定呢?心灵也是人体的一个器官,是将动物与植物、动物与人区分开来的分界线。心灵,就是指人类的反思性智力或思维,它具有如下特征:能用符号表征客体,能用符号预演未来,想象特定的情境指导自身行为,并且能够控制和调节自己的行为。

（二）互动何以可能？

米德对于心灵的考察并不是从成熟有机体的心灵开始的,而是集中研究个体最初是怎样形成这种能力的。我们也沿着这种分析思路来探究心灵是如何产生的。比如婴幼儿的哭闹可能只是一种孩子的随意之态,是一些有利于婴幼儿生存反应的动作,和吃奶、排泄一样。正如一位初为人母的母亲对哭闹不止的孩子无所适从,她并不能从孩子无休止的哭闹中理解孩子到底是热了、冷了、饿了、尿了,还是生病了,对于孩子的需要并不能从啼哭中进行判断。可见,婴幼儿的哭闹只是他简单发出的姿态,并不能给姿态明确、固定的意义。米德认为这种姿态是没有效率和缺乏适应性的。只有当一种姿态在它的发出者和接收者身上引起共同的反应时,它才具有社会意义,米德称之为"常规姿态"。

心灵的产生与发展离不开"姿态"。米德认为在社会经验的过程中,必然导致有声姿态(语言)的出现,有声姿态是具有意义的表意符号。具有意义的姿态就成为社会群体以共同的意义来理解世界的符号中介,或者简单地说,个体A对个体B的姿态的理解,并做出相应的反应,这时姿态对于该群体具有相同的意义。相比之下,有声姿态的功能远远大于无声姿态,这不仅仅因为它是人类交流的符号中介,而是它能够在个体内部"扮演他人的角色",站在他人的立场想象自己根据角色要求而采取的行动,从而更好地约束和控制自己的社会行为。这样,当一个人能懂得常规姿态(尤其是语言)的含义,承担他人的角色,并想象性预演可以选择的行动方案时,那么这个人便具有了心灵。

在共同意义上运用和解释常规姿态的能力,意味着心灵、自我和社会的发展迈出了极为重要的一步。通过理解和接受姿态,人们就可以认识有利于合作的姿态,从而进行想象性预演,将自己置身于他人的地位,通过了解合作者的态度,个体才可以调解和控制自己的行动,以谋求彼此间的最佳适应。只有当一个人对符号或姿态的理解与他人一致时,人们之间的互动才具有可能。

三、行为与期待

行为是一个人的举止行动,是受思想支配而表现出来的外在活动,比如做出动作、发出声音,它是人在主客观因素影响下产生的外部活动。人类行为的分类显然是多维度的,生物学、心理学等着重探讨人类的动物刺激性反应行为,而社会学所研究的人类行为是与他人和社会有关的社会性行为。从社会学角度来看,行为最根本的分类在于社会行为和与之相对应的个体行为。在社会行为中,进行该行为的个体,通过诱发对方的行为展开个体间的各种关系。

(一)行为的类型

根据不同的研究领域和研究目的,可以将社会行为划分为不同的类型。本章的主要目的在于阐述个体通过社会互动建构微观社会的内在机理,此处关于社会行为的介绍只是为后文阐述相关理论奠定基础。因此,此处仅将与本书主旨最为贴合的主流分类方式介绍给大家。

马克斯·韦伯认为社会是由行动者构成的,要想研究社会就要研究行动者,行动者是有社会行动的,所以,研究行动者就要研究行动者的社会行动。他对社会行为的分析首先从分析行为意向开始。由于行为意向不同,人的社会行为也各异。他认为人的社会行为类型有四种,即目的合理性行为、价值合理性行为、情感行为和传统行为,并且认为目的合理性行为是社会行为发展的方向。

1. 目的合理性行为

目的合理性行为是工具理性下的行动。这种行动是个体借以实现其精心计算的短期自利目标的方式。这是出自功利主义或工具主义的行动方针,行动中最经济有效的目标和手段都是通过个体理性选择的,这种行为的最典型表现是官僚式组织的机构里的行为,再比如投资行为也属于此。

2. 价值合理性行为

价值合理性行为是价值理性下的行动,是追求价值而不是作算计。它取决于对真善美或正义之类较高等级的价值的相信,或者是一种有意识的信仰和认同。这种行动类型并不多见,但也不乏其例。比如教师因相信教育的价值而接受一份低薪教职,再比如企业的慈善捐赠行为等。

3. 情感行为

情感行为是亲情或情感式的行为,是由感觉、激情、心理需要或情感状态决定的。包括身体侵犯、发脾气等行为。

4. 传统行为

传统行为是传统式或威权主义式的行动,是一些习惯性的行动。之所以这样行动就在于它总是以这样一种特定的方式来行动。比如婚礼上的一套固定祝词的表达、写字是左手还是右手等。人类的绝大多数行为都属于这种行动。

这四种行为的分类只是作为社会学家的工具罢了。它们是个人给予自己的行动以一定的意义的方式,是研究社会现象、社会行动的一种概念性工具,是一种方法。韦伯由社会行为关涉到"他人",就形成了各种各样的社会关系,结成了各种共同体或社会团体。

延伸阅读

从韦伯的社会行动理论分析我国企业的慈善捐赠行为

企业捐赠是企业慈善和承担社会责任的表现。我们将依据韦伯的社会行动理论将我国企业的慈善捐赠行为从四个角度做出分析。

1. 目的理性捐赠行为——基于互惠交换原则

企业的慈善捐赠行为实际上是一种典型的目的理性互惠交换行为。企业付出了金钱、物质、时间,而社会则报之以"品牌的提升""良好的形象和口碑"和"支持率上升"等,进而促进销售额上升,企业利润上升。汶川地震后不同表现的企业获得了截然不同的"回报",如生产王老吉饮料的香港加多宝集团在第一时间捐出1亿善款之后好评如潮,甚至有人建议王老吉把原来的广告词"怕上火,喝王老吉"改为"要捐就捐一个亿(义),要喝就喝王老吉"。此外,唐山大地震的孤儿、天津市荣程联合钢铁集团有限公司董事长张祥青在中央电视台募捐晚会现场捐款1亿人民币,也使他和他的企业成为媒体焦点。而万科由于"捐款门事件",则遭受了网民们的"轮番轰炸",虽然最后采取了弥补措施,但不关心公益的形象仿佛已经印入人们的脑海,使万科形象大损。

由此可以看出,对企业而言,企业捐赠行为绝非单纯的利他行为,它通常是作为企业战略的一部分,是企业仔细权衡、合理考虑的结果。

2. 价值理性捐赠行为——基于尊重和自我实现的需求

根据马斯洛的需要层次理论,企业家在获得了事业上的成功后,生理需求、安全需求、社交需求在一定程度上得到了很好的满足,这时他们便把目光投向了更高层次的"尊重"(即社会声望)与自我价值的实现需求之上。正是这种来自于企业及企业家对自身实现其在社会价值目标的理解和需求,成为企业慈善捐赠的潜在动力。

3. 情感捐赠行为——基于感性人理论

正如亚当·斯密所说,人皆有同情即感受他人痛苦的能力,这差不多就是一种本能。企业和企业家的捐赠决策受情感因素的影响,在情感上受到冲击或共鸣,出于对受赠对象的同情而做出物质和精神方面帮助的行动。如贝利集团董事长沈国健出资50万元在山西绥德县成立"特困大学生助学基金"就是源自这样一次偶然的情感认同。"我当时经过那里,看到一些学生考上了大学却上不了学,觉得很寒心,回来之后,我就联系了当地政府要进行资助。"

4. 传统捐赠行为——基于慈善互助的传统

中国是一个文明古国、礼仪之邦,中国人自古以来就讲究"仁爱"、乐善好施,有尊老爱幼、扶危济困、邻里互助的优良传统。闻名于中国商业史的晋商、徽商等,救百姓于水火之中,捐巨款购买粮食赈济灾民,就折射出企业家的一种慈善情怀,是古代朴素的企业慈善捐赠。虽然我国现代企业捐赠的表现形式和途径越来越多样化,但是其慈善捐赠行为无不受到中国传统的仁爱、慈善、互助、互爱思想的影响。①

(二) 对他人期待的理解

韦伯在其名著《经济与社会》中对"社会行动"的含义作了非常详尽的阐述,他认为社会行动可能是以他人过去的、当前的或未来所期待的举止为取向。他人可能是单个的个人和熟人,也可能是人数不定的很多人和完全不认识的人。可见,社会行动的本质就是以他人的行为举止为取向的个人的行动,即社会行动具有针对他人和社会的主观意义,只有具有主观意义的社会行动才是可理解和可解释的,也只有这种人类行为才是社会学的研究范围。

那么,他人的期待是什么?我们如何认识周围人的期待?我们怎

---

① 王琳芝:《从韦伯的社会行动理论看我国企业慈善捐赠行为——由汶川大地震引发的思考》,《理论观察》2009年第2期。

么对待这个期待？从上文分析中我们知道，个体的自我是社会交往活动的产物。人类个体以语言符号为媒介，通过姿态的会话在社会性交往活动中获得思维能力，把个体自身作为自己的对象，能从他人的立场来看待自己，即获得了自我。米德把自我发展过程划分成游戏阶段和泛化他人阶段。游戏阶段，类似于儿童成长的最初阶段，个体模仿和扮演某个他人的角色；泛化他人阶段，个体同时扮演社会活动过程所涉及的所有他人的角色，并能从这个共同体的所有成员的立场来看待和评判自己，从而调整自己的行为，即泛化或称为一般化所有他人的角色。

自我参与社会的共同活动，在特定的社会情境中，通过与社会其他成员之间的互动，个体开始扮演他人的角色，当个体不但采纳了他人对自身行为的期望，还采纳了"泛化他人"即整个互动情境共同体的态度的时候，个体就相应内化了共同体的行为准则，自我在这个过程中得以形成。总之，从社会交往角度看，自我发展的动力在于个体同他人之间的相互影响，而从个人内部来看，个人发展的动力在于主我和客我两个方面的相互作用。

人出生以后，通过积累与他人的互动，接受各种各样的他人对自己的角色期望，从而形成自我。即在与众多人的接触中形成自我与他人期待的复合体，不仅有来自于父母、朋友等"重要他人"的角色期望，而且经过综合和一般化过程，朝着作为"一般化他人"的"一般化社会"对自己的期望，即内化"社会规范"的方向发展，从而形成具有社会性自我的人。我们再次以前文打碎花瓶或洒了牛奶的孩子为例，孩子受到母亲的责备，孩子会想"这次被妈妈责怪了"，如果下次再打碎花瓶或洒了牛奶又受到母亲的责备，孩子便会感到"做这样的事情总是被妈妈责怪"。如果父亲也责备了他，便会形成"不仅妈妈责怪，爸爸也责怪"的意识，孩子便会懂得"打碎花瓶或洒了牛奶大家都会责怪"。于是，掌握了"人是不可以把花瓶打碎或不能把牛奶洒了的"这样一种社会规范。这里，经过了"重要他人→一般化他人→一般社会"这样的一般化与综合化过程，随着他人越来越接近一般化社会，社会的要求便内化于个人，成为个人自我和人格的一部分。

第三节 互动与社会——我们如何建构社会

一、心灵、自我与社会的关系

米德的社会概念与"泛化的他人"紧密联系。在他看来,动物的群居生活是出于本能或生理的冲动行为。人的群体生活,则是社会成员行为的集合。而所有的群体生活从本质上说都是合作行为。

米德认为,社会不是一种客观实体,而是社会成员互相作用的网络,个体通过使用符号给自己和他人的行动以意义。一切社会结构和社会组织都是在互动的过程中形成的。在米德看来,社会制度——即共同体成员对某一特定情境的反应——代表了个体之间有组织或定型化的互动,是群体活动或社会活动的有组织的形式。没有某种社会制度,没有构成社会制度的有组织的社会态度和社会活动,就没有成熟的自我或人格(心灵)。米德强调个体的心灵、自我以及思维活动都取决于参与的社会活动,他以为,个体绝不是社会的奴隶,个体构成社会恰如社会构成个体一样实在。米德在运用心灵和自我来研究社会及其制度维护和延续的同时,还用之以看待社会是如何变迁的。他认为,无论是社会组织的延续还是转变都需要通过心灵的调适能力并考虑其对于自我的影响。米德实际上把社会看成是一种构成的现象,产生于个体间的互动,正因为如此,社会才能够在心灵和自我的活动过程中被改造和重组。但是,由于个体是难以预测的,所以他借用主我和客我在社会活动中的融合来说明行动的不确定性。

总之,米德认为社会是关于共同活动的构成模式,借助符号互动(体现于某种符号,如语言、社会组织等)维持和改变其状态。在心灵、自我与社会的关系上,倘若没有心灵与自我,我们所了解的人类社会便不可能存在,因为它的所有典型特征都是以它的个体成员拥有心灵和自我为前提的;但是,倘若心灵与自我没有在人类社会过程的较低发展阶段产生或突显出来的话,人类社会的个体成员便不会拥有心灵与自我。

二、角色与互动

角色和互动是密不可分的。一方面,互动双方都需遵循一定的角色规范进行交往,一方角色失调,就可能中断或改变互动的方向。互动还有赖于人们扮演他人角色的能力,这使人们能够辨别和理解他人,预知他人的反应。另一方面,没有另一方来互动,角色就失去了依存的条件。

(一)角色领会与角色扮演

1. 什么是角色

角色指个体在特定的社会关系中的身份及由此而规定的行为规范和行为模式的总和。具体地说,就是个人在特定的社会环境中相应的社会身份和社会地位,并按照一定的社会期望,运用一定的权力来履行相应社会职责的行为。它规定一个人活动的特定范围和与人的地位相适应的权利义务与行为规范,是社会对一个处于特定地位的人的行为期待。

在社会生活中,处于一定社会地位的人扮演着多种角色,集许多角色于一身,就是一个角色丛。比如教师角色,包括以下三方面的意思:一是教师的角色就是教师的行为;二是教师角色表示的是教师的地位和身份;三是教师角色意指对教师的期望。

2. 角色扮演的过程

角色扮演概念也是由米德提出,他从社会化的角度分析角色扮演对于儿童成长的意义,儿童的游戏如"过家家"都是在扮演他人的角色,这样有利于儿童自我的形成。一个人承担某种社会角色,并按照这一角色要求的行为规范去活动,这就是角色扮演。

角色扮演是最基本的互动方式,在角色扮演中人们不断进行内部解释,即想象站在他人的角度去理解其行动的意义,其中包括对双方责任、义务的理解。角色扮演需要经过三个环节:一是了解他人对角色的期望。人们在承担某一角色时,首先遇到的是社会或他人的期望。比如一个刚步入社会的大学生,首先要了解的就是工作单位对他的期望。二是对角色的领悟,即一个人接受角色规范的要求、愿意履行角色规范,包括对角色规定的基本权利义务的承认与接受,也包括对具体规范的承认与接受。三是对角色扮演的具体实践,即角色承担者对角色的实践,这是期望与领悟的进一步发展,是在个人实际行动中表现出来的角色。

延伸阅读

我们以选派到农村任职的大学生"村官"为例，对其在互动过程中的角色领会，以及在此基础之上的角色扮演进行探讨。

一定程度上，高校毕业生做出到村任职的理性选择，是与国家期待、农民期待相互契合的。然而，通过在角色扮演过程中对外在主体赋予的角色期待与角色支持的领会，大学生"村官"体会到了现实与理想之间的差距所带来的内心冲突，主要表现为种种迷茫与困惑：一是基于对政策文本的领会所形成的收益预期，与现实当中微薄的物质收益、迷茫的前途之间形成反差；二是大学生"村官"的低效用与农民对其赋予的高期待形成反差，包括知识技能结构与农村需求之间的不对称，农民给予的权力想象与自身权力地位边缘化之间的矛盾；三是大学生"村官"的"雄心壮志"、满腹豪情，与外部支持不足之间的矛盾，包括政策文本、基层政府、家人、农民等方面所提供支持的不足。面对角色领会中的困惑，大学生"村官"亟须在具体的互动情境中进行角色移情与行为调适，包括对知识技能的重构，对农村价值规范的内化与共享，拉近与农民的心理距离，在此基础上发挥自身优势，采取相应的行动，促进自我价值的实现。①

（二）行为主体间的互动

1. 什么是互动

社会互动，即社会相互作用，是指在一定的社会关系背景下，人与人、人与群体、群体与群体等在心理、行为上相互影响、相互作用的动态过程。

构成社会互动，应具备三个要素：（1）应有两方以上的主体。既然是相互作用，主体必然不能少于两方，至于每方人数具体是多少则没有明确限制，其既可以是个人，也可以是群体。因而不论在个人与个人、个人与群体还是群体与群体之间，互动都可发生。（2）主体间应有某种形式的接触。这种形式既包括语言，也包括非语言，如身体感官

---

① 邱玉函：《从大学生到"村官"：角色领会中的冲突与调适》，湖南师范大学 2009 年硕士论文，第 3—4 页。

或其他媒介等。换言之,一方主体应向他方发出一定的符号即通过行为或意思表示的方式传达给对方。(3)各方主体都能意识到符号代表的意义。对于一方主体做出的意思表示或行为,其他主体不仅能清楚认知,而且能对此积极回应。

2. 互动的产生与实质

米德在总结前人成果的基础上发现,心灵的发展、自我意识的形成和社会组织与制度的建立,是社会互动的主要过程,也是社会互动产生的主要条件。

社会互动的起点,是在心灵发展基础上形成的"自我互动"。"自我互动"即"主我"与"客我"的互动。作为一种社会过程,"自我互动"反映的是从"主我"到"客我"的反思过程,这种反思过程是区分动物有无社会性的重要标志。从总体上看,"自我"不仅是社会互动的产物,而且是"主我"与"客我"在互动中不断展开的过程。从根本上讲,没有群体互动,就不会有自我互动。对行动者个体来说,群体互动既是互动的前提,也是互动的必不可少的环境和情境。互动的实质在于:无论是自我互动还是社会互动,都是主体与客体之间的往返活动,都是主体与客体之间的沟通。这种沟通,主要依靠包括暗示和语言在内的"符号"。因此"符号互动"是社会互动的主要形式。

3. 互动的类型

从行为主体的角度来说,社会互动包括人际互动和群体互动。从互动的性质角度来说,社会互动的形式主要包括:交换、合作、冲突、竞争和强制。正是在这一系列的语言和非语言的互动中,人们不断学习由社会建构并由大家共享的象征意义,通过角色借用,理解他人的想法,在符号互动中完成交流,共建意义系统。在互动中,意见得以分享、感情产生共鸣,从而也影响到文化的建构和变迁。

(1)交换。个人或群体采取某种方式彼此交往,这种交往旨在获得报酬或回报,这样形成的关系就是交换关系。回报并不一定是有形的,也不一定有明确目的,有时更多的是无意识地期待别人的感激。但多数社会交换都遵循一个基本原则——互惠。

(2)合作。合作是这样一种互动形式,即由于有些共同的利益或目标对于单独的个人或群体来说很难或不可能达到,于是人们或群体就联合起来一致行动。功能主义理论认为在广义上讲,所有社会生活都是以合作为基础的;如果没有合作,社会就不可能存在。

(3)冲突。社会学家指出,冲突有其正面效果,可以成为一种促进对方紧密团结的力量;冲突也可能导致社会变迁。一个没有冲突的社会将是毫无生机、沉闷乏味的社会。作为合作的对立面,冲突是针对珍稀物品或价值的斗争。为了达到所向往的目标,打败对手是必要的。冲突有暴力的,也有非暴力的。

(4)竞争。竞争是指行动者之间为了共同的目标而展开的较量、争夺,它是社会互动的一种普遍可见的方式。如经济竞争(争夺市场份额)、政治竞争(总统竞选)、地位竞争(争夺某个职位)、声望竞争(争夺某项荣誉、争夺他人对自己的敬重)等等,这是遵循某些规则的一种合作性冲突,在这种形式的互动中,达到追求的目标要比彻底打败对手更重要。

(5)强制。当一个人或一个群体将其意志强加于另外一方时,强制这种互动形式就出现了。在本质上讲,所有形式的强制都是以使用物质力量或暴力的威胁为最终基础的。但是,一般而言,强制的表现要微妙得多。像冲突一样,强制通常也被看作是一种负面社会互动形式,但也有正面的社会功能。

4. 互动的方式

(1)非语言沟通,即通过符号而不是语言所进行的沟通,是互动的一个重要组成部分。两种最重要的非语言沟通是体态语言和个体空间。体态语言包括面部表情、动态体语和静态体语。个体间距离是个体空间的一个方面。按照爱德华·T.霍尔的观点,美国人之间的交往有四种距离:亲密距离(44厘米以内)、个人距离(44—120厘米)、社会距离(120—360厘米)、公众距离(360—760厘米)。(2)暗示与模仿。是互相对应的互动方式,是社会生活中最基本、最普通的一种社会方式。(3)调适。指个体调整自己的心理与行为,以适应环境的要求。(4)同化。是调适的进一步发展。全部改变原来的思想方法和习惯,完全变成另一个文化单位或其成员。

三、在互动中建构社会

(一)个体可以建构社会

米德认为人的意识是人与外部客观环境互动的结果,人的心灵与自我完全来自于社会,人的意识与自我概念来自于个体与社会互动的过程中。因此,应当把个人机体的行为理解为某种社会行动的一个组成部分,把社会行动作为整个过程来理解,而不能理解成个别特殊刺激和反应的累加。这样,人对外界环境刺激的选择、主观解释的过程是个体与社会互动的必然选择。

我们知道,社会通过教育、文化、制度等因素影响和塑造了自我。如果以此推断自我是处于被动的地位那就大错特错了。米德的分析不仅强调人们获得心灵和自我以适应社会的过程,而且他进一步说明了社会怎样依靠个体的心灵和自我的能力而获得生存。米德认为,个体中既有"他人",也有自我。一个人必须采取团体的观点和规范,才能成为社会的一员;另一方面,个体不断地对社会做出反应,不断地反作用于社会,进而影响社会的调整和改变。也许这种变化是慢慢发生且难以觉察的。但是,历史转折时期的重大变化则是由不同个体的作用形成的最终合力推动的。所以,个体是可以塑造社会的。

米德认为,社会不是一种客观实体,而是社会成员互相作用的网络,个体通过使用符号给自己和他人的行动以意义。社会还同时有赖于自我的能力,尤其是社会的持续动荡和潜在变化。因此,米德在运用心灵、自我来研究社会及其制度维护和延续的同时,还用之分析社会是如何变迁的。他认为,无论是社会组织的延续还是转变都需要通过心灵的调适能力并考虑其对于自我的影响,并不存在必然的不可避免的理由,使社会制度一定是压制性的、顽固僵化的。从这里可以看出,米德实际上把社会看成是一种构成的现象,产生于个体间的互动,正因为如此,社会才能够在心灵和自我的活动过程中被改造和重组。人是能动的主体,社会行为规范是人们活动、建构的结果,而且人们处于不断地对社会规范的建构之中。

(二)对社会关系的建构

1. 什么是社会关系

社会关系是社会中人与人之间关系的总称。一个或一个以上的互动模式相结合,形成一个功能性单位,称为"社会关系"。它是持续运作的互动的规范化方式,简言之,它是具有以预测的方式交换各种互动可能性的场景。比如,夫妻关系是由金钱和物的接受、爱情的表达、传播的交换等几个固定的相互行动模式组成的。

2. 我们生活在自己建构起来的社会关系中

社会是共同生活的个体通过各种各样社会关系联合起来的集合。社会结构的基础是社会关系。从发生学的角度来说,社会关系是人们在长期的共同生活和活动中形成的。在共同的活动中,人们选择了某些行为模式,使其结构化,成为社会关系的模式和社会结构的基础。可以说,没有人们之间的社会交往、社会互动,就不可能形成社会关系和社会结构。同时,社会互动又促进社会结构的变化,促进社会的发展,而这种变化和发展是多方面的。

人们不断用自己的行动,并通过社会互动建构着社会,建构着处于变动中的社会。

延伸阅读

人情往来:一种社会关系的再生产

中国人长期生活在一个以家族为本位的社会中,强调日常交往的和谐性与伦理性,往往更多依靠人情交往来解决日常的生活问题。因此,个人在人情关系网络中的社会地位以及对社会资源的可支配性就成为衡量其在人情往来中处于何种地位的重要标志。人情往来作为日常社会交往必不可少的交际手段,有着自身的行为逻辑与运作方式。社会关系的再生产并不是一个静态的结构,而是一个动态的演变过程。人们通过人情往来来建立关系、利用关系巩固关系,扩大自身的社会关系网络,实现社会关系再生产的最大化。[1]

(三) 对社会现实的建构

"现实"并非像我们所认为的那样一成不变。人们在时而一触即发,时而峰回路转的过程中能动地建构社会现实。尽管社会现实由于其可塑性在初期具有一定的"弹性",但最终它在结果上会逐渐趋于稳定或一致。现实的社会建构这个词语概括了人们通过社会互动,能动地塑造社会现实的过程。这个理念为符号互动视角奠定了基础。我

---

[1] 袁静:《人情往来:一种社会关系再生产的运作方式》,华中师范大学 2014 年硕士论文,第 5—6 页。

们至少对大部分日常情境中正在发生的事件进行协商,但人们如何看待事件的结果,则取决于各自的背景、兴趣和意图。在每个人的心中总有一小部分"现实"不那么明确,尤其是在陌生的环境中。因此,我们会根据情境与目的来呈现自我,并努力把握事态的发展。当他人也有类似反应时,"现实"便形成了。实际上,社会互动是一种复杂的协商过程,社会现实便在这种协商中构建起来。

参考文献

[1] 黄希庭:《人格心理学》,浙江教育出版社2002年版。
[2] 米德:《心灵、自我与社会》,赵月瑟译,上海译文出版社1992年版。
[3] 弗洛伊德:《精神分析引论新讲》,苏晓离、刘夫堂译,安徽文艺出版社1987年版。
[4] 马克斯·韦伯:《经济与社会》(第二卷),阎克文译,上海人民出版社2010年版。

思考题

1. 请从不同的理论视角阐述自我的含义。
2. 简述不同成长阶段的自我具有哪些特征。
3. 论述语言与自我的形成存在怎样的关系。
4. 举例说明马克斯·韦伯关于社会行动类型的划分。
5. 什么是互动?我们如何在互动中建构社会?

第四章　群体与组织

【本章提要】本章的**目的**是帮助同学们认识"群体和社会组织"这两个范畴。**内容**包括人类的集群性、群体的定义与类型、群体中人们的交往、社会组织的类型、社会组织的构成要素等。其中**重点**是群体的分类以及影响人们群体交往的因素,社会组织的构成要素及其运行。**难点**主要包括:影响群体关系的四方面在具体群体关系中是如何呈现的,应该如何把握;社会组织如何运转等。

第一节　什么是群体

一、人不能生而无群

社会学的一个基本假设是:人类是天生的社会性动物,人类就是生活在所有不同规模和类型的群体中。英国16—17世纪的诗人多恩(John Donne)曾经写到"人非孤岛",说的就是人类社会的群集性。没有人可以作为孤岛而正常地生活。

同样,这层意思在中国的说法大家已经非常熟悉,那就是"人生不能无群"。《荀子·王制篇》说:"人,力不若牛,走不若马,而牛马为用,何也？曰:人能群,彼不能群。人何以能群？曰:分。分何以能行？曰:义。故义以分则和,和则一,一则多力,多力则强,强则胜物……故人生不能无群,群而无分则争,争则乱,乱则离,离则弱,弱则不能胜物。"

意思是说,人的力量不如牛,奔跑的能力不如马,但却可以使牛马为人所用。为什么呢？原因是人有能力组织起来，而牛马自己却不能组织起来。那么，人为什么能够组织起来呢？是因为每个人都有名分。为什么有了名分就能组织起来呢？这是因为除了名分以外，还有规则，在名分的基础上再运用规则，就可以使众多的人组织起来，组织起来就能凝聚力量，凝聚了力量就会使力量增大，力量增大了就会强大，强大起来的人类才能约束其他……所以，活着的人不能没有群体，如果只有群体而没有名分，就会产生纷争，只要有纷争就会混乱，有了混乱就会分崩离析，不能凝聚，没有凝集就没有力量，没有强力就不能约束其他。

在社会化一章我们已经说明，为获得恰当的社会化，人必须与他人接触，生活在群体之中。人一生下来就接受他人的抚慰，就要与他人接触，就要与他人交往。实验观察表明，婴儿出生后有许多明显的社会交往迹象。例如，2个月的婴儿可以被同伴的出现所唤醒，并且与同伴对视。在6个月到9个月之间，婴儿可以直接用言语和微笑与对方交流，而对方也常常模仿这种方式将信息返回。婴儿表现出的这些特点，说明他们对社会性交往是感兴趣的。9个月以后，婴儿之间彼此注视的时间越来越长。他们的微笑、手指动作和话语常常会得到其游戏伙伴的反应和模仿。最初的这种模仿代表了同伴间对"意义"的分享，为以后合作性的同伴活动奠定了基础。[①]

而且既有的证据表明，有没有接触，有什么样的接触都会有不同的后果。人类的孩子和狼生活在一起像狼，和熊生活在一起像熊，和鸡生活在一起像鸡……即使不是与野兽生活在一起，但只要与人类社会生活隔绝，人也不能成长为正常意义上的人。试想一下你被锁在一间屋里，在几乎与人世隔绝的情况下度过你的幼年和童年。这样，你能讲人的语言吗？你会有个性吗？你能与人相处吗？最著名的例子是明惠帝次子，史称"建庶人"的朱文圭。在1402年朱棣攻打南京时，朱文圭只有两岁，之后便被朱棣长期幽禁于广安宫。明英宗于1457年复辟之后，以"怜庶人无罪久系"释放朱文圭，朱文圭被释放之后居于凤阳，"婚娶出入使自便"，但是由于朱文圭自小便受到囚禁而无法和外界接触，被释放时连牛羊都不认识，不久便死去。这样的现象表

[①] 邱泽奇：《社会学是什么》，第197—199页。

明，人的行为、思想感情、语言、生活习惯等，都要在群体生活中获得。

再进一步，一个人婴幼儿期即使与人接触，但如果没有正常的社会交往，也会形成"不合群"的性格，甚至会演变为疾病，即社交障碍。举例来说，在人们的日常生活中，如果某人常常是自己一个人，不加入群体的活动，无论是少儿的游戏，中小学生的扎堆，大学的朋友交往或者集体活动，工作中的朋友聚会，甚至亲戚之间的交往，我们就会用"离群索居""行为怪异"等来指称和形容他，以至于那些喜欢独处者被贴上"孤独者"的标签，并被认定为有偏离行为。我们现在也经常能够读到不少留守儿童成为越轨者的报道，这与他们远离父母，无法和最重要的人接触与共同生活有莫大的联系。

至此，尽管我们了解丹尼尔·笛福（Daniel Defoe）笔下的鲁宾逊·克鲁索，有时推崇他充满刺激、挑战的孤岛生活，也艳羡陶渊明的世外桃源，但是我们都明白，我们无法持久地坚持一个人的生活。即使是最反社会的个体，不久也便会开始想要有人来陪伴。人最离不开的不是工作、金钱、美色，而是自己已经熟悉的东西，其中最重要、最特别的就是自己的群体。我们都希望与他人分享自己的伤心与喜悦，如果除了自己的声音外不能再听到别人的声音，我们的一些想法只能在自己的脑子里萦回而不能向他人表达，有时真的会很难受。

长期被迫忍受与世隔绝的人，经常体验到深刻的迷惘，甚至可能因没有人陪伴而发疯，即精神崩溃。所以不难理解，传统监狱中大多数最严厉的惩罚可能就是关禁闭。在大多数军队中，最严厉的惩罚也是关禁闭，就连《日内瓦公约》也承认，30天以上的单独监禁是一种残忍的折磨。

可见，能否适应群体生活，是我们能否获得幸福快乐的重要标准，无怪乎中国台湾地区学校评价好学生的标准一直是"德智体美群"，也就是要求孩子们必须能够"合群"。

二、群体的含义

事实上，我们可以找到很多关于群体的定义，在中国，费孝通老先生曾经给出这样的定义：群体固然是由个体组织成的，没有个体也就没有群体，但是形成了群体的个体已经超出了自然演化中的生物界，而进入了社会，因此个体不仅是生物人，也是社会人，社会则是经过人加工的群体。在西方，非常有代表的是默顿的定义，他认为群体是由自认为属于这个群体的人所组成的，彼此期望其余成员应有某些行为，而对外人无此期望的一群人。那么，到底什么是群体呢？

让我们从身边的现象入手。俗话说："三人成群。"群体的第一个要素就是人的聚集。在圣诞节的商场人头攒动，在明星演唱会现场人潮汹涌，还有在菜市场买菜的人们，在大街上熙熙攘攘、川流不息的人流，这些都是人群的聚集，但是否这些都是群体呢？再比如，我们在学校里，也有许多类人群的聚集。中午，大家聚集在食堂，排队等待购买午饭；一群学生，有男生，有女生，骑在自行车上一路说笑而来；一群学生围着一个树林中的桌子野餐；还有一些零星的散步的学生。其中，哪些是社会群体呢？

我们举例来说，围着桌子野餐的学生与大街上的人群有什么区别呢？先分析下围着桌子野餐的学生有什么特点。第一，群体成员具有认同感。聚在一起的同学都有某些相似的社会特征，如居住相邻；父母相识；父母职业相同，地位相近；有共同的兴趣爱好；在班上有相近的角色地位；聚在一起就有一种认同感，"我们是一拨的"。

第二，群体成员具有归属感。同学之间都有某种行为期待，在遇到外界冲击的时候，每个人都期望其他成员能尽其所能共同抵制冲击；在群体内部发生事情的时候，每个人对其他人的行为有所期待，如有人摔跤了，身强力壮的同学总是第一个被期待前往救援的人，他自己也知道这一点。

第三，群体中一定有核心人物。这不是选举出来的，而是在群体成员的互动中自然形成的。某个成员凭借某种特别的、群体认可的优势占据了这个位置，并对群体的其他成员具有重要影响力。

第四，群体本身具有一定的稳定性。尤其是在10岁以后，群体的成员构成具有相对的稳定性，不会随时变化，而且群体内部的凝聚力也会不断增强，并形成一定的行为模式以区别于其他的群体，如下课的时候，群体成员往往凑在一起嬉笑打闹，甚至上厕所都共同行动。[1]

所以在野餐桌旁聚集的人们是一个社会群体——他们的穿衣打扮、说话的风格、行为方式以及群体团结感，把他们与那些仅仅是聚合

---

[1] 邱泽奇：《社会学是什么》，第204页。

在一起的人区分开来。

再让我们看看大街上的匆忙而熙攘的人流。尽管他们也是一群人聚集和簇拥在一起,但是,他们的相遇仅仅是因为他们对那里有兴趣而产生的巧合,他们彼此并不认识,没有认同感、归属感,更没有独特的群体结构和共同的文化,所以就构成不了群体。社会学家们称这种人群聚集为"集合体"(aggregates)。当然,如果某时段所有上街的人都是事先约好的同伴或朋友,比如上街示威游行,那他们就组成一个社会群体。清楚了这些,我们就不必要对群体的不同定义感到不安了。因为无论如何定义,我们都可以找到其共同点,那就是每个群体都有自己的界限和互动规则,群体成员之间是互动状态,通过共享群体的意义与规范,群体中的人就产生了一种作为群体成员的认同感。这样,群体中的人就与群体外的人有了十分明确的区分。

因此,在这里我们这样定义群体:群体就是两个或更多的人,他们有共同的认同及某种团结一致的感觉,对群体中每个人的行为都有相同而确定的目标和期望。①

三、群体的类型

(一) 初级群体和次级群体

无论是在日常生活中,还是在工作场所,我们都会遭遇与自己关系亲疏有别、互动规则相异的两类基本群体,这就是初级群体(又称为首属群体)和次级群体(又称为次属群体),这是依据成员间关系的亲密程度来划分的群体类型,也是划分群体的最主要的标准。

库利在《社会组织》一书中提出"初级群体"概念的时候,特指家庭和嬉戏群体,在他看来这是人们获得社会化的两个基本社会群体,它们培养了人的本性。在库利之后,人们不仅用初级群体来指称家庭和儿童嬉戏群体,也用来指称与这两个群体类似的人类社会群体,如邻里、"闺蜜"和亲属等具有强烈认同感的群体,并将与初级群体特征相异的群体称为"次级群体"。

具体而言,初级群体最突出的特征就是小规模群体成员之间面对

---

① 戴维·波普诺:《社会学》(第十版),李强译,中国人民大学出版社1999年版,第188页。

面的、投入全部人格和情感的、全方位的、有高度认同感的互动。

首先,初级群体的基本条件是基于小规模的面对面的互动,由于群体规模较小,每个成员之间才都有面对面互动的机会,其成员才能相互熟悉、了解。

其次,初级群体成员间是充满情感和人格投入的互动,因为初级群体接纳的是整个个人,群体成员间的互动是没有修饰、无法装扮的,每个人都会把自己的全部情感甚至人格带进初级群体。

最后,初级群体成员间有无法离间和转移的亲密关系,关系具有很低的替代性,因此,在人们与其他人或群体发生冲突的时候,初级群体是主要的认同来源和安全来源。不过正因为此,初级群体也对人们产生不可避免的负面影响,有时会压抑个人的个性,甚至限制个人的社会发展。比如,现在很多家长担心子女的婚姻问题,给很多青年带来非常巨大的心理压力,有的青年不得不租"男友"或"女友"回家见长辈,甚至为了给家里人一个交代而草率地结婚,造成婚姻悲剧。

相对应的,次级群体指成员为了某种特定目标集合在一起,通过明确的规章制度结成正规关系的社会群体。成员间感情联系少,面对面的接触有限,主要依据既定的角色联系在一起。与初级关系相比,次级关系是一种特殊的、缺乏情感深度的关系,它所包含的只是一个人人格的有限方面。

事实上,次级群体已成为现代社会的主要组织方式。在次级群体中,人们都是公事公办,达到务实的目标,而不是提供情感支持或作为自我表达的工具,成员之间也具有极大的替代性。次级群体包括各种正式组织以及学校、公司、政府中的工作群体等,其中,我们最熟悉的次级群体是正式组织,将在本章稍后一点讨论。

(二) 内群体和外群体

除了初级群体与次级群体的划分以外,依据群体成员心理的归属情况为标准,社会学在群体中又区分了内群体和外群体。

这个分类标准是1906年萨姆纳(William G. Sumner)在研究中提出的,用以区分群体成员对自己的群体和他人的群体的感受。所谓内群体即是成员对其有团结、忠心、亲密及合作感觉的群体,即成员在心理上自觉认同并归属于其中的群体。外群体即是泛指内群体成员之外的其他任何"别人"的结合。内群体中的成员对外群体和其成员抱有怀疑和偏见,甚至蔑视、厌恶、仇恨、挑衅等态度,心理上无任何归属感。或者更简单地说,内群体是人们所属的群体,外群体是他们所不属于的群体。

在实际的观察中,萨姆纳发现,每个人总是认为自己的群体具有外群体所不具有的优势,总是对自己的群体具有某种特殊的感觉,与此同时,我们总是用怀疑甚至敌视的眼光看待外群体。因此,内、外群体常相互隔离,甚至处于对立的地位,当内外群体彼此有严重的利害冲突时,还容易导致抵制、争斗、侵略等行为。

区分内外群体的意义到底何在?这就要提到著名的谢里夫实验。1956年,谢里夫(Carolyn Sherif)进行了一项至今为止仍然被广泛引用的实验。实验对象是年龄11岁、来自稳定的中产阶级家庭、信仰新教的男孩,实验的目的是了解群体如何形成以及冲突如何影响内群体和外群体的社会关系。简单来说,谢里夫组织了一个夏令营,让孩子们参加,等到大家熟悉后,他让小男孩自发地形成伙伴群体然后又任意地将夏令营成员分成两半,即将这些孩子随机地分成了两个大组,将已自发形成的伙伴群体人为地分离。这两个新群体很快就形成了彼此独特的社会结构,有领导者、有追随者,而且形成了群体界限符号,例如名字和喜好的特殊颜色等。谢里夫在两个大组之间组织对抗性、竞争性活动,发现两个群体之间的对抗和敌意越来越强烈,连分组之前的好伙伴关系现在也转为敌对和抗争。直到谢里夫中断供水,必须两个群体共同合作才能克服困难时,两群体的对抗才消失。

可见,任何群体成员都有对自己群体的认同与忠诚,而且,认同与忠诚会因为组织的界限得到强化,群体之间的冲突也常常会强化群体界限。因此,界限是群体构成的基本要素,界限的存在使得群体成员的归属感得以强化,并有助于保持群体成员之间的团结和加强群体内部的凝聚力。[①] 群体界限常常由符号和代码来强化,因此内外群体间的界限必须是某种标识,比如校徽和制服,甚至是暗号和俚语。

(三) 所属群体和参照群体

依据成员的身份归属还可将群体分为所属群体和参照群体。所属群体指的是成员身份所属的群体。它规定成员的身份及其日常活

---

① 戴维·波普诺:《社会学》(第十版),第188页。

动。参照群体并非是某些成员身份所属的群体,但它却被某些成员用作其所属群体的参照对象。参照群体通常对其成员的信念、态度和价值观等的形成产生重大影响,并因此而削弱或加强所属群体的团结。

"参照群体"为人们评判自己提供了一种模型,它可以是某人所设法追求,想要加入的群体,而不仅仅是他或她已经所属的群体。所以,它比别的群体更大地影响了关于我们是谁、我们与世界互动的方式怎样的意识。

例如,学生中的党员群体很可能被非党员们视为自己的参照群体,非党员们以他们为榜样,努力做到品学兼优,能早日入党。学生会成员群体也会成为普通学生群体的参照群体,用来评价自己学生时代生活丰富多彩的情况和价值。换句话说,某一群体已经达到的目标很可能是另一个群体所要追求的目标,因此,另一群体的人们倾向于按照前一个群体的行为模式行动。当然,参照群体可能是正面的,也可能是负面的,取决于对参照群体的选择,比如,校园内的越轨学生群体同样也会成为正常学生群体的参照群体。

由此,我们不难理解,在现代社会生活中参照群体是极为重要的。我们每个人都必须扮演多种不同的社会角色,参照群体作为一个心理参照点,反衬出其他群体在变迁中所产生的要求和期望。正面参照群体的价值和标准是我们认识世界的社会基础。[1] 可以想象,大家都希望选择到正面的参照群体,能够对自己的人生起到向上和积极的效果。

(四) 小群体和大群体

依据规模大小还可将群体分为小群体和大群体。小群体是指规模较小,构成群体人员的数量有限,群体成员之间可以建立面对面的互动关系的群体。通俗地讲,小群体就是小到能允许其成员以个体为基础进行相互的交往联系的群体。

相对应的,大群体是指规模较大,构成群体人员的数量较多,群体成员之间无法建立面对面的互动关系的群体。

以上是划分群体类型的最主要的四种方式,当然,以其他标准划分,还可以得到更多群体类型,比如依据群体内人际关系发生的缘由

---

[1] 戴维·波普诺:《社会学》(第十版),第189页。

及性质我们还可以将群体划分为血缘群体、地缘群体、业缘群体、趣缘群体。血缘群体即是基于血统或生理联系而形成的群体,如家庭、家族、氏族、部落等。地缘群体是基于空间或地理位置关系而形成的群体,如邻里、老乡、民族社区等。业缘群体是基于劳动与职业间的联系而形成的群体,如同事、领导等。趣缘群体是基于兴趣、爱好、志向等相同或相近而形成的群体,如驴友群和网友等。

以下我们将主要讨论小群体的交往,尤其是以小群体形式表现的初级群体,尚没有涉及典型的次级群体,譬如正式组织。在研究了小群体的人际交往后,我们将转而分析组织这样较大的社会群体。

第二节 群体中人们的交往

既然人们都生活在群体中,那么群体中人们之间的交往包括哪些内容?交往行为有没有什么基本"原理"呢?群体中人和人的交往受到多种因素的影响,具体而言,我们可以从四个方面的内容去把握,即群体中人际交往感情纽带是否牢固、利益关系是否互惠、价值观是否统一、权利义务是否均衡。群体交往是否能达到和谐的状态,与这四个方面的内容有密切关系。下面用这个框架来说明一般小群体(以学生宿舍室友的交往为例)和初级群体(以家庭成员的交往为例)中人们交往的基本原理。

一、一般小群体中的人际交往——以宿舍关系为例

宿舍人际关系是大学生人际关系中一个最基本的环节。大家同窗共读、共宿,"低头不见抬头见"。曾经一首耳熟能详的校园民谣《睡在我上铺的兄弟》,让大学寝室里的室友情谊成了人们永久的美好回忆。但是,近几年来发生的几起校园极端事件,如马加爵案、朱令案等,让大学宿舍人际关系危机成为公众话题。

对千万大学生而言,如何与自己的室友以及同班同学和睦相处,已经变成了一个必须要面对的社会话题。在网上,有大学毕业生发出了这样的感慨——"感谢大学室友不杀之恩"。而类似的帖子,也在网上获赞无数。网帖是这样写的:"清华投毒,复旦下毒,南航刺杀,噩耗频传,还记得马加爵,忘不掉胡文海,我们活着的人,是否应该给大学

同窗打个电话,尤其是同宿舍的,热泪盈眶地说一声感谢:大哥,感谢当年你不杀之恩!"大学同学和宿舍室友关系相处的问题,应该是一门学问,也是一门艺术。

近日,网上流传的《防止被同学杀死的99条注意事项》,又一次引发了人们对大学生人际关系的关注。这99条事项被有才的网友进行了精辟的总结,内容如下:"莫笑同学丑,莫笑同学娘,莫管同学饭,莫叫人起床。大忌绰号含贬义,二忌碍人打游戏,三忌走路和回首,四忌宿舍做生意。打牌之前锁好刀,毕业以后别联系。"惹人忍俊不禁的同时,也让人对当代大学生人际关系多了一份反思和感慨。事实上,宿舍集体生活有一个很重要的功能,即教会学生如何处理个人与集体、社会的关系。与家庭等典型初级群体不同的是,宿舍成员们有一个共同点:虽同住在一间宿舍,但平时大家都各有各的生活。事实上,这类小群体的关系处理仍要遵循人际交往"感情纽带牢固""利益关系互惠""价值观和谐统一""权利义务均衡"的四要素原则。

(一)感情纽带联结:相处相知

在小群体人际交往中,感情纽带的联结处于最基础与核心的地位,宿舍室友间的交往也是如此。有了深厚的感情基础,室友成员之间的和睦相处才有了不可动摇的基石,哪怕室友之间彼此利益有些许冲突,价值观并不完全一致也能彼此包容,相互扶持。

室友之间的深厚感情联结来源于大家的共处,比如,有的室友经常一起做功课、写生、去图书馆、参加社团活动,还有的室友经常一起看电影、打牌、聚餐,这种种形式的相聚相会都能够让室友之间彼此产生依赖和信任,建立感情。曾经风靡"80后""70后""60后"寝室的"卧谈会"承载了多少青春的理想与激情,又造就了多少室友之情。

但有调查指出,相比"80后""70后""60后","90后"大学生室友关系似乎"淡"了不少。有同学甚至将寝室同学关系形容为"容器人":人就像是透明的玻璃罐一样,不断接收外界的信息,但内心世界却是封闭的,人与人之间不能进行正常的交流,如果试图走进对方的内心,两个容器就会发生碰撞。室友就像是熟悉的陌生人,彼此间的感情非常淡薄。

有记者在武汉大学、中南财经政法大学、武汉科技大学、武汉商贸职业学院等高校调查了上百位大学生发现,很多在校大学生和室友在生活中交流很少,寝室里大家基本上是各忙各的,刷微博、朋友圈,甚至有时一个寝室的同学,晚上聊天会习惯性地用QQ代替。仅有少部分"90后"大学生会在寝室和室友密切交谈,很多人与室友交流很少。

如果仔细观察,会发现不少寝室床铺都围有床帘,回到寝室后,同学们各自钻进床帘,沉浸在自己的一块小天地里。在学业紧张的情况下,室友们回宿舍后只想好好休息,一般不会有"卧谈会",睡觉之前室友们习惯玩玩手机、看看书。让众多"70后""80后"大学生无比怀念的"卧谈会",对于"90后"大学生来说却似乎很陌生。偶有"卧谈会",但聊天的话题仅限于"衣食住行、吃喝玩乐"。也会谨慎地"不去涉及价格",而人生理想和目标、在学习和工作中的感触,则都属于"很少会聊的内容",因为容易引起利益冲突。①

究其原因,主要包括:首先,现在大学生所面临的现实压力更大了,就业和考研的竞争激烈,社团活动多,功课任务繁重,利益竞争更加突出,在精力有限的情况下,彼此间交流的时间自然减少。

其次,"90后"大学生的观念也产生了变化。现在的不少大学生奉行个人主义,特别是"90后"大学生绝大多数都是独生子女,除了父母的关爱外,看到更多的是竞争关系。他们中的一些人不愿意与同学分享自己的情感、经历,就像企业的经营者不愿意与竞争对手分享商业秘密一样。

最后,都是科技惹的祸。随着科技越来越发达,手机、电脑成了"绑架"大学生的工具,朋友圈、QQ群日益成为这群年轻人的主要交际圈。十年前,寝室里谈天说地的景象被上网、逛淘宝、看影视剧和打游戏代替。对虚拟社交媒体的依赖,似乎已经超过了与身边同学交往的需要。

针对这种情况,当代大学生与室友如果要加深彼此的交流和情感,同寝室的人应该要学着去寻找彼此之间的共同点,有共同点的人总是会很投缘,哪怕是一点点共同的话题、共同的兴趣爱好、共同的思想,都可能成为友谊的使者,加深彼此间的交流,在室友间建立起良好的关系。同时,全寝室同学可以多组织一些集体活动,摆脱对网络的依赖,比如一起出去聚餐、游玩、参加学校的集体活动和竞赛等,增加

---

① 朱佳琦:《"卧谈会"淡出大学寝室》,《武汉晨报》2014年10月4日。

彼此真真切切的相处时间和相处机会,了解对方,建立感情,增强寝室的团结与融洽,使室友之间的感情得到升华。

(二) 协调利益关系:理性面对

大学生活其实是社会生活的缩影。如果说社会中处处充满着矛盾和冲突,处处都有理不清的利益纠葛,寝室同样是一个容易激化矛盾、容易产生嫉妒心理的小社会和名利场。

不少寝室矛盾是因为琐事而起。以公共卫生为例。洗澡间由于是公用的,"都有责任"就容易被理解成"都没有责任"。有些寝室的公共清洁无人理会,实在有人无法容忍其恶劣状况,稍稍动两下扫把,心中可能又顿生不平,批评对方的懒惰,于是双方难免起争执。又如,寝室里的同学有拥有电脑的和没有电脑的之分,有电脑的同学可能设密码仅供私用,多消耗的电能却并未个人承担。对此种种,平时"耗能少"的同学不愿接受,于是又产生了矛盾。有的矛盾积累,甚至酿成惨剧。众所周知,马加爵杀人的导火索不过是打牌时室友的几句带刺的恶语。无独有偶,2016年1月,一名27岁的男生,因不满室友在宿舍内抽烟与之发生口角,继而持刀将他和另外两名室友砍伤,朝阳法院以犯故意伤害罪判处这名男生有期徒刑1年4个月。①

也有一些室友间的矛盾是由关系到切身利益的"大事"引起的,比如评奖学金、争取保研名额等。对大多数大学生而言,能不能拿到奖学金、能否申请得到助学金、能不能入党、是不是学生干部、能不能成为"三好学生"都是关乎他们切身利益的事情。比如,奖、助学金的金额少则几百元,多则几万元,且与留校保研、出国、推荐就业有着密切关系。因此,在奖学金、助学金申请和期末考、保研等关键时期,往往是班级和寝室矛盾最突出的时候。有地方甚至发生某学生因助学金评定对其室友产生不满,最终将其刺死的惨案。②

室友住在一室之内,利益纠葛无法避免。怎样处理彼此之间的利益关系,形成和谐的室友关系,是我们必须面对的问题。有这样一个

---

① 张淑玲:《不满室友在宿舍内抽烟,一男生砍伤三名同学获刑》,《京华时报》2016年1月16日。

② 王静:《陕西科技大学生活区发生命案,大学生捅死同班班长》,《华商报》2012年7月4日。

故事,电影《中国合伙人》与新东方创业者的故事渊源颇深。影片中有这么一个情节,面对成冬青的创业邀约,孟晓骏喊道:"我留下来跟你混!"这个片段的事实原型是,当年新东方初具规模,俞敏洪跑到美国和加拿大,想要拉大学同学徐小平、王强、包凡一回国合伙。为"诱惑"昔日室友们回来,俞敏洪大方花钱,想让同学知道在中国也能赚钱。三位同窗果真放弃了在国外顺风顺水的事业。不过,三人回国的真实原因,俞敏洪事后才知道。他们这样调侃道:"我们回来,就冲你大学为我们打了四年开水。所以你有饭吃,肯定不会给我们粥喝。"①

可见,我们应该理性面对室友间的矛盾,协调利益关系,在小利益冲突面前,明白吃亏是福,在大的利益面前,树立正确的竞争观,完善自己,正面竞争,良性竞争,在竞争中提升自己,这才是强大自己又适应群体的正道。

(三) 整合价值观念:悦纳他人

同宿舍的同学分别来自不同的地域、不同的家庭,思想观念、价值标准都不同。有的人看重能力,有的人看重品行;有的人信奉"人之初性本善",有的人相信在人的潜意识里总有恶的动机;有的人追求学业上的成就,有的人追求人际关系的和谐。这样,在遇到实际问题时因观点不同常常会发生冲突。

我们经常在各种各样的论坛上看到类似的疑问:和室友爱好价值观差别太大怎么办?如何和价值观不同的室友(其他都不喜欢学习的室友)相处?倾诉的具体内容各式各样。

例如,"室友天天沉浸在某人又发了怎样的朋友圈,淘宝买衣服,女生的那些小情小意里,上课也是玩手机,从不运动,而我又是一个很积极比较有野心的人,虽然住得近,但是心里完全走不到一起去,彼此情谊就停留在上课占座、偶尔下课去食堂吃个饭上。"

又如,"我的室友一个执着于搞行政(也学习,但不是出于喜欢,而是被逼),两个只会打游戏(考试蒙混过关的那种),我们学的是计算机,我喜欢编程,而他们到现在连 Hello World 都不会写,感觉他们就是在浪费国家教育资源,作业就是去抄,课程设计打酱油;和他们在一起感觉很生气,这种心理该怎么平衡?现在很着急啊。"

---

① 佚名:《大学入学前第一课:学会与室友相处》,《华西都市报》2015 年 6 月 5 日。

还如,"我从高中时成绩很优异,经常受到老师和同学的表扬,我给自己确立了一套成功的标准:做事要有意义,要有追求,要干大事。我发现有的室友经常玩网络游戏,有的室友外出谈恋爱,有的室友不爱学习忙社团,爱和老师处关系。觉得室友都在不务正业、没有出息,室友却觉得我很虚伪。"

在这样的情况下,室友间的融洽相处自然困难重重。实际上,室友间价值观的不同需要彼此的包容和沟通,要尊重别人的选择,高标准、高道德这些最主要是用来自律的,不能单纯以自己的标准来要求别人,不能强制室友和别的同学,更不能"宽以律己,严于待人",而要"宽以待人",此外,更要学会悦纳别人。这样一来,室友中喜欢学习的,大可大部分时间去学习,喜欢玩游戏的,不妨在课余时间尽情玩游戏,喜欢搞行政的那就去搞行政,大家彼此理解包容,和谐相处就不再困难了。

(四)厘清权利义务:勇于担当

一个寝室4至6个人住,天南地北的人相聚在一间不足20平方米的房间,大家的性格、生活方式和生活习惯肯定会有所不同,容易导致宿舍关系紧张。

以性格差异来看,比如南北方差异,南方人较谨慎、细心,北方人直率、坦诚;南方人含蓄,北方人外露等。

以作息规律来看,有的人外向,整天说个不停,有的人内向,少言寡语;有的人早起早睡,有的人是"夜猫子",喜欢深夜淘宝、看电视剧,电脑屏幕的光会影响别人睡觉,早晨却爱睡懒觉。

以生活习惯来看,同一寝室的人的生活习惯也千差万别,有人走路时爱跺脚,敲门的声音比较大,有人习惯轻声敲门,轻声走路;爱"卧谈"的人容易干扰不善言辞的人;爱静的人被朋友多的人搞得烦躁。还有,有人习惯清晨打开窗换换新鲜空气,却被其他室友说存心让他们生病。再比如,遇到了特别勤劳的室友,总在早上6点起来打扫寝室卫生,多年养成的习惯,一时难改,却确实影响了其他室友休息。诸如此类的摩擦不胜枚举,长年积累,得不到好的解决,就会影响群体关系。

正是由于在这狭小的公共空间里学习生活,每个人都要学会欣赏和包容他人,克制和约束自己。但是许多同学,特别是现在的独生子女,奉行个人主义,自我中心意识很强,个性张扬,容易一味要求别人尊重自己的个性,要求别人按自己的意志、习惯行事,而不会宽容谅解和设身处地地处理问题,不会想到自己应尽的义务是什么,容易使得寝室人际关系产生矛盾并使其不断激化,甚至走向极端,发生像"复旦投毒案"那样的极端事件。

事实上,类似案件从来没有停止发生过。2014年1月14日,广西某艺术院校两名同一宿舍的女生突然出现中毒现象,经送医院检查,发现是亚硝酸盐中毒。两女生的室友曹某落网后称,她因生活习惯不同而受到室友嘲讽,欲服毒自杀,在倒水过程中不慎将亚硝酸盐掉入饮水机里。[1] 相似案件在北京和上海也有发生。

事实上,在一个集体空间里,大家都是平等的,不因家庭背景、性格习惯的不同而有高低贵贱之分,因此,必须厘清个人权利的界限,规定每人应尽的义务,鼓励所有人积极参与宿舍的公共事务,参与公共管理。比如讨论和制定宿舍公约,共同维护公共卫生、熄灯必须就寝、一次性饭盒必须丢到寝室外的垃圾桶等,通过商议拟定规矩,大家共同遵守。

每一位大学生都应该学会尊重宿舍室友,让每一位学生拥有存在感和尊严感。要清楚自我意识和换位思考不是对立的,在明确自己权利的时候,还要明确自己的义务和责任,不能"严于待人,宽以律己",崇尚自我、有维权意识的同时,也更应注重社会契约,勇于担当。只有大家都能捍卫自己的权利,也尽自己的义务,才能形成稳定的秩序,消除矛盾根源。

处理寝室关系,我们必须了解费孝通老先生所说的一段话:"至高的玄理,只能拈花相传。会心的微笑固然是人生的真趣,但在日常生活中却是多余的。因为都市里生活上相关的人,来源太复杂,身世太离奇,他们可以有不同的语言、不同的服式、不同的信仰、不同的礼貌和不同的癖尚。他们没有法子可以相互完全了解,只求能相安共处就得,于是造成了美国社会学家帕克教授所谓'symbiosis'的共生现象。这些只求行为上能配合,不求感情上一定能体贴的人们不但相互了解

---

[1] 庾琳:《广西某艺术院校两名女生饮水中毒,室友涉案被逮捕》,《南国早报》2014年2月16日。

的程度比较肤浅,而且生活的接触时常也是片面的。"①寝室一类的一般小群体就是这样,没有必要一定成为初级群体。人本来就如叔本华所说的刺猬:离远了觉得冷,逼近了大家又有刺。小群体成员要能亲密无间有很多不易克服的困难。大家在和平共处的基础上能建立深厚的感情,成为知己固然好,如不能,和而不同,相安无事也不失为一种选择。

二、初级群体中的人际交往——以家庭关系中夫妻关系、代际关系为例

1982年、1993年和1997年对中国有关城市家庭结构的三次调查数据表明,核心家庭和主干家庭是当代城市家庭结构的主要形式,即夫妻二人组成一个家庭或者夫妻和子女组成一个家庭。这些都是典型的初级群体。在一个家庭中,一个人可能同时需要扮演两个角色,丈夫(妻子)或子女。可见,要了解家庭中人们的交往,必须分析两种人际交往关系,即夫妻关系和代际关系。

需要注意的是,家庭特别是夫妻合作的分子不是共生而是一致(consensus)。夫妇关系是人和人关系中最需要契洽的一种,因为他们在生活上所接触的方面比较多,在生活上互相依赖的程度很深。哈夫洛克·霭理士曾说:在一个真正"理想的"婚姻里,我们所能发现的,不只是一个性爱的和谐,更是多个方面的而且与年俱进的感情调协,一个趣味与兴会的结合,一个共同生活的协力发展,一个生育子女的可能的合作场合,并且往往也是一个经济的单位集团。也就是说夫妻之间最好在目的、兴趣、习惯、嗜好上要有高度的契洽,包括观念上的相同,感情上的相合,能相互推己及人。② 同时还是很好的经济伙伴和家庭事务合作者,这样家庭这个初级群体才能最有效运转。要有和谐的家庭关系特别是夫妻关系不是一件易事,所以人们常说"婚姻是爱情的坟墓""世间多怨偶",也就不足为奇了。

(一)家庭中夫妻的交往

1. 夫妻交往中的情感沟通:琴瑟和谐

夫妻之间深深地彼此依赖,来源于感情和利益的耦合。这里我们

---

① 费孝通:《乡土中国》,上海世纪出版集团2007年版,第456页。
② 同上书,第455页。

首先谈感情,家庭最主要的功能之一就是为其成员提供爱和感情,而感情的积累又需要有质量的陪伴和交流。感情对孩子就如学习一样都很重要,而且在其整个一生中都是这样。对夫妻之间也是一样,成年人虽不会因缺少爱而死,但也需要感情和他人的陪伴。情感沟通是影响夫妻关系的核心要素。

现代社会,夫妻之间感情的沟通和交流隐患重重。不少夫妻之间严重缺少交流,这种情形被称为"交流昏迷"。许多夫妻说话的时间越来越少,说的内容越来越短,主题越来越限制在工作、孩子、"柴米油盐酱醋茶"上,共同关心的东西少,双方甚至没话可说,出现了媒体报道的"夫妻同床用手机道晚安"类似的现象。

英国一项调查显示,受工作压力影响,即使每天都见面,夫妻之间的交流也会越来越少。调查大约2000名成年人后发现,四分之一夫妇每天交谈时间不足10分钟。工作太忙,致使4%的调查对象完全忽视伴侣,25%记不起上一次与爱人一起不慌不忙地共进晚餐是什么时候。三分之二的调查对象说,相比与伴侣在家共同做饭、吃饭,他们更享受用这些时间独自上社交网站、发信息。这种情况被媒体称为"婚后沉默症"。①

这里我们要澄清一个问题,是否日日相对,相处时间够长就能保证夫妻之间情感深厚程度的增加呢?答案是否定的,因为彼此陪伴和交流很可能是没有质量的。这里我们引用某著名网上论坛网友吐槽的一个例子来说明何为没有质量的陪伴和交流。咚咚和老公都是普通的工薪族。咚咚在论坛里吐槽他们的婚姻状态。"老公没有任何不良嗜好,下班尽量都回家,听上去很幸福是不是?但虽然我们每天见面,却几乎连话都不怎么说了。每天早上全家就好像在打仗,老公负责准备早餐,我负责管孩子。嘴巴里不停地催,'上学要迟到了''动作快''你怎么就不能快点呢'……几句话持续到出门。下班回家后,两口子一个带孩子写作业,一个做饭。本来晚餐是全家人聊天的最好机会,可是因为孩子吃饭不乖,所以仅存的那点闲暇时间还得跟他折腾。好不容易把饭塞到各自嘴里,全家人继续各自忙活,一个带孩子

---

① 荆晶:《工作压力大 英国近三成夫妇每天交谈不到10分钟》,《广州日报》2012年1月15日。

做作业,一个洗碗打扫卫生。作业完成就要洗洗睡了,孩子爸和孩子迅速进入梦境。我终于有自己的时间了,一般我都会玩会儿 iPad 再去睡觉。那天我统计了一下,一天我们俩说话只有不到十句。曾经我们也是一煲电话粥最少半个小时、一个小时的人啊!"可见,生活的压力和共同兴趣的减少成为两人没有沟通、感情淡化的罪魁祸首。这种性质的陪伴只能让夫妻之间的感情更加疏远。

事实上,在初级群体日益减少的现代社会,情感和陪伴关系变得如此重要,即使家庭的其他功能都仍能令人满意地发挥作用,可当配偶的某一方的感情需求不能在家庭内部得到满足时,家庭仍有可能破裂。所以,夫妻彼此之间需要更多高质量的情感交流。虽然夫妻两个人同住一个屋檐下,天天在一起,但不意味着每天都有沟通,特别是当浪漫的恋爱成了实在的婚姻,出现审美疲劳,生活压力又过大的时候。这时,更需要夫妻二人共同去给生活注入一些变化,比如一同外出旅游,或者培养共同的爱好,如丈夫看球时,妻子能在旁边多停留一下,递给丈夫一杯啤酒;再或者妻子逛街时,丈夫多点耐心,甚至不定期将家里的家具重新摆放一下,才能共同享受生活的乐趣,让彼此感情的交流更加顺畅,相处和陪伴更加温暖,真正做到琴瑟和谐。

2. 夫妻交往中的利益合作:相敬如宾

夫妻一方面是共同享受生活的乐趣,另一方面又共同经营重要又基本的社会事业,其中最主要的两项是经济合作与繁衍后代。

首先是经济合作。在传统社会,由于男女生理上的差异,导致经济活动中的分工与区别,男性主要承担需要体力的活动,女性则主要承担技巧性的活动,并由此形成了分工合作的格局,使得家庭中的夫妻在经济互动中成为相互依赖的整体。通过男女分工和家庭成员的合作,不仅满足家庭成员的基本生活需求,也实现财富的积累。① 在现代社会,大多数生产性事业在家庭之外进行,但是,家庭仍然是经济活动的重要单位。家庭的主要经济行为已由生产转为消费。

其次是繁衍后代。家庭中的长辈不仅要生养子女,还要为子女的成长提供环境,教给他们生存的技能,培养他们基本的价值观念,使他们成为合格的社会人。孟子说:"不孝有三,无后为大。"直到今天,人

---

① 邱泽奇:《社会学是什么》,第189页。

们仍然在遵循社会繁衍的基本法则:通过生养的方式保证家族的繁衍,进而保持社会的延续。现代社会的职业对知识的要求不仅越来越专门化,也越来越个性化,要求就业者在既有知识积累的基础上具有更强的创造能力,而这种能力的培养正是从养育开始的。这就是我们前章所说的社会化。在家里,人们学会了吃饭、穿衣、行走,学会了对冷暖的理解等基本的生存技能,同时也学会了对自我的认知,对社会的基本了解,对人对事的态度。① 这些无不需要夫妻之间亲密无间的合作。

实际上,夫妇之间讲求趣味兴会,在中国历史上并不是没有。词人李清照,《浮生六记》的作者沈复,都是著名的例子。不幸的是这辈在性灵上求满足的夫妇,在家庭事业上,却常常是失败者。不讲感情合作并不是感情的破裂,或是有恶感之谓,不讲爱,也没有恨;两人在爱恨之外,还是可以相处得很和睦,共同担负着家庭的事业。② 这就是我们有时所说的夫妻之间不求热情似火,但求"相敬如宾"。中国古代甚至近代很多夫妻靠着"媒妁之言"定下终生,婚前彼此都没见一面,谈不上爱情,却相互扶持,兢兢业业经营着家庭,相守一生。由上可见,夫妻能否共同携手合作,经营家庭事业,实现利益的整合与相互的扶持是夫妻关系和谐持久程度的重要预测指标之一。

3. 夫妻交往中的价值共享:流水知音

两个人能成为关系亲密的夫妻,有一样东西非常重要,就是价值观。一段婚姻的延续不仅仅是双方在法律、经济、生理等方面的合二为一,也是两个"自我"的结合,是两个人价值观的高度契合。所谓价值观是指一个人从小到大慢慢形成的人生观、世界观、婚姻观、道德观等,我们在生活中的一些事件,哪怕一些家庭琐事的处理,大多与一个人的价值观有关。如果两个人价值观不一致的话,在婚姻中最明显的表现就是缺乏共同的生活目标,在善恶美丑的衡量标准上完全不同。具体说起来,就是两个人对生活的看法不同。如果是同事之间价值观不同,并没有多大的关系,因为他们没有共同利益点,他们的相处是有距离的,而夫妻之间因为是紧密联系,彼此没有距离,当夫妻从大到对

---

① 邱泽奇:《社会学是什么》,第188—189页。
② 费孝通:《乡土中国》,上海世纪出版集团2007年版,第467页。

买房买车的决策,小到对电视剧里角色看法都发生冲突的时候,相处就会都带着矛、刺,就会使婚姻家庭出现很多矛盾问题。

在某热门网站的情感论坛里,一个帖子在连续几个月时间里都创下了颇高的点击率,每天都有都市男女在替帖子女主人分析讨论这段感情是否该继续。帖子里的女主人公热衷时尚,对自己心仪的服饰、化妆品、手机不惜"节衣缩食"购买,是个不折不扣的"月光族",而她的老公却是个信奉勤俭持家、对物质享受没有太高要求的人。两人常常为消费观念的分歧而激烈争执、互相指责,彼此都备感折磨。怎么理解这个问题呢?

这两个人就是价值观不相同的一对夫妻。两个价值观不相容的人,从根本上无法融洽相处。同样一件小事,价值观相近的夫妻一个眼神、一个动作、一句话都能传递彼此的心意,看待事物、处理问题容易达成一致,即便发生冲突也容易协调一致。而价值观不同的夫妻,总是以自己的理想和标准去要求和评判别人,在面对时常发生的矛盾时,往往双方语言上互相指责,行动上背道而驰,最终难免分道扬镳,也就是我们常说的"话不投机半句多""不是一路人"。同样的,假如对方处于困难或感到痛苦时,因为观念不同所导致的"无法理解",也自然不能给予对方心理支持。

事实上,一个人由于生长环境、人生阅历和从家庭及社会所接受的教育不同,进而形成价值观的不同非常正常。谈得上谁对谁错吗?譬如,同一件事,有的人对其特别在意,而有的人则视为一般;在有的人的心里"一石激起千层浪",而有的人却若无其事。费孝通也曾经说过,一个曾在炸弹下逃过命的人和一个从来就没有见过敌机的人,对于警报所有的认识在程度上可以有很大的差别。不但甲无法使乙同感他恐惧惊惶之感,而且警报所引起的行为反应在甲乙两人也不易相同。甲认为非走出二十里躲在山洞里不能安心,而乙却可以据床高卧,满不在乎①……个人是一个自足的感觉单位,相似于莱布尼兹所说的单子(Monad),"没有窗户可以使别的东西跑进来或跑出去"。各个单位的痛痒是锁在窗户里无法相传的。我的痛不能直接跑进你的

---

① 费孝通:《乡土中国》,上海世纪出版集团 2007 年版,第 455 页。

身体,使你也感觉到痛。① 这种现象是非常正常也是可以理解的,可是亲密夫妻之间要能同床共枕,全面合作,甘苦与共,如果不关心彼此痛痒,这时候问题就来了。

所以我们必须要找相同价值观的人作为自己的另一半。观念上的相同必须有相同的经验基础,而这与家庭背景、教育经历密切相关,这就是为什么很多老人经常奉劝我们说择偶需要讲究"门当户对",教导我们说要寻找与自己价值观接近、社会地位相匹配的对象,这是有一定道理的。门当户对的夫妻价值观相同,更容易成为志同道合的好朋友,像一对知己。比如,一对志同道合的夫妻奉行享乐主义,挣多少花多少,周末爱去商场血拼、有空就到处旅游;而另一对志同道合的夫妇却奉行艰苦朴素的传统,时时想着怎么存钱多点安全感,处处想着怎么开源节流少花钱。那么这两对夫妻就都能各得其所,生活得和睦快乐。

若是在我们感情深处独到的领悟,能得到另外一个人的同情和欣赏,这个人是否完全懂得我们的意思且不说,已经是十分难得,我们要称他作知己;有了个知己,死也可以无憾。姜伯牙失去了钟子期不再奢望人间还有第二个知己;知己之难,可以想见。② 努力寻找到与自己价值观一致或接近的人作为自己的另一半,就是建立和谐亲密夫妻关系的第一步。

4. 夫妻交往中的权利义务:平等合作

很明显,夫妻作为共同生活的伴侣,只有在地位完全平等的前提下,才能做到彼此尊重对方的人格、权利和感情,做到互相帮助、互相爱护、互谅互让、和睦团结;也才能平等地履行法律义务,共同承担对子女、对老人、对家庭、对社会应尽的责任。

两性平等关系是永恒的话题。在西方,女权主义冲突论者注意到,许多法律、观念或政府的政策都支持男性统治。他们认为,男性统治的观念已深深植入美国的文化之中,以至于大多数人把家庭中妇女的传统附庸角色,看作不但是可以接受的,而且也是自然的。这种从属角色在传统的婚姻仪式中就表现得很充分。虽然越来越多的夫妇

---

① 费孝通:《乡土中国》,上海世纪出版集团2007年版,第454页。
② 同上书,第455页。

选择了更平等的结婚仪式,但传统仪式上牧师总是问新娘是否会"尊重并服从"她的丈夫。牧师们宣告一对新人结为夫妇时,称的是"男人和妻子"(而不是"丈夫和妻子")。女子的称谓由"小姐"变为"太太",并放弃了她们的父姓。女权主义者认为这些仪式传统便是一桩不平等婚姻关系的象征性开端。[①]

而在旧中国这个以私有制为核心的人剥削人、人压迫人的社会中,夫妻关系是男尊女卑、夫为妻纲的支配与依附关系。由于男女地位不平等,夫妻间仅有的一点情分,不是主观的爱情,而是客观的义务。

在当今社会,随着全世界的女性越来越多地进入职场,经济地位得到提升,她们在家庭中的地位逐渐提高,夫妻之间的平等性也逐步增强,塑造了更加亲密健康的夫妻关系。事实上,"夫妻在家庭中地位平等"是指夫妻不论民族、种族、职业、家庭出身、宗教信仰、文化程度、财产状况、工资收入有何差异,双方在家庭中的地位都是平等的。夫妻各有独立的人格,人身关系和财产关系都是平等的,不是依附和从属的关系,这种平等,大到人格,小到家务分工。

比如,人格独立。如果夫妻一方对另一方说:"没有你我活不下去!"或"如果你离开我,我就死给你看!"这就是一种违反夫妻平等性的做法,其结果是一方很可能会离开另一方。能否让对方保持原样也是涉及人格平等性的一个问题。还比如,财产关系平等。对共同所有的财产的处理上的平等,即夫妻均对共同所有的财产享有同等的处理权,未经双方的同意,一方不得擅自处理共同所有的财产等。再比如,家务分配的平等。大多数夫妻都是上班族,难免加班加点。忙碌了一天之后,到底谁来做饭,谁来刷碗、洗衣、收拾屋子?这往往成了很多夫妻争论的焦点。如果能做到公平分工,合作劳动,比如夫妻一起做饭、擦地板等,既能增进彼此的了解和沟通,又有趣味性,夫妻之间的关系当然也就更加和睦。

(二)家庭中的代际交往

1. 代际交往中的情感交流:心灵慰藉

感情是得时时培养的,是需要维护才能长久的,任意摔打它是不

[①] 戴维·波普诺:《社会学》(第十版),第396页。

行的。代际之间的情感状态也是如此。这是一个双向的问题,不是任何道德说教和法律能解决得了的。人与人之间相互理解、相互关爱,从双方面来增加感情的分量。这样,不但能化解矛盾,还能使父母和子女双方从内心深处亲近,从深层次形成家庭和谐。如果我们在日常生活中留心观察绝大部分儿女孝顺的家庭,就会发现,在这样的家庭中,父母也是很会从情感上与孩子处好关系的。这就是情感交流在代际关系中不容忽视的地位。

但现实是,我们生活和工作的节奏比以前快了很多,不少忙了一天的家长们回家后还有很多事要做。有些父母没有安排好时间或没有认识到与孩子进行情感交流的重要性,往往把与孩子亲近的时间给挤掉了;还有不少父母只注意孩子的物质需要,忽视了孩子的感情需要;再有就是目前中国家庭教育中"重智"与"轻德"两种倾向在同步强化。不少父母只关注孩子的学习成绩而忽视孩子心灵的健康和个性的完善。其实,对于孩子来说,更需要亲热的情感和父母的温暖,这才是孩子健康成长的基础。事实表明,以上种种亲子情感交流的缺失往往导致亲子关系的紧张,如当前不时在媒体报道中出现的父母对子女情感照顾缺失,子女对父母报以反抗和逆反的事例即是证明。

情感交流缺失所导致的代际关系的恶化还体现在成年子女与老年人之间的关系上。随着生活水平的不断提高,许多儿女都会给父母提供十分舒适的住宅,买来很多的营养品,让他们衣食无忧。可是,儿女们却忽略了,相对于物质上的丰富,老人们更加缺少精神的寄托,出现了不少"子欲养而亲不乐""父母受不了儿女照顾"的轶事。

不少媒体都曾经有过报道,说的就是类似事件。如:在延吉市打拼多年的张先生将住在老家的父母接到延吉。"父母年岁大了,我很想尽尽自己的孝心,头些年经济上不允许,没房没车,接过来也怕照顾不好。现在我生意上做得很有起色,房子也是三室一厅的,本以为老人在这里会感受到享福的滋味,哪想到他们住了没到一星期就吵着要回老家,说住不惯,搞得我很无奈。"今年40岁的张先生告诉记者,他的父母70多岁,身体不是很好。张先生是个孝子,想为父母尽尽孝,他说再不尽孝怕有子欲养而亲不在的遗憾。但张先生的父母对儿子的这一孝心并不领情,这让他实在想不通。

无独有偶,在珲春工作的王大姐也向记者大倒苦水:"妈妈年岁大了,父亲去世后她就自己一个人住,我们姐妹几个轮番劝说她和我们一起住,但是老太太死活不干。好不容易连说带哄搬过来了,我们每天都给她准备好吃的喝的,家里东西应有尽有,但老太太就说住得不舒服。在我们这住几天就说头也疼肩也酸,甚至还说出像蹲监狱之类的话,又说自己腿脚不好,上下楼不方便,宁肯自己住在老宅子里,说跟邻居老姐妹有话说。难道跟我们儿女就没话?"

我们可以想象,如果问这些老人,他们的回答会是:"我倒希望他们能多陪陪我,一家人能聚在一起聊聊天,知道我心里想要什么,可惜他们不知道,家里吃喝不愁、衣食无忧,可是我不是除了吃饱用好就没别的事了。"

事实上,不少老人目前与子女在情感交流上出现了真空,造成很多问题。在现实生活中,老年人成了被骗的"高危群体",老人遭遇的不少骗局,并没有多少"技术含量",骗子却接连得手。其中一个重要原因,是老年人容易被骗子的"亲情牌"打动。不少老年人处于孤独状态,子女常不在身边,缺乏情感交流和支持,而骗子的"感情通关"战术,很容易突破他们的心理防线。

不难理解,要解决这些问题,建构亲密的代际关系,就不能不实现两者间频繁和高质量的情感交流。

2. 代际交往中的利益来往:互相支持

父母与子女存在着共同利益,这种共同利益是由双方关系的特点(如亲缘性和天然性等)所决定的。所以代际交往中的利益来往也是我们必须关注的考察代际关系的标准之一。代际之间的资源交换和相互支持我们是并不陌生的,特别是在中国。费孝通将西方家庭中的父母与子女关系概括为接力模式,而将中国家庭中二者的关系概括为反馈模式。与西方注重递进式发展的家庭关系结构不同的是,中国的反馈模式更讲究付出与回报均衡交换的公平逻辑:即上代抚育了下代,下代自然也就负有赡养上代的责任与义务,大家期待辛苦养育子女的老人理应享受子孙的孝敬。[①] 这就是我们所说的"乌鸦反哺"和"羔羊跪乳"。在现实生活中,我们不难发现,父母对子女幼时的抚养、

---

① 张婷婷:《社会转型与乡村代际关系研究:基于文献的述评》,《中国农业大学学报(社会科学版)》2011年第3期,第42—48页。

对成年子女的物质和服务等支持以及子女对父母的赡养和支持之间确实存在着不可分割的联系。

以老年父母与其成年子女之间的关系来举例,早在20世纪90年代,陈皆明的一项研究就探讨了我国城市居民代际间资源交换模式,发现老年父母与其成年子女之间存在着广泛的资源交换。事实上,不仅在城市,乡村社会代际间的资源交换也同样广泛存在。朱静辉以安徽薛村为个案考察,认为随着市场经济兴起,代际之间关系逐渐理性化和物质化,虽然老人强调养育之恩、抚养之惠,但子辈们更注重物质资源交换,赡养老人的动力不是来自于生我养我的父子之恩情,而是一种与市场交换相类似的、有来有往的互惠。①

在现代社会,有不少老人在经济上和事业上给后辈以支援,对后辈起指导作用、枢纽作用和参谋作用。具体比如,承担家务劳动。家务劳动是社会劳动的组成部分,不少离退休老人回到家里,从事力所能及的家务劳动,如买菜、做饭、看孩子,帮繁忙的年轻人减轻负担。又如,对后辈的经济支援。给予后辈经济支援,只有一部分老人才能做到。除此以外,还有一些老人多年建立起的社会关系和积累的宝贵经验,也可以给予子女事业上一定的支持。但是,由于老人与子女双方在资源上的不对称,特别是改革开放以来子辈独立获取资源能力的提升,导致了传统代际关系的失衡,也就是说父辈由于可交换的资源减少,无法换取子辈的回报行为。部分老人与子女关系的疏远甚至恶化引起了人们的关注。

这一现象在当代农村特别明显,随着工业化的发展和农村青壮年向非农产业流动,老人所依靠的土地出现价值递减和收益下降的情况,在家庭的收入结构中比重降低,老人成为家庭中有限资源的分配末梢,甚至被剔除在分配之外。伦理范本,如"老的没做什么,就不应该给他什么"逐渐取代了"老的养了你,你就必须养老的"。代际间的紧密联系和相互支持弱化。有研究发现,不仅是子女辈,就连老人本身也不自觉地认同和强化这一认识。老年人常常以给予子女的财产多少来衡量子女是否应当孝敬自己。不少乡村中老人的自杀往往不是在激愤中死去,而是在对子女的愧疚中死去,愧疚自己没有能力给

---

① 张婷婷:《社会转型与乡村代际关系研究:基于文献的述评》,第42—48页。

子女更多的遗产。①

3. 代际交往中的价值整合：和而不同

两代人之间如果关系不协调，产生矛盾很可能不仅仅因为地位不平等和利益关系这么简单，在社会变革比较剧烈的时候，由于价值观、道德观、生活经历、生活方式和要求等的不同，两代人的矛盾往往较尖锐。代际冲突是社会转型的结果之一，也是社会转型的一个重要特征。代际冲突的重要原因之一就是价值观的代际分化或者说代沟，就是指代与代之间在价值观念、思维方式、生活方式、行为模式、情感体验和语言习惯等各方面所表现出来的差异、隔阂和冲突。比如，有学者通过对河南乡村一对婆媳关系的研究发现，两代人之间其实并不共享同一个价值和道德体系，更多的是生活方式和观念的差异，这是导致代际关系冲突的罪魁祸首。②

比如，某报刊编辑部就曾接待过这样一位来访者，柳老伯今年已是 84 岁高龄，他的女儿 64 岁了，却还是让他头疼不已。他觉得女儿花钱如流水，同时对家里人从老人到小孩她都要操心，都要管。夸张的是每周会有一到两次买阳澄湖大闸蟹回来给老人吃，就算老人说不需要，女儿还是照样买。在别人看来这当然是女儿孝顺的表现，老伯却认为生活上还是应该节约为上。女儿原来是医院的院长，虽然退休了，但还在医院上班，女婿是大学教授，外孙是银行行长，可以说是家里经济条件很好，这一点柳老伯自己也很是自豪。可是女儿在用钱方面和老伯一直有分歧，存在矛盾，老人认为钱要用在刀刃上，不能乱用，而老伯的女儿却不这么想。③ 这就是两代人价值观的不同导致的关系不和谐的典型例子。

在当今中国社会加速转型的处境之下，代际价值观的分化与冲突更加不可避免，斯特劳斯就曾把现代性的特点归结为"青年人与老年人的斗争"。在整个改革开放的过程中，价值标准越来越多元化，价值选择的自由度越来越大，这给青年人勇敢地进行价值实践和价值探索提供了广阔空间。青年人的价值观的反叛特性在追求主体性的现代

---

① 张婷婷:《社会转型与乡村代际关系研究：基于文献的述评》，第 42—48 页。
② 同上。
③ 浦骏:《代际沟通交流是化解之道》，《新民晚报》2014 年 11 月 9 日。

社会里被充分地释放出来,一次次构成了对社会生活、社会价值观念的冲击。然而,老年人与中年人作为稳定的社会秩序的主要担纲者,是智慧、文化传统的主要体现者与承继者。于是,在现代社会这两个方面就作为承继与反叛的现象在"代"与"代"之间的冲突与和解中展露出来了。

经过上述分析,我们已经知道,发生在老年人与年轻人、父母与子女之间的价值选择上的差异和冲突是司空见惯的,老年人、中年人、青年人之间的思维方式、行为习惯、情感方式、话语方式皆有所不同,无论在哪个时代,这都是毋庸置疑的事实。和平共处并不意味着一定要没有差异,建立和谐关系的最终方式就是要实现价值观的代际整合,代际之间多多沟通交流,相互理解,相互包容,跨越代沟,实现和而不同才是相处之道。

4. 代际交往中的权利义务:民主平等

父母与子女、长辈与晚辈的民主与平等反映并提升着家庭生活的质量,是和谐家庭代际关系的应有之义。可以说,家庭代际关系平等,代际双方对权利的相互拥有和对义务的相互担当,是现代家庭代际关系的精神内核,也是现代家庭代际伦理重构的基本目标。①

众所周知,中国传统家庭代际伦理中的代际关系极端不平等。在中国古代社会,父子关系是家庭的主导关系或主轴关系,这方面是由中国传统社会自然经济的农业生产方式和"家国一体""父子一体"的社会政治结构所决定的,孔子重"仁",而"孝"为"仁"之本,孝是最重要的德行,行孝是最大的美德。因此,在中国传统伦理中,只片面地强调子女对父母绝对的孝,而鲜有强调父母对子女的慈的。② 因此我们常说"天下无不是的父母"。

现代社会,随着核心家庭和主干家庭数目的激增,家庭代际关系有日趋平等的趋势,家庭代际关系双方平等意识增强。具体表现为,一方面,父母和长辈对子女权利(包括物质权利和精神权利)与民主要求有了必要的尊重,使得子女能够对自己的价值观和生活态度进行自

---

① 廖小平:《中国传统家庭代际伦理的现代转型和重构》,《东南学术》2005年第6期。
② 廖小平、王新生:《中国传统家庭代际伦理及其双重效应》,《广东社会科学》2015年第1期。

由表达等;另一方面,子女一方的平等意识越来越强,在家庭中对民主的要求日益强烈。他们在家庭交往和代际沟通中,开始把自己放在与长辈平等的地位上,对封建家长制和家长作风表示不满,传统伦理中"父母至上"的观念已不能再约束他们。① 在一项关于中日家庭代际关系的对比调查中,中日两国青年都表达了强烈的平等意识,而中国青年的代际平等意识尤甚。如中国青年认为父亲或母亲对子女应该"像好朋友一样相处"和"相信孩子、不干涉"的比例,分别超过了 50% 和 70%;日本青年的这一比例也分别达到了 1/3 和 40%。②

值得忧虑的是,代际关系双方的"逆倾斜"又开始凸现。家庭代际关系"逆倾斜"即是由原来的"老年本位"向"青年(和少年、儿童)本位"、由"长者中心"向"少者中心"、由"尊老抑少"价值取向向"重少轻老"价值取向逆转。"逆倾斜"现象重要的表现就是尊老不足、爱幼有余。特别是在中国,市场经济、家庭结构变迁和独生子女政策等的综合效应,使家庭代际关系出现了较为严重的"逆倾斜"的现象,一种新的"重少轻老"的代际不平等始露端倪,传统"孝"的真义开始蜕化。所以民间流传这样的玩笑说法,所谓"孝子孝子,孝敬儿子"是也,"养儿防老"也变成了"养老防儿"。不少年轻人在家庭中越来越要求权利而忽视义务,子辈赡养老人的责任意识也相应逐渐淡化,在中国农村尤为明显,农村老人的生存状况堪忧,自杀人数激增,这无疑破坏了代际平衡的伦理基础与契约基础,值得我们深入关注。

第三节 什么是社会组织

社会组织是社会发展到一定阶段的产物,有特定的含义和构成要素。它在人类社会的产生和发展过程具有重要作用。人类社会从以家庭、非正式群体和村社占支配地位的农业社会,过渡到以大规模的正式组织出现为特征的工业社会,社会组织在许多方面都体现了它的重要作用。可以说现代社会的一个显著特点就是社会组织取代初级

---

① 廖小平:《中国传统家庭代际伦理的现代转型和重构》,《东南学术》2005 年第 6 期。
② 吴鲁平:《跨国调查报告显示:中日韩三国青年共通之中存差异》,《中国青年报》2011 年 6 月 9 日。

群体,成为占据主导地位的群体形态。社会组织与初级社会群体本身就是一个此消彼长的关系,它取代初级群体成为社会结构的标志,人类社会的群体生活也就发生了重大变化:比如组织中人们的交往关系更加真实,交往需要按照固定的规则和方向进行等。

社会组织的雏形产生于古代社会,它的普遍出现是与工业化和社会现代化相伴随的。自18世纪英国发生工业革命以来,具有特定目标和功能的社会组织逐渐介入人类社会生活的各个领域,成为社会生活的基本单位。对于社会的理性化——普遍接受合理性的理念和主要围绕这个理念建构起来的社会组织结构——是如何出现的,有两种解释,早期社会学家马克思认为是资本主义(尤其是资本主义对效率的追求)打破了传统,改变了人们对生活的思考方式。社会学家韦伯则认为是宗教打破了传统,是思维方式的改变(上帝会给他的选民以奇迹)催生了资本主义。[1] 这两种解释至今并存,理性化确实是一种完全不同的对待生活的方式。随着这种新观点逐渐渗透到社会的各个层面,新的组织形态就由此诞生。其中之一便是正式的社会组织,即为达成明确的目标而建立的次级群体。正式的社会组织如今已经成为我们生活中的一项重要特征,尽管它们在人类发展史中还相当年轻,但今天我们大多数人出生时就已身在其中(出生于医院),我们在其中接受教育(在学校中学习),我们在里面工作(公司或者其他)等。

一、社会组织的含义与构成要素

(一) 社会组织的含义

这里说的社会组织是相对于初级群体的次级组织形式,亦可以称为正式社会组织。可以说,社会组织是由相互作用的个人或小群体构成的一种有特定目标的协作系统,或者说是人们为了实现某种共同目标,将其行为彼此协调起来所形成的社会团体。组织活动是一种整体性和结构性活动,它主要有四个方面的内容:第一,整体组织的确定目标。这一组织目标不仅代表组织整体,也反映组织成员的利益和社会要求。第二,组织的心理结构。组织是以分工为基础的人群组合,由

---

[1] 詹姆斯·汉斯林:《社会学入门:一种现实分析方法》,林聚仁等译,北京大学出版社2007年版,第175—176页。

于人们长期的相互合作和相互影响,在组织内部会逐步形成某种固定的行为方式和心理结构。第三,组织的技术结构。社会组织作为一个整体也是运用知识和技术的人群。第四,组织的成员要按照组织规则活动。

(二)社会组织的特征

比之于传统的人类活动,现代社会组织具有截然不同的特征:

第一,社会组织具有非人格化特征。与占据位置的个人比起来,职位本身才是重要的。你是为组织工作,而不是为某些随时可能被替换的组织领导工作。由于每项特定职务都有许多其他人可以完成,因此每名员工都是可以替换的。比如,当某教授退休或者离世时,另一个人就会被派来接替他的职位。这就使得个人成为一架庞大机器上的小齿轮。传统社会中人们的关系是历史形成的,一成不变的,而且关系会渗透到方方面面,涵盖生活的许多方面。与传统人类活动不同,现代社会组织中人与人之间是一种普遍联系的关系。现代社会组织执行严格的规章制度,其目的就是为了限制人类行为的随意性,否定人的自主性与个性,个体行为必须符合组织的要求。组织中的个人因此成为一个"组织人"。正因如此,与占据职位的人相比,职位本身才是重要的。

第二,社会组织具有整体合理性与个体非合理性特征。按照鲍曼的说法,理性可以分为个体理性和整体理性。① 在这里,"整体"是在相对的意义上使用的,它可以是一个组织,也可以是一个行政区,这里的整体的合理性是说,在组织内部,组织目标而非个体的目标和要求具有最大合理性。社会组织的一切活动围绕组织目标的实现展开,个体必须在固定的职位上发挥功能,必须按照组织的要求来行动。个体的非合理性是说,在现代组织中,个体互动与过去相比很难做到行为的完全合理,个体很难控制组织的发展过程和行为后果。以公司为例,一个公司的总经理的理性选择对公司造成的影响是全局性的,因为他在公司权力结构中占据高层。要保证公司的整体合理性,个体的合理性有时就需要做出调整。但问题在于,如果公司治理结构无法确保公司的目标和总经理的个人目标相一致,那么,公司总经理的个体

---

① 齐格蒙·鲍曼:《立法者与阐释者》,洪涛译,上海人民出版社2000年版。

理性就会与公司的整体理性发生脱节。从现实经验来看,公司总经理作为一个代理人,常常会有与委托人和公司员工不同的目标或利益。在这种情况下,如果公司总经理只奉行个体理性原则,就有可能背离公司的整体理性原则。例如,在"次贷危机"后的纽约华尔街,许多金融证券公司的业绩下降、公司裁员,但公司总经理的薪水却飙升。这说明,公司总经理的个体理性与公司的整体理性,并非总是一致的,二者常常有不一致的时候。① 社会组织往往追求的是整体合理性。

第三,社会组织具有道德与非道德的两重性特征。社会组织有着用于道德性的慈善目的的可能,也有用于非道德的残忍目的的可能。从本质上说,社会组织是理性思考的结果,它是人类创造出来的工具,目的是提高人类社会活动的效率,但是也不可避免地有着被用于多种目的的可能。

(三) 社会组织的构成要素

规范、地位、角色和权威是社会组织的四大构成要素,它们相互关联构成了社会组织的基本结构。

1. 规范

规范是指稳定的规则与明确的规章制度。它指导人们在组织中如何思考、感觉与信仰,在各种具体的情境与关系中如何行动。可以说,规范是组织和社会互动的基础,是社会关系及其功能价值的具体表现。规范的最终目的是使得组织成员的行为标准化,具有可预测性。如果社会组织要正常运行,则人人必须遵守共同的规范。规范提供了组织内部互动当事人相互期望的模式,最终使得组织互动顺利而稳定。

2. 地位

地位是指人们在社会关系空间中所处的位置。社会地位主要有归属地位与成就地位两种形式。归属地位又被叫作先赋地位,是与生俱来的,如人们的性别、年龄、种族和亲族等;成就地位又称为后致地位,是个人依靠后天努力所取得的地位,如职业身份背后的地位,是医生还是护工,是艺术家还是教师,是个体通过后天学习、训练等取得

---

① 王宁:《个体理性还是整体理性——宏观行动者职业角色中的理性张力与角色异化》,《社会科学》2015年第1期。

的。社会组织中的地位基本上都是成就地位,现代社会及组织内部的互动基本上是社会地位之间的互动。个人在社会组织中的地位先于个人存在于组织中的,社会组织中的社会地位也会与职位紧紧相连,比如公司中的经理一职,经理这一职业就有其特有地位,个人任职经理后就获得经理职位背后相应的地位,但若经理一职无人上任,这个职位在公司中的地位仍旧不会变,只是虚位以待。个体主要是取得既存社会地位而很少能够独立创造,这也是维持社会秩序稳定运行的一种机制。

3. 角色

角色是按照一定社会规范表现的特定社会地位的行为模式。人的社会角色与社会地位是不可分割的,任何角色都有其地位,任何地位都有人扮演角色;角色表现地位,地位规定角色。组织内部的角色是个人与组织交换的结果,这种角色按组织内部固定的规范和制度运行。可以说,社会组织就是一组相互依存、相互联系的角色构成的行动体系。

4. 权威

权威指一种合法化的权力,是维持组织运行的必要手段。组织内部各种规范、地位和角色之间的关系都是一种权力和权威关系。组织权威有两种特征:首先,权威存在于社会组织中,人群如果缺乏组织,则意味着人群中缺乏权威。权威的运动必须在组织团体中进行,组织的存在使得权威合法化。其次,权威依附于职位。一个人占据某一位置的同时就具有该职位背后的权威,而当他离开这一职位,他的权威随即停止,但职位背后的权威本身依然存在。因此,地位、角色、权威的存在不以个人意志为转移。

二、社会组织的研究变项及组织的分类

(一) 社会组织的研究变项

社会组织的研究自有其特点,这主要表现在组织的各个研究变项的运用上。社会组织研究的变项主要有三大类别[①]:

---

① 于显洋:《组织社会学》,中国人民大学出版社 2009 年版,第 9—10 页。

1. 结构变项

社会组织的结构变项不仅仅包括组织的结构,还包括组织的部门化、操作规则和相互行为等。比如包括组织的政策、功能、地位、责任、权威等结构部分,还包括个人表现、合作表现、技术过程等在内的操作规则,以及包括人事、互动、沟通等在内的相互行为等。

2. 人及资源变项

这一变项包括了人和物两个部分。人的因素在社会组织中是可变性最大的,对组织目标实现和结构运行的影响也很大。而社会组织从设计之初,就追求限制人的随意性。个人技巧、个人努力程度、个人的期望和动机等,都属于人的不同因素,这些因素的不同组合就决定了人在组织内的表现的不同,也会影响组织结构的设计与运行。资源变项则是指维持社会组织正常运转所需要的物质因素,包括物质资本、原料和设备的投入等。早期社会组织学者们主要关注资源变项,认为只要有充足的物质资源就可以使得组织有效运行并实现目标。现代组织理论则认为人力资源与物质资源在维持组织运行方面具有同等效力,两者的合理配置是组织生存和发展的基础。

3. 环境变项

环境对社会组织的影响越来越得到学者们的重视。宏观的环境变项包括组织所处的社会政治、经济、文化和历史等环境;微观环境变项则主要指社会组织工作所面临的市场、内部关系和人力资源等。家庭和社区规范、经济规范等环境要素会制约社会组织。如何与环境相整合,即对环境的知觉、适应、影响等是社会组织的生存机制问题。组织在与环境交换的过程中会带来组织内部结构的变化。

随着社会的发展和组织研究的深入,人们越来越重视研究人与组织及组织与环境的关系问题。通过对这些变项的研究,可以解释组织的形成和发展对社会制度的影响,对人类生活的影响等。

(二) 社会组织的分类

各种社会组织之间千差万别,以下是常见的几种分类:

1. 以功能和目标的不同来分类

主张这一分类标准的代表人物是帕森斯。帕森斯认为社会结构可以按照功能与目标的不同而划分成不同类型。根据帕森斯系统理论中最核心的 AGIL 框架①,社会组织可以划分为经济生产组织、政治目标组织、整合组织和模式维持组织。其中,经济生产组织是指那些可以提供产品、制造物品或进行生产的组织,它们将经济功能放在首位,运作方式是通过经济功能的实现对整体组织的发展做贡献。这类组织的典型形式是实业公司。政治目标组织则是能够调动各种资源以保证整体社会目标实现而形成的各类组织形式,例如政府机构和权力组织等。整合组织是那些从社会层次上提供功能的组织形式,它们的活动主要涉及调解冲突等,能够协调社会各组织单位之间的相互关系,保持社会的均衡稳定,比如精神病医院等。模式维持组织则是可以使社会的价值观稳定并使价值观在社会中制度化的组织,比如那些具有"文化""教育""价值承载"等功能的组织,如教会和学校等。

2. 以受惠者为基础的分类

主张这一分类标准的代表人物是彼得·布劳。② 按照这一标准,社会组织可以分为互惠组织、服务组织、经营性组织和大众福利组织。互惠组织中的成员因共同的兴趣而结合在一起,参与程度较低。服务组织以服务为主,主要是为社会组织中的受惠者提供良好的服务。经营性组织则指那些可以用货币形式衡量其活动价值的组织,如银行、工厂、零售店等。大众福利组织则将社会公众都作为受惠的对象,如邮局、飞机场等。

3. 以组织所倡导的顺从方式为基础来分类

这一分类的代表人物是艾提佐尼。他认为社会组织可以分为疏远型、功利型、道德型等。疏远型组织利用职权来指导群体活动,功利型组织以实际性奖励和非实际性奖励为基础,道德型组织则是以劝导和感召来将人们的行为引导到被认为是正确的轨道上来的组织。

4. 以组织内部关系为基础的分类

按照组织内部是否有正式分工关系分类,可将社会组织分为正式组织和非正式组织。正式社会组织内部存在着正式的组织任务分工、组织人员分工和正式的组织制度,典型如政府机关、军队、学校等。非

---

① 乔纳森·H.特纳:《社会学理论的结构》,北京大学出版社 2004 年版,第 38 页。
② 彼得·布劳:《社会生活中的交换与权力》,孙非、张黎勤译,华夏出版社 1988 年版,第 8 页。

正式组织内部既没有确定的机构分工和任务分工,也没有固定的成员和正式的组织制度。非正式组织可以是一个独立的团体,如读书俱乐部、文化沙龙等,也可以是存在于正式社会组织之中的无名却有实的团体。如何对待正式社会组织中的非正式组织,将会影响组织任务的完成与组织运行的效率。

在上述四种分类之外,还有以组织所使用的技术为基础的分类、以组织的规模为基础的分类等。

我国社会常见的对社会组织的分类与上述分类标准略有不同。我们通常以产业为标准,将社会组织划分为第一产业组织、第二产业组织和第三产业组织。我们还会以机构编制为标准来分类,将社会组织划分为国家机关编制的组织(包括国家权力、行政和司法机关等)、国家事业编制组织(为国家创造和改善生产条件,促进社会福利,满足人们文化、卫生等需要,经费实行预算拨款制的国家事业机构)及国家企业编制组织(直接从事农业生产、交通运输等经济活动)。上述两种分类是我国对单位组织类型进行科学管理的基础。当前,我国社会转型急剧,现有的社会组织分类必将受到各种影响,甚至会带来社会管理体系的全面创新。

三、有关社会组织的社会学理论

对现有社会组织理论的了解,将为我们更深入地认识社会组织提供更多视角。尽管社会组织研究历史悠久,但真正形成比较系统的组织理论则是在20世纪初期。尤其是工业革命之后,社会分工急剧发展,以工厂为代表的新型社会组织大量涌现,对社会组织形式及其管理问题做出解释的需求,带来各具特色的组织理论。管理学、经济学、心理学、政治学等学科都介入组织研究中。社会学对社会组织的研究集中于一个中心问题,相对于家庭、作坊及其他非正式组织,正式组织有什么优势?形成这个优势的机制是什么?20世纪初以来的有关社会组织的社会学理论主要有四种[1]:

(一)理性系统组织理论

代表人物有马克斯·韦伯、泰罗和法约尔等人。韦伯在划分权威

---

[1] 于显洋:《组织社会学》,第40页。

类型的基础上提出科层组织理论，认为科层制是最理想的组织形式，是资本主义社会中最常见最高效的社会组织形式。泰罗通过一系列实验，指出专业化分工、合理化的工艺流程和标准化的训练是组织效率的根本保障。法约尔则从宏观的角度重点讨论了正式组织结构与一般管理过程的关系。这一主要产生于20世纪初期的组织理论类型，共同点是将组织当成一个理性工具，认为组织的效率源于组织成员的理性。

（二）自然系统组织理论

自然系统组织理论产生于20世纪30年代，是在对理性系统组织理论的批判中形成的。主要代表人物有梅约、马斯洛、赫茨伯格和麦克格雷戈等人。这一理论的核心是将组织现象看成一个自然历史发展的过程，认为组织并不是一个纯粹的理性工具，而是人们为了完成某种特定任务建立起来的人际关系结构，因此建立在情感认同基础上的非正式关系以及在这种关系中表现出的动机、需求对组织目标的实现有着重大影响。一方面，组织是人们围绕某种目标精心设计的具有规范化、标准化工作流程和严格奖惩制度的系统；另一方面，非正式关系及人的主观能动性也具有重要地位。这其中，梅约的霍桑实验影响非常大。通过霍桑实验梅约提出，人是社会人，工人工作不只是为追求金钱收入，他们也有社会及心理方面的需求；组织中的非正式群体有重要的作用；新型领导应具备综合管理的技能，其中人际关系的处理至关重要。

延伸阅读

霍桑试验

霍桑实验是1924年美国国家科学院的全国科学委员会在西方电气公司所属的霍桑工厂进行的一项实验。目的是为了弄清照明的质量对生产效率的影响，但未取得实质性进展。1927年梅约和哈佛大学的同事应邀参加霍桑实验和研究。

霍桑工厂是一个制造电话交换机的工厂，具有较完善的娱乐设施、医疗制度和养老金制度，但工人们仍愤愤不平，生产成绩很不理想。为找出原因，美国国家研究委员会组织研究小组开展实验研究。

实验经历了四个阶段。

第一阶段是照明实验,时间从 1924 年 11 月至 1927 年 4 月。

当时关于生产效率的理论中占统治地位的是劳动医学的观点,认为也许影响工人生产效率的是疲劳和单调感等,于是当时的实验假设便是"提高照明度有助于减少疲劳,使生产效率提高"。可是经过两年多的实验发现,照明度的改变对生产效率并无影响。具体结果是:当实验组照明度增大时,实验组和控制组都增产;当实验组照明度减弱时,两组依然都增产,甚至实验组的照明度减至 0.06 烛光时,其产量亦无明显下降;直至照明减至如月光一般、实在看不清时,产量才急剧降下来。研究人员面对此结果感到茫然,失去了信心。

从 1927 年起,以梅约教授为首的一批哈佛大学心理学工作者将实验工作接管下来,继续进行。

第二阶段是福利实验。福利实验是继电器装配测试室研究的一个阶段,时间是从 1927 年 4 月至 1929 年 6 月。

实验目的总的来说是查明福利待遇的变换与生产效率的关系。但经过两年多的实验发现,不管福利待遇如何改变(包括工资支付办法的改变、优惠措施的增减、休息时间的增减等),都不影响产量的持续上升,甚至工人自己对生产效率提高的原因也说不清楚。后经进一步的分析发现,导致生产效率上升的主要原因如下:

1. 参加实验的光荣感。实验开始时 6 名参加实验的女工曾被召进部长办公室谈话,她们认为这是莫大的荣誉。这说明被重视的自豪感对人的积极性有明显的促进作用。

2. 成员间良好的相互关系。

第三阶段是访谈实验。研究者在工厂中开始了访谈计划。此计划的最初想法是要工人就管理当局的规划和政策、工头的态度和工作条件等问题做出回答,但这种规定好的访谈计划在进行过程中却大出意料,得到意想不到的效果。工人想就工作提纲以外的事情进行交谈,工人认为重要的事情并不是公司或调查者认为意义重大的那些事。访谈者了解到这一点后,及时把访谈计划改为事先不规定内容,每次访谈的平均时间从三十分钟延长到 1—1.5 个小时,多听少说,详细记录工人的不满和意见。访谈计划持续了两年多。工人的产量大幅提高。人们发现,工人们长期以来对工厂的各项管理制度和方法存在许多不满,无处发泄,访谈计划的实行恰恰为他们提供了发泄机会。发泄过后心情舒畅,士气提高,使产量得到提高。

第四阶段是群体实验。群体实验是银行电汇室研究。梅约等人在这个实验中是选择 14 名男工人在单独的房间里从事绕线、焊接和检验工作。对这个班组实行特殊的工人计件工资制度。

实验者原来设想,实行这套奖励办法会使工人更加努力工作,以便得到更多的报酬。但观察的结果发现,产量只保持在中等水平上,每个工人的日产量平均都差不多,而且工人并不如实地报告产量。深入的调查发现,这个班组为了维护他们群体的利益,自发地形成了一些规范。他们约定,谁也不能干得太多,突出自己;谁也不能干得太少,影响全组的产量,并且约法三章,不准向管理当局告密,如有人违反这些规定,轻则挖苦谩骂,重则拳打脚踢。进一步调查发现,工人们之所以维持中等水平的产量,是担心产量提高,管理当局会改变现行奖励制度,或裁减人员,使部分工人失业,或者会使干得慢的伙伴受到惩罚。

这一实验表明,工人为了维护班组内部的团结,可以放弃物质利益的引诱。梅约由此提出"非正式群体"的概念,认为在正式的组织中存在着自发形成的非正式群体,这种群体有自己的特殊的行为规范,对人的行为起着调节和控制作用。同时,加强了内部的协作关系。[①]

(三)开放系统组织理论

开放系统组织理论流行于 20 世纪 70 年代到 90 年代。在这期间,人们探讨的主题是组织与环境的关系,形成了权变理论、制度学派和组织环境理论等几个有影响的理论流派。理论的整体特点是将注意力从组织内部转移到组织环境上,组织被当作一个开放的、动态的系统加以研究。

(四)行动者系统组织理论

从产生的时间来看,行动者系统组织理论与开放系统组织理论几乎是同时发展起来的,却与开放系统组织理论有别。这种研究取向在

[①] 资料来源:百度百科"霍桑实验"。

承认有限理性的前提下,讨论组织之间、个人与组织之间的互动关系及其结果,把组织看成行动者的系统,其解释逻辑超越了以往组织理论最关注的效率合法性等问题。这一理论取向后又形成了几个重要的学术流派,包括决策理论、组织经济理论、社会网络学派和法国学派等。法国学派的主要代表人物是克罗泽、费埃德伯格等人,他们从组织现象的复杂性出发,把考察的焦点对准作为行动者的组织成员,从权力关系的角度分析了这些行动者的特质及其行动逻辑,进而展示组织实际运作过程。

纵观上述四种社会组织的理论,可以说,在社会学看来,组织是一种集体行为的结构,它将个体的行为有机地整合起来,使其在充满不确定性的环境中获得一种相对的确定性。社会学对组织的研究因此是综合性的,考察的重点既包括组织的生成机制,也包括组织的运作机制。

第四节 社会组织的构成与运转

之所以在社会组织中输入同样的资源却产生出不同的输出结果,是因为这些组织内部构成要素的组合有差异。社会组织的各要素如何排列组合,是组织生存与发展的关键要素。而社会组织的结构设计是否合理,主要看社会组织能否正常运转。

一、组织系统的要素分析

社会组织作为一个系统,它的构成要素一般包括四个方面:组织目标、组织结构、组织文化和组织内的群体。组织目标是组织存在的基础,组织的结构是实现组织目标所必需的"硬件设备",而组织文化以及组织群体则是实现组织目标的"软件"部分。

(一) 组织目标

社会组织是执行特定社会分工的群体。社会分化的程度越高,社会组织的类型也就越复杂,类型之差主要就体现在目标和分工的差异上。组织目标是每个组织都必须通过自身的活动去达到的某种有待实现的未来状态,是完成使命和组织宗旨的载体,是随着环境、时间以及条件变化不断调整的一张"列车时刻表"。组织目标是组织展开活动的依据和动力,代表着一个组织的未来和发展方向。组织目标对组织的发展和生存具有重大意义。组织目标是组织的灵魂,失去目标意味着组织活动失去合理的依据。组织目标还是确定组织活动路线的基础,也是衡量组织的效率与效益的标准。

社会组织的目标有多个种类,即便是同一类型的组织,其目标体系也有差别。可以将组织目标分为主要目标与次要目标,长期目标与短期目标,平衡性目标与改进性目标,显目标与隐目标。其中平衡性目标是指有意识地做出与组织的宏观环境相适应的决策,这种目标的实施也采取一种适应性策略。改进性目标则指一种以改进工作和以更高效率完成计划的愿望为基础的目标,是社会组织在转型社会时期常见的一种目标形式。

这里还需区分组织目标和个人目标的关系。加入并留在组织中的成员其实有两方面的意图。一方面,他们愿意为组织目标做贡献,同时也希望从中得到相应的回报来实现自己的目标。因此,每个组织成员都要不断地修正自己的行为来适应组织的需要。这便是个人与组织的融合过程。只有这样,个人才能更好地为组织服务,接受组织的诱导。当然,组织目标体系也能够影响个人的奋斗方向。另一方面,当个人目标与组织目标出现冲突的时候,常会发生员工对工作的不满与低生产率,在这里,管理者对冲突的无所谓态度或者全心专注都可能损害到生产效率和组织成员的满意感。对此,管理者的任务就是将组织目标与个人目标有机地协调与融合起来。

每一个组织目标都有其存在的社会基础:一方面它要满足组织成员的需要,另一方面又要受外部环境的制约。组织目标在制定和实施过程中会受内外多重因素的影响:

1. 文化环境对组织目标会产生影响

文化环境是组织目标实现过程中影响资源分配和利用的重要因素,对组织目标的存在及其实现产生决定性的影响。文化环境包括一般组织环境和具体工作环境,包括经济环境、社会环境和政治环境。外部经济环境变化的压力往往给组织目标的实现带来多重影响。如资源减少造成的市场竞争局面,运输成本提高或者劳动生产率下降等因素都迫使管理人员转变原有的管理方式,强调成本控制、生产效率和改进对职工的激励手段等。社会环境通常指占主导地位的社会价值观,它们对组织目标的制定和合法性都有重要影响。组织追求的目标必须适应或者符合社会总体价值观,否则这一目标就难以实现。政治环境则是国家与个人、政府与团体之间相互关系的现实状况。社会组织只有在现行政治轨道中选择目标才具有合法性。

2. 组织内部不同目标层次会相互影响

社会组织在确定总体目标后,就要把它转换成具体可操作的目标,并分出等级和先后序列。多个层次的目标相互作用有时可以改变短期目标和实际任务的完成。

3. 组织参与者对目标也会产生影响

个人与组织都有特定的目标指向。组织就是许多人为达到共同目的而形成的社会团体。可以说,个人参加组织是为了实现自己的目标,而组织目标不可能与个人目标完全一致,这个时候就产生了冲突。实际上我们不应过多强调组织目标与个人需要之间的一致性,因为高度的专业化分工在提高效率的同时必然影响到个人需要,个人目标与组织目标完全和谐或者对立都是不可能的,但人类总归要通过组织手段来达到自身目的。因此,组织与个人一直是不断协调的关系。

(二) 组织结构

组织的目的是使人与人之间、人与结构之间达到和谐和平衡,从而实现组织目标。组织结构必须符合人类的本性与工作环境,并反映出人类和工作所需要的能力和限制。组织的结构形态没有优劣之分,随着组织任务、技术、环境和组织成员而变化。一些组织适用于现代网络化结构,另一些则可能适应于传统的科层制。

社会组织结构是组织内部正式规定的、比较稳定的相互关系形式。传统的组织理论家比较注重包括组织的稳定、明确的相互关系形式、清楚的职权和严格的沟通渠道在内的正式结构。他们强调结构的客观性、非人格化和形式化等特点,认为组织结构是最重要最持久的概念。现代组织理论家则开始注重结构与环境之间的关系,相信灵活的结构形式更适应环境的需要,也更有效率。

(三) 组织文化

每个组织都有自己的文化,组织文化是组织的灵魂。任何组织无论是从产生到发展,还是从兴盛到衰亡,都离不开特定的文化氛围。

组织文化一旦形成并稳定下来,就会对组织结构的设计和运转、组织成员的态度和行为产生重大影响。

组织文化是社会文化的一种形式,是组织中客观存在的一部分。它是组织成员在长期的相互作用和相互影响过程中所形成的共同价值观体系,它包括组织成员共有的人生观、思想意识、价值观念、假想、信念、期望、态度和行为准则的总和。实际上,组织文化就是组织成员所共有的一种价值观体系,它可以通过一系列的关键特征表现出来。比如创新与冒险意识、严谨的工作态度、目标定向性程度、人际导向程度、团队精神的程度、进取心的养成、稳定性的程度等等,这些都可以作为评价组织文化的基本指标。中国的华为公司就将"狼性"作为自己的企业文化根本,并将狼性文化概括成学习、创新、获益和团结,认为学习和创新要有狼一样敏锐的嗅觉,获益要有狼一样的进攻精神,而团结就代表群体奋斗精神。[1] 通过考察,人们就可能得出关于组织文化的基本轮廓。组织成员对组织的情感和行为方式都是建立在组织文化的基础上,同时它又是组织与组织之间相区别的有效手段。

组织文化的形成不是一蹴而就的,也要经历一系列的发展阶段才能逐渐被制度化。首先是创建阶段,这一时期的组织文化主要是组织的创始者对组织的形成和运转的一些基本构想。接着是群体认同阶段,这一时期的组织文化是群体对已有的"构想"进行认同的过程,包括群体对已有文化的认知,直到取得一种共识。在这之后,组织成员按照创业者的思想进行活动,并逐渐形成共同的价值观和理念。当组织规模进一步扩大后,创业者的这种思想会为更多组织成员所接受和认同,形成确定的行为模式,并作为与其他组织相区别的明显标志,这时的共同价值观开始普遍化,组织文化开始进入成熟和稳定时期。当然,我们也可以通过组织文化的发生层次来了解它的发展阶段。不过即便是在最高级阶段的组织文化,其形式也很难加以高度概括和总结,需要专门的人员去解释或者发掘已经表现出来的文化信息。现代社会中的组织典型如公司企业等,通常都有自身的公司文化、企业文化,只是层次高低有别。有的企业文化停留在认同阶段,比如提倡快

---

[1] 摘自360百科"华为企业文化"词条,http://baike.so.com/doc/6411134-6624801.html。

乐企业,还有的则不仅有企业文化象征物,还有各种企业文化宣传活动,甚至会给员工发放企业文化学习手册,以对组织文化做出深入的解释。

社会组织文化还有多种类型,其划分有助于我们认识不同组织文化的差异,认识人与文化之间的关系的重要性。杰弗里·桑南菲尔德主要从组织之间的不同要素进行区分,把组织文化划分为四种类型:学院型、俱乐部型、棒球队型和堡垒型。[①] 事实上不同类型的组织文化并不是相互对立或者隔绝的,而是相互渗透和相互影响的。一个组织可能会出现多种文化形式,或者不同时期出现不同文化形式。此外,在组织内部以及组织与更大社会之间也存在着许多种文化类型。比如组织内部的主文化和亚文化,组织内部的强文化和弱文化,组织文化与民族文化的关联,等等。

社会组织文化的功能表现为多个方面,从不同的角度可进行不同的功能分析。从组织的生存和发展角度来看,组织文化的显功能表现为外部功能和内部功能。首先,组织文化的外部显功能是组织为了适应环境的生存而产生的。这种功能起着分界线的作用,即它使不同的组织相互区别开来。其次,组织文化表达了组织成员对组织使命、策略及其基本任务的共识,或者一种认同感,使得组织成员可以顺畅地沟通和交流。再次,这种共识也可以使得组织目标与个人目标之间取得平衡,即在追求个人利益的同时,更考虑到组织的利益等。组织文化显性的内部功能则表现为组织内部凝聚力的形成。共同的语言和共同的概念有助于增强社会组织的稳定性,可以形成对权力和地位的共识,可以通过使成员具有共同的价值观而进一步加深业已形成的情感和友爱、奖惩和善恶等。

组织文化还存在着某些负功能或者说潜功能。组织文化会成为组织变革的障碍,因为文化都具有一定的滞后性特征,一旦形成并稳定,就可能成为一种阻碍发展的因素。尤其是在组织环境处于急剧变动时期,那些根深蒂固的组织文化就不合时宜了。组织文化还会成为组织多样化的障碍。组织文化强调共同价值观点的作用,可以促进组

[①] 斯蒂芬·P.罗宾斯:《组织行为学》,孙健敏等译,中国人民大学出版社1997年版,第523页。

织发现的多样性与异质性就会被压制。组织的强文化是指组织成员服从了组织文化既定的内容也就限定了组织可以接受的价值观与生活方式的范围。组织文化还会成为组织兼并和收购的障碍。处于不同分化和组合过程中的社会,组织的强文化或核心价值观可能导致其特征太鲜明,难以被兼并。

社会组织文化是一种客观存在,但是许多组织并没有发现它的表现形式和功能,这需要研究者们来提炼组织文化的精髓,找到组织赖以生存的核心价值观,从而更有助于组织的发展,扩大组织文化的影响力。

(四) 组织内的群体

组织由群体构成,群体间与群体内部之间的关系是一种正式社会关系。可是,组织运转并不能严格按照正式关系进行,组织的预期目的也常常不能够实现。之所以如此,是因为组织中存在非正式群体,它直接对组织的效率产生副作用,这也是结构严谨的科层制却缺乏效率的缘由。

这里重点介绍非正式群体的产生及其功能。一般说来,正式组织和技术系统决定了组织正式的或理想的社会关系,但是这种关系在实际操作中很少与组织规定相吻合。非正式群体是由一定数量的个人(通常规模比较小)经过长期的相互作用所形成的社会团体。非正式群体内部有确定的结构,通常还有自己的领导,有一系列群体目标,有一套用以规范群体成员行动的价值和规范,每个成员都在群体中担当某一角色,但这种行为的开始和延续初期并没有自觉的目标和方向。比如工厂中的"老乡会"群体,来自同一地区的员工组织定期的聚会等。从范围上说,非正式群体是组织的中下级职员联合体,而且一般是在组织规则不严密的地方产生的群体现象。

非正式群体往往在两种背景下发生:一是在理想的正式关系的背景中形成。人们在工业组织环境中,不可能做到完全的非人格化。事实上,在每一个组织成员之间都存在着情感吸引、厌恶、敌视、偏见等。随着时间的延长,工作中的上下级关系也不再是理想的社会关系,而是出现了许多变化。在工作期间,职员之间的聊天、取笑和工作间歇等是许多组织的构成部分。二是两个在工作中经常接触到的个人可能由于相互同情、钦佩、志趣相投等,而在他们的正式关系中加入一些非正式的行为模式。上述这些做法在理想的科层制观点看来,是一种违反规定的表现。但自霍桑实验以来,人们对这些非正式社会关系的态度已经发生了很大变化,发生了由禁止、默许到普遍应用的变化。它的产生也对管理者提出了很高的要求,管理者既要精通管理技术,又要懂得和理解职员的需求。非正式群体的大小和影响程度受到组织规则的正式化和严格程度的限制,两者成反比例关系。因此,最容易出现非正式群体的地方一定是组织规则最薄弱的环节,如果这种状况没有得到及时控制,就将形成一套新的社会关系取代原有的组织关系,组织发展将因此出现重大转折。

自霍桑实验以来,非正式群体现象就引起了人们的广泛兴趣。尤其是工业社会学的研究,对于群体现象的意义及在组织中如何对待它,都是研究和争论的焦点。在功能论者看来,非正式群体既具有正功能,也具有反功能。

非正式群体作为工业技术和工业科层制的派生物和一种反作用,具有其独特的正功能。具体表现在它对工人和管理者都具有很多积极的意义。非正式群体对工人的正功能表现在以下几个方面:

1. 非正式群体为工人的愿望提供了另一种宣泄渠道

工人角色和其能力之间的差距往往会引起角色紧张,非正式群体可以缓和这种角色紧张。具体说来,因为经常性、重复性的工作以及苛刻的纪律导致工人产生厌烦和疲劳,非正式群体的存在可以缓和和减轻单调、厌烦及疲劳。典型如同一流水线上工作的工人,相互之间的聊天和其他互动,是单调、机械、重复性工作的缓冲。

2. 非正式群体的存在还可以为人们提供获得地位的机会

非正式群体之所以形成,就是因为有些人被排除在正式群体之外,或者对群体目标持有不友善态度,他们渴望地位的需求得不到满足,现在非正式群体正好可以满足他们。如果某人在非正式群体中扮演了"领导"的角色,而且管理人员也默认他的存在,这位工人(或职员)就可以按照自己的意志改变科层制对"地位"的解释。在这个范围内,非正式群体减少了群体成员的紧张感。

3. 非正式群体可以使得人们的情绪反应得到充分的表露

一方面,非正式群体把那些在特点上相似的工人结合在一起,使那些在工作位置上相距较近的工人,或者那些为完成同一任务而共同工作的关系固定化和一致化;另一方面,非正式群体通过提高聚集在一起的工人的互动频度,增加所有人的情绪反应,为人们交谈、交换意见、沟通态度和形成共同价值观等提供渠道,缓和了工人因情感中立和普遍主义原则所带来的紧张,从而为工人阶级提供了另一种表露人格的渠道。

4. 非正式群体为工人提供独立的机会

相对于工业生产中非人格化命令和管理者的权力,非正式群体可以为工人提供独立和自由发展的机会,这从非正式群体对那些告密者和异己分子的憎恶和控制中可以发现。在工业组织中,工人的独立是依靠一种非正式的方式获得幻想的独立,典型如"小人物"的"大骂"等。不过工人在工作上的独立要求能否实现还存在许多不确定因素。在现实社会中,某些群体更多的是作为控制工人的手段存在。尽管某些群体不是由管理当局控制,它们的真正目的是限制管理人员的权力或控制工作过程,但它们也只在有限的途径和有限的范围内能做到这一点。

非正式群体对管理者的意义也表现在多个方面。比如有助于管理者完成工作任务。相对于大型工业组织,非正式群体以它的灵活性发挥作用。许多工作如果按照组织的"正式渠道"将花费许多时间和精力,而非正式群体则可以通过关系直接找到当事人办理相关事宜。非正式群体的存在也有助于减轻管理者的工作负担。当管理者意识到组织中存在非正式群体,就可以依靠下级来完成工作任务。这样也可以创造出宽松、友好的工作氛围,有研究者通过共变法验证了非正式群体与劳动生产率的共变关系。① 此外,非正式群体还可以为管理者提供工作满意感等。

当然,非正式群体也会有各种负功能,对社会组织的运行产生一些负面影响。典型如非正式群体会抵制变革。非正式群体的一个基本原则就是对人的要求比较宽松,群体成员喜欢维持现状,反对变革。比如对新工艺、新技术的采用持否定态度,因为新技术的应用意味着生产效率的提高,新的工作标准和定额数量的提高可能导致某些成员

---

① 李丽:《浅析正式组织中的非正式群体》,《社会科学论坛(学术研究卷)》2008 年第 11 期。

被解雇,而这是群体成员不愿意看到的结局。再则,非正式群体可能导致遵从行为的问题。非正式群体的长期存在,使它成为组织生活的一部分。非正式群体的规范会劝说成员遵守非正式群体的规范,群体成员对这一规范越认可,就会越少考虑个人意愿,甚至会不加权衡就附和群体意见,最终在非正式群体的规范和组织整体规范不一致的时候,非正式群体的成员因习惯性遵从而不愿接受正式规范的约束。另一个有意思的问题是非正式群体带来的谣言问题。因为信息的不透明,组织的正式沟通渠道发生问题,人们就会在非正式群体内部填补未知部分,从而形成谣言或者小道消息。小道消息总是通过非正式群体来传播的。最后,非正式群体的存在可能会导致目标上的冲突。正式群体与非正式群体的目标不协调一致,就会带来张力。

二、社会组织的运转过程

组织结构是组织设计的结果或者基础,那么这种被设计出来的结构是否有效,能否正常运转,就取决于四个方面:权力与冲突问题、组织的决策过程、组织的沟通过程和组织的领导过程。这是检验结构设计的重要指标。只要这四个方面处理恰当,社会组织的结构设计就是合理有效的,否则就要进行再设计和局部修正。这里重点介绍组织权力与冲突,尤其是冲突解决方法,其次介绍组织的决策和沟通过程,以对组织研究和实际工作产生积极影响。

(一) 组织权力与冲突

1. 组织权力

组织的运转过程实际上就是权力的行使过程,组织内部每一个角色都拥有不同的职权范围、不同的权力关系。这种职权或者权力关系是合法化的权力,在组织内部必须得到执行,而离开组织情境也就失去了权力的意义和赖以生存的基础。组织权力的价值标准与人们日常生活中的理想追求有很大区别,组织结构与设计是通过不平等和差异化来获得效率的,需要把组织成员划分成若干等级和部分;相反,日常生活中人与人之间是一种平等友好的关系。因此,组织内行使权力过程中所引发的冲突是人们的一个认识问题,而不是一个组织结构问题。这里简要介绍社会组织中权力的类型与特点,权力的制约因素和对人的行为产生的影响,以及由此带来的组织冲突及其解决方法。

组织权力是在特定情境的相互作用体系中,作用者按照自己的意图成功地影响作用对象的能力。这就是权力最基本、最一般的意义。可以说,权力的行使是组织设计的延续,它是实现组织设计的手段。在这种相互作用的体系中,组织意图及各种群体目标都必须通过权力才能得以贯彻。权力的目的是要控制人的行为的随意性,人一旦进入组织系统,就要严格按照角色的要求,履行组织内的权力和义务,实现组织的预期。

澄清一些与权力可以替换使用的概念,有助于更准确地理解和把握权力的内涵。比如"影响",影响是指在任何环境状态下都可能有意无意地改变接受者行为的一种力量。影响发生是不分场合的,作用者也不是刻意影响对方的。权力则是一种影响能力,是组织内的合法化权力,比"影响"更具有主体性和意志性。可以说,影响在外延上比权力更广泛和不可预测。与权力经常混合使用的还有"权威",权力的概念着眼点是作用者,重点是指令的发出能否被贯彻执行,是衡量组织成效的重要手段;权威则是衡量组织内上下级之间的关系是否融洽的尺度,管理者得到拥戴的程度,"合法化把权力变成权威"①。因此权威的着眼点在于互动体系的作用对象方面。此外,"职权"也即职位权力,与权力和权威也在很多方面具有一致性,实际上,权力与权威都是职位权力的表现形式,然而又超出了职位权力的范围,通常带有浓厚的角色色彩。比如,成员的个性、品质、体格、容貌等都可以使权力关系发生变化。

社会组织的权力行使及影响程度受到固定规则的限制,但是,组织权力并非千篇一律,从其履行的功能、作用方式及其组织性质等方面考察权力,将有助于组织设计从多个角度审视权力及其运转。由此可以说,组织权力具有以下类型:强制权、奖酬权、决定权、专家权、关联权、信息权、职能权等。权力类型多种多样,相互关系交叉复杂,但它们都属于相互作用体系中的一部分,是设计组织的重要因素。强制权和奖酬权清晰、稳定,专家权、关联权、信息权和职能权则会随着情境和相互作用体系的变化而变化,组织设计的重点就是前一类权力,同时也要设法控制后一类权力关系对组织目标实现的不利影响。

---

① 彼得·布劳:《社会生活中的交换与权力》,第10页。

2. 组织冲突

权力体系的职能是维持组织的基本结构和运转方式,方便采取一种最方便的手段实现组织目标。但是,在这一过程中,由于环境不确定因素越来越多,组织结构也变得越来越复杂,专业化和专门化受到挑战,标准化和规范化越来越模糊,权力关系的依赖程度越来越弱,这一切不可避免地导致组织内部一系列的冲突。研究和认识组织冲突是为组织设计找到适宜的结构形式,最终使得冲突的形式和手段被理性设计,以便组织能够最有效地实现目标。同时,对冲突类型和原因的探讨也能使得组织成员对冲突的认知达到一致,进而就可以避免许多冲突的发生,使得组织结构健康良性地运行。

组织冲突是指相互作用的各方由于价值体系的差异,或者在稀有资源的分配过程中的矛盾所引起的对立或者斗争,其目的在于给对方造成破坏和伤害。解决冲突的方式和手段取决于对冲突采取何种态度。最早的冲突观念认为,组织中的冲突是不良的、消极的,干扰着组织的一致性行动,动摇着现存的组织结构,具有破坏作用,因此应该竭力避免。人际关系冲突理论则认为,群体和组织中的冲突与生俱来,它对组织结构的维持和整合也具有积极功能,它的存在是合理的,因此不应该去消除而应该是接纳冲突。相互作用观点则认为,不但要接纳和允许冲突的存在,还要鼓励冲突的出现。因为现代社会中,那种处于关系融洽、和平和安宁、合作的组织往往对变革的需求表现出冷漠,组织由此可能在激烈动荡的环境中丧失竞争能力和生存机会。允许最低水平的冲突存在可以使组织保持生命力,又会对群体产生一定压力,迫使成员不断努力和创新工作。如此说来,冲突是好还是坏,取决于冲突的类型。

组织冲突通常有以下几种类型:(1)个人内冲突、个人间冲突与超个人冲突。根据冲突发生的层次和领域来看,个人内冲突也可以叫作角色冲突,是由于角色扮演者内心失调而导致前后行为出现矛盾的状况。个人间冲突则是冲突参与者因个体目标和个体角色的身份不同发生的冲突,在这类冲突中,每个人都只代表自己,个人利益和目标被置于优先考虑的地位。超个人冲突则是冲突参与者以群体代表的身份发生冲突的情境。严格说来,前两种冲突都不属于组织冲突。(2)手段性与目的性冲突。手段性冲突是互动双方在实现目标的过程,因采取的达标手段不同所引发的冲突。目的性冲突则是互动双方为了发泄受挫折、被剥夺而产生的冲突行为。前一类冲突中,人们相对投入较少,而后者遵循的是非理性的情绪逻辑,冲突强度可能会比较高,当事人不如此不能从冲突中获得满足。(3)基础性冲突与非基础性冲突。以冲突是否涉及相互关系赖以建立的基础为依据,基础性冲突是一种原则性冲突,涉及相互关系赖以建立的共同目标、核心价值观、根本利益的分歧和矛盾等。这类冲突很难调和,结果往往是群体或者组织的分裂。非基础性冲突指各方在相互关系赖以建立的基础上存在共识和保持稳定的前提。这类冲突的原因大多是手段性冲突,不会对组织目标的实现产生很大的破坏作用,相反还可能成为组织发展的动力。

上述组织冲突产生的原因主要有目标上的差异、行为期待的差异、资源分配的差异等。冲突既然不可避免,那认识冲突、明确冲突对组织的影响和后果等,至关重要。有些冲突需要控制,有些则需要解决。

冲突的控制途径就是一种预防冲突的措施。每个组织都要从结构上规范冲突,使冲突具有可预测性,以此保证组织的秩序和效率。控制冲突的途径主要是在组织设计中保持结构弹性。弹性结构使得组织对待冲突的制度化容纳水平较高,具有较强的冲突承受能力。弹性结构的设计包括在基本价值观达成共识的前提下,结构是否允许以及在多大范围内允许冲突发生;组织内部的组织化水平是否足够;冲突各方所共同遵守规则的完备程度等。

冲突的解决方法则是在冲突发生后组织所采取的一种补救措施。比如回避法、化解法、结构调整法等。其中结构调整法追求从根本上解决冲突,会分析组织内外环境因素的变化,进行必要的人事与结构调整,重新确立冲突双方的关系,使组织杜绝此类冲突的再次出现。

(二)组织的决策、沟通过程

著名管理学家彼得·德鲁克认为,在一个系统中,主管人员最终做出有效的决策比什么都重要。尤其是在企业中,决策就是企业管理的职能,也是其他各项管理职能的基础。组织决策无论是个人决策还是集体决策,都包含了三个共同要素,即选择、后果和责任。决策类型可以从不同角度进行划分,若干决策类型共同影响组织目标的实现。

按性质可以将决策分为战略决策、管理决策和业务决策;按照领导层次可以分为高层决策、中层决策和基础决策;按时间长短可分为长期决策和短期决策;按问题出现的状况可以分为程序化决策和非程序化决策;按决策模式还可以分为纯理性模式和有限理性模式。对问题的感知、自身的能力和知识、价值观和信仰、信念等,会影响个体的决策。群体决策则会有反应较慢、团体偏移、遵从压力、矛盾和对抗、先决策结论、主观概率等问题。

组织结构能否良好运作取决于组织沟通是否存在问题。沟通是检验组织结构设计是否有效的一个标准,如果运转不畅,就要进行重新设计和调整。沟通实际上就是人与组织的融合过程。这里简要讨论信息沟通的过程,无论是组织设计还是组织成员,都应当了解组织内信息是如何被组织、传播和解释的。组织沟通的目的是把分化的结构整合起来,发挥结构设计的效率。沟通实际上是把结构与人的因素结合起来,考察结构与人的因素相互融合的过程。组织沟通的过程包括信息发送、编码过程、传递渠道、信息接收过程、解释和译码过程、接收者的反应过程。通过这六个步骤,实现这样一个目标,即一个有价值的信息指令被转换成接收者能够理解的方式,再经过一个适当的媒介或者途径传递给接收者,最后接收者能够准确接收并理解该信息的指令。

参考文献

[1] 戴维·波普诺:《社会学》(第十版),李强译,中国人民大学出版社 1999 年版。
[2] 邱泽奇:《社会学是什么》,北京大学出版社 2002 年版。
[3] 费孝通:《乡土中国》,上海世纪出版集团 2007 年版。
[4] 斯蒂芬·P.罗宾斯:《组织行为学》,中国人民大学出版社 1997 年版。
[5] 于显洋:《组织社会学》,中国人民大学出版社 2001 年版。

思考题

1. 什么是群体?
2. 群体可以分为哪些类型?
3. 如何解决社会组织中的冲突?

第五章 社 区

【本章提要】本章的**目的**是帮助同学们认识"社区"这个范畴,**内容**包括:社区的概念、社区的构成、社区中的关系以及未来社区的发展。其中**重点**是社区的构成以及社区中的关系,**难点**是如何把握社区中的关系。

对于生活在城市中的居民而言,"社区"是一个非常接地气的概念。首先,每个人的居住地按照行政关系总是要归属于某省(自治区、直辖市)某市某区某街道的某某社区。其次,社区几乎是每个人的资源提供者。成年人使用社区健身器材进行常规锻炼,孩子们则把这些器材当作有趣的玩具。没时间去大医院排队的人在社区医院看病拿药,还有不少老年人在社区助餐服务点吃过东西。对养老、社保、上学、医改等与日常生活相关的政策拿捏不准的时候,很多人会去社区居委会打听消息。最后,社区还是基层的社会治理单位,也是个人参与到公共生活的渠道。

当然,有些人更看重的社区是 BBS、论坛、贴吧、即时聊天工具里的群组、交友、个人空间,是用来标示自己社会属性的圈子。他们对邻居是谁、自己居住的社区里到底发生了些什么——除非停电断网——完全没兴趣。

以上这些"社区"听起来好像都有些联系,但也不尽相同。这倒是不值得吃惊。作为和"文化""社会"一样被滥用的概念,"社区"的定义即便在学者中也不能得到共识。1971 年,社会学家克林·贝尔和霍华德·纽拜就发现了关于"社区"的 98 种定义。

不过社会学家们最后在社区的基本特征上达成了一致。他们认为社区是进行一定的社会活动,具有某种互动关系和共同文化维系力的人类群体及其活动领域。或者也可以认为是以一定地理区域为基础的社会群体。①

从这个定义中我们可以归纳出"地点性"和"群体性"是研究者们关注的两个要点。为什么会要把这两者结合起来进行考察?人类活动与社区的形成是一种什么样的关系?人们在社区里能得到什么,又会赋予社区什么样的形态?在本章里,我们将会考察社区的构成、社区里的关系以及社区未来的发展方向,以对上述问题进行回答。

第一节 什么是社区

一、社区的概念

最早对社区进行研究的应该是德国社会学家费迪南·滕尼斯(Ferdinand Tönnies)。在他的成名作也是代表作《共同体与社会》(Gemeinschaft und Gesellschaft)中,他从人类结合的现象中抽象概括出群体生活的两种类型:共同体和社会。

共同体(Gemeinschaft)也即是"礼俗社会"(韦伯语),主要是建立在自然的基础之上的群体,也可能在小规模的、历史形成的联合体或者思想联合体中实现。它是血缘、地缘、宗教等基本形式加起来的综合,是一种有机的、持久的真正整体。在人类历史上,共同体的出现早于有目的地建立起来的"社会"类型。与之相对的,社会(Gesellschaft),也即是"法理社会",产生于众多个人的思想和行为的有计划的协调,是一种有目的的联合体。在"社会"中人们住在一起,但他们基本上是分离的。与共同体依赖自然的基础不同,社会的基础是个人、个人的思想和意志。② 迪尔凯姆的"机械团结"和"有机团结"的概念也表达出了类似的意思。

---

① 郑杭生主编:《社会学概论新修》(第四版),第232—233页。
② 斐迪南·滕尼斯:《共同体与社会》,林荣远译,商务印书馆1999年版,第 i—iv 页。

表 5.1　共同体与社会的特征比较

共同体（礼俗社会）	社会（法理社会）
传统权威	法理权威
"过去"或者"传统"取向	"现在"和"未来"取向
"初级"关系（重视血缘、情感）	"次级"关系（看重契约、权利义务关系）
个人（对集体）的归属感强	个人（对集体）的归属感弱
先赋性地位	自致性地位
结构是封闭的、同质的	结构是开放的、异质的
组织是小型的	组织是大型的

"社区"(community)的概念很大程度上源自滕尼斯的"礼俗社会"。但是从"Gemeinschaft"转译到"community"的过程中遭遇到了语义上和操作化中的各种问题。我们今天阅读到的文献中和日常生活中普遍使用的"社区"其实更大程度上是受到了美国社会学家罗伯特·帕克(Robert E. Parker)的影响。

罗伯特·帕克（1864—1944），美国社会学家，芝加哥学派的代表人物之一。

19世纪末到20世纪初，美国发生了大规模的、剧烈的城市化运动。在研究城市中人际关系密切的生活共同体的过程中，美国社会学家发现这种现象与地域有一定的相关性，于是使用了"community"一词，同时也使用了"society"一词，并使这两个概念与滕尼斯所使用的两个概念相对应。

20世纪30年代，芝加哥大学社会学家帕克来华讲学，介绍了美国当时社会学研究的新趋势——关于"community"的研究。之后我国的社会学者在翻译英文文献时将"community"翻译成社区，并赋予其在一定地域内共同生活的社会群体的含义。

帕克认为，"被接受的社区的本质特征包括：(1)按区域组织起来的人口；(2)这些人口不同程度地完全扎根于他们赖以生息的土地；

(3)社区中的每个人都生活在相互依赖的关系中。"[1]比之于滕尼斯,帕克对共同联系没有给予太多关注,因为他认为共同联系本身无法构成社区。但他们的观点仍然有很明显的三个相似之处:都强调共同地域性、社会互动以及共同纽带。

社区这个概念传入中国则要归功于帕克、吴文藻和费孝通。20世纪30年代,燕京大学社会学系先后邀请芝加哥大学的帕克和英国人类学家雷德克里夫-布朗(A. R. Radcliffe-Brown)来华讲学。吴文藻在翻译帕克的著作时把"community"翻译为"社区"。吴文藻在《现代社区实地研究的意义和功用》中提出社区"是异地人民实际生活的具体表词",费孝通则认为社区有它自身的社会结构、各种制度配合的方式。

受到芝加哥学派的影响,中国学者对社区的认识一开始就具有鲜明的空间意识,认为只有在空间关系中分析社区才有意义。他们还进一步明确了社区是具有邻里和区域之间的实体,通过社区可以达到对某一类特定的社会类型和社会通则的理解。[2]

现在让我们回到本章开头的那些例子,并且再度思考:那些"社区"都是社区吗?

按照郑杭生先生的看法,中国的城市社区一般分为传统街坊社区、单位型社区、混合型社区、新型商品房住宅社区以及过渡性边缘社区(即城中村)。其中的传统街坊社区和单位型社区邻里互动频

雷德克里夫-布朗(1881—1955),英国人类学家,功能学派创始人之一。1906—1908 年和 1910—1912 年先后在印度安达曼岛、澳大利亚西部从事人类学实地考察。1920—1946 年先后在开普敦大学、悉尼大学、芝加哥大学及牛津大学任社会人类学教授。

---

[1] R. Parker, "Human Ecology," *American Journal of Sociology*, 1936, 17(1), pp. 1-15.
[2] 丁元竹、江汛清:《社会学和人类学对"社区"的界定》,《社会学研究》1991 年第 6 期。

繁、社区认同感较强,更接近滕尼斯的"共同体",新型的商品房住宅社区强调共同区域性,更接近帕克理念中的"社区"。混合型社区、过渡性社区则介于两者之间。至于颇受年轻人喜爱的网络社区,费舍尔(Claude S. Fischer)强调指出,廉价而高效的交通和通信使得居住在不同地域的人能维持初级群体那样的密切关系,从而比较接近滕尼斯的礼俗社会或者"社区的理想状态"。①

二、社区的类型

常见的社区划分标准有两类:时间维度和空间维度。时间维度考察的主要是生产力水平,空间维度考察的是社区的地理分布和范围大小。

以时间维度来划分社区主要可以分为三种类型:传统社区、发展中社区以及现代/发达社区。传统社区大多指的是以前资本主义的生产方式和生活方式为主的社区。此类社区在发达国家已经很少能看到。发展中社区是从传统向现代转型中的社区形式,同时保留有两者的许多内容。我国的许多集镇和乡村都属于这一类。发达社区表现为城乡融为一体,人们在日常生活中穿梭往返于城乡之间,乡村的发展水平很高。这一类社区主要存在于发达国家。②

以空间维度来划分社区有两种方向。第一种是根据社区的空间特征将之分为空间性的和非空间性的两类(详见表5.2),第二种则与社区的规模和居民的认同程度有关。

表5.2 空间特征的社区类型

空间特征	空间性的			非空间性的
分类	法定社区	自然社区	专能社区	精神社区
社区实例	行政村落 乡、区、县 省、市、自治区等	城市、乡村自然村落 自然镇 聚集民族区	经济特区 工业特区 文化社区 生活社区	职业社区 宗教社区 种族社区 散居、杂居民族

① 夏建中:《城市社会学》,中国人民大学出版社2012年版,第78页。
② 郑杭生主编:《社会学概论新修》(第四版),第234页。

社会学家沙特斯(G. D. Suttles)和亨特(A. J. Hunter)根据社区规模和居民的认同程度,把社区分为四类:面对面的街区(face block)、被保护的邻里街区(defended neighborhood)、有限责任的社区(community of limited liability)以及扩大的有限责任社区(expanding community of limited liability)。①

其中,"面对面的街区"大致包括了部分或者一整条街,居民互相认识,遇到的也是熟面孔。父母通常会把自己的孩子限制在这个范围内玩耍。前文提及的街坊社区、单位社区都是典型的面对面社区。"被保护的邻里街区"指的是基本封闭的社区,有严格的边界。居民在边界内明显感觉到更安全,并能组织起来保护自己的利益。这种类型的社区一般包括了几个城市街区,也可能是一个高层建筑。② 简·雅各布斯(Jane Jacobs)③讲过一个故事。有一天她在自家窗户里看到有个小女孩正在反抗一个男人。即便没人认识这个孩子,熟肉店的店主、酒吧里的客人、锁匠、水果店主、洗衣店主还是纷纷走出来包围了那个男人。虽然事后证明那个男人其实是小女孩的父亲,而父女俩当时正在斗气,但它仍然很好地说明了"被保护的邻里"能为社区里居民(有时甚至仅仅是路人)提供怎样的保护。"有限责任的社区"强调的是官方的认同,它具有制度上表征的名称与边界。表 5.2 中的行政村落、工业特区等就是这种社区的代表。而"扩大的有限责任社区"通常指的是一个城市的整个地域。例如我们常说,武汉市的洪山区是个教育区。但要注意的是,这并不意味着洪山区的居民会有充分的互动。

从覆盖面积看,从"面对面的街区"到"扩大的有限责任社区"是在不断扩大的,但居民对邻居的熟悉程度却在逐步递减。S.格林鲍姆(S. Greenbaum)在研究堪萨斯城时就发现,居民知道距自己 150 英尺

---

① 夏建中:《城市社会学》,第 81—82 页。
② 理想的邻里街区应该有这样的设计原则:(1)有中心和边缘;(2)最佳规模是从中心到边缘为 1/4 英里;(3)有平衡的混合活动——居住、购物、工作、上学、礼拜和娱乐;(4)根据由相互贯通的街道构成的良好网络来构建建筑地点和交通;(5)赋予公共空间和市民建筑的适当位置以优先权。参见马克·戈特迪纳、莱斯利·巴德:《城市研究核心概念》,江苏教育出版社 2013 年版,第 116 页。
③ 简·雅各布斯(1996—2006.5),出生于美国的城市规划学家、作家,代表作为《美国大城市的死与生》《集体的失忆的黑暗年代》。

内的61%的住户,但距离扩大到300英尺时,这个比率下降到20%。①可见社区并不是越大越好。

三、社区的功能

社区是履行与地方相关的各个社会子系统的一个集合。从功能上看,它是一个社会活动的组织,为居民提供日常生活中必需的活动领域和活动资源。通常说来,社区具有五大功能:生产—分配—消费功能、社会化功能、社会控制功能、社会参与功能与相互支持功能。②

(一)生产—分配—消费功能

组织个人和其他资源进行商品和服务的生产/服务—分配—消费是社区的经济功能。虽然随着社会分工和全球化的发展,社区及其居民越来越远离经济领域的决策过程,但作为社会最基层的治理单位,社区仍然要满足居民对物品和服务的基本需求。没有生产、分配、消费的继续,社区就无以为继,遑论社区成员的互相支持、社会化、社会控制与社会参与。因此,它仍然是社区必需的功能。务必需要记住的是,是经济服务于社区,而非社区服务于经济。③

(二)社会化功能

社会化是个人接受文化、从生物人成长为社会人的过程。现代社会中,社会化的主体主要有家庭、学校、同辈群体与大众传媒,这削弱了社区在社会化方面的影响力。但仍然不能否认,社区文化对居民,尤其是对青少年的价值观、行为模式都会产生极其重要的影响。一个有趣的例子是武汉市某社区的"小手拉大手"行动。这个社区因为存在时间长、没有雇用物业公司等缘故,社区中的卫生状况不是很好。社区居委会和社区工作者们想了很多办法,例如张贴标语、进行宣传、加强督促等措施,都没有能杜绝乱扔垃圾、高空抛物等现象。直到社区居委会把辖区内的小学生组织成了巡逻队,对社区中的乱扔乱放行为进行监督,状况才有了明显好转。成年人听到邻家小孩儿嚷着"叔叔把烟头捡起来""奶奶不要乱扔垃圾",很少还能继续不文明行为。

---

① 夏建中:《城市社会学》,第81页。
② 同上。
③ 同上书,第82页。

也许很少有人会意识到,就连恋爱中的行为也是受到社区文化影响的。被社区公认为漂亮、讨人喜欢或者很难追求的人往往在恋爱中更有优势、更能吸引追求者。而社区压力还会增加不过早表达热烈感情的倾向。如果一个宿舍里或者一个同伴圈子里的女孩子在第一次被邀请时就轻易答应约会,那么这将在她们的整个圈子里(也即是社区)里降低"约会"的难度。女孩子们在保护整体价值的规范的压力下就会形成不轻易施予恩惠的社区压力。①

(三)社会控制功能

社会控制是运用社会力量对人们的行动实行制约和限制,使之与既定的社会规范保持一致的社会过程。常用的社会控制手段有习俗、道德、宗教、政权、法律与纪律,以及社会舆论与群体意识。帕克认为,未成年人犯罪是社区未能履行其职责。著名的社区主义理论家艾兹奥尼(A. Etzioni)则认为,社会控制最好是在社区中被初级群体行使。他认为作为个人生活后盾的社区,用其道德来约束社区居民的行为会有更好的效果。在上文中提到的"小手拉大手"当然也可以视为社区通过邻里间的相互监督加强社会控制的手段。必须承认,它的效果的确比法律来得更好。

(四)社会参与功能

社会参与是社区的根本功能。健康的社区应该有能够自己解决问题的能力,为此需要具备两个条件:一是社区赋权,二是社区要具有权能。社区赋权是"将官僚机构的能力外移至社区,将控制权交给邻居、公共住房承租者、学龄儿童的家长及其社区等。它意味着将公共组织对决策、资源和任务等的实质性控制转移给社区"②。社区权能(competence)则是"社区为了达到其目的而解决问题的能力"③。通过社区赋权与社区权能的提高,社区居民的公共行动会更有质量,社区会变得更有回应性、公平性、创新性和有效性。

让我们来看看充分的社区参与会收到怎样的成效。

---

① 彼得·布劳:《社会生活中的交换与权力》,第135—151页。
② 郑晓华:《社区参与中的政府赋权逻辑——四种治理模式考察》,《经济社会体制比较》2014年第6期,第95—102页。
③ P. Fellin, *The Community and the Social Workers*, F. E. Peacock, 2001, p. 71.

1981年由国际商业信贷银行、联合国儿童基金会、世界银行、阿迦汉基金会、美国国际发展署、联合国开发计划署、瑞士原著组织、洛克菲勒基金会等集体出资,在巴基斯坦的卡拉奇启动了奥兰治试点计划(OPP)。项目的目标是在初期为当地的穷人提供廉价的自助排水设备,后期逐渐增加其他设备,以改变卡拉奇棚户区的生活状况。项目开展之后,当地居民组成了"小巷委员会"(lane committees)积极进行资源动员,以启动当地的排水系统改造工程。刚开始没有人对当地居民抱有太大希望:埃卡塔尔·哈梅德·卡恩发现第一个小巷委员会的成立就花了3个月!但随后这个委员会就开始发动群众,自行安装排水管道、推动了项目的实施进程。最后的结果让人大吃一惊:委员会和其他地方组织最终达成了1:17的配比,即捐赠基金每投入1卢比,他们就动员价值17倍的地方资源配比。每家平均花费33美元即可拥有污水处理和饮用水处理的相应设备。此外,当地的教育、住房、工作机会等方面也得到了极大的改善。①

在这个案例中,调动社区资源产生出了令人难以想象的社区活力。当社区拥有的资源能为居民与政府官员、精英人物提供对话的平台时,每一个参与者——无论他多么贫寒——都能为社区的发展发挥作用。

(五)相互支持功能

相互支持功能是,社区在其成员和家庭遇到困难且不能提供自己的家庭和个人关系以获得帮助时发挥作用。在共同体中,人们习惯于从家人、邻居、朋友等初级群体得到帮助。但随着社会分工的发展和社会流动的增强,原本由初级群体承担的例如教育、经济等功能逐渐被专门的组织取代,基于血缘和地缘缔结的纽带也逐渐被打破。这种状况下,社区及其中的各种组织就得查缺补漏,保证居民能得到相应的帮助。

上文中提到的奥兰治项目中的小巷委员会是个很有代表性的例子。当地居民相信这个自发的当地组织,愿意从微薄的收入中抽出一

---

① 诺曼·厄普霍夫、米尔敦、J.艾斯曼、安尼路德·克里舒那:《成功之源——对第三世界国家农村发展经验的总结》,江立华等译,广东人民出版社2006年版,第17、33、49、258页。

部分去参与项目建设,也积极参加了排水管道的铺设工作。没有小巷委员会的动员、组织、沟通,贫困的当地居民无法最终达到项目目标,改善自己的生活状况。然而没有当地居民充满公共责任感的参与,项目也根本无法为继。在这个过程中,社区和居民的需求都得到了满足,为彼此的支持和信任提供了社会资源,并为进一步的相互支持提供了动力。

第二节 社区的构成

"社群(community)"指一个自视强有力的持续关联的群体,尤其是当该群体共居在一个地理区位之时。衡量社区的一种方法是个体对其活动的定期参与。另一种方法是成员与该群体可觉察的社会关联的认同度。第三种方法通常被理解为该群体活动范围的具体的物理空间和位置。① 从这段表述可以看出,社区的构成要素应该包括:人口、空间与设施、相互关联。空间与设施的相关内容将在第六章"城市与乡村"中的"城市"部分涉及。② 在这一节里,我们主要介绍社区人、社区组织与社区资源。

一、社区人

论及"社区人",我们需要了解的并非一时一地的人口学特征,更重要的是要考察社区居民的归属感、成员的共同感情以及居民的心理状态。有趣的是,不同时代的学者对这个问题有着完全不同的回答。

(一)人口决定论:人多事乱

路易斯·沃思(Louis Wirth)和雷德菲尔德(Redfield,人类学家,罗伯特·帕克的

路易斯·沃思(1897—1952),美国社会学家,罗伯特·帕克的学生,芝加哥学派的代表人物。

---

① 马克·戈特迪纳、莱斯利·巴德:《城市研究核心概念》,邵文实译,江苏教育出版社2013年版,第15页。
② 现代的城市学家普遍认可社区本质上是一种社会结构而非空间结构,由于通信技术的发展以及交通的便利,社区居民与他人的关联不再受到物理空间距离太大的限制。相比社区,城市空间更好地体现出人类意图与城市地理结构的相互作用。

女婿)分别对城市社区和农村社区中居民的生活模式和行为方式进行了研究。

沃思对社区人口的看法带有鲜明的德国印记,尤其是受到了齐美尔(Georg Simmel)的影响。后者在《大都市与精神生活》中指出,城市人的老于世故是为了应对快速变化的生活节奏和感官刺激,并从中选择出对自己有用的刺激进行处理。受到他的影响,沃思也表达了类似的观点,并把这种老于世故归根于人口众多、高人口密度与高人口异质性。由此,城市居民最终不得不用片面人格处理每一种关系,人际关系松散、冷淡、麻木不仁、相互猜疑,容易产生冲突。这些特质显然与滕尼斯构想的共同体是全然背离的。因此,沃思的观点也被称为社区失落(community lost)。与之相对,雷德菲尔德在尤卡坦半岛的小村落中寻找到了滕尼斯的理想社区。他把这种社区的特点归纳为:小规模、孤立、无文字、同质性和强烈的群体团结意识。

(二)人口组合论:人口构成决定人口性格

比沃思和雷德菲尔德稍晚一些,在20世纪五六十年代,奥斯卡·刘易斯(Oscar Lewis)和甘斯(Hebert. J. Gans)在对移民进行研究时发现,从农村迁移到城市或者从一种文化环境迁入另一种文化环境,并未对移民的生活方式和人际关系发生影响。沃思提出的人口众多、高人口密度和高人口异质性并没有破坏这些移民的亲密关系与互动。他们似乎与新环境里的其他人截然分开,固执地保持了自身文化和行为方式的独特性。整个城市看起来就像是各个社区组成的拼图,每一个社区都共享着诸如亲属关系、宗教或者社会阶级等因素——这种做法使移民获得了认同感,保持了移民内部的凝聚力,并且形成了强烈的社区感情。因此,甘斯认为真正决定社区居民心理和行为的是当地的人口构成而非所处的区位。

◎ **延伸阅读**

大城市区域的核心通常主要发展商业。但是,目前生活在这里的少数民族贫民比例激增。一方面是由于中产阶级搬入了郊区,一方面又由于很多穷人搬入城市来寻找对技术要求低的工作并享受健康、福利等市政服务。当然,市中心住的不仅仅是贫困人口。赫伯特·甘斯在对美国中心城市的研究的基础上,将市中心的居民分为五个类别。

1. 四海为家者(the cosmopolites)。这个群体一般受过良好的教育,从事广告、出版、设计之类与文艺有关的职业。他们收入通常很高,选择住在城里是为了接近这里的文化环境,而与当地邻里并无密切关系。

2. 未婚者或无子女者。这些人选择住在城市,主要是认可这里活跃的社会生活。他们经常搬家。一旦有了孩子,往往就搬离城市。

3. 民族村落居民(the ethnic villagers)。这些群体主要是外来移民。他们未有充分地整合到美国的生活方式中,继续遵循其出生地的方式。

4. 被剥夺者(the deprived)。穷人、有色人种、未婚母亲构成了这一群体的大多数。他们住在城里,是因为城里可以找到便宜的住所。而这里的福利补贴通常也比较高,找到工作的可能性更大。

5. 身陷城市的人(the trapped)。主要指老人。他们靠养老金生活,无力搬走。而且他们对邻里有强烈的认同感,很少离开。①

(三)亚文化论:亚文化决定人口态度

到了20世纪七八十年代,费舍尔把决定论和组合论的观点结合起来,提出了亚文化论。他赞同沃思的观点,认为城市生活的自然现实和社会现实(即人口众多、高人口密度和高人口异质性,还有人口分布等因素)的确对城市(当然也包括城市社区)居民的心理和行为方式产生影响,但那并不意味着城市生活就会损害亚群体的团结。事实上,城市生活还创造了亚文化。② 例如,在大城市里要组成一个攀岩小组或者COSPLAY俱乐部是非常容易的,但在人口规模很小的地方,这个难度会大大提高。后来费舍尔还对城市居民公开和私下的人际关系进行了研究,发现前一种人际关系中城市居民往往表现得冷漠世故、谨慎小心,而在后一种人际关系中则截然相反地显示出热情、信任、相互帮助。

二、社区组织

"社区不仅仅是人的汇集,也是组织制度(institutions)的汇集。社

---

① 戴维·波普诺:《社会学》(第十版),第571—572页。
② 同上书,第581—582页。

区与其他社会群体的最终的、决定性的区别是组织制度,而不是人。"①

这个观点符合我们对社区的直观认识。请大家想一想,当你想要对他人描述一个社区怎么样时,会说些什么呢?一般来说,我们会有类似的表达。"邻居挺好的、环境也还不错""看起来井井有条""大部分人都是附近那家公司的职员""附近的流浪猫都爱往那儿跑""有人带着小孩在那里画画呢"。这些表象下面起作用的,其实都是社区的组织制度。

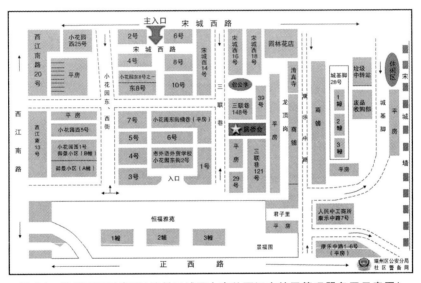

图 5.1 社区平面示意图(端州区城西办事处西江南社区管理服务区示意图)

图 5.1 是一个行政社区,图 5.2 是一所大学,既是专门社区,也是行政社区,也许还可能是一个精神社区。既然任何一种存在都会在空间中留下痕迹,那么就让我们从这两个社区的空间分布来看看它们的社区组织方式。

首先,很明显,两个社区都有中心和边界。都用街道、围墙、名称、标志等把自己和其他地方区分开来,社区中的居民能清楚地知道谁是自己人、谁是外来人口。两个社区都是沿着街道进行布局。图 5.1 中的主要建筑是住宅楼,图 5.2 中的主要建筑是教学楼和配套设施。这

---

① R. E. 帕克、E. N. 伯吉斯、R. D. 麦肯齐:《城市社会学——芝加哥学派城市研究》,宋俊岭、郑也夫译,商务印书馆 2012 年版,第 104 页。

与两个社区的主要职能是相吻合的。

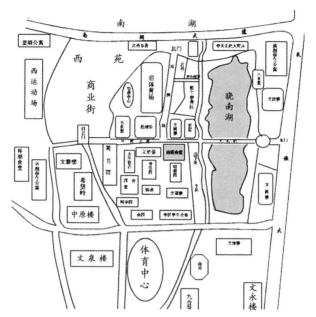

图 5.2　大学校园平面示意图（中南财经政法大学南湖校区平面图）

其次,在两个社区中都存在着商品和服务的自由交换,也就不可避免地会在空间中体现出社会分工的安排,并且这种安排的结果普遍应该是最有优势的组织占据最有优势的区位。因此西江南社区中除去两三处占据了临街最优地位的商铺、清真寺和一所学校,其他的优势区位都为住宅占据。同理,图 5.2 中的大学中占据了最优区位的是教学楼和学生活动场所,位于学校中心的是一个会堂,是典型的公共空间,这是因为学校的一切活动主要是围绕教学和学生展开。从平面图看,两个社区内部四通八达,没有明显障碍,符合居民居住、使用教育资源、社会交往的需求,对社区的使用者非常友好。在这样的社区里,才可能看到比较多的流浪猫,毕竟动物也会感觉到环境的善意。

最后,任何社区都需要有习俗和法律对个人行为进行控制。社区的文化和政治体制(或者也可以理解为权力关系)就是这种建立在社会分工的基础上的遏制手段,社区中心的组织结构主要就是与社区的文化和政治体制相联系。以图 5.2 中的学校为例,从国家法律到校园规章制度都为学生、教师、行政人员限定了行为的边界。学生作弊会被严惩,教师迟到早退会受到警告甚或处分。除了硬性的规定,社区文化——伯吉斯称之为"一种比较恒久的而不是变动不定的社会环境"——也在不声不响地施加压力。鼓励创新、校风宽容的大学里教师会有意识或者无意识地表现得更随和、更愿意与学生进行课上和课下的交流,而学生也会对参与校园生活表现出更多的热情。

三、社区资源

任何人类集合体展开行动都必须要有一定资源。如果强调地域性,那么谈及"社区资源"我们就需要了解社区的空间分布、基础设施、人口组成、规章制度等等。一个位于市中心、交通便利、辖区内有购物中心、风景优美的公园、名胜古迹又或者大、中、小学的社区特别容易吸引到居民。城市规划师、城市地理学家、地方政府对这种附加在地理优势上的资源很感兴趣并做了大量的工作。但如果我们要把社区看作一种特殊的相互联系,上述做法可能就不是很得当——尤其考虑到现在的社区,特别是城市社区已经不是特别强调特定的空间位置。一个与邻居相见不相识的居民很可能保持着与异地的家人、朋友特别紧密的联系,知道父母今天又走了多少步或者发小家的狗长了几斤,或者他在某个网站上积极活跃、被尊为"大神",又或者在他的工作圈子里他是出了名的左右逢源。"生活在别处"并不是文艺青年特有的向往,而是城市生活的必然结果:人们总是工作在 A 处,活动在 B 处,居住在 C 处,梦想着 D 处。

政治科学家罗伯特·帕特南(Robert D. Putnam)的一个观点很受认可。他指出居民的参与度、亲密关系(也即是我们俗称的"社会资本")赋予了社区真正有意义的人际接触,这是社区最重要的资源。一个社区居民参与越积极、居民关系越密切,这个社区拥有的社会资本就越多,保护社区、在城市中的生存能力就越强。一个社区里全是"生活在别处"的居民对社区来说简直是悲剧;但如果工作在 A 处的人在工作之外能保持密切的关系形成 A 群体,有固定的活动空间(地理空间或者网络空间皆可),平时能在其中发牢骚、秀恩爱或者晒图片,遭遇危机时能在群体内充分动员资源解决问题,我们就认为,这时 A 群体就更适合被认为是社会资源丰富的 A 社区。如果居住在 D 社区的A 群体中的某些人对 D 社区有一定的认同感,并且愿意动员 A 群体的资源为 D 社区解决某些问题,或者反过来,用 D 社区中的资源为 A 群体解决某些问题,那么我们就认为,A 群体和 D 社区都在进行积极的社区参与,双方的社会资源充分互动并实现了几何数级的增长。

这么看来,帕特南认为网络时代的社会资本要消耗殆尽、大家都得"独自去打保龄球"的观点也许过于悲观。事实上,为了一些社区感兴趣的共同议题,居民们是很愿意参与其中的。美国的 Ithaca 生态村就是一个实例。这个村子位于纽约附近,据称是为了满足婴儿潮一代对更好的生活方式的追求而逐步建设起来的。社区居民从各地搬至此处,坚持"少用、多聚"的原则,减少一切非必要开销,强调通过社区内的互相交换解决问题。此外,类似"冬日螺旋"这样的仪式反复强化了居民对社区的认同感。

第三节 社区中的关系

如果把社区看作一个系统,社会分工的必然后果是这个系统一定会分为若干个功能上相互独立的子系统。各个子系统内部的结构与各个系统之间的关系会成为我们衡量社区好坏的重要标准。

一、社区资源配置

在上一节的论述中,我们已经给社区资源做了类型学划分:空间资源和社会资本。可以看出,社区空间资源的分配是一个和社会分工相联系的、自然过程和人为设计交互作用的过程。社区出现的最初,空间布局主要是沿着交通线发展起来的,居民住宅和商业店铺都是沿街建造,通常与街道平行,以后随着人口与各项设施的发展和累积,社区会从街道一侧发展到两侧。因此,两条主要公路的丁字路口或者十字路口通常都是一个社区形成的最早的核心地点。[①] 这个规律即便放到最新建成的商品房小区也能得到验证。随着社区规模的扩大,区位争夺的过程会不断重复,优势群体则会不断地挤占最有优势的区位,社区的空间分布也由此不断演进。

---

① R. E. 帕克、E. N. 伯吉斯、R. D. 麦肯齐:《城市社会学——芝加哥学派城市研究》,第 70 页。

上述资源配置的过程基本上是个丛林法则。用帕克本人的话来说,毫无道德因素可言。好在人类社会到底并没有堕落到那个地步。我们时常能看到地方政府的城市规划、社区居民的生活经验甚或社会的价值观会改变社区的资源分配状况,尽可能地让资源配置到最需要、最能有效利用资源的个人或者组织手里。但值得注意的是,"适应性"并不意味着在资源的配置的结果上人人平等、人人满意。

梅德尔小镇位于阿尔卑斯山脉的梅德尔山谷,是个只有450名居民的瑞士小镇。2012年9月,小镇被发现拥有一座价值高达12亿美元的金矿。加拿大NVGold金矿开采公司看中了这座绝无仅有的富矿,开出了在10年开采期内给每个居民40万瑞士法郎的特许权费用的条件。虽然包括镇长在内的不少人赞成金矿的开采,认为这可以带给小镇活力,然而很多居民对此不以为然。他们宁可要宁静的生活、美好的环境。最后,因为90人赞同、180人反对的公投结果,小镇最终拒绝了金矿开采的诱惑。

图5.3 瑞士梅德尔小镇[①]

梅德尔小镇的故事是社区居民成功改变了一种不符合他们需求的社区资源配置方式的例子。地方政府的价值取向也能起到类似的作用。在我国浙江胡氏大院改造的过程中,地方政府通过了解居民的实际要求,因地制宜地充分利用政策,既帮助居民解决了住房问题,也保护了文物并提升了其价值,让社区的空间资源达到了一个适应性的

---

① 图片及内容来源:《瑞士小镇不要黄金要美景 居民反对开矿》,http://sports.sina.com.cn/outdoor/2012-04-13/0948873.shtml。

配置结果。

图 5.4　浙江雪溪胡氏大院[1]

延伸阅读

浙江省泰顺县雪溪乡桥西村的胡氏大院是以三合院平面布局建筑的典型。它建于清乾隆年间，道光年间重修，占地 4500 多平方米，是浙江省第五批文物保护单位。

由于整体建筑保护完好，一百多年来大院里一直有胡氏后裔居住。但 40 多户百姓栖身其间，拥挤不堪，兼之大院内设备老旧，造成极大的安全隐患。基于文物保护需要，当地政府希望百姓搬迁。但大院居民大多无力负担搬迁费用。2008 年开始，雪溪乡借着利用村里的闲置用地的机会，把大院居民的搬迁工作纳入到建设规划中。乡、村两级政府根据居民的实际状况，采用农村危旧房改造的相关政策，并以财政补贴和乡村补助相结合的方式，让大院居民有能力购置安置基地。同时，他们还在小区建设的村集体收益中，给予困难户住房建设上的补助，并通过发动邻里互助的方式，解决了大院居民的建房困难。[2]

---

[1]　《雪溪胡氏大院》，http://info.wzta.gov.cn/html/mlwz/wwbh/1927.html。
[2]　关于胡氏大院改造的详情根据"中国历史文化遗产保护网"的内容整理，http://www.wenbao.net/wbw_admin/news_view.asp?newsid=2030。

社区的社会资本的配置则和空间资源配置的逻辑不太一样。这主要是因为随着交通和通信技术的发展,社会资本受到空间限制的程度越来越小。而且,与空间资源的配置的"非此即彼"不一样,社会资本不会因为使用而减少,反而因为使用而更加活跃。社会资本能润滑社区的发展,扩展"共同体"的意识。但正如福山所言,社会资本的配置方式主要是体现在政治生活和社会生活中,因此,我们会把社会资本在社区关系中的作用放到"社区权力结构"与"社区权利义务"的相关内容中。

二、社区权力结构

新城市社会学常常说,空间问题就是政治问题。类似的,我们也能比较有把握地跟着说上一句,社区问题就是权力问题。什么是权力? 我们认为,权力是罔顾他人意愿、迫使他人服从的能力。吉登斯认为权力是行动者干预一系列事件以改变其进程的能力,是资源得以实施的媒介。因此,当我们谈到社区权力结构的时候,实际上关注的是这样一个问题:谁以什么方式在决定社区事务?

最早对这个问题进行回答的是林德夫妇(Robert Lynd & Helen Lynd)。在对印第安纳州的孟西(Muncie)进行研究时,他们发现上层社会控制了社区。此后,社区权力研究沿着他们开创的思路继续进行。就权力来源而言,西方的社区权力研究分为两类:精英论和多元论(见表5.3)。

表 5.3 西方社区权力研究的两种类型:精英论与多元论

	精英论	多元论
代表人物	F. 亨特(Floyd Hunter)	R. A. 达尔(R. A. Dahl)
主要观点	认为社区政治权力掌握在少数社会名流手中,地方重大的政治方案通常是由这些精英起决定作用,而地方各级官员予以配合来实现少数人的意志。 具体来说,精英论的观点包括: (1)上层少数人构成单一的"权力精英";	认为社区政治权力分散在多个团体或个人的集合体中,各个群体都有自己的权力中心,地方官员也有自己的独立地位;官员要向选民负责,所以选民也有权利以投票来控制政治家。 具体来说,多元论的观点包括: (1)权力本身一定要与权力资源分开;

续表

	精英论	多元论
代表人物	F. 亨特（Floyd Hunter）	R. A. 达尔（R. A. Dahl）
	（2）该"权力精英"阶层统治地方社区的生活； （3）政治与民间领导人物是该阶层的执行者； （4）该阶层与下层人民存在社会冲突； （5）地方精英与国家精英存在千丝万缕的联系。	（2）社会冲突建立在有组织的社会团体上，而不是社会阶层上； （3）权力资源不平等地分布于各团体中，故有些团体拥有的权力资源比其他团体多； （4）尽管各团体权力资源不同，但是每个团体都可设法争取某些权力资源； （5）选举出来的官员在政治上有其独立性； （6）选民通过投票来间接影响地方政策，从政者不得不尊重选民的意志。
研究过程	亨特认为，有权力者最喜欢结交工商业者、政府官员、市民组织等，所以，在对亚特兰大的决策层进行研究时，他采用的是"声望法"。首先，他通过与居民交谈和其他一些调查，开列了一个175人的名单；然后，他将名单交给对地方政治熟悉的专家，由他们鉴定圈选那些地方上重要的精英人物；从这些圈选名单中，他整理出获圈选票数最多的40人名单，接着，他对这40人进行访谈，请他们指出其中被认为此区中最有领袖地位的人；最后，他又从中得到了一个中选率最高的12人名单，他发现这12人是40人权力精英的核心。而在12人名单中，一个政府官员也没有。因此，他下结论：这个社区的政治权力掌握在少数实业界领袖手中，政府官员只起辅助作用。	达尔不同意用"声望法"来进行权力研究，他批评道：拥有权力资源而不去使用的话，不能算是权力；权力不仅仅是声望，还要有行动的实权。因此他提出，应当用"决策法"来考察谁在重大的城市政策上参与实际决策。20世纪60年代，达尔以纽黑文市为研究对象，选择了地方政府三个最主要领域的决策——城市重建、政治任命、公共教育政策——进行分析。他发现，当时有各种团体、个人参与了这三个方面的决策，除了市长外，没有其他的任何个人或团体足以垄断这三个领域的决策过程。也就是说，政治权力很分散，每个团体都有一定的权力，有其在特定专属领域的发言权。例如，工商业团体对城市重建较有发言权，但是对教育的影响很小。据此，他指出，纽黑文市的政治是以市长为轴心的多元性政治。

中国社区权力研究的兴起则是在20世纪80年代以后,普遍是在"社区服务"与"社区建设"的语境中探讨国家—社会的权力格局,其中指涉的社区大多是行政社区,在上海等地的研究中有时也指涉街道。街道与社区的关系、社区内多元主体的关系是中国社区权力研究的重点。常见的社区权力主体主要有街道办事处①、社区管理组织(社区居民委员会、社区居民代表大会、社区党委、社区协商议事委员会)、社区辖内的企事业单位、社区居民等。目前的社区权力结构在往多元化的方向发展,但实际中政府组织及其派出机构作为社区唯一主体的现象仍然存在。② 造成这种失衡格局当然有很多因素:居民参与社区事务程度不高;志愿者、非政府组织很难进入社区;名义上是居民自治组织的社区居委会资源动员能力不足、很难发出自己的声音;企事业单位缺乏参与社区事务的动力;等等。但归根到底,问题的关键还是在于政府组织和派出机构垄断了社区绝大部分资源,以及社区自身资源匮乏。

三、社区权利

帕克曾经说过,"城市是人类始终如一坚持的,并基本上最成功地按照他的愿望去改造他所生活的世界的尝试。另一方面,如果这个按照人的愿望改造而成的城市是人所创造的世界,那么这个城市也注定是人要生活的那个世界。这样,城市居民在没有明确意识到改造城市也是在改造自己的情况下,在城市建设中间接地改造了自己。"③按照他的观点,现代存在的几乎所有社区也都是人类改造世界并改造自己的产物。因此,社区居民天然就具备参与社区的权利。而且,这种权利必须是集体的,而非个人的。我们也赞成戴维·哈维关于城市权利的论述。他认为城市权利是一种对城市化过程拥有某种控制权的诉

---

① 在当前强化区、街管理功能的情况下,街道办事处的权力增加,成为有实权的一级政府组织,它有权组织、协调辖区内的公安、商业、税务等机构,有权对区人民政府有关部门派出机构主要行政负责人的任免、调动、考核和奖惩提出意见和建议。
② 夏建中:《城市社会学》,第213页。
③ 戴维·哈维:《叛逆的城市——从城市权利到城市革命》,叶齐茂、倪晓晖译,商务印书馆2014年版,第4页。

求,对建设城市和改造城市的方式具有某种控制权的诉求。① 同理,社区权利表现的是社区居民要求对社区事务拥有某种控制权、对建设和改造社区拥有某种控制权的诉求。

这种诉求在社区中如何发生?

让我们来看一个可能发生在任何一个中国城市社区的例子。

X 社区是位于老城区的一个居民小区。社区中有几家住在临街低层住宅的居民打开了门面做早点、盒饭生意补贴生活。对此,社区居委会、社区居民一开始并没有反对。但时间长了,这些小餐馆的油烟给其他居民带来了很大的不便。临近楼层的居民连窗户都不敢开,意见很大,但因为楼上楼下都是老邻居,又抹不开面子。后来社区居委会出面调解,那几家居民也表达了自己的难处。原来改造抽油烟机、排风管道的工程耗资不小,超出了他们的承受能力,所以他们迟迟没有做出反应。在这种情况下,涉事的居民主动提出,要在社区里开听证会,集思广益、解决问题。社区居委会听取了居民的意见,出面联系了政府职能部门(区一级的工商、环保、城管、民政等部门都派代表全程参加了听证会),并邀请本社区的居委会成员、居民代表举办了一场解决油烟扰民问题的听证会。

社区居委会在与会居民代表的挑选上很有针对性。听证会召集了全部 11 家小餐馆的业主,餐馆周围居民的代表(由门栋推荐),以及门栋长。此外还有经留守职工推荐的辖区单位代表也参加了听证会。此外,在会议召开之前,居委会还对会议程序、投票要求做了培训。

在会上,职能部门代表提供了制度参考和法律指导。但最终的决议是由居民代表做出。经过投票,不合格的小餐馆被取缔,条件尚可的则必须增加环保设施。最后还有两家餐馆由环保部门在会下提供了指导和帮助,告诉他们如何选择烟囱和排烟设备。

这个例子非常全面地覆盖了社区权利关注的全部要件。

首先,社区权利是集体权利。几乎所有的涉事方要全部参与到整个事件过程中。小餐馆的业主和受到影响的居民都充分表达了自己的意见,并且在"解决问题"这个前提下进行了积极的探讨。其次,居民有明确的借助社区组织解决公共事务的意识。再次,所有的参与方

---

① 戴维·哈维:《叛逆的城市——从城市权利到城市革命》,第 5 页。

都知道权利的边界在哪里。职能部门不干涉表决,居民委员会不干涉投票结果,小餐馆业主也并没有要求职能部门或者社区居委会帮自己支付或者减免设备改造费用。最后,听证会的筹备、召开以至后续对问题的解决都是充分动员居民进行民主管理的途径。而且事实上它的确起到了让居民更信赖自己、更认同社区的作用。

四、社区的联结纽带

社区的联结纽带实际上就是社区文化。当谈及社区文化时,我们所指的是把人作为一个整体的成员团结在一起的特殊的社会力量,是真正意义上的共同生活、共同居住、共同工作的内在本质和真实情况的表现。源自滕尼斯的共同体意识,使得在社区的所有要素以及功能中,社区文化处于关键的位置;"共同信念"则是社区文化的核心。一般说来,社区文化是一个体系,包括了社区的物质文化、社区行为文化、社区制度文化以及社区精神文化。其中社区的物质文化主要指的是社区文化公共设施、社区物质文化遗迹、文化机构、文化产业等。社区行为文化表现为各种类型的文化活动。社区制度文化表现在社区的制度、规范、习俗、惯例以及仪式性文化活动中。社区的精神文化则体现为社区的文化价值观和社区精神等。[1]

值得注意的是,社区联结纽带的形成往往无法单靠着某一种文化建设形成。一哄而上的社区公共空间的建设并不能保证居民都会进入公共空间交往。仅仅倡导某些行为,例如"社区安全/卫生靠大家",也许在外显形式上能表现出一定程度的一致性,然而缺乏共同价值观的支撑以及缺乏制度的控制,这种一致性的表象很快就会消失。事实上,社区文化的形成必须是在上述四个方面都要推进的,当然,在推进的速度上有所不同。奥格本(W. F. Ogburn)很早就指出,在文化变迁中,物质文化的变化总是快于非物质文化的;在非物质文化中,制度变化又是早于风俗、惯例的变化,最后才会是文化价值观的变化。因此,社区纽带的建立应该从变化最快的社区物质文化和社区行为文化着手,之后推进到社区制度文化建设,最后达到社区精神文化的稳定。

---

[1] 杨敏:《历史视域下的社区文化建设新趋势》,《华中师范大学学报(人文社会科学版)》2015年第9期。

我们在武汉市百步亭社区的社区文化培养过程中,正好看到了这样一个循序发展的实例。

百步亭社区位于武汉市江岸区,从 1995 年创建起,就陆续获得了"中国和谐社区建设示范社区""中国人居环境范例奖"等 100 多项国家级奖励,被推崇为中国城市社区建设的样板。创建不久,这个小区就开始以各种形式塑造社区团结。其中最著名的活动之一就是"万家宴"。

图 5.5 百步亭社区万家宴①

2000 年春节前夕,刚刚入住百步亭社区的居民纷纷邀请社区领导去自家吃年夜饭。为了能满足所有人的愿望,当时的社区居委会书记提议街坊邻居每家做几个菜,大家一起吃年夜饭。第一届百步亭"百家宴"就此成形。2003 年,由于菜色破千,"百家宴"升级为"千家宴",2009 年更升级为"万家宴"。"年文化"逐渐成为社区的活动品牌。社区居民不但积极参与年夜饭的创造,还在社区网站上发表文章、张贴图片,彼此交流感受。

百步亭社区中的社区文化的培养是循序渐进的。第一次"百家宴"的出现只是一个偶然的行为,然而从"百家宴"到"万家宴"就是从外在行为一步步渗入到制度乃至风俗习惯了:普通的年夜饭成了固定时间、地点安排的,带有一定民俗色彩的居民文化活动,并通过多种手

---

① 图片来源:百步亭社区网,http://www.baibuting.cn/content/2015-02-13/14237901208510.html。

段得到强化。一年又一年的"万家宴"(当然还包括别的社区活动)得到了多重认可,上升为一种仪式性的活动,成为社区居民认同社区的一个标志。百步亭社区有了一张辨识度极强的名片,居民也对百步亭社区产生了归属感。物质文化、行为文化和制度文化的相互强化,使得这一行为模式有了凝结为社区精神的可能性。社区团结、社区信任和社区认同油然而生。

图 5.6 百步亭小区亲子活动节①

社区的纽带一旦建立,居民会更加积极地参与到社区的物质文化、社区行为文化、社区制度文化以及社区精神文化的建设中去。百步亭社区居委会从"百家宴"的发展中受到了启发,在后续发展活动中很注意几方面并重。例如在处理社区公共事务时,居委会一方面主动邀请居民参与议事过程,一方面制定了社区居民议事制度,并分片区管理、严格按照制度办事。当制度成为居民解决公共事务的习惯,居民才意识到制度的修改和议定与自己的个人利益息息相关,于是对社区事务的参与有了更大的兴趣。在此过程中,以公约为基础的社区规范和社区价值观逐渐形成并得到强化。此时,居民甚至会主动动员社区内外的社会资本为社区服务。

社区文化的四个层面交互作用,形成良好的循环,我们认为这才是社区联结纽带的真正作用。

---

① 图片来源:百步亭社区网,http://www.baibuting.cn/content/2015-12-21/145068073910247.html。

五、什么是好的社区

仅仅了解社区中的主要关系是物质利益关系、权力结构、权利义务以及共同纽带并不是终点。事实上,关于社区中关系的了解最重要的作用是要让我们学会判断什么样的社区才是好的社区。

在日常生活中很多人都遭遇过这个问题,大家的回答也不尽相同。有人会认为,安全的、环境优美的社区是好的。有人更看重社区的文化氛围,喜欢谈笑有鸿儒、往来无白丁的生活方式。还有的人就喜欢市井常态,街坊四邻都认识,能从自家窗户里看到楼下烧烤摊才好。这些截然不同的表象底下,大家其实都在自觉不自觉地倾向于一种判断:能让自己觉得安全的、可靠的、自己被认同的社区就是好的社区。

如果要抽离个性化的生活体验,在更抽象的层次上回答这个问题,我们会说,好的社区就是自由与秩序、权力与权利、特殊的价值观与全社会整体的价值观恰好能平衡的社区。

埃兹奥尼用隐私权作为例子来说明了什么是一个"恰好平衡"的社区。

在现代社会,每个人的隐私都在受到社会的侵犯。信用卡购物记录、旅游网站的浏览历史、电子邮件、医疗记录完全可以把个人生活的方方面面呈现到公众面前。然而,这种程度的隐私权的放弃对公共利益来说却又是必需的。社区需要征用个人隐私来判断哪些人有资格从事公共服务。一个有犯罪记录的警卫当然可以抱怨社区无视了他的隐私权,然而倘若社区保护了他的个人隐私却可能要冒着公共安全受到威胁的风险。因此,社区会宣称隐私不是一个绝对的价值,人们必须寻求在公共利益的名义下做出权衡取舍的选择。当然,社区也要减少对个人隐私的主动侵扰。①

这个例子里的"恰好平衡"的标准很难判断。我们能确认的是,既然社区权利是集体的,那么在衡量社区的好坏时,集体认为的"平衡"是要高于个人标准的。99%的人都觉得这个社区不错,那么我们可以

---

① 杨敏:《历史视域下的社区文化建设新趋势》,《华中师范大学学报(人文社会科学版)》2015 年第 9 期。

认为这个社区的确是好的,虽然这并不意味着1%人口的反对意见我们毫不在意。此外,我们还要认识到的是,社区里存在着社会分工,那么构成社区的不同部分的衡量标准也是不一致的。我们可以因为警卫的犯罪记录拒绝他承担公共安全工作,但无权拒绝他去超市购物、参与社区亲子活动或是参与社区管理条例的编写。从系统论的角度来看,各个子系统内部的差异性和子系统之前的均衡并不是必然的相关关系。最后,社区的决定必须是建立在能促进成员对其信任的基础上。为此,社区本身必须保持"中立"的态度,并能在公共生活和私人生活领域中间划分出清晰的界限。居民能够容忍社区为了挑选警卫检查私人信息,但完全无法接受私人信息会在他人嘴里成为谈资或者笑柄。

第四节　未来的社区

一、未来社区的特征

关于未来的社区形态的讨论从未停止,并伴随着后现代、后工业时代、全球化、信息时代这些概念的普及而不断地激起大众的想象力。如果我们坚持把社区视为一种社会关系而不仅仅是固定在某个地域范围内的人类活动,那么我们能清晰地看到,未来社区的变化主要体现在去中心化、多样性和强调地方特性。

这些特性在世界的某些地方已经出现。例如保罗·德拉尼(Paul Delany)就注意到温哥华的新模式就是去中心化和多文化的。"老模式拥有在差异方面具有同质性的邻里街区。新模式具有将许多种族文化相混合的杂交性(hybridization)和跨文化性(transcultural)。从住宅来看,种族群体高度分散,邻里街区之间没有明显的分界线。"[①]美国的洛杉矶和休斯敦也出现了类似的模式。公共服务部门、政府部门、社会福利事业、休闲娱乐活动设施等都坐落在城市边缘地带(参见图5.7)。城市的重心已经不再是市中心。

[①] 夏建中:《城市社会学》,第108—109页。

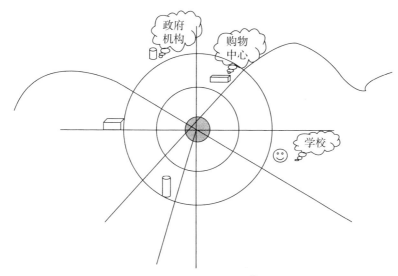

图 5.7　边缘圆模式①

与此同时,丰富的地方文化价值通过全球化的重组顽强地重新作用于社区,形成了非常有地方特点的景观。奥罗姆注意到印度的麦当劳餐厅里,愉快用餐的芭比娃娃穿着印度的传统服装,戴着脚镯的脚却穿着高跟鞋。相映成趣的是,在针对中国 12 岁以下孩子的调查中,接近一半的人认为麦当劳是国内品牌。而同样在全球拥有巨大影响的星巴克,却在美国本土遭到了抵制。在试图进入芝加哥的一个民族社区时,星巴克遭遇了社区居民各种方式的反对,因为他们怀疑星巴克是否能与社区的一切相协调。②

这种去中心化、多样性和地方特性交互作用的场景让我们对未来的社区形态充满了期待和好奇。

二、未来社区的两个典型

(一)虚拟社区

也许把虚拟社区称为未来社区并不合适。它已经出现了好些年,并且随着信息技术的发展还在不断地扩展和变化。但考虑到它会在

---

① 夏建中:《城市社会学》,第 67 页。
② 马克·戈特迪纳、莱斯利·巴德:《城市研究核心概念》,第 153—154 页。

很长一段时间里全方位地影响我们的生活,那么把它视为未来社区的一个代表也是有理由的。

所谓虚拟社区(virtual community),"是由网民在电子网络空间进行频繁的社会互动所形成的具有文化认同的共同体及其活动场所"①。将这个概念与传统的"社区"概念相比较,可以看到一些共同点:经由频繁的互动形成,强调文化认同,强调共同的活动场所。但与现实社区相比,虚拟社区具有如下几个特征:虚拟性与符号化、人际关系松散、多元化管理以及自由、平等、民主、自治和共享的准则。

(二) 生态社区

全球生态社区网(global eco-village network,GEN)认为生态社区是一种融入可持续生活方式的城市或乡村社区,社区的居民通过整合生态设计、生态建筑、绿色产品、可供选择的能源、社区建设等实践活动以达到合作式社会环境与低冲击生活方式的结合这一目的。此类社区是建立在对自然—社会协调发展基础上的一种新的生活方式,可以从社区、自然生态、人工环境、文化四个层面的建设来有效阻止社会、生态和精神环境的衰落。②

表5.4 国外生态社区理论研究发展阶段③

发展阶段	重要事件
萌芽阶段(19世纪末—20世纪20年代)	1898年英国社会学家霍华德提出"花园城市"论,标志着人类开始冷静思考住区中人与自然的关系,社区生态意识开始启蒙。20世纪20年代巴洛斯和波尔克等人把生态学思想运用于人类聚落研究,提出"人类生态学";沙里宁提出"有机疏散"理论,主张人的工作、交往与自然相融合及城乡并蓄的居住环境,生态社区思想雏形开始形成。

---

① 安东尼·奥罗姆、陈向明:《城市的世界——对地点的比较分析和世界分析》,曾茂娟、任远译,上海人民出版社2005年版,第123—127页。
② 阚天舒:《在虚拟与现实之间——论网络空间公共风险的消解与控制》,《天津行政学院学报》2014年第3期。
③ 赵清:《生态社区理论研究综述》,《生态经济》2013年第7期。

续表

发展阶段	重要事件
探索阶段（20世纪30年代—60年代）	20世纪30年代美国建筑师、发明家B·富勒首次提出"少费而多用"（more with less）原则，即在有限资源基础上进行最充分和最适宜的设计与使用这一符合生态学原理的观点。生态学原理开始被运用于城市社区规划。 20世纪50年代开始，寻求"人—社会—环境"和谐的人本主义思想，对社区的功能进行了新的探索。 1963年美国建筑师维克多·欧尔焦伊（Victor Olgyay）在其著作《设计结合气候——建筑地方主义的生物气象学方法》一书中从地理学和生态学的角度探讨人类住区，首次提出建筑设计要结合气候的基本原则。 1963年希腊学者道萨迪亚建立了人类聚居学学科，着重研究城市居民与其生态环境的复合关系，力图创造适合人类居住和工作的聚居环境，并于1965年成立了"世界人居协会"。 1967年美国的麦克哈格所著的《设计结合自然》首次将生态价值观带入城市设计以体现自然要素在社区规划中的重要作用，标志着生态社区建设的重要内容——生态建筑学的奠基。
形成阶段（20世纪70—80年代）	1972年斯德哥尔摩联合国人类环境会议发表了《人类环境宣言》，明确提出"人类的定居和城市化工作必须加以规划，以避免对环境的不良影响，并为大家取得社会、经济和环境三方面的最大利益"。该会议成为生态社区理论发展的重要里程碑。 1976年联合国在加拿大温哥华召开的第一届人类住区大会上成立了联合国人居中心，开始关注包括从城镇到乡村的人类居住社区的发展，鼓励反映文化和美学价值的人类住区的特征多样性。 20世纪80年代中期，J·乌洛克的著作《盖娅：地球生命的新观点》倡导住区建设利用洁净能源，采用绿色建材、绿化、自然通风和采光，防止对大气、水体和土壤的污染，极大地促进了生态观和人类住区建筑思想的融合。 1985年德国建筑师格鲁夫提出与环境、人文共生的城市"生态型社区"建设模式。 1987年世界环境与发展委员会出版报告《我们共同的未来》，提出"可持续社区"（Sustainable community）概念，强调现在和未来、生活和工作、安全性和包容性、生活品质和环境保护等应规划合理、统筹协调以为社区居民提供平等的机遇和优质的服务。

续表

发展阶段	重要事件
发展阶段（20世纪90年代至今）	1992年联合国环境与发展大会通过的《21世纪议程》中将生态住区与"可持续发展"联系起来，"促进人类安居的可持续发展"被单列成章，生态社区建设被推向新的高度。 1996年6月在伊斯坦布尔召开的第二届联合国人类住区会议提出"城市化进程中人类住区可持续发展"的目标，认为人类居住地应重视自然生态与人文生态二者的结合，为生态社区理念注入了深刻的生态与人文内涵。 2001年在纽约召开了伊斯坦布尔+5人居特别联大，全面审查和评价反映各国人居环境发展的《人居议程》实施情况，生态社区实践逐步走向成熟。 进入21世纪后，在应对全球气候变暖和生态环境问题上，各国城市开展了关于城市生态化发展的探索，生态社区建设成为其中的关键领域。这其中相继出台了一系列绿色住区与绿色建筑标准，如美国绿色建筑委员会（USGBC）开发的能源与环境设计先进水平评级体系（LEED）、英国建筑研究院绿色建筑评估体系（BREEAM）、日本建筑物综合环境性能评估系统（CASBEE）、德国可持续发展建筑导则（LNB）、荷兰可持续建筑及其EPC和EPL标准、中国台湾绿建筑标章（EEWH）以及中国香港环保基准评估法（HK-BEAM）等。

通常说来，我们认为生态社区有三个构成要素：物质环境、非物质环境以及居民活动。其中，物质环境包括了社区所处地域的地理、气候环境条件和人工环境条件。非物质环境主要指的是社区居民通过持续互动形成的制度、风俗、文化等。居民活动与环境的关系可以归纳为"适应、认识、改造、恢复、保护和共生"这样的过程。可见，在生态社区中，物质环境决定了居民的生活方式和生活质量，非物质文化和居民活动是社区能良好运行的基本保障。居民的活动和生态意识则是实施生态社区建设的主观决定因素。①

---

① 赵清：《生态社区理论研究综述》，《生态经济》2013年第7期。

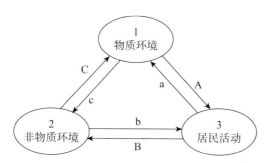

图 5.8　生态社区的构成要素及相互关系图①

a：人类活动导致的环境改变。

A：良好的物质环境是居民赖以生存的根本保障,不良环境会阻碍甚或破坏社区发展。

b：健全的制度和优秀的文化使社区居民的活动和身心良性发展。

B：居民的各种社会经济活动,产生与环境相适应的意识形态、思想观念、制度等,从而形成非物质环境。

c：物质环境的变化促使居民不断重新认识人与自然的关系,从而制定与自然相适应的制度,产生与自然相适应的文化。

C：不同制度和文化的影响,导致不同的物质环境变化。

关于生态社区的特征众说纷纭,但有一个基准得到了大家的共识。那就是,强调社区的自然—经济—社会的协调发展,社区生态关系的整合和生态服务功能的提升,强调社区中人与环境、人与人的和谐发展、注重多主体的参与和协调。② 从这个基准比对生态社区与传统社区,我们会发现,前者最大的特征在于"共生性"。

共生性包含了两个方面的含义：一个是社区范围内各要素的共生,二是社区本身与外部环境的共生。③ 社区范围内的要素包括物质环境、非物质环境以及居民活动。它们的共生要求居民要在熟悉地方环境的前提下进行物质环境的规划和建设,并要通过居民活动建立与物质环境相配套的制度,逐渐培养具有生态意识的社区文化。而社区本身又处在一个与外部环境系统不断进行能量、信息交换的过程中。

---

① 吴智刚、缪磊磊：《城市生态社区的构建研究》,《华南师范大学学报(社会科学版)》2005 年第 10 期。

② 同上。

③ 赵清：《生态社区理论研究综述》,《生态经济》2013 年第 7 期。

因此,社区的发展不能以损害外部环境为代价。

让我们以三种不同类型的城市社区为例来看看社区的生态共生性有怎样的呈现形态(见表5.5)。

表 5.5 城市社区生态特征描述[1]

	边缘社区	新建社区	旧城社区
环境保护和意识	1.环境呈恶化的趋势 2.原居民环保意识不断提高,外来人口的环保意识有待改进	1.环境通常由专业公司维护 2.社区环保的宣传和良好的物质环境通常会提高居民的环保意识	居民的环保意识较强,环保工作开展良好
能源利用	大部分居民都使用市政提供的电力、管道或者分装煤气,太阳能的使用仍然需要大力推广	全部使用市政提供的电力、管道煤气,太阳能的利用比例不断提高	居民都使用市政提供的电力、管道或分装煤气,太阳能和风能的使用仍需大力推广
经济收入工作机会	1.原居民通过土地、物业出租获取大量收入,外出工作的不多 2.外来人口多为就近工作,收入较少	1.大部分属于中等收入人士 2.在社区工作的占多数,居民通常需作通勤交通,有时只在周末和假日才回到社区	1.分就近工作和通勤工作两种 2.收入情况分高收入和中等收入两种,低收入人士通常能得到较大的帮助和照顾
医疗健康	1.原居民通常参加医疗统筹保险,缺乏经常性的体育锻炼 2.外来人口的医疗保障低,健康水平令人担忧	1.由于社区大都配套了多种运动场地和设施,居民能进行经常性的体育锻炼 2.医疗保险和服务较好	1.居民大部分参加了社会医疗保险,健康意识较强 2.城市的运动场地和设施为居民日常的体育运动提供了方便

---

[1] 根据吴智刚、缪磊磊:《城市生态社区的构建研究》,《华南师范大学学报(社会科学版)》2005年第10期,第46页图表整理。

续表

	边缘社区	新建社区	旧城社区
文化的建设和传统继承	1.原居民的村规民约和习俗仍在一定程度和范围内发挥作用 2.保护和发展具有地方特色的文化和传统是文化建设的主要内容 3.外来流动人口与原居民的融合性差	1.引入了全新的文化概念，需要相当长的时间去培育和形成社区的文化 2.文化建设的任务通常是由发展商或管理公司去主导，居民在初期被动参与	1.以原居民为纽带的社区文化建设和活动通常会定期举行 2.原居民参加社区文化建设较为主动

从表5.5我们可以看出，生态社区并不一定就是"花园社区"，它更强调的是人类行为与生态环境之间的适应性。当然，按照这种理念建设的社区，最终应该是像花园般美丽的。

参考文献

[1] 斐迪南·滕尼斯:《共同体与社会》，林荣远译，商务印书馆1999年版。
[2] 田毅鹏、吕方:《单位共同体的变迁与城市社区重建》，中央编译出版社2014年版。
[3] 于显洋:《社区概论》，中国人民大学出版社2016年版。
[4] 威廉·富特·怀特:《街角社会:一个意大利人贫民区的社会结构》，黄育馥译，商务印书馆1994年版。

思考题

1. 假定你最近在市中心的小区购买了一套二手房。小区位于老城区，居民成分复杂，有在此居住了十多年的居民，也有刚刚租下房子的新来客。请问你认为这个小区是社区吗？为什么？
2. 观察你所在的行政社区的权力结构，并试着解释这种结构是如何形成的。
3. 你认为虚拟社区最终能取代现实社区吗？

第六章 城市与乡村

【本章提要】本章的**目的**是帮助同学们认识"城市和乡村"这两个范畴,**内容**包括:城市是什么、城市的主体、城市问题、乡村是什么、乡村的主体等。其中的**重点**是城市的主体、城市问题、乡村的主体,**难点**是把握城市主体间的关系,把握乡村主体间的关系。

第一节 城市是什么

城市是日常生活中使用频率非常高的一个词。人们往往会用城市为自己的生活区域定位,例如"我生活在上海"或者"青岛是一座北方城市"。也有人时常用城市特性作为自己性格的表征。比如说,我们时常会听到"北京人特能侃"或者"芝加哥人比纽约人热情"之类的描述。还有人会用"城市"作为某一种生活方式的概括。齐美尔认为,城市生活瞬息万变,威胁到了城市居民内心印象的稳定,由此导致了他们精神上的高度紧张;路易斯·沃思则指出城市生活的特征就是人口众多、高人口异质性和高人口密度。

可见,城市不仅仅是一个地理概念,也是一种生活方式。如今的绝大多数的城市研究者都赞同这样一个观点,即城市独特的空间结构(或者也不妨理解为城市景观)塑造了文化,影响了城市人的心理特征和行为模式。

一、城市的起源

(一) 城市的界定

在谈论城市的起源问题之前,我们有必要对"城市"做一个简单的界定,以便我们将它与其他人类生活的聚落区分开来。马克·戈特迪纳和雷·哈奇森将"持续使用、人口稠密的定居地"①作为划定城市的重要标准。按照他们的观点,城市起源最早可以追溯到公元前6000多年的中东。之后稍晚些,在世界的其他地方也先后出现了规模不等的城市(见表6.1)。

表 6.1 世界上最早的城市②

区域	区位	大致的时间
美索不达米亚	底格里斯河与幼发拉底河	公元前 3900 年
埃及	尼罗河流域	公元前 3200 年
印度	印度河流域	公元前 2400 年
东地中海	克里特	公元前 1600 年
中国	黄河流域	公元前 1600 年
墨西哥	尤卡坦半岛	公元前 200 年

吉迪恩·斯乔伯格(Gideon Sjoberg)则将城市定义为"具有特定规模和人口密度的聚居地,保护了大量从事非农业劳动的各色人等,包括精英文化群体"③。莫里斯认为斯乔伯格的定义里暗含了城市存在的两个前提条件,即有剩余产品与书写文字。④ 根据斯乔伯格的观点,早期城市的出现大概是在公元前3500年到公元前3000年,彼时新石器时期的村落开始向早期城市转型——这种柴尔德(V. Gordon

---

① 马克·戈特迪纳、雷·哈奇森:《新城市社会学》,黄怡译,上海译文出版社2011年版,第22页。
② 改编自伊万·莱特:《世界视野中的城市》,纽约:麦克米兰(Macmillan)1983年版,第13页。转引自马克·戈特迪纳雷·哈奇森:《新城市社会学》,第22页。
③ 转引自 A. E. J. 莫里斯:《城市形态史——工业革命以前》(上册),成一农、王雪梅、王耀、田萌译,商务印书馆2011年版,第25页。
④ 马克·戈特迪纳、雷·哈奇森:《新城市社会学》,第25—26页。

Childe)笔下的"城市革命"早在公元前 4000 年到公元前 3000 年已然在底格里斯河和幼发拉底河流域发生。

与戈特迪纳和哈奇森的观点相比,斯乔伯格显然认为确定一个地方是否是城市的最重要的因素在于居民的谋生方式,而非人口规模。

延伸阅读

最早的文明中心苏美尔

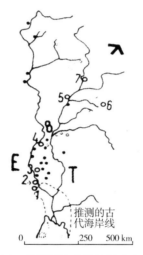

图 6.1 美索不达米亚的城市中心①

浅色代表山脚地区。1.埃利都(Eridu);2.乌尔;3.乌鲁克(Erech)(所有的苏美尔城市);4.巴比伦;5.阿苏尔(Assur);6.阿贝拉(埃尔比勒);7.尼尼微;8.巴格达;E.幼发拉底河;T.底格里斯河。点状线表示是公元前 2000 年左右的阿拉伯湾顶端的海岸线。

绝大多数学者认为最早的文明中心是位于美索不达米亚的苏美尔。公元前 3000 年左右,苏美尔地区已经有 15—20 座城市,形成了苏美尔文明的众多城邦。其中,乌尔(Ur)是公元前 2300 年到公元前 2180 年苏美尔的首都,是当时最大的城市之一,其用地规模达到 4 平方英里。公元前 2000 年左右,其人口大约为 2 万人。②

---

① A. E. J. 莫里斯:《城市形态史——工业革命以前》(上册),第 27 页。
② 夏建中:《城市社会学》,第 5 页。

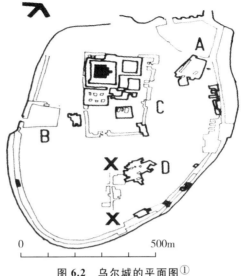

图 6.2　乌尔城的平面图①

乌尔:公元前 2100 年至公元前 1900 年的总体平面布局(基于伦纳德·伍莱爵士的挖掘)。墙体内的城区面积为 89 公顷,人口最多可能高达 35 000 人。估计整个城邦的人口为 25 万人。A.北部的港口;B.西部的港口;C.圣界;D.公元前 1900 年左右的居住区。幼发拉底河主河道从西边流过。城市外部轮廓和有机生长的住宅区 D 的时间为公元前 2100 年至公元前 600 年。伍莱认为,一条较晚时期的笔直的宗教性的大街通向圣界。乌尔的街道,可能位于图中"X"至"X"之间,在住宅区 D 以西。

图 6.2 展示了第三王朝的乌尔城的基本结构。可以看出,整个城市分为三个部分:老城、圣界以及外侧的城镇。根据伦纳德·伍莱爵士(Sir Leonard Woolley)的描述,老城坐落在之前建筑构成的土丘上,西部、北部、东部都被可以通航的河水环绕。城北和城西分别有港口,可能曾经还有一条小运河穿过城区。城镇是中等人家的居住地。房屋的所有者可以根据需要对房屋的大小、结构进行调整,但整体上要依从城市的整体规划。圣界则是城市中最重要的开放空间,主要用于保护僧侣和贵族家庭成员。

---

①　A. E. J. 莫里斯:《城市形态史——工业革命以前》(上册),第 31 页。

延伸阅读

华夏第一古城城头山

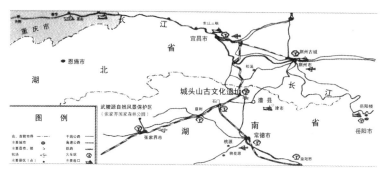

图 6.3 城头山遗址所在地

图 6.4 城头山遗址鸟瞰图

城头山古文化距今大约 6500—7000 年,是中国南方史前大溪文化至石家河文化时期的遗址。距今大约 4000 年,古城遭到废弃。古城居民对城垣进行了多次修缮。保留下来的城垣外圆直径 340 米,内圆直径 325 米,围绕城垣的护城河宽 35 米。城内保留着大片台基式的房屋建筑基础、设施齐全的制陶作坊、宽阔的城中大路、密集的氏族墓葬和保存完好的世界最早的水稻田。[1]

---

[1] 夏建中:《城市社会学》,第 23 页。

作为早期城市代表的乌尔城和城头山虽然远隔万里,但仍然表现出了一些共性。例如从物质形态和经济特征来看,两个城市都有一定数量的定居人口,都有非农职业,尤其是手工业的存在,都有防御工事的建筑(乌尔的城墙和城头山的城垣)。可以想见,这种物质形态和经济特征也必然会带来城市的社会形态和组织形态上的变化。比如人口的集中必然导致居住密度的提高和人口异质性的增强。在这种情形下,以家庭或者部落为基础的整合不再够用,人们不得不求助于更有普适性的法律、宗教、政治制度等等,因此城市的市场功能和自治功能必须得到提升。这些发生在早期城市中的一系列变化,正是现代城市生活的社会基础。

(二) 城市产生的条件

一旦确定城市是由一定数量的定居人口组成的、聚集了非农职业从业者、具备防御性工事建筑的人类生活的聚集地,那么下一个问题便油然而生:在什么时候,由哪些因素促使了这样的聚集地的出现呢?

地形对城市当然是非常重要的。《管子·乘马》里就说过:"凡立国都,非于大山之下,必于广川之上。高毋近旱而水用足,下毋近水而沟防省,因天材,就地利。"气候也是不得不考虑的重要因素。日夜温差极大的乌尔城风行的是庭园住宅,以利于空气流通。而适用于炎热的阿拉伯半岛的"雕刻窗"在此地就毫无市场。

除了上述气候、地形等自然因素,普遍来说,人们认为城市产生的主要推动力是:贸易、政治和社会力量以及宗教。[1] 虽说"要在政治、经济和政治转型的联系中找到一种单一的、自发的、使动的因素"[2]比较困难,但大家普遍还是认可剩余食物的生产是城市产生的最重要的物质基础。此外,大型灌溉设备的出现、集市贸易的繁荣、对军事堡垒的需求等因素,也都被认为是城市产生的前提条件。

近年来,保罗·诺克斯(Paul Knox)在"城市产生的条件"这一问题上的综合性的解释也颇受青睐。夏建中在他的《城市社会学》中就以诺克斯的观点为基础,归纳出了促使城市产生的三类因素:生产力

---

[1] A. E. J. 莫里斯:《城市形态史——工业革命以前》(上册),第45页。
[2] P. Wheatley, *The Pivot of the Four Quarters*: *A Preliminary Enquiry into the Origins and Character of the Ancient Chinese City*, Edinburgh Umivevsity Press, 1971.

与生产关系的发展、宗教的作用、人口聚集所导致的社会结构的变化①：

1. 生产力的发展与生产关系的变化是城市产生的基础

柴尔德、阿布-拉格哈德(Abu-Lughod)、刘易斯·芒福德(Lewis Mumford)都是这一观点的支持者。芒福德认为"在公元前3000年前，前后可能有几个世纪的误差，农耕、犁、陶轮、航船、手工提花机、冶金、数学、精确的天文观测、历法、文字以及能明确表达思想的其他永久形式已经全部出现"②。这为从狩猎和采集社会转向相对稳定和定居的城市生活打下了基础。而进步的生产力和生产关系的变化必然会导致后续一系列的更加复杂的城市社会生活方式的出现。

2. 宗教仪式中心是城市形成的人口聚集和精神条件

生产力和生产关系的发展使人类在城市定居成为可能，但大量人口的聚集却并不一定意味着他们之间会经由持久的互动形成群体，继而适应城市生活。那么早期的人类到底为什么会选择在城市中聚居呢？凯文·林奇(Kevin Lynch)认为那是因为"城市首先是一个宗教圣地"③。图6.2中的乌尔城正是这个观点的一个实例：占据了乌尔城中心位置的是宗教堡垒所在的圣界。最有优势的群体会占据空间中的最有利位置，可见宗教在乌尔人生活中的重要地位。宗教是对既存人类生存的条件做出的反应。早期的宗教与人类行为动机的关系还比较密切，它所呈现的外部世界及其各个部分之间的关系简单明确，能降低人们对外部世界的焦虑感。因此，人们往往会到宗教仪式的中心来寻求安慰。这种吸引力逐渐演化成定期的朝拜，并最终为城市吸引来大量的稳定人口。

宗教中心说同样得到了中国学者的赞同。顾朝林就认为，中国最早的城市就是以宗教中心面貌出现的。"在原始社会末期，人类社会维系社会经济的聚合力仍然是血亲制度。这种血亲制度，使狩猎部落酋长逐渐变为权力至高无上的神的化身，作为部落联盟中心的一条无形的纽带——宗教制度将其周围居民紧紧联系在一起。中国原始社会末期，部落联盟中心和最早的城市建设，便是以宗教作为'先王之主'的。"④

---

① 夏建中：《城市社会学》，第2—5页。
② 转引自A. E. J. 莫里斯：《城市形态史——工业革命以前》(上册)，第26页。
③ 凯文·林奇：《城市形态》，华夏出版社2001年版，第5页。
④ 顾朝林：《中国城市地理》，商务印书馆2004年版，第9页。

3. 人口的聚集导致了社会结构①的变化，从而成为城市产生的社会条件

人口聚集的必然后果是人口密度超过资源的容纳程度。在资源总量相对稳定的前提下，分工就成了合理利用资源的最佳方式。随着分工的发展，不同的职业群体出现，社会阶级和阶层也逐渐分化。然而生产本身，或者说，市场本身是无法调节或者控制社会活动的。为了协调不同群体之间的矛盾，就必须对他们的行动进行管理、制定相关的制度，权力机构也随之产生。这样一来，城市的社会结构也就产生了变化。相当多的社会学家认为，城市社会结构的变化才是城市产生的最重要的标志。

二、城市的发展

生产力与生产关系的发展、宗教的中心作用以及人口聚集导致的社会结构的变化促使了早期城市的发展。在其后漫长的城市发展过程中，以上三个因素当然还在起着重要的作用，但其作用机制与城市诞生之始已经有所不同。特别是在公元1000年以后，城市的发展越来越依赖于强大的国家统治和区域贸易的成功。古代中国的城市，特别是城镇的发展正是这种国家权力与区域经济发展交互作用的典型代表。而同一时期的欧洲，古罗马帝国解体之后留下的权力真空使得城市、城镇失去了中央政府的庇护，迅速萎缩。直到中世纪晚期，欧洲的城市才复兴起来。

（一）西方城市的发展史

早期欧洲城市的发展远远落后于我们在表6.1中提到的国家和地区。一直到公元前8世纪左右，靠近新月沃地的希腊才开始出现城市文明，随后雅典、斯巴达和科林斯这样的城市国家也建立起来。古希腊城邦开创了公民民主参与城市管理的政治模式，然而此时的宗教仍然是城市的中心，证据之一是雅典的卫城（当然包括著名的帕特农神庙与伊瑞克特翁神庙）毫无疑义地占据了雅典市中心的卫城山丘，因为它"首先是城市神祇的家园"②。在比较外围的地方，是市场和集会

---

① 社会结构，是构成社会的各个要素之间相互联系的特定的关系。
② 刘易斯·芒福德：《城市发展史：起源、演变和前景》，宋俊岭、倪文彦译，中国建筑工业出版社2005年版，第172页。

广场,它们是市民经济活动的场所。

至于经常被与古希腊城邦相提并论的古罗马城市,其实完全是另一种存在。相对而言,古希腊城邦是独立的城市国家,而古罗马城市则完全没有这种独立性:它为以罗马为中心的庞大的帝国系统服务,存在着严格的等级制度。从公元前509年建立共和国到公元前27年共和国被罗马帝国取代,整整五个世纪里,庞大的罗马帝国横跨了亚非欧三大洲,道路系统连通了从不列颠到两河流域、从多瑙河到西班牙和北非的广袤领地。公元前312年开始建立的第一条军事道路阿庇乌大道从罗马向东南延伸到卡普阿,后来又延长到意大利东海岸的布兰迪西恩,至今仍在使用。它们和其他以罗马为起点的大道一起构成了帝国长达8万公里的道路系统,将意大利、英国、西班牙、小亚细亚部分地区、阿拉伯以及非洲北部连成整体,并将这些地区分成12个行省,为后来的民族大迁徙和基督教的传播提供了交通基础。同样闻名遐迩的,还有古罗马人创造的输水道和排水道。它们构成了令人惊叹的完整的城市上下水系统。①

古罗马帝国的强大统治并没能维持太久。帝国分崩离析之后,失去了中央政府控制的欧洲城市迅速失去了活力。闻名遐迩的罗马在公元1300年前后人口一度只有1.5万左右,1377年的伦敦大约有3万人,而同时期的北京则有40万人。直到中世纪晚期,随着城镇从国家获得政治独立,欧洲城市才开始复兴。这时候占据了城市中心的是大教堂、市政厅以及商人会堂和贸易行会,体现出社会、经济和政治利益在城市中的权力格局。由于中央政府缺位,中世纪的城市特别强调城墙的防御作用,这也迫使城市不得不向上发展。随着贸易的繁荣,城市更加拥挤,各种城市问题也随之而来。②

虽然16世纪的罗马已经重新成为天主教最重要的城市,并且为文艺复兴之后的城市规划建立了一个相当高的标杆,但不得不承认的是,工业革命以前,全世界城市的兴旺之地主要都在东方。当时的西欧城市中,贸易本身并没有成为支撑城市的基础。直到货币被普遍接受以后,"城市中的社会和文化关系都必然发生改变以准许通过对货

---

① 夏建中:《城市社会学》,第7—8页。
② 马克·戈特迪纳、雷·哈奇森:《新城市社会学》,第33—35页。

币的累积实现对财富的追求……因此,新的、以货币为基础的资本主义经济渗透进农村的关系……西方城市的历史从而成为资本主义的历史"。① 随后19世纪欧洲和美国的城市才得到了真正意义上的振兴。

(二) 中国城市的发展史

中国城市的发展大致上可以分为三个时期:古代(公元前2600年—1840年)、近代(1840—1949年)以及当代(1949年以后)。

不少学者认为,中国城市最早的起源在夏朝或是更早一些时候。约公元前26世纪初,随着奴隶制国家的建立,中国居民点开始了"城郭沟池以为固"的时代。这是中国早期城市的起点。在近代以前,中国古代城市的发展经历了六个时期:西周、春秋战国、秦汉、魏晋南北朝隋唐、五代宋元、明清。②

西周时期(公元前11世纪—公元前771年)城市的三级城邑网(王城、诸侯城、卿大夫都)是建立在分封制和诸侯国基础上的、强调政治职能的等级城市网络。这时候的代表性城市是丰、镐和成周。目前为止,这一时期的城市遗址发掘过程中并没有发现大型宫殿和王陵。

春秋战国时期(公元前770年—公元前221年)是中国城市由萌芽、起源走向成熟、发展的时期。这一时期,郡县制取代了分封制,具有封建关系的郡和县作为行政单位被保留下来。这时建城已经不再意味着"建国",而是建立郡县制下的地方建制的治所。从战国时期起,城市不再完全是政治性的,开始带有个体经济自由经营的色彩。城市商业区产生了,手工业区、闾里、居住区都扩大了。由于城市职能出现了分化,开始出现城市群组,例如以王城为中心,由郑、宋、卫等组成的城市群。

秦汉时期(公元前221年—公元220年)是中国封建社会形成、发展、走向定型的时期。440年间,封建郡县制进一步推行,形成了自上而下的全国性行政中心体系。大城市的政治组织推进了城市经济职能的发展,行政中心层次越高的城市,商业、手工业等经济职能越发达。度量衡、文字和车轨的统一促进了交通的发展与商贸城市的兴起,形成了以小城市为主的首都—司隶校尉部、十二州刺史部驻所—

---

① 哈奇森:《新城市社会学》,第38页。
② 从西周至明清的中国城市发展史料整理自顾朝林:《中国城市地理》,第28—64页。

郡、国(王国)、属国都尉都城—县、邑、道、公国、侯国治所驻地的四等级城市规模结构。这一时期的中国城市虽然仍然以小城市为主,但已经出现了以大中城市为中心的十大经济区,全国城市网也正在形成。

魏晋南北朝直至隋唐时期(公元 220 年—公元 907 年)中国的封建经济走向了鼎盛。除了此前的政治城市和经济城市,商品性农业的发达还促进了手工业城市的兴起。与此同时,从唐代开始,以商品流通为主的河港城市、沿海贸易港口城市开始繁荣起来,军事重镇和大城市外围的草市也开始发展。诸多因素使得隋唐两代调整了过去的四级城市体系,形成了都城—道级驻所城市—府、州级驻所城市—县城—镇及草市组成的比较完整的城镇体系,城镇数量远远超过历史上任何时期。人口超过百万的特大城市也在此时第一次出现。与此同时,运河城市发展轴线和沿江城市的发展轴线也初见端倪。

五代宋元时期(公元 907 年—公元 1368 年)的城市得到了进一步的发展。随着城市的商品经济的发展,形成了工商型城市、商业型城市和手工业型城市。早先以政治职能为主的城市逐渐演变为政治、经济职能并重的城市。农村商品经济的发展促使草市演变为商业集镇继而成为手工业专业城镇。对外贸易的发展使得东南沿海的海港城市越发繁荣,泉州一度成为世界最大港口。从宋代开始,因为城市经济职能加强,形成了一批经济实力比一般城市雄厚的地区性经济中心。有趣的是,隋唐以后,随着中国经济中心南移、都城北移,政治中心与经济中心逐渐分离。辽建南京、金建中都、元建大都使得北京成为全国的政治中心。直到元代大运河的重新开通,连通南北,全国的城市体系内部结构才再次稳定下来。

明清时期(公元 1368 年—公元 1840 年),是中国封建社会经济发展相对停滞时期。但由于整个社会生产力是不断发展的,全国城镇仍然表现为进一步发展的趋势。这一时期商品性农业最发达的江南地区市镇蓬勃兴起,沿江、沿运河城市发展轴线有了进一步发展。明清两代对边疆地带移民,推行屯田政策,全国城镇的地域空间有了进一步的推广。西南的毕节、康定,西北的归绥(呼和浩特)、迪化(乌鲁木齐)、伊犁、阿克苏等,东北的辽阳、海城、盖平、齐齐哈尔、呼兰等地以及台湾的彰化、凤山、嘉义都是当时的名城。政治上的统一使明清时期的行政体系设置、城市体系更加完善。明设布政使司,清设省,下及府、州、县、镇四级;与之相应,形成首都—省城—府(州)城—县城—镇五级行政中心城市网。

从第一次鸦片战争以后,中国城市,特别是沿海沿江城市成为东西方文化碰撞的前沿,开始了从传统向现代的转型,工商业则成为推动城市发展的重要力量。然而接踵而至的两次鸦片战争、太平天国运动、中法、中日战争等严重破坏了中国的城镇,大大滞后了近代中国的城镇化水平。中国的城市失去了其长期领先于世界的水平。《马关条约》以后,随着开埠和民族资本主义的发展,中国的城市化水平一度从1893年的6%[①]上升到1936年的11.2%。[②] 但1937年抗日战争全面爆发之后,中国城市再度遭到重大打击。

1949年新中国建立之后,中国经历了一个快速城市化的进程。从20世纪50年代到70年代,城市的重工业得到较大发展。随着城市工商业的社会主义改造的完成,"单位化"成为中国城市的最大特点。中央政府对城市的控制力通过单位制的管理极大增强,但城市的市场功能、文化活力大大削弱,城市长期发展的动力在逐步消失。直到20世纪70年代后期,党和政府实施对内改革、对外开放的政策,中国城市才再度获得了发展动力,城市的经济成分开始多元化,城乡一体化进程也逐步开始了。[③]

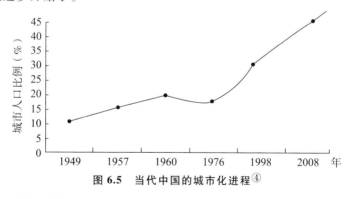

图6.5 当代中国的城市化进程[④]

---

① United Nations Department of Economic and Social Affairs, *The World Urbanization Prospect: 2005 Revision*.

② 夏建中:《城市社会学》,第30页。

③ 王鸿生:《中国城市发展的四个阶段和问题》,《西北师大学报(社会科学版)》2011年第7期。

④ 夏建中:《城市社会学》,第32页。

三、关于城市的小结

时至今日,我们对城市的认识当然已经和城市最初起源之时不一样了;而且随着全球化的发展和城市的多元化,每个人对城市的理解都有不同。但有一些关于城市的基本观点仍然得到了人们的普遍认同。

例如在对"城市"的认知上,大家普遍认可斯乔伯格提出的四个特征:一定数量的定居人口、非农职业特别是手工业的存在、防御性工事的建筑和集市贸易。他的基于城市物质形态和经济特征的观点贴合西方城市化"动力因"的思想脉络,用来描述"城市经济"与"庄园经济"双重动力推动的西方城市很有解释力,因此很受西方学者的青睐。但值得注意的是,这些特征用来描述和理解中国城市却可能有些水土不服:古代中国是典型的集权式传统农业社会,当时的中国城市是"单核地域空间模式"的发展;现代的中国城市则受到"制度型安排"的塑造。如果完全照搬西方的城市理论,唯一能得出的结论只会是中国城市化原动力不足、动力结构不合理。① 然而这却与中国古代城市的伟大成就以及近三十年来的快速城市化的进程并不完全一致。这或许暗示着我们对西方城市理论的理解和使用并不得当,以及我们需要本土化的中国城市理论。

不得不再次重申的是,城市并不仅仅是一个地理概念,它还是一种生活方式,一种文化。就这个意义而言,斯乔伯格的定义还不够完善。其他的学者为此还给"城市"增加了一些其他的标签:他们把城市看作某种特殊的社会形态和组织特征。例如马克斯·韦伯就认为"城市社会关系(它)赋予城市生活特征,并帮助社会从一个农村的、农业为基础的社会组织体系转变为一个被认为是'现代的'社会组织体系"②。而大名鼎鼎的芒福德则特别关注城市在行为中培养出来的互动性和社会性的角色。他眼中的城市"是一种地理性的网络组织、一种经济组织、一种制度性进程、一座社会活动的剧场,以及一个集体统

---

① 马克·戈特迪纳、莱斯利·巴德:《城市研究核心概念》,第4—5页。
② 马克·戈特迪纳、雷·哈奇森:《新城市社会学》,第34页。

一性的审美符号"①。

第二节 城市的主体

既然城市不仅是一个地理概念或者空间结构,还是一种特定的文化与生活方式,那么接下来我们就该看看构成这种特定的空间结构、文化或生活方式的主体到底有哪些以及他们之间的关系如何塑造了城市文化。

通常说来,我们认为,构成城市的主体主要有个人、社会群体、各种类型的组织以及城市景观。

一、城市中的人

以下场景可能发生在公共汽车中、地铁里、餐厅的候餐区或者医院的候诊室或者其他任何城市中的公共场所。大家的注意力都在手机屏幕(偶尔还有报纸或者图书)上,对周围发生的事情漠不关心。2015年年底,网络上出现过一个"大妈怒斥别人在公交车上玩手机"的视频,有人认为这是大妈小题大做,也有人认为这表达了老年人对"数字鸿沟"的不满。然而这种现象——城市学家和社会学家们称其为"文明的无视"(civil inattention)——却是城市人的理性选择。

那些不生活在城市里的人经常会议论(城市里的)陌生人在公共场合彼此都不说话。有人将之视为粗鲁或者冷漠,因为它体现了对他人的冷酷和毫无兴趣。还有人哀叹我们越来越深地被移动设备吸引,看起来对周围发生的一切都毫不关心。但社会学家们意识到我们在城市里彼此给予的空间具有重要的社会功能,而且我们实际上经由互动达成了这种微妙的交流……欧文·戈夫曼(Erving Goffman),一位致力于研究社会互动的微妙形式的令人尊敬的社会学家,在他1963年出版的《公共空间里的行为》(*Behavior in Public Space*)一书中提出了"文明的忽视"这一概念。戈夫曼指出,公共空间中的人们实际上是假装不知道而非忽视自己周围发生了什么,由此来给予彼此隐私感。他认为简短的目光相接、彼此点头示意或者微微一笑然后迅速转开目

---

① 夏建中:《城市社会学》,第11页。

光都是"文明的忽视"。戈夫曼认为这种形式的互动基于一种双方的共同认知,即他人通过"文明的忽视"传达出"我对你的安全不具有威胁性"的符号。由于双方都认同这种符号,因此也就做出无视他人的姿态。①

米尔格朗(Stanley Milgram)从心理学的角度出发,得出了和戈夫曼类似的结论。他指出城市居民每天要见到数百人,所以与大多数人仅保持了表层的、短期的关系,以保存自己的心理能量。对那种不相干的关系他们会完全回避。②

戈夫曼认为城市人在公共空间中的冷漠是基于对他人期待的判断而做出的行动路径选择,米尔格朗则认为城市人对他人的漠不关心是为了维持心理能量。但他们对城市生活为什么会形成人们对"他人需要隐私感""城市人需要保存心理能量"的认知却并没有做出十分充分的说明。

路易斯·沃思对城市生活特征的看法是对戈夫曼和米尔格朗的观点的一个有力补充。他认为,城市具有众多人口、高人口密度、高人口异质性的特征,并根据这三个人口特征推演出城市生活方式的主要特征,即是人际关系的变化——亲密程度降低、交往的非人本性/目的取向。而专业化、正式的社会控制、社会距离与竞争、居住隔离等都是人际关系变化在生活中的体现。

首先,人口多必然带来复杂的劳动分工和专业化,因此人际接触由首属关系变成了次属关系。与之相应的,社会制度会逐渐地正式化和标准化。其次,人口密度高的表现是人们的空间距离缩小。空间距离缩小后,人们的心理距离、关系距离并不会跟着缩小。恰恰相反,社会距离很可能会随着空间距离的缩小而扩大。高人口密度给社会秩序带来不利后果。最后,城市人口成分非常复杂。长期生活在异质性巨大的城市里,人们逐渐习惯了这种纷繁杂乱的环境,久而久之,对各种怪异的现象也就见怪不怪了。于是,在城市人的生活态度里,对差

---

① http://sociology.about.com/od/Key-Theoretical-Concepts/fl/Why-We-Really-Ignore-Each-Other-in-Public.htm,根据此网页内容翻译。

② 戴维·波普诺:《社会学》(第十版),第580—581页。

异的容忍度已显著提高。人口异质性还会带来高度的社会流动性。①

简言之,沃思认为众多人口、高人口密度和高人口异质性使城市人无法在社会交往中投入全部人格,因此,点头之交就成为城市人应对陌生人的理性选择。

二、城市中的群体

人是社会动物。无论在城市或是乡村,人类都必须通过群体生活来满足自己工具性的和表达性的需要。社会群体是人们在具体的时空中生活或从事活动形成的具体生活共同体。按照默顿的观点,群体是由自认为属于这个群体的人所组成的、彼此期望其余成员应有某些行为而对外人无此期望的一群人。②

城市社会分工发达,人口众多、具有高人口密度性和高人口异质性,城市中的每个人都必须同时生活在多个社会群体中,受到多种群体规范的影响。一个大学生,他(她)同时还会是排球俱乐部的队员,要熟悉排球规则、队友的动作习惯;也许还是报社的实习生,每时每刻都在为达到指导编辑要求的同时兼顾学业而苦恼;也可能还是同乡会的发起人,为了组织活动、募集资金殚精竭虑;他(她)的恋人因为对方没有足够多的时间陪伴自己感到不满……他(她)的交往活动和人际关系必然是支离破碎的——因为他(她)要在不同的地方与不同的群体、以不同的规则互动,而每一个情境的互动都涉及互不相干的角色。

滕尼斯、齐美尔、迪尔凯姆等人很早就注意到城市中的社会群体在规模、运行规则、整合模式上的特征。他们指出,城市中的社会群体普遍通过契约建立"次级"关系,个人对群体的归属感比较弱,群体结构比较开放。这些观点,即便放在一百多年后的今天也是非常有说服力的。比如同一个公司里每天见面的同事,会很熟络地用"小张""老王"甚至绰号相互招呼,但即便如此,在正式场合他们却会用"张经理""王助理"这样的头衔彼此称呼。这正是次级关系的表征:用契约确定的权利义务关系取代带有个人特性的互动。

---

① 秦祥斌:《芝加哥学派的城市社会学理论与方法》,http://ias.cass.cn/show/show_mgyj.asp? id=736。
② 邱泽奇:《社会学是什么》,第246—247页。

下面再让我们拿"邻里"作为例子来审视城市中的群体。

"远亲不如近邻"这句俗语充分表达出传统社会中邻里的社会功能。它应该是守望相助,彼此提供保护和支持,教化邻里中的居民特别是儿童,并且用规范约束邻里的行为,维持邻里的秩序。在现代城市中,邻里关系却出现了淡化的趋势,以至于很多小品、相声、段子里都出现过"不知道邻居是谁""看到背影才知道是邻居"的笑料。

城市独特的空间结构特性当然是原因之一。即便城市在不断扩大,相比于迅速增长的人口,城市用地永远都处在短缺状态,因此,城市向上发展成为必然。独门独户、自成体系的高层住宅逐渐取代了四合院,但缺乏互动的公共空间阻碍了邻里的正常交往。此外,原来的邻里大多是基于血缘、地缘或者业缘而聚集在一起的共同体,具有天然的亲和性。然而现代城市的高度分工和频繁的人口流动打破了原有的联系纽带。在没有新的纽带能促使邻里深入交往之前,异质性人口混居的状况会减少邻里交往,甚至会迫使邻里间相互提防。以往的邻居之间互相拜托接送小孩,代为看守门户的状况几近绝迹。最后,正如在前文中提到的,城市人不得不在多个群体中奔忙,快节奏的生活让他们无暇顾及邻里交往。①

三、城市中的组织

倘若仅仅把城市看作我们行动的背景或是容器,我们会觉得"组织"与城市似乎没有直接关系。但如果我们把城市看作一个特定的生活方式或者是人类适应过程中演化而来的产物,那么组织在其中的作用就非常重要了。

芝加哥学派的罗伯特·帕克用生态学类比给我们描绘了理解城市的一幅图景。在他看来,城市中的各个组织就像是生物竞争中的个体一样,它们为了争夺更好的资源展开生存斗争,进而产生出一个明确而高度复杂的劳动分工,就好比一个生物聚落中乔木、灌木、苔藓、地衣会根据趋光性自然形成高低分布一样。这个过程构成了城市生活的生物层面。与此同时,城市人还会经历符号与心理的适应过程以适应分工,继而能够经由共享感情组织城市生活。这个过程被称为城

---

① 顾朝林:《城市社会学》,东南大学出版社2002年版,第53页。

市生活的文化层面。帕克认为,社会组织和城市经济竞争与城市文化构成的合力将城市生活组织起来。之后的麦肯齐(Roderick Mckenzie)进一步强调了空间位置在城市生物竞争(也即是经济竞争)中的重要性。他认为,成功的群体、组织会占领城市中较好的位置。

帕克、麦肯齐等人揭示了经济组织在城市生活中的重要作用。但同样不可忽视的,是政治组织,尤其是中央政府和地方政府在城市发展中的功能。一个典型的例子是中国的沿海城市。在地理位置不变的前提下,国家政策和地方政策的出台,极大地改变了城市的面貌。

从表6.2可以看到,从1984年开始,上海经历了一个迅速发展的时期。尤其是在20世纪90年代中央和地方政府开发新浦东政策的推动下,上海加快了吸引外资的步伐,并一跃成为各城市之首。这其中,进入银行和房地产部门的外资也扮演了重要角色。它们在上海成为高技术制造业和金融服务业领域能与全球城市抗衡的中国全球城市这一政策目标的推动下体现了全球经济组织的能力。

表6.2 中国近代历史与城市发展的时间表①

年份	主要历史事件	城市发展
1949年	新民主主义革命胜利,中华人民共和国建立	上海等一些沿海大城市受到西方影响,其余大部分地区仍然沿袭着农业为主的社会
1949—1957年	工业化从农村向城市转移;政府的第一个"五年计划"(1953—1957年)出台	许多新工业和矿业城市兴起;城市人口数从1949年的2700万上升至1957年的5400万,城市人口比例从5.1%上升为8.4%
1957—1961年	"大跃进"运动过分强调重工业的发展;饥荒导致全国性的灾难	城市继续成长;1957年的城市数目为176个,1961年达到208个;城市人口在1961年达到6900万,占总人口的10.5%
1962—1965年	国家经济结构调整,重新均衡轻工业和重工业的比重,农业从三年饥荒中恢复过来	通过将2500万工人送往农村,城市增长停止;城市人口从6900万降至6700万,城市人口比例也降至总人口的9.2%

① 安东尼·奥罗姆、陈向明:《城市的世界——对地点的比较分析和历史分析》,曾茂娟、任远译,上海人民出版社2005年版,第110页。

续表

年份	主要历史事件	城市发展
1966—1978年	"文化大革命"严重干扰了国家经济的发展	城市化步伐进一步放慢,数百万的年轻人"上山下乡";城市人口在6000万—7000万间徘徊,城市人口比例在8.5%左右
1979—1983年	中国经济第一轮改革,重点集中在农村地区	中国的东南沿海开辟了4个经济特区,以吸引海外投资,特别是以中国香港资本为目标,这预示着沿海开放城市经济的迅速增长和繁荣
1984—1988年	以城市为主的改革开放拉开序幕	划定包括上海在内的14个沿海城市为外商投资"开放城市";城市化进程加速,1978年至1988年间,城市数目从193个增长至434个,城市人口每年增长20.7%,1988年城市人口占总人口的25.8%
1989—1991年	经济发展经历了一段低潮期	城市稳步增长,1991年年末,城市数目达479个,城市人口比例缓慢增长至占总人口的26.4%
1992—2000年	以国有企业改革为重点的经济改革复兴和进一步深入	城市化加速发展:城市数目在1999年达到667个(主要通过撤县改市),城市人口达到3.89亿,占总人口的30.9%;城乡迁移日趋频繁,流动人口总数达1亿左右
20世纪90年代末	为了缩小地区差异,以开发内地为主的"西部大开发"启动	截至此时,沿海城市和内陆城市在经济、社会方面已出现非常巨大的差异

广东和福建的地方政府也为了吸引新的资源和提升本地的位置充当起"战略经纪人"的角色。例如为了增强海外华人资本对当地经济增长的影响,地方政府提供了财政资源和优惠政策。在深圳,地方政府把从早期经济增长中获得的税收盈余大幅度投资到公路、工厂、电力和电信设施的建设。基础设施的全面升级又促进了深圳经济的可持续发展。①

---

① 安东尼·奥罗姆、陈向明:《城市的世界——对地点的比较分析和历史分析》,第111—119页。

当然，还有一点值得注意的，就是全球化通过对城市经济的重组，有可能降低民族国家的政府权威。正如奥罗姆和陈向明意识到的，"自上而下的全球竞争压力促使国家修改规则以方便资本更加自由地流动，在贸易领域国家也不得不牺牲一些权力……地方性政府更加热衷于建立与全球化的联系，迫使中央政府向地方政府下放更多权力。由于财政收入有限和行政效率低下等原因，民族国家逐步给地方政府和地方单位分权和授权。"①

还有一种居民自发性的组织在城市生活中也发挥着有趣的作用。在中国，它被称为社会组织，或者社会中介组织，指的是居于政府、企事业单位与居民之间的非官方的中介组织。沙朗·佐金(Sharon Zukin)在《城市文化》(The Cultures of Cities)中提到了中央公园管理委员会管理中央公园的例子，可以帮助我们了解社会组织如何通过贯彻自己的文化理念参与城市公共生活。

中央公园建立于19世纪50年代末，最初是为了满足富裕阶层提升纽约的全球声望的意图而建造。在公园建立早期，中央公园委员会(Board of Commissioners)——一个由政客、商人组成，成员要经过州政府委任的组织，在晚些时候，市政府才在委员会中获得了较大的发言权——对它进行管理。由于委员会资格竞争激烈，普通市民很难进入这个组织。公园在委员会的管理下几经兴衰，一度资金匮乏、管理混乱。到20世纪80年代，在政府将私人服务外包给私人管理的大背景下，中央公园的管理权转移到中央公园管理委员会(Central Park Conservancy, CPC)手中。CPC于1980年由私人捐助者创立，是一个非政府机构。它原本的目的是从私有部门筹款，以防止公园在外观上的衰败。30位公民以私人身份组成了CPC，大体上他们代表了私人基金的控制力与地方上的有声望的绅士们的影响力。这个社会组织被认为实际上表征了地方精英的更广泛的制度化控制。一开始CPC只参与了公园外观的设计和管理，后来又把影响力扩展到了公园之外：临近街区的安保、清洁和服务工作都要被组织起来为公园服务。在更晚一些时候，CPC的影响力开始扩展到文化层面。1989年，他们要求拆除

---

① 安东尼·奥罗姆、陈向明：《城市的世界——对地点的比较分析和历史分析》，第115页。

公园里的诺姆伯格户外音乐台,原因是那里已经沦为流浪汉的聚居地。这与CPC试图把中央公园打造为一个"公众视觉消费的对象"的意图是不符合的。通过视野开放的设计、分区管理、开放时间安排以及付费保安的巡逻,CPC成功地把它认为不受欢迎的人排除在中央公园之外。

这个案例有趣的地方在于,通常城市中心的公共空间是要通过各种设计以促进陌生人之间的友善。例如开阔的广场,相对有限的座位,处于"被看到"状态下而产生的安全感,等等。CPC对中央公园的设计和管理理念来自于其设计者奥姆斯特德(Frederick Law Olmsted)。这位美国景观设计学的奠基人认为公园就是要缓解城市人的压力。然而基于这种理念的设计和管理最后却造成了中央公园在实际上并不是被所有的陌生人所共享。这是地方精英的文化偏好造成的结果。在这个例子里纽约市公园局原本可以对CPC的行为加以控制。毕竟既然城市权利从一开始就是集体的权利,那么任何人都有权进入公共空间。然而可惜的是,公园局过分依赖CPC募集的资金,导致了前者在中央公园的设计与管理过程中并没有多少置喙的余地。

四、城市环境

在芝加哥住过一段时间的人会尽量避免经过城南。有些人甚至会告诫新来者,天黑了就不要经过Cermak-Chinatown(靠近市中心)以南的地方。他们对此的解释是,南边的街道太危险了,经常发生抢劫和暴力犯罪,因为那里的居民大部分是危险的无业游民。类似的对新住户的告诫改头换面在不同国家、不同城市里反复上演。

人们通常会想当然地认为城市的治安、人际交往、邻里关系等是由经济状况、社会分层、流动人口等因素决定的。但他们很少会意识到这些现象在很大程度上是受到城市景观本身影响的。

简·雅各布斯对街道的研究是相关观点的一个很有趣的例子。她告诉我们人行道的设计会怎样影响人们对于一条街道的印象,继而影响街道的使用状况。

雅各布斯把人行道看作城市中的一个连接交通循环的公共空间。她认为人行道和街道的安宁主要是靠一个相互关联的非正式网络来维持的。这个网络完全可以通过有效的空间设计得到强化。她的假设来自于日常生活中一个浅显的道理:经常被使用的街道才是安全的街道。那么如何才能使街道经常被使用呢?

首先,必须在公共空间和私人空间之间划清界限,以保证需要被监控的部分有明确的范围。其次,必须要有一些眼睛盯着街道。为了保证这些眼睛能起作用,街边的楼房必须面向街道。最后,人行道上必须总有行人,这样可以增加盯着街道的眼睛的数量。在沿着人行道的边上布置足够数量的商业点和其他公共场所,尤其是晚上或者夜间开放的商店等等,可以以不同的、综合的方式维护人行道的安全。①

雅各布斯笔下的街道恰好是对20世纪60年代以后兴起的空间理论的一个证明。列菲伏尔(H. Lefebvre)指出,空间是物理性的,也是精神性的和社会性的。它不仅是被人类的实践(praxis)生产出来的,还会影响到人类的实践活动。根据他的看法,城市景观表征出的是城市的空间组织,它与城市的社会组织的相关模式的政治、经济、社会、文化特征具有相应的联系。也即是说,城市景观本身就表现或者暗示了某一种政治、经济、社会、文化的特性,一切社会活动都与空间有关。

这样的观点可以帮助我们更好地理解城市独特的空间结构下隐藏的社会关系,也可以让我们发现城市日常生活中随处可见的建筑物中包含的玄机。例如,无论外表多么光鲜夺目的商场,配套的停车场总是昏暗、单调甚至简陋的。这并非因为商场没有财力。它只是通过粗陋的停车场不断地给顾客暗示:不要在这里停留太久,进入到更明亮、更舒适的商场里吧。

我们总是听从这种暗示。

第三节　城市问题

城市形成的最初似乎就与各种各样的问题联系在一起,例如公共卫生问题、犯罪、贫穷、社会极化、激增的离婚率、家庭暴力等等。对于这一系列问题的产生,芝加哥学派,特别是沃思做过系统的解释。他

---

① 简·雅各布斯:《美国大城市的死与生》,金衡山译,译林出版社2006年版,第29—36页。

认为,城市问题的产生与人口众多、高人口密度、高人口异质性有关系。因为众多人口离开家乡涌入城市,初级群体关系不得不日益瓦解而代之以次级关系。即便比邻而居,人们也互不相识,甚至很少对他人的生活产生兴趣。这就是城市问题产生的根源。比之沃思的城市生态学观点,甘斯的看法更具有结构性。他认为真正能解释城市问题的是阶层、婚姻状况、年龄、收入等因素。① 前文中提及的空间理论对城市问题也有自己的见解。它认为,城市问题是城市空间形式和人类互动之间的不平衡造成的。

上述三种观点为我们提供了理解城市问题的三种不同视角:人际关系解体的、结构性的以及空间的。事实上几乎每一个城市问题都同时包含了这三重因素的作用。

一、城市人的"世故"

让我们设想一下,公共汽车或者地铁里的乘客都在埋头看手机,对周围发生的事情漠不关心。我们已经说明了这个现象并不完全意味着人际关系的冷漠,它也是城市人生活中的一个理性选择的必然后果:人们无法与每天都会遇到的陌生人进行充分互动,在这种前提下尊重对方的隐私就成了人际交往中的彼此期待,因此人们在公共生活中倾向于对陌生人表示出"文明的忽视",假装自己什么都没看见。戈夫曼和米尔格朗的前辈齐美尔在对大都市居民的精神生活进行分析时指出,这种漠不关心正是大都市赋予其居民的性格。都会性格的心理基础来自于强烈刺激的紧张,这种紧张产生于内部和外部刺激快速而持续的变化。为了对这些刺激和变化做出及时的反应,城市人必须用理智而非头脑进行观察和分析,而具有个人特性的感情由于无法应对这些刺激被搁置起来,久而久之人们也变得麻木不仁。齐美尔把这种心理称为"世故"或者"厌世"。

这种状态的出现是与货币在生活中的普遍使用相联系的。一旦人们开始习惯用马克思笔下的"一般等价物"作为日常生活的交换介质,几乎是必然地,对量的追求会胜过对质的看重,因为前者更加方便。当顾客对选择哪一样货物犹豫不定的时候,价格往往会成为他们

---

① 马克·戈特迪纳、雷·哈奇森:《新城市社会学》,第 196 页。

考虑的关键。"便宜无好货"同样是这种观点的证明。在不断重复的以量代质的过程中,城市文化也兼具了有趣的二重性:一方面它必须是对任何人都敞开的,欢迎任何人的进入和取用,这意味着它必须具有最高的抽象性和普遍性;另一方面,正由于它对任何人都是敞开的,它不会为任何人设置捷径。那些最需要帮助的人无法得到额外的关注。于是这种二重性最终的结果很可能是加大了,而不是缩小了城市中各种各样的不平等。

当然,我们在前文中提及的城市空间结构实际上是强化了城市人的"世故"。高层住宅的普及从根本上阻碍了居民的社会交往。很难想象从小生活在高层住宅的孩子会主动向邻居打招呼或者求助。绝大部分家长会禁止这种行为,认为它们"失礼"甚或根本是"危险"的。普遍存在于各个组织中的门卡、门禁、岗亭、接待处等对于城市公共生活而言必不可少的设置,也在起着同样的作用。

二、贫困与内城问题

贫困是一个普遍存在的问题。一般说来,大家认同贫困是经济的不平衡发展引起的。如果把"贫困"投放在城市的空间版图中,我们可以借用威廉·朱利叶斯·威尔逊(William Julius Wilson)的观点,把它表述为宏观上主要是经济发展引起的空间变动所导致的贫困人口的迁移和聚集。[①] 这个非常具有生态学意味的解释,描述了竞争优势空间失败的群体不得已只能进入较为劣势的区域,并且不得不在那里持续居住下来的过程和结果。

图6.6是美国社会学家伯吉斯根据芝加哥市的人口分布状况提出的同心圆模型,它解释了住房、邻里、工业和商业选址的模式:能最有效地使用空间的方式会占据城市中最有利的地形,并把失败的方式排挤到边缘地区。

你如果赞同上述生态学衍生的原则,那么对贫民区紧靠着中心商业区必然是要不解的:前者不应该占据这样有优势的区位。在这里就要涉及一些历史遗留问题。在芝加哥发展之初,工人们承担不起高昂

---

① 参见威廉·朱利叶斯·威尔逊:《真正的穷人:内城区、底层阶级和公共政策》,成伯清、鲍磊、张戌凡译,上海人民出版社2008年版。

的交通费,往往选择住在靠近工厂的地方。之后,随着产业结构的调整和升级,工厂搬出了城市中心。这时候工人已经能够负担私人汽车的费用,城市的交通线也初具规模,他们搬离了最初的居住区。而经过多年的使用,这些最初的工人居住区房屋、设备已经衰败破旧,无法吸引到愿意出高价的房客,因此逐渐被穷人所占据。整个居住区也被污名化为"贫民区"。房东们当然十分不满,但只要他们无法达成区域性的共识、集体改造整个居住区以改变整体面貌、吸引优质房客,这种状况就不可能得到改变。

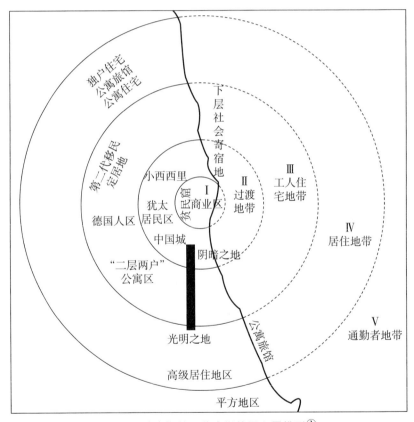

图6.6 欧内斯特·伯吉斯的同心圆模型①

---

① 马克·戈特迪纳、雷·哈奇森:《新城市社会学》,第55页。

在关于芝加哥的贫民区的讨论中,其实也涉及另一个和贫困相关的城市问题,即是内城问题。20世纪50年代以来,欧洲和美国的诸多城市都遭遇了内城困境(plight of inner city)。在英国,"大量制造业工厂关闭,大批住宅房屋被遗弃,城市人口大量流失及城市环境质量严重下降,等等"①。在社会分化更为严重的美国,随着富人和中产阶级迁往郊区,也逐渐形成了一个"主要由贫困人口,特别是黑人和拉美裔人口等少数族群居住的'内城'"。从伦敦到多特蒙德、从洛杉矶到温哥华,深陷内城的居民几乎与主流经济、政治发展的成果隔离,处在被忽视、被污名化的状态。多特蒙德诺德施塔特的外来移民被认为是肮脏的外来移民邻居,美国的少数族裔的抗争被非政治化为个人问题或者"犯罪率"这样的技术问题。与之相比,同样推行"市场化"城市发展策略的日本,虽然也受到了社会隔离的威胁,但总体说来内城问题并不严重。这与大学、居民组织积极参与到城市规划和城市发展,以及类似于唐代的坊的治理单位"町"有效地在政府、企业与居民之间进行了沟通是分不开的。②

处在全球化和社会转型双重作用下的中国城市当然也无法规避贫困这个话题。在某种意义上我们也许不得不感谢计划经济时期的住房分配制度和土地国有制的制度安排——它们有效地阻止了城市贫民区的出现。当然这并不意味着中国城市就不会出现贫困的聚集。在袁媛、吴缚龙和许学强对广州、南京、西安、武汉、哈尔滨、昆明6个城市的调查中,他们发现中国的城市贫困阶层在居住空间上已经出现了一定程度的相对集中,而且他们的居住环境还在恶化。进而他们还总结出了"内城区贫困与剥夺的空间重合""外围区贫困和剥夺的空间分离"(参见图6.7)的两种城市贫困空间模型。

把上述两个模型与伯吉斯的同心圆模型进行比较,可以很明显地看出,与欧洲、美国城市中贫困、剥夺与地域空间高度关联的状况相反,中国城市的贫困与内城问题在地域上的关联程度并不很高。毫无疑问,中国的中央政府和地方政府在城市中的作用是造成这种差异的最主要的力量。单位制、土地国有、20世纪80年代起大量流动人口并

---

① 李金勇:《英国内城问题研究》,《现代城市研究》2001年第6期。
② 叶攀:《1980年代以来发达国家城市化研究举要》,《中国名城》2015年第1期。

喷式涌入城市、20世纪90年代的城市迅速扩张、城乡接合部的管理权责不清等因素的综合作用使中国城市从空间分布来看显得凌乱不堪。但这也许并不是件坏事。至少要素作用的差异有可能促成对中国城市贫困和内城问题的理解和解决的新思路。

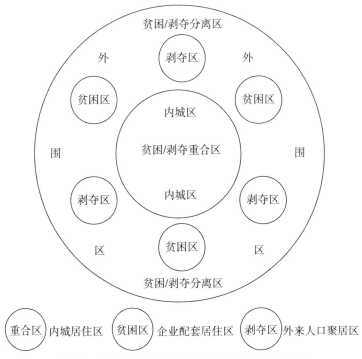

图 6.7　转型时期的中国城市贫困与内城问题模型

三、社会分层与居住隔离

社会分层是一种根据获得有价值物的方式来决定人们在社会位置中的群体等级或者类属的一种持久模式。马克思以对生产资料的占有方式把人类社会划分为资产阶级和无产阶级的类型学大概是大家最熟悉的社会分层观点。还有人可能听说过马克斯·韦伯著名的财富、权力、声望的三维社会分层标准。无论如何,社会分层是人类社会普遍存在的事实。这种事实反映在城市景观上就表现为城市内部空间结构的有规律的分异现象。在信奉市场竞争的国家的城市里,这种规律性往往是市场主导的。在中国的城市里,这种规律性则是政府和市场共同主导的。

可能有人已经注意到了,"社会分层与城市内部空间的分异相关"这个观点听起来并不陌生。的确,我们在上文中多次提到的芝加哥学派正是这一观点的提出者。早在19世纪末20世纪初,罗伯特·帕克就已经意识到美国城市内部的居住隔离是各产业部门之间、各社会群体之间激烈竞争的必然结果。也即是说,他认为看似出于个人意志的居住地选择行为实际上是城市中各个主体竞争的自然过程和结果。伯吉斯的同心圆模型正是对这一自然过程和结果的归纳。

然而他们的观点也并不总是能被赞同。毕竟人不是动物,城市也不是丛林。社会达尔文主义和人文生态学解释不了为什么波士顿的市中心有大量的土地长期保持天然的非经济利用状态,纽约中央公园更是占据了曼哈顿59街到110街的黄金地带。同样地,它们也无法理解为什么住在波士顿贝肯山(Beacon Hill)的富人们能心甘情愿地容忍其北边的贫民区。这时候我们就得求助于"文化"这个变量。城市文化社会学派认为,文化是一种完全独立于经济与竞争范畴的生态因素,文化、情感、象征等会在很大程度上影响城市的土地使用方式。于是贝肯山的富人们不肯搬走有了充分的理由:这块地方是波士顿社会地位和高贵精神的象征。

无论是基于哪一种解释,社会分层最终总要在城市人居住地的选择上呈现出来,表现为"分异"或者"隔离"。让我们用中国城市1949年至今的居住地分异状况作为例子来看看社会分层和居住分异到底是如何相互作用的。

在前文中我们提到过,中国城市在1949年到改革开放之前经历过单位化的时期。当时的中国城市强调生产职能,忽视生活和居住职能,以单位各自为政进行从上到下的垂直管理。依附于单位的居住空间内部分层现象很少,但单位与单位之间的差异却比较大。城市人的居住地分布实际上是由单位的等级序列决定的。改革开放以后,图6.8中的城市居住地格局发生了重要变化。首先是单位制瓦解,生产和居住空间开始分化。其次是中国城市不再只强调生产职能,"旧城改造"成为大城市的重要项目。"经济"功能开始压迫"居住"功能,旧城居民的居住和购房负担越来越重。最后,市场机制引入后城市的阶层分化越发明显。不同阶层对居住空间的竞争日益成为中国城市空间演变的主要动力机制。[1]

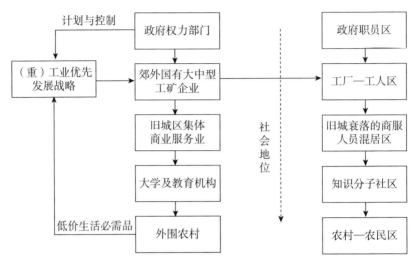

图 6.8 重工业有限发展条件下的城市社会空间分异[2]

四、流动人口与犯罪

城市居民往往会根据自己的生活经验形成直观感受,认为流动人口比本地居民更容易发生犯罪行为。如果把犯罪看作群体或者社区不能很好地履行职责的标志,那么这个结论是正确的。

人类的生活环境基本上是由他们前人的生活经验、记忆和约定俗成的习惯所形成的。家庭、邻里都是以习惯和传统为基础而存在的,并且是以风俗等形式而固定下来的。当人们离开家乡进入新的城市,往往会发现以自己家庭、邻里、本地社区为代表的旧的社会控制被破坏了。换句话说,他们习惯的原有的生活环境解体了。这些移居者不可避免地会经受茫然无措。如果不能迅速适应新的生活环境,对于他们离开的社区和他们正在进入的社区,他们的迁移都会造成扰乱。流动破坏了移居者本身,因为它"打破了现存社会秩序赖以存在的常规,

---

[1] 袁媛、吴缚龙、许学强:《转型期中国城市贫困和剥夺的空间模式》,《地理学报》2009 年第 6 期。
[2] 魏立华、闫小培:《1948—1978 重工业优先发展战略下的中国城市社会空间研究——以广州市为例》,《城市发展研究》2006 年第 2 期。

并且就此毁掉了文化和经济的价值,诸如勤俭的习惯、熟练的技巧,以及个人的希望、抱负和作为社会秩序内容的生活计划"。对年轻一代尤为如此。①

延伸阅读

在 2009 年对在湖北省未成年人管教所中非武汉户籍且年龄在 18 周岁以下的外来犯罪青少年进行的调查中,研究者发现从乡村流动到城市导致了他们与原有的社会关系几乎完全失去了联系。在流出地,被调查对象所交往的主要是同学、亲戚、老乡,分别占到 25.3%、22.1%和 16.2%,而在城市里他们的交往对象主要是娱乐场所认识的人、网友以及同学,分别占到 18.0%、16.2%和 16.3%。此外,在城市里他们也没有得到足够的支持和帮助。被访者普遍认为社会权利缺乏保障,其中有 49.3%的人认为工作机会不平等,45.5%的人认为教育费用不平等。这些不平等的状况直接导致了他们很难找到能带来向上流动的工作岗位。当他们无法通过合法手段摆脱不平等和生存危机的时候,一旦同辈亚文化群体能为他们提供支持和认同感,他们犯罪的风险就会加大。②

第四节 乡村是什么

我国是农业大国。乡村即农村,乡村社会即农村社会。在转型时期的研究语境之下,乡村的界定比较复杂。1984 年,我国正式撤社建乡,人民公社解体,在原来公社—生产大队—生产小队的基础上,相应设立了乡镇政府—村委会(行政村)—村民小组(自然村)。在此语境下,对"乡村"的界定至少有三种情况:(1)乡,特指乡镇政府,村,特指行政村。乡村包括行政村和自然村。(2)乡村即传统农村,仅指自然村,这是最基本、最广泛的一种用法。(3)乡村作为人类生活的一种聚

---

① 黄志宏:《城市居住区空间结构模式的演变》,社会科学文献出版社 2006 年版,第 47—60 页。
② 金小红、陈明香、王艳云、白睿智:《关于城市流动青少年犯罪过程机制的调查研究——以社会学越轨理论为视角》,《中国青年研究》2012 年第 2 期。

落区,其成员主要从事农业生产,对土地的依赖性很高。它是具有一定社会组织、社会制度、活动中心、认同意识的人群共同体。与城市相对而言,乡村社会地域通常以血缘、地缘为联结纽带。本节主要介绍乡村的起源、乡村的特点以及乡村社会的主体——农民。

一、乡村的起源及特点

乡村是人类文明的起源,它伴随着原始农业的产生逐渐形成。在上古时代,人类社会先后经历了蒙昧时代和野蛮时代。人类社会原始种植业在蒙昧时代的高级阶段就开始了。在野蛮时代的中级阶段,东大陆开始驯养家畜,西大陆则灌溉、栽培食用植物等。原始种植业随之得到快速发展。原始种植业的出现与家畜的驯养,为人类的定居提供了条件,固定的住所与村落随之出现。

乡村是与城市相对而言的社会地域。比较于城市,乡村社会具有以下特点:

(1)是以从事农业为主的居民聚居的区域。从宏观层面来看,虽然中国农村因为改革开放速度的加快,农民职业结构和农村产业结构发生了变化,但从西方国家的发展历程来看,提供初级产品的农业不会消失,农村居民仍会以农业为主业,农业从业人员的比重仍然很大。从微观层面来看,农业不再是农民的唯一或者主要从事的产业,农民的从业状态日益从"小农兼业"转向为"半工半农"。

(2)乡村人口密度相对较低。因为产业本身的特殊性,主要生产资料是土地及其地表附属物,农村的人口密度比城市小得多。

(3)对自然生态环境的依存性很强。农业生产需要依靠社会与自然间物质和能量的转换来实现,通过自然力与农作物的能量交换实现农产品的增值,通过对自然投入劳动和物质资料等获取生活资料和生产资料等。

(4)社会结构相对稳定,流动性较低。因为乡村社会的封闭性,交通的不便利性,人们受限于农业生产,生于斯,长于斯,很少离开生养自己的村落。传统中国社会因此被称为"捆绑在土地上的中国"。人们的职业差距不大,社会地位相对稳固。

当然,改革开放以来,农村社会日益开放,跨地域的人口流动越来越频繁,农民的分化越来越大,虽然仍不如城市的社会结构变化大。

此外,农村还具有特定的文化习俗与社会制度。各种隐形或者显性的地方性制度仍旧对农民具有强有力的约束力,农民也因此对其所在的乡村社会具有强烈的认同意识与归属感。

乡村社会虽与自然生态密切相关,但作为农民生产生活的特定区域,更是一个生活共同体的社会地域,具有丰富的社区属性。从地理空间来看,一个最小的完整的农村社区通常以村落或者说自然村为中心,包括农民生产生活需求所辐射到的地理空间范围,"以其服务圈为边界",乡村社会有着明确的村落社区边界。从社会关系来看,乡村社会以血缘、地缘为社会联结纽带,人们的行为规范、人际关系和社会秩序等都建立在血缘、地缘基础之上。费孝通因此说乡土中国是一个被血缘化的社会空间。在交换关系方面,人们因为"熟悉"而遵守着与城市完全不同的规范。

二、乡村社会的主体

(一)对"农民"的界定

因为"农民"这一词语意涵的丰富性与复杂性,农民的界定始终是农村研究中的一个前沿问题。国内外学界对农民的界定多从不同角度出发:

美国社会学家罗吉斯认为,农民是农产品的生产者和传统定向的乡下人,农民和自给自足的农业生产者是一个意思,尽管他们不是完全自给自足型,也有少部分是市场定向的,需要购买一些生活生产资料,需要社会服务。克利福德·盖尔茨的定义则更具有总结性,他提出农民必须符合三个标准:经济标准上,农民至少在某种程度上介入了货币和市场关系;文化标准上,农民应是具有文化传统的社会的一部分;政治标准上,农民在相对集权的国家中,处于从属地位。在这三个标准之外,盖尔茨还认为在农村社会中,农民应该是将土地作为生存保障和生活方式的基础的群体。

国内学者则主要认为当代中国农民是一种职业;他们主要居住在乡村;具有农民这种特定社会身份。只要有农业户口,即便职业已经改变,进入城市谋生的农民也仍旧是农民。这种社会身份在现代话语下,带有弱势的意味。农民被赋予传统、落后等众多寓意。因为历史、文化和制度的演变,学者们的定义自然有着不同视角。不过,随着社会的发展,农民的内涵势必还会继续发生变化,其社会身份的意义或许会逐渐淡化。

(二)农民的特性及其分化

对农民的特性的认识,也经历了一个长期的历史演变。其中最早和最著名的论断当属马克思、恩格斯在19世纪中叶提出的"马铃薯"论断,认为农民缺乏组织联系,彼此间联系松散。马克思针对法国农民的情况,指出小农虽然人数众多,却彼此之间没有多种多样的联系,"好像一袋马铃薯是由袋中的一个个马铃薯所集成的那样"。他们认为农民不仅自私、分散、保守,且还不是同一阶级。

随后是斯科特在对东南亚农民的特征进行分析时,提出了与马克思和恩格斯不一样的见解。斯科特认为东南亚的农民具有集体主义意识,认同小共同体,社区的小传统常通过重新分配富人财产来维护集体的生存。农民注重交往的互惠性,也注重生存保障,容易求稳,追求最低限度的生存保障。

费孝通则对中国农民特性进行了深入分析。他将中国农民的特性总结为"乡土性",因靠农业谋生,农民植根于土地,流动性较小,习惯聚村而居。因为世代定居的常态,人们生活于熟人社会中。

归结起来,农民具有无组织化的特性,又有一定的集体认同,这种认同来源于熟人社会中的"乡土性"。然而,农民从来就不是铁板一块,分化也是这个群体的显著特征。在不同历史时期,农民社会分化的标准以及划分成的群体有所不同。

在古代中国农村,农村社会成员的分化主要有三个标准:一是依据经济分层标准,尤其是对土地和劳动力占有状况的不同,农村社会成员被划分为地主和农民两大阶层;二是依据政治分层标准,农村社会成员因为权力和特权占有状况的不同,分化为皇室、官僚贵族、绅衿、平民、半贱民和奴婢等六大等级;三是依据声望标准,尤其是职业声望,农村社会成员被分化为士、农、工、商四大阶层。这一时期的农村社会成员的分层界限明显,等级严密,阶层地位的凝固性强,"有产者恒有产""有特权者恒有权""贱民则恒受压抑",人们一旦进入某个阶层等级序列,就难以再改变自己的身份。农民自身也普遍具有强烈的等级观念,名分观、门第观等等级观念以及背后的等级规范深深地影响着古代农民的社会生活。

综合上述三个划分标准,再纳入村庄权力结构,传统中国农村的社会成员还可以划分为乡绅①与普通农户。乡绅阶层主要由科举及第未仕或落第士子、当地较有文化的中小地主、退休回乡或长期赋闲居乡养病的中小官吏、宗族元老等一批在乡村社会有影响的人物构成。他们近似于官而异于官,近似于民又在民之上。尽管他们中有些人曾经掌柄过有限的权印,极少数人可能升迁官衙,但从整体而言,他们始终处在封建社会的清议派和统治集团的在野派位置。他们获得的各种社会地位是封建统治结构在其乡村社会组织运作中的典型体现。在国家政权对基层乡村社会控制相对薄弱的情况下,乡绅充当了政府与乡民之间联系的重要中间角色,乡绅是体制内权力与中国社会基层的"连接器""缓冲带"②。他们兼顾政府和地方利益,就地方事务为政府官员出谋划策,为维系地方乡村社会的稳定和发展起到了积极的作用。

进入集体时期的中国农村社会,社会成员的分化出现了另一种景象:一是经济上的"去阶层化"。集体时期的平均主义制度使得人们在经济上没有分层的可能。二是政治成分成为唯一划分标准,政治身份凝固化。③ 人民公社化运动之后,经济上的分化不再存在,人们纯粹以政治身份来分层。村庄社会成员先是依据土改前的土地占有情况被划分为地主、富农、中农、贫下中农、贫农等不同"阶级成分",不同家庭出身的社会成员则因袭家庭的成分标准,最终定下自己的政治身份。成分不好的人在社会、政治和经济等方面均受到歧视,升学、参军、婚姻、交友等生活的各个方面都受到影响。

改革开放以来,中国农村社会阶层结构的分化又有了新变化。随着国家工作中心的转移,政治分层意识逐渐淡化。随着家庭联产承包经营体制的推行,城市化、市场化进程的推进,越来越多的农民从土地上分离出来,从农产业中分化出来。农村社会成员的分化标准又开始多样化。

以个体主要从事的职业为标准,农村社会成员可划分为七大阶

---

① 费孝通:《中国士绅》,惠海鸣译,中国社会科学出版社2006年版。
② 熊培云:《一个村庄的中国》,新星出版社2011年版。
③ 陆学艺主编:《当代中国社会阶层研究报告》,社会科学文献出版社2002年版。

层①:从事农业生产劳动为主的农业生产经营者阶层;劳动方式具有兼业性的亦工亦农阶层;农村知识分子阶层;脱产和半脱产的农民担当的农村基层干部阶层;乡镇集体企业劳动者阶层;乡镇集体企业管理者阶层;个体户和私营企业主阶层。

以经济收入为标准,则可以将农村社会成员分为"新富阶层""中等收入阶层""贫困者阶层"。其中新富阶层占村总人口比例较低,从事二、三产业为主,拥有较多"关系资源"。中等收入阶层占农村总人口的大部分,依靠体力劳动生活。② 这种因家庭收入不等带来的经济社会分化,在东部沿海地区尤为明显。东部沿海城市因为第二、第三产业较为发达,私人企业发展较早,市场经济机会较多,一些农民通过做生意或者办企业脱离农业,变成了商人与企业主,个人经济实力雄厚。并且,大多数从农村走出来的富人的产业一般集中在家乡附近,在某种意义上,这些富人并没有完全脱离村庄,是"离土不离乡"的富人。农村中能够抓住市场机遇的毕竟是少数,多数农民还是靠务农和务工维持家庭经济,如此一来,东部沿海地区的农村内部就产生了比较明显的经济社会分层现象。

还可以职业类型、使用生产资料的方式和对所使用生产资料的权力为标准。这样一来,改革开放以来的农民就被划分为农业劳动者阶层、农民工阶层、雇工阶层、农民知识分子阶层、个体劳动者与个体工商户阶层、私营企业主阶层、乡镇企业管理者阶层、农村管理者阶层八大阶层。③ 不过此分类对农民工阶层和雇工阶层的划分有些模糊不清。它所说的离土又离乡的农民工,通常就成为受雇于私营企业或者个体工商户的雇工。

在上述划分标准之外,土地作为划分标准的必要性被再次提起。因为新中国土地改革之后,土地对农村阶层结构分化的影响不再显著,所以,对农村阶层结构的讨论主要依据的是职业、经济收入等。取消农业税之后,农业耕作有了可观的收入,土地对农村社会分层和农民阶层分化的重要影响重新凸显出来,在二、三产业不发达的中西部

---

① 李守经主编:《农村社会学》,高等教育出版社2000年版,第110—111页。
② 唐忠新:《贫富分化的社会学研究》,天津人民出版社1998年版,第139—142页。
③ 陆学艺:《转型时期农民的阶层分化》,《中国社会科学》1992年第4期。

农村地区尤其如此。

依据农户的土地占有情况,在以农业为主的中西部农村,社会成员可以划分为外出经商阶层、半工半农阶层、小农兼业阶层、举家务工阶层、村庄贫弱阶层五个阶层。其中外出经商阶层农民长期在外做生意,目前对农村土地几乎没有依赖,他们游离于村庄,但户籍在村里,属于村里的上层阶层。半工半农阶层长期在外务工,同时也从事农业,对农村土地有所依赖,他们属于村庄中的富裕阶层,备受村民羡慕。小农兼业阶层以从事农业为主,以在县城和镇上务工为兼业,对农村土地有着高度依赖,他们属于村庄中的"中农"阶层,是村民进行"面子"竞争和攀比的基本标准,是贫弱农户追求的目标。村庄贫弱阶层是村庄的最底层。他们一是因病致贫的农户,二是土地少而又无法脱身外出打工的农户。他们从事农业为主,因缺少劳动力而无法兼业,因此对土地有着高度依赖。上述不同阶层存在着转化的可能性。半工半农阶层的经济形态需要"不完全家庭模式"的支持,如果缺乏这种支持(例如家里的老人实在无法再从事耕作),他们既可能变成小农兼业阶层,更可能变成举家务工阶层。在无法维持半工半农的生产方式时,只要家庭没有特别情况(例如需要在家里照顾孩子),大多数农民会选择全家外出务工并将土地流转,放弃农业收入。①

"中农"这一阶级所具有的意义应得到重申。② 作为经营小规模家庭农场、获取中等水平收入的中农阶层,因其独特的社会禀赋和在农村阶层结构中的特殊位置,在乡村治理和农村政治社会事务中扮演着中间阶层、释放中农价值的角色,并形成乡村治理中特有的"中农现象"。新兴中农阶层的发现,将"中国隐性农业革命"带进了社会学阶层研究的经典命题之中,具有深刻的理论意义。

◎ **延伸阅读**

一个不得不提的农民新群体是"农民工",这里主要指工作和生活在城市,而户籍在农村的打工者。这是一个数量庞大的群体:2014年

---

① 陈柏峰:《土地流转对农民阶层分化的影响》,《中国农村观察》2009年第4期。
② 杨华:《"中农"阶层:当前农村社会的中间阶层——"中国隐形农业革命"的社会学命题》,《开放时代》2012年第3期。

全国打工者的人数为 27 395 万人。在这近 3 亿打工者中,8400 万人从事着制造业,6000 万人从事建筑业,2000 万人从事家政工作。因为他们,全国有农村留守儿童 6102.55 万,农村流动儿童达 3600 万,在农村的儿童见不到父母,流动到城市的儿童享受不到公平的教育权利。

打工者在城市的生存状况也非常特殊:他们城市待不下,农村回不去,迷失在城乡之间。打工者在城市打工,工作不稳定,社会保障也缺乏。根据 2014 年国家统计局的数字,只有 16.7% 的人有养老保险,只有 26.2% 的人有工伤保险。他们在城市生活,却在城市买不起房子,一部分人支出了自己全部的积蓄、甚至借钱在老家的镇上买了房子,或者在村里盖起了房子。但是,农村的家又是一个回不去的"家",因为必须在城市打工才能维持生活;打工者结婚了并且有了子女,但是他们的子女很多不能在城市的公立学校入学,因而被留在老家由祖父母抚养照顾,有一些干脆长年在寄宿学校里学习和生活;那些有幸可以和父母生活在一起的孩子们在城市里被称为"流动儿童"。①

第五节 乡村社会关系和社会组织

一、乡村社会关系

社会关系是人们在社会交往中形成的以生产关系为基础的各种联系和关系的总称。社会关系系统内部是各种关系交织而成的复杂的"社会关系网"。从社会关系建立的基础来划分,社会关系可以分为血缘关系、地缘关系和业缘关系三大类。血缘关系以血亲或生理联系为基础而形成,我国目前仍起重要作用的血缘关系有婚姻关系、家庭关系、亲属关系。地缘则是建立在空间与地理基础上的社会关系,如邻里关系、同乡关系等。从人类采取定居形式之后,稳定和牢固的地缘关系就开始出现。业缘关系是人们由职业或行业的活动需要而结成的人际关系,这一关系并非传统乡村关系的主要类型。

(一)传统乡村社会关系

传统中国乡村社会关系以血缘关系、地缘关系为主。血缘关系是

---

① 吕途:《中国新工人:现状与未来》,《社会科学报》总第 1470 期 2 版。

源于生育与婚姻行为所产生的社会关系,生育带来血亲关系,婚姻带来姻亲关系。生育和婚姻两种行为所结成的关系网络可无限延伸。在传统乡村社会,"地缘是血缘的投影,地域上的靠近是血缘上的亲疏反映,区位是社会化了的空间"①。血缘关系和地缘关系是村民们认同感和依附的主要社会关系。以血缘关系、地缘关系为基本社会关系的传统农村社会,维系了自身的社会秩序,促进了村民间的相互合作。

传统中国乡村社会关系呈现出两个特征:

第一个特征即差序格局。差序格局是费孝通比较中外社会关系的特点时提出的。他认为,"我们的格局不是一捆一捆扎清楚的柴,而是好像一块石头丢在水面上所发生的一圈圈推出去的波纹。每个人都是他社会影响所推出的圈子的中心。被圈子的波纹所推及的就发生联系。每个人在某一个时间某一个地点所动用的圈子是不一定相同的。"②""和别人所联系成的社会关系,不像团体中的分子一般大家立在一个平面上的,而是像水的波纹一般,一圈圈推出去,愈推愈远,也愈推愈薄。③"在像水波一样一圈圈推出去的联系中,有两个层面非常重要,它们区分了社会关系中的家人、熟人和陌生人。形象地展现了"自己"与家人、熟人、陌生人的亲疏关系。

第二个特征是人们依靠人情和面子来维系关系。人情就是人与人之间的感情,是维系农村社会关系不断延续的主要因素。人们通过"送人情"相互援助,一旦某人接受对方的"人情",接受对方的帮助,就要做出相应的回报。人们之间的相互"亏欠形成了相互间的情分";这种网络式的"亏欠",使得熟人社会构成了"自己人"的社会。不然,作为亲密社群的熟人社会也不复存在,这就是乡土熟人社会与城市"熟人"团体(如车友会)的重要差别。

亲密的共同生活中各人互相依赖的地方是多方面和长期的,因之在授受之间无法一笔一笔地清算往回。亲密社群的团结性就倚赖于各分子间都相互拖欠着未了的人情。

正因为这种人情上的"给予"与"亏欠"关系,熟人社会构成了一

---

① 费孝通:《乡土中国 生育制度》,北京大学出版社1998年版,第70页。
② 同上书,第27页。
③ 同上书,第26页。

个"自己人"的社会,才成为一个"亲密社群"。现实情况与理想状态有所差异。一般来说,南方村庄更加接近理想状态,而北方村庄往往以小亲族为单位,形成了几个"人情圈",即"农民认同与行动的单位"①。中部村庄的情形则更为复杂,"人情圈"相对较为松散。中国传统农业社会中,生产力水平低下,劳动工具不足、劳动力短缺是每个农业家庭的生活常态,生产中难免形成"农耕结合"习惯,"农耕结合"本身意味着彼此有着人情亏欠关系。当村庄面临自然风险和社会风险时,人们互助合作的需求就更高了,他们可能需要同心协力防洪抗涝,甚至建立防御工事抵御盗贼等。因此,村民愿意也需要在日常生活中广泛建立人情关系,别人对自己的亏欠越多,自己的人情积累也就越多。

面子是另一个调节乡村社会关系的重要因素。作为独具中国特色的心理结构,面子是由于社会角色的差异而在别人心里产生的重视程度的差异,与身份、地位、角色相联系。② 有面子的人往往是有威望的人。人们在有冲突的场合会寻找有威望、有面子的人来调解,而不是对簿公堂;在面临非冲突性的互动中,也会寻找有面子的人做中介。在乡村社会中,给谁面子,不给谁面子,也自有一套逻辑。彼此给面子的人就可以建立起良好的社会关系;不给面子或者让别人丢面子则预示着人际关系破裂的可能。

在这样一个熟人社会中,农民的流动性很小,超出家庭的公共事务,大都与地缘有关,村庄因此成为一个重要的基本认同单位。超出家庭的公共事务,除"疾病相扶,守望相助"以外,北方农村的公用水井建设和南方农村的灌溉体系建设,也是十分重要的村庄公共事务。这些公共事务的功能性需要与中国传统文化的选择性亲和关系,最终建立了农民对村庄或家族的基本认同。

(二)现代乡村社会关系

进入20世纪以来,中国进入到了一个加速现代化的时期。20世纪上半叶,国家致力于政治领域的结构转变。这推动了中国20世纪下半叶的快速现代化进程。中国社会发生了比西方社会更短更迅猛

---

① 贺雪峰:《村治的逻辑》,中国社会科学出版社2009年版,第92页。
② 翟学伟:《人情、面子与权力的再生产》,北京大学出版社2006版,第85页。

的变化,这次的变化不仅发生在物质意义层面,而且更是因为改革开放所确立的市场经济理念(有其必然性),而使整个中国农村在很短的时间内便被抛入了一个巨变的潮流之中。中国农村因此进入一个完全不同的时期,农村社会关系在这一时期呈现出明显的理性化特征。

农村实行经济体制改革以后,姻亲和拟似家族(通过认同宗、认干亲、拜把子等形式,将原来的业缘关系转换成类似血缘的关系,类似家族关系)进入差序格局,利益正在成为决定关系亲疏的最大砝码,原本紧紧地以血缘关系(宗族关系)为核心的差序格局正在变得多元化、理性化。其原因就是走上了工业化道路的农村社会,已经发生了深刻的变迁,亲属关系的亲疏越来越取决于他们在生产经营中相互之间合作的有效和互惠的维持。这种在生产经营中产生的亲疏关系的改变,极可能向农民日常生活渗透,其最终结果是:理性全面进入农民生活,从而让正式关系带上更多的人情味,同时又使非正式关系具有更多理性,并且,如果需要并存在可能,则尽量将正式关系转化为非正式关系。杨善华将农村社会中发生的这种变化,称作"差序格局的理性化"。①

针对乡村社会正在发生的变化,贺雪峰认为,当下乡村社会关系呈现出了理性化的特征。② 他认为,"差序格局的理性化"只是当前农村普遍存在的人际关系理性化的特殊形式,并且这种差序格局的理性化也不限于那些走上了工业化道路的农村,在相当封闭的山村和十分农业化的粮食主产区,同样存在关系亲疏替代关系远近的差序格局理性化的情况。其表现诸如:家族的解体,姻亲关系日渐重要,有选择地走动亲戚,朋友关系的广泛存在及其亲戚化,兄弟关系的疏远,日益严重的农村养老问题,生育子女时的理性考虑,父母与子女分家,传统习俗和仪式迅速衰落,等等。

虽然亲缘关系、地缘关系仍是乡村社会关系的主要底色,但是其中的理性化色彩越来越浓,传统的差序格局正在解体。在今天的中国农村,家族的力量已基本上消失了,特别是以族规家法为代表的宗族制度早已不再存在。而儒家"孝悌"思想在现代传媒和市场经济的冲

---

① 杨善华:《血缘、姻缘、亲情与利益》,《宁夏社会科学》1999 年第 6 期。
② 贺雪峰:《论农民理性化的表现与原因》,《湛江师范学院学报》2008 年第 2 期。

击下,其道德约束力也大大降低。这种情况下,构成附着在传统中国血缘关系上的道德义务越来越弱,这时候,我们不应再说中国农村社会结构是"差序格局"的。

与"差序格局"的解体相一致,农民的人际联系日渐广泛,不仅姻亲关系的重要性在许多农村已远超宗亲,朋友、同学关系也越来越被重视。类似的人生经历、共同的业余爱好、一致的经济利益、相近的年龄等形成的朋友同学关系,正在构成农村人际关系的一个主流。农民越来越成为各个朋友圈子的一部分,而不再只是家族圈、姻亲圈中的一员。在差序格局解体的时候,人们自己选择关系,这种选择的关系,正是基于他们的理性算计。人际关系与经济利益越来越紧密地挂上了钩,人际关系变得越来越理性化了。

乡村社会关系越来越理性化,与改革开放之后市场因素不断渗入到乡村社会有关。伴随市场经济而来的机会成本与理性算计,使得旧有的超出家庭范围的互助与合作渐渐解体。随着农民流动规模的不断增大和流出时间的长期化,专业化雇工群体活跃在田间地头。不仅如此,由于劳动力短缺,乡村的婚丧嫁娶、盖房打井等活动也日益市场化和专业化。各种婚庆公司、丧葬公司和建筑公司为农民提供了专业周到的服务,这些活动不再是村民共同劳动、相互帮助的舞台。随着村民社会关联的不断市场化,村民之间不再相互依赖,联系日益松散,熟人社会变成半熟人社会。

人际关系理性化在农村形成了一个个较宗族小得多的圈子,尤其是朋友圈子和亲戚圈子。当农村的经济环境较为恶劣、农民占有的经济资源较少时,这些圈子可能会因缺乏经济滋润而变得更小。而农村传统文化的解体,使农民越来越看重实际的有时是即时的好处,越来越忽视交往中的感情,这个时候,理性算计的农民会因为没有在日常生活中建立起足够的人际联系,而在出现突发性生产生活事件时,没有应对能力。当村庄中很多村民都缺乏应对生产生活突发事件所需要动用的人际关系时,我们说这个村庄是一个社会关联度低的村庄。这类村庄很难形成合作,也难以保持秩序。

二、乡村社会组织

乡村社会组织是农村中为完成特定的社会目标,执行特定的社会职能并根据一定的规章、程序而进行活动的人群共同体;是农村社会从无序到有序发展的一种状态和过程,是一定社会成员所采取的某种社会生活方式。

比较于城市社会组织,乡村社会组织一般以农民为主体,多与农村初级社会群体有密切联系,各种组织的同质性更强,形式与类型相对较少,结构更简单,功能更加综合,发展环境更为简单稳定。

(一)传统乡村社会组织

传统的中国农村社会结构简单,在两千多年的发展过程中,乡村社会体制基本上都相同,经济发展始终是农业社会的形式,农业社会基层组织因此没有发生大的变化。这个时期的乡村组织形态呈现出两极化的特征:一极是掌握国家资源的、以皇权为授权来源的行政官僚组织;另一极是以血缘和地缘关系为纽带的家族组织。介于这两极之间的、以劳动分工和契约关系为基础的专业组织,如工业、商业等公用事业组织,却没能发展起来。

这里主要谈谈传统中国社会的两种基层官僚组织:"乡里制"和"保甲制"。

"乡里制"又名乡制,也称乡亭制,起于汉朝,止于隋唐,历经千余年。乡里制在各朝的具体形式和名称不尽相同,但其实质内容基本一致。"乡"本义指方向,在先秦文献中常被引申为表示某个方向的地域。"里"是人类的聚居地,是人们为了生产和生活的方便而形成的社会共同体。乡、里是中国古代国家政权的基层社会组织,是国家加强地方控制的重要手段和形式。秦汉时期,乡、里的政治意义逐渐加大,在国家政权中占有越来越重要的地位。乡、里管理体制由乡、里自治体制、治安管理体制、行政管理体制构成。这三者相辅相成,有效地构筑了国家在乡、里统治的基础。乡里组织以五家为伍,十家为什,百家为里,十里一亭,十亭一乡,乡则以人口的增减而变更。

乡里制的特点有三:一是职官与长者并用,既设置行政官吏,又注意发挥地方长老的作用;二是刑禁与教化并施,对居民既实施十五连坐,又进行以"孝""悌"等为核心内容的教化;三是秩序制和晋升制集于一体。作为集教化、行政、司法、自我管理和监督于一身的基层组织体系,"乡里制"的社会功能又主要体现在四个方面:一是德治为主,使封建伦理道德通过地方长老的德化活动深入乡民;二是管理户籍,征敛赋税和徭役;三是维护社会治安,以连坐的强力措施达到维持社会稳定的目的;四是通过乡举里送向朝廷推荐官吏。

"保甲制"是宋朝熙宁新政时期实施的乡村统治基层行政制度。保甲制规定相邻十家为一小保,五十家为一大保,十大保为一都保。无论主户与客户,只要家有二丁、年满十五岁的就编入保甲。保人共同维护保内利益,轮流巡查,共同御贼。同保之内,相互制约,一家犯法,同保连坐。后来保甲制度不断充实,增加了"捕盗""弭盗"的内容,使保甲制度在乡村统治中的职能更加完备。保甲制度的建立在全国农村形成了一个严密的治安网。这一制度一直沿袭到清代。

与乡里制相比,保甲制具有如下三个特点:一是保甲制建立了一个更严密的社会治安网络,加强了对人民的统治;二是保甲制通过加强对壮丁的军事训练,强化了国家的防御力量,有助于抵抗外族的入侵;再次,保甲制更为重视农业生产和建设。

总体看来,传统农村社会结构简单,其经济又是自给自足型的自然经济,在这种环境下生存和发展的农村社会组织因此呈现出三个特征:一是组织联系纽带的血缘性;二是居住方式的地缘性;三是组织结构的等级性和组织功能的非专一性。

(二) 现代乡村社会组织

农村基层社会组织最能全面体现我国现代农村社会组织的特点。所谓基层社会组织,即乡镇以下的基层镇区和微型社区。现代乡村基层社会组织可分为几种:一是乡村政治组织。农村基层政治组织包括政党组织、政权组织。各行政村、自然村等都设有党的总支、支部和小组,少数乡镇也有民主党派组织。政权组织则包括人民法院、公安派出所等国家政权机关。二是村民自治组织。村民委员会是村民自我管理、自我教育、自我服务的基层群众性自治组织。目前农村各地普遍建立了村民委员会。三是经济组织。常见的农村经济组织主要有乡镇企业、农民合作经济组织、信用社等。四是事业组织。主要指不以营利为目的,从事教育、文化、卫生、体育、科技等事业,其经费来源为国家、地方财政拨款或通过多种渠道筹集的国家、集体或民间机构与组织。五是群团组织。如共青团、妇女联合会等。六是宗族组织。当前的农村基层宗族组织大多具有隐蔽性、非正式性,主要是一个文化实体,不再集政治、经济、文化实体于一身。七是宗教组织。农村现有宗教组织其中既有正式的也有非正式的。

这里重点介绍村民基层自治组织。村民自治缘于20世纪80年代,由于人民公社体制趋于瓦解,中国农村组织出现"真空"状态。为化解村级治理的无序和混乱局面,新《宪法》在1982年正式确立村民委员会为农村基层群体性自治组织的法律地位。随后,村民自治组织在各地被推广,并逐渐走向法制化和成熟化。

作为农村村民自我管理、自我教育、自我服务的基层群体性自治组织,村民委员会与其他类型的农村基层社会组织相比,具有以下特征:一是群众性,村民不分民族、种族、性别、职业、家庭出身、宗教信仰、教育程度、财产状况等都有责任与义务参加村民委员会。二是自治性,村民委员会的领导成员由村民直接选举产生,重大事务由村民大会或村民代表会议讨论决策,对村级社区事务实行民主管理,对村集体经济收支账目及干群行为等进行民主监督。此外,还有基层性、地域性和广泛性等特征。

村民自治过程中出现的新现象是"富人治村"。富人治村是说已经富有的村民主导了村庄政治。1990年全国试行《村民委员会组织法》,基层民主政治逐渐被提上议程,与此同时在东部沿海农村地区出现富人治村的现象。21世纪初,中央政府号召"带头致富能力强、带领群众致富能力强"的富人精英入党参政当选村干部。如今,富人治村在江浙沿海发达地区已经成为普遍现象,在中西部农村地区也呈现突飞猛进之势。①

作为一种基层治理模式,富人治村能否实现良好的治理面貌,以及对基层的政治民主会造成什么样的影响,都值得探讨。富人治村作为中国基层精英政治的常态在传统时期表现为乡绅治村,在今天表现为私营企业主治村。传统乡绅治村以荣誉为取向遵循地方道义伦理准则,能够实现集权国家的"简约治理",从而保证了基层秩序的长期稳定。改革开放以来,中央政府在基层实行法律主义民主政治,有学者认为,在今天的富人治村实践中,富人以金钱投资收益为取向,破坏了基层民主政治,损害了基层治理权威。在国家法律政治、村干部的

---

① 商意盈等:《富人治村:一个值得关注的新现象》,《新华每日电讯》2009年9月12日。

金钱运作和"无政治农民"的弱道德期待合力冲击下,中国基层政治正在"去道义化"并出现新的治理危机。道义伦理是政治的必备属性,因而结合法律政治,维护、重塑中国基层政治的道义性势在必行。①

三、中国乡村社会变迁的历程

关于什么是社会变迁,社会学家们的具体论断多有不同,但都描述出了世界由传统农业社会向现代工业社会转型与发展的历史镜像。无论是滕尼斯的共同体向社会的变迁,还是梅约的身份社会向契约社会的转变,抑或迪尔凯姆所说的机械团结社会向有机团结社会的转变,雷德菲尔德的乡民社会向市民社会转变,费孝通的礼俗社会向法理社会的转变,这些都描述了世界范围内发生的同一现象,即传统乡村转向现代工业城市的必然。

中国农村社会的发展与变迁,大致可以分为四个阶段:

(1)传统农业时期(1840年以前)的微观变迁时期。中国农业社会在这近两千年的历史时期,通过富有中国特色的"朝代循环"模式,保持了经济、社会与政治形态的同质性、延续性。自给自足的小农生产同家庭手工业结合,使得中国农户经济具有超级稳定的特性。

(2)新中国成立前的巨变期(1840—1949年)。鸦片战争之后,中国乡村社会被卷入世界潮流。最初是清政府推动中国的早期现代化实践,推动新政,在农村办学堂等,加大国家政权对乡村社会的控制。20世纪的农村社会内部权力结构也发生了变化,国家权力代理人不再是费孝通所说的"乡绅",杜赞奇指出华北农村社会的经纪人从"保护型"转变为"营利型"。辛亥革命之后,中国农村社会进入变迁加速期,农业商品化的速度明显加快,农村社会一度被卷入世界资本主义市场中。随后则是因世界经济而来的乡村凋敝,社会危机重重。

(3)有计划的变迁期(1949—1978年)。中国政府在这一时期强有力地主导了现代化建设,有计划地指导和推动农村现代化。政府在制度层面建立了国家力量直达基层的网络体系,将中国农民成功整合成具有高度共同意志和一致行动能力的整体。

---

① 魏程琳、徐嘉鸿:《富人治村:探索中国基层政治的变迁逻辑》,《南京农业大学学报社科版》2014年第3期。

（4）改革开放期(1978年至今)。随着人民公社的解体、家庭联产承包责任制的推行,农村社会实现了以治理结构为内容的变迁。在"乡政村治"的治理格局下,乡村社会进入快速的城镇化进程。农民的社会流动开始加速,经济收益多元化,农民的生活已经构成现代工商社会的一部分。农民开始成为"农民工",甚至成功进城成为城市居民。中国的农民和农村不再是捆绑在土地上,而是市场上。

可以说,中国农村社会变迁的过程就是一个由封闭传统的农村社会向开放的现代农村转变的过程。无论是致力于追求整体和全面发展的农村现代化,还是执着于农村城市化(将农村人口变成城市人口,变农村地域为城市地域,将城市文化和生活方式、价值观扩散到农村地域),中国农村的方方面面,都已发生巨变。

参考文献

[1] 简·雅各布斯:《美国大城市的死与生》,金衡山译,译林出版社2006年版。

[2] 马克·戈特迪纳、雷·哈奇森:《新城市社会学》,黄怡译,上海译文出版社2011年版。

[3] R. E. 帕克、E. N. 伯吉斯、R. D. 麦肯齐:《城市社会学——芝加哥学派城市研究》,宋俊岭、郑也夫译,商务印书馆2012年版。

[4] 安东尼·奥罗姆、陈向明:《城市的世界——对地点的比较分析和历史分析》,曾茂娟、任远译,上海人民出版社2005年版。

[5] 贺雪峰:《新乡土中国》,广西师范大学出版社2003年版。

思考题

1. 如何理解城市是一种生活方式?
2. 观察你所居住的城市的某一条街道,思考城市环境是如何组织起来的。
3. 你如何看待现代乡村社会中农民的分层问题?

第七章 国 家

【本章提要】本章的**目的**是帮助同学们认识国家这个范畴,**内容**包括国家的定义、起源及其基本功能,国家结构形式与国家政权组织形式,国家机构的设置原则与国家机构的构成,国家建设的相关理论和中国的现代国家建设等。其中**重点**是国家的定义、起源及其基本功能,国家结构形式及政权组织形式,**难点**是国家建设的相关理论。

现代社会中,国家是一种非常普遍的政治存在,任何一个个体都生活在国家之中,正所谓"无所逃于天地之间"。现代国家基本上已经能够利用先进的技术全面控制境内任何地域,人们也难以找到不受政府管理、不受政治影响的"桃花源"。

第一节 国家的定义、起源及其基本功能

一、国家的定义

(一)词源学上的"国家"

现代政治话语中的国家,是所谓的民族国家,源自西方在近代的崛起。现代所使用的英文"State"来自于中世纪英文"Stat","Stat"来自于古代法文"Estat",而"Estat"又来自于拉丁文"Status"。[①] 国家作为一种政治联合的新形式,15世纪起开始缓慢而零散地出现,并表现出与古希腊、古罗马和中世纪国家的区别;尽管国家一词逐渐得到使

---

① 易建平:《从词源角度看"文明"与"国家"》,《历史研究》2010年第6期。

用,但缺少精确性或连贯性,这在一定程度上反映了国家作为新生事物的不确定性和作为新经验的复杂性。① 在民族国家的形成过程中,"众多的封建男爵、地方公国和小王国——这些都是中古盛世的标志——被合并为英国、法国、西班牙和尼德兰"②。封建社会逐渐崩溃,碎片化的政治权力分布状态趋于终结,欧洲的政治实体数逐渐减少,中央集权的国家渐次涌现,现代英国、法国和西班牙最终诞生。

近代国家观念的形成需要具备四个基础性条件:一是政治学从神学中解放出来,并作为道德哲学的一部分来研究政治问题;二是共同体开始摆脱原来存在的最高权力的束缚,比如意大利的城市共和国;三是共同体的权威取代其他形式的权威成为人们认同的最终对象;四是政治只是用来解决政治问题,而与宗教事务分离。③ 在现代国家形成之初,比较明确地揭示了国家的本质和属性的是16世纪意大利的马基雅维利和法国的布丹。马基雅维利认为"国家理由"具有天然的正当性,国家可以为了自身利益而使用任何手段④;布丹则重点突出了国家的主权属性,认为主权包括立法权、宣战缔结和约的权力、任命官吏权、最高裁判权、赦免权、臣民忠诚服从的权力、铸币权、度量衡的选定权、课税权等九项内容。

在中国典籍中,国和家原本单独使用,各有含义,国指的是诸侯的封地,家指的是卿大夫的封地,各自在其封地范围内行使相对于上级封主而言的较高的自主权。如《易·系辞下》说:"君子安而不忘危,存而不忘亡,治而不忘乱,是以身安而国家可保也。"《孟子·离娄上》

---

① 韦农·波格丹诺(英文版)主编、邓正来(中译本)主编:《布莱克维尔政治制度百科全书》,中国政法大学出版社2011年版,第635页。
② 道格拉斯·诺斯、罗伯斯·托马斯:《西方世界的兴起》,厉以平等译,华夏出版社2009年版,第117页。
③ 昆廷·斯金纳:《近代政治思想的基础》(下),奚瑞森等译,商务印书馆2002年版,第495—508页。
④ 依据《布莱克维尔政治制度百科全书》的说法,国家理由(reason of state):"是指维护公共秩序优先于维护普遍道德法律规则的原则。该术语本身是由拉丁文'ratio status'演化而来的。16世纪意大利作家圭恰尔迪尼首先在现代意义上使用了该词。这一原则被当作现代国家主权理论的一部分而受到广泛采用,尤其在马基雅维里(注:也译作马基雅维利)以及黑格尔的著作中得到了精心辩护。由于人们认识到该原则与国际法及立宪原则相冲突。它近年来受到了质疑。尽管如此,一旦遇到紧急情况,如面临恐怖主义的威胁,大多数国家仍依此原则行事。"参见《布莱克维尔政治制度百科全书》,第559页。

讲:"人有恒言,皆曰天下国家,天下之本在国,国之本在家,家之本在身。"①尽管国和家各有其本意,而后国家作为一个词组出现,所指虽然不同,但仍与政治有极大关联。国家作为一个词组,具有三种含义:(1)指的是作为政治共同体的代表的朝廷,如《梁书·贺琛传》记载"我自除公宴,不食国家之食",唐人张鹫所著笔记小说集《朝野佥载》中提到"求待国家兵到,吾等即降",《续资治通鉴·卷五十四》记载知制诰胡宿上书"臣窃以国家乘火而王,火于五行属礼……国家至道三年,诏书亲郊圜丘,以太祖、太宗并配";(2)指的是五等爵位体系中受爵者所受封地上的城邑,如《周礼·春官》记载"上公九命为伯,其国家、宫室、车旗、衣服、礼仪,皆以九为节,侯伯七命,其国家、宫室、车旗、衣服、礼仪,皆以七为节,子男五命,其国家、宫室、车旗、衣服、礼仪,皆以五为节"②;(3)指的是作为政治共同体的最高统治者的皇帝,如《东观汉记·祭遵传》记载"国家知将军不易,亦不遗力",《资治通鉴·卷八十二》记载"君非天子臣邪?今内外隔绝,不知国家所在,何得安坐"③,《晋书·陶侃传》记载"国家年小,不出胸怀,且刘胤为朝廷所礼,虽方任非才,何缘猥加极刑!郭默虓勇,所在暴掠,以大难新除,威网宽简,欲因隙会骋其从横耳"。

(二)何谓国家

人类社会自产生后,都会有一定的组织形式,使一定地域的人群结合起来,处理内部矛盾和形成相互间的合作。国家的产生经历了一个较为漫长而复杂的过程,是在历经族团、部落和酋邦的阶段后形成的。④

列宁指出:"国家是维护一个阶级对另一个阶级的统治的机器,……国家是一个阶级压迫另一个阶级的机器,是迫使一切从属

---

① 东汉经学家赵岐在注解此句时即明确指出国和家所指不同,认为"国谓诸侯之国,家谓卿大夫也"。
② 东汉经学家郑玄在注解此处时指出"国家,国之所居,谓城方也"。
③ 宋元之际史学家胡三省在注解此处时指出"国家谓天子,自东汉以来皆然"。
④ 埃尔曼·塞维斯:《原始社会组织:进化的视角》,转引自弗朗西斯·福山:《政治秩序的起源:从前人类时代到法国大革命》,毛俊杰译,广西师范大学出版社2012年版,第52页。

的阶级服从于一个阶级的机器。"①这说明国家在本质上是有阶级社会中的优势阶级统治、管理和控制弱势阶级的工具。恩格斯认为国家产生之前,人类社会处于氏族社会阶段,国家与氏族组织存在着根本的不同,是一种特殊的政治组织。这种特殊性表现在两个方面:一是国家是按照区域划分居民的,是根据地域对居民进行管理和控制的,而氏族是根据血缘划分居民的,是按照血亲关系进行管理和控制的;二是以军队、警察及其物质附属物为强大后盾的公共权力的出现,"这个特殊的公共权力之所以需要,是因为自从社会分裂为阶级以后,居民的自动的武装组织已经成为不可能了"②。

在社会学的意义上,被广为接受的国家定义,是由德国著名社会学家马克斯·韦伯提出的。在德国浓郁的理性主义传统影响下,韦伯对现代社会的分析突出了"理性化"这一概念,资本主义现代化的过程,表现为理性化全面彰显与渗透的过程,而理性化也因此成为"资本主义精神",即资本主义的现代性。在他看来,政治的理性化表现为行政行为的制度化,即"科层制"的社会理性化,而科层化的前提是作为制度形式和政治实体的国家已经建立起来。在他看来,不能从国家活动的内容来对其下定义,而应该从其特具的手段——直接的武力,来进行界定:

> 国家者,就是一个在某固定疆域内——注意:"疆域"(Gebiet)乃是国家的特色之一——(在事实上)肯定了自身对武力之正当使用的垄断权利的人类共同体。就现代来说,特别的乃是:只有在国家所允许的范围内,其他一切团体或个人,才有使用武力的权利。因此,国家乃是使用武力的"权利"的唯一来源。③

美国社会学家迈克尔·曼在接受韦伯关于国家的定义的基础上,提出:

> "现代国家"具有一种行政、法律秩序,且后者随立法而

---

① 《列宁选集》(第四卷),人民出版社1995年版,第31—33页。
② 《马克思恩格斯选集》(第四卷),人民出版社1995年版,第171页。
③ 马克斯·韦伯:《学术与政治》,钱永祥等译,广西师范大学出版社2004年版,第197页。

变,同时,立法也决定了行政人员——他们也一样受到制度的约束——的有组织行为;这一由秩序组成的体系要求对国家的组成成员、公民——以及,在很大程度上对其管辖范围内发生的所有事情——拥有令行禁止的权威;因此,"现代国家"是具有明确地域的强制性组织。①

迈克尔·曼的定义较韦伯更为丰富,明确指出了国家所必备的行政官僚体制和法律秩序。

本书采用的就是韦伯和迈克尔曼所下的定义,简单地说,国家是在一定地域内合法地垄断了暴力使用权利的组织。尽管马克思主义经典作家从阶级统治的角度谈论国家的本质,但从其相关论述中,暂时悬置其阶级统治的意识形态色彩,马克思主义其实也认为国家是在一定地域中唯一可以合法使用暴力对其居民进行管理控制的组织。

国家作为在一定地域中合法地垄断了暴力使用权利的公共组织,具有以下内涵:第一,要有特定的疆域,有相对固定的边界,疆域或大或小,边界或延展或收缩,但必须要有空间载体,无疆域即无国家;第二,要有特定的人口,人口或多或少,成分来源或复杂或单一,但必须有相应的人口规模,无人口即无国家;第三,要有垄断性的暴力,暴力机器或强或弱,武器设备或先进或落后,但必须有一定的暴力支撑,国家才可能对内维持秩序,对外抵御侵略,无暴力即无国家;第四,要有一套官僚体系,官僚体系或庞大或精简,官员来源或多途或单一,但必须有一定的官僚体系,国家的各项事务才能正常运转,无官僚体系即无国家;第五,要有一套法律系统,法律或繁杂或简约,规定或严苛或宽松,无规矩不成方圆,无法律不成秩序,但必须有一定的法律规范,国家才能实现有序治理,无法律即无国家;第六,要有一定的赋税收入,赋税收入或多或寡,征税门类或庞杂或简单,但必须有税收,国家才能正常运作,无税收即无国家。

(三) 国家权力的特征

第一,强制性。国家是有组织的暴力,是以一定的暴力为基础的。"这种公共权力在每一个国家里都存在。构成这种权力的,不仅有武

---

① 迈克尔·曼:《社会权力的来源》(第二卷·上),陈海宏等译,上海人民出版社2007年版,第65页。

装的人,而且还有物质的附属物,如监狱和各种强制设施。"①

第二,垄断性。国家权力必须是垄断的,而不能处于自由竞争的分散状态,其垄断性主要表现在国家合法地垄断了使用暴力的权利,还表现为对于权力的独占性,排斥其他力量的分享。

第三,公共性。国家作为一种特殊的组织,是一种独特的公共权力,要向社会提供公共服务,非人格化地向民众提供无差别的服务。

第四,权威性。国家的权威基础不仅在于其对强制性力量的垄断,还在于其能对社会提供公共服务,国家的权威性是其政治合法性的重要象征。

第五,普遍约束性。国家有特定的疆域,有特定的人口,在此疆域之内,对所有人口都具有约束力,在此疆域内,任何人难以逃脱国家权力的约束。

二、国家的起源

关于国家的起源,众说纷纭,不同的理论流派从不同的立场出发对国家起源问题做出了不同的解释,下面将主要介绍其中有影响的四种:

(一)阶级冲突论

马克思主义认为国家的出现是个历史现象,国家不是从来就有的,是人类社会发展到一定历史阶段的产物,国家起源于氏族社会内部不可调和的阶级矛盾和白热化的阶级斗争,国家产生之后的作用就在于缓和冲突,把冲突控制在一定秩序的范围内。对此,恩格斯在《家庭、私有制和国家的起源》中有着精辟的论述:

> 国家是社会在一定发展阶段上的产物。国家是承认:这个社会陷入了不可解决的自我矛盾,分裂为不可调和的对立面而又无力摆脱这些对立面。而为了使这些对立面,这些经济利益互相冲突的阶级,不致在无谓的斗争中把自己和社会消灭,就需要有一种表面上凌驾于社会之上的力量,这种力量应当缓和冲突,把冲突保持在"秩序"的范围以内;这种从社

---

① 《马克思恩格斯选集》(第四卷),第171页。

会中产生但又自居于社会之上并且日益同社会相异化的力量,就是国家……由于国家是从控制阶级对立的需要中产生的,由于它同时又是在这些阶级的冲突中产生的,所以,它照例是最强大的、在经济上占统治地位的阶级的国家,这个阶级借助于国家而在政治上也成为占统治地位的阶级,因而获得了镇压和剥削被压迫阶级的新手段。①

恩格斯认为在氏族社会的废墟之上,国家有三种主要的产生形式:第一种是所谓的雅典国家的产生形式,是最纯粹和最典型的形式,"国家是直接地和主要地从氏族社会本身内部发展起来的阶级对立中产生的"②;第二种是所谓的罗马国家的产生形式,"氏族社会变成了封闭的贵族制,它的四周则是人数众多的、站在这一贵族制之外的、没有权利只有义务的平民;平民的胜利炸毁了旧的血族制度,并在它的废墟上面建立了国家"③;第三种是所谓的战胜了罗马帝国的日耳曼国家,"国家是直接从征服广大外国领土中产生的,氏族制度不能提供任何手段来统治这样广阔的领土"④。

国家是阶级矛盾不可调和的产物的说法,是马克思主义的阶级斗争理论和社会发展阶段理论的重要理论基础。正如恩格斯所指出的:"阶级不可避免地要消失,正如它们从前不可避免地产生一样。随着阶级的消失,国家也不可避免地要消失。在生产者自由平等的联合体的基础上按新方式来组织生产的社会,将把全部国家机器放到它应该去的地方,即放到古物陈列馆去,同纺车和青铜斧陈列在一起。"⑤这种国家起源观意味着国家是一定历史阶段的产物,在某个历史时期随着条件的成熟也会消亡。

(二) 社会契约论

国家产生于人们自愿的社会契约也是一种非常重要的国家起源观。社会契约论在欧洲启蒙运动时期盛极一时,如17世纪英国的霍

---

① 《马克思恩格斯选集》(第四卷),第 170、172 页。
② 同上书,第 169 页。
③ 同上。
④ 同上书,第 170 页。
⑤ 同上书,第 174 页。

布斯和洛克、18世纪法国的卢梭都持这种观点。尽管各人关于自然状态的描述不同,关于组成国家之后所采取的政体形式的规定也不同,但是一般地,社会契约论者都认为国家产生之前,人类处于无政府的自然状态之中,在自然状态之下每个人都有保存生命、获得安全、抵抗侵害等一系列的不可剥夺的自然权利,但是由于在这种状态中不存在一个可以维持人们合作、调节相互之间纠纷的有效权威,每个人为了保存自己的生命和获得安全,相互之间就会发生冲突,则长期合作无法维持,冲突也会造成社会失序,所以为了避免冲突的长期延续以及对人们生命安全造成的威胁,人们采取自愿的协商原则,共同订立契约,组建一个有力量的权威组织。对此,霍布斯在《利维坦》中给予了明确的说明:

> 在没有一个共同权力使大家慑服的时候,人们便处在所谓的战争状态之下。这种战争是每一个人对每个人的战争。因为战争不仅存在于战役或战斗行动之中,而且也存在于以战斗进行争夺的意图普遍被人相信的一段时期之中……如果要建立这样一种能抵御外来侵略和制止相互伤害的共同权力,以便保障大家能通过自己的辛劳和土地的丰产为生并生活得很满意,那就只有一条道路——把大家所有的权力和力量托付给某一个人或一个能通过多数的意见把大家的意志化为一个意志的多人组成的集体……像这样统一在一个人格之中的一群人就称为国家,在拉丁文中称为城邦。这就是伟大的利维坦的诞生。①

社会契约论者的国家起源观在很大程度上只是理论的虚构,但也暗含着一定的历史真实,即持续不断的冲突环境有助于不同人群之间自愿地或被迫地达成契约组建政治共同体,这在中西方历史中都可以找到具体的事例。尽管历史中没有任何一个国家是完全按照社会契约论者的理论假定而产生的,但这种国家起源观对现实依旧有较高的人文观照,即这种国家起源观内在地规定了国家的目标是保护人民的生命安全、自由和财产,国家要获得人们的认同就需要切实地履行这

---

① 霍布斯:《利维坦》,黎思复等译,商务印书馆1985年版,第94、131—132页。

些职责,任何有损人民的生命安全、妨碍人民的自由、私意剥夺人民财产的国家行为都是不正当的,国家就可能面临政治合法性危机。

(三)上帝创造论

国家是由不可知的神秘力量创造的观点在中西政治语境中都出现过,这种不可知的神秘力量一般被称为上帝或者天。这种观点一般认为,包括世俗社会和自然界在内的整个宇宙是一体的,息息相关,世俗国家是由整个宇宙的最高神所创立的,国家权力的设立、延续及其变更都要体现神的意志,统治者施政的优劣会影响到神的恩赐,施政优良、秩序稳定、百姓安居乐业则统治者会得到神的庇佑,国家统治时间也会长久,政治败坏、秩序紊乱、民不聊生则统治者会受到神的惩罚,国家的统治时间就比较短暂。

中国古代早期典籍中有很多这样的言论,如《商书·咸有一德》中讲"惟天降灾、祥,在德",《尚书·秦誓》中讲"天佑下民,作之君,作之师,惟其克相上帝,宠绥四方",《诗经·皇矣》中讲"皇矣上帝,临下有赫,监观四方,求民之莫",《诗经·文王》中讲"文王陟降,在帝左右"①。最能体现国家是由上帝创造的是董仲舒的天人感应说,他在《举贤良对策》中提到:

> 谨案《春秋》之中,视前世已行之事,以观天人相与之际,甚可畏也。国家将有失道之败,而天乃先出灾害以谴告之,不知自省,又出怪异以警惧之,尚不知变,而伤败乃至。以此见天心之仁爱人君而欲止其乱也。自非大亡道之世者,天尽欲扶持而全安之,事在强勉而已矣。强勉学习,则闻见博而知益明;强勉行道,则德日起而大有功:此皆可使还至而有效者也。《诗》曰"夙夜匪解",《书》云"茂哉茂哉!"皆强勉之谓也。②

西方的上帝创造说与基督教有密切关系。上帝创造国家说的理论起点是《圣经》中的创世说,据《圣经·创世记》记载,上帝创造这个世界之后,人类开始繁衍,然后人类不停地犯罪,上帝后悔了并要毁灭

---

① 朱熹对此的解释是"盖以文王之神在天,一升一降,无时不在上帝之左右,是以子孙蒙其福泽,而君有天下也"。
② 《汉书·董仲舒传》。

这个世界,只让挪亚及其家人得救,此后上帝与挪亚及其儿子立约:

> 你们要生养众多,遍满了地;凡地上的走兽和空中的飞鸟,都必惊恐、惧怕你们;连地上一切的昆虫并海里一切的鱼,都交付你们的手……流你们血、害你们命的,无论是兽是人,我必讨他的罪,就是向各人的弟兄也是如此;凡流人血的,他的血也必被人所流,因为神造人,是照自己的形象造的;你们要生养众多,在地上昌盛繁茂。①

上帝与挪亚的立约,就意味着上帝将世俗世界的统治权给予了挪亚及其后裔中的佼佼者。

欧洲中世纪中后期,教权和王权争斗激烈,教权派追求实现纯粹的神权政治,世俗王权只是教权的附庸,世俗统治者要服从教皇的指导,王权派则认为世俗君主是上帝在尘世间的代理人,教皇只是其手下负责人们信仰事务的官员,教会只是政府控制的一个部门,教权要受王权节制。虽然两派之间有争论,但是都认为一切权力来自上帝,来自神的创设和授予。中世纪经院学者托马斯·阿奎那是教权思想的集大成者,他主张教权高于世俗的政治权力,但同时承认国家存在的合理性;教会和国家都由上帝创建,但目的不同,教会的目的是要实现人的理性的最高要求,即在天国里享受上帝的快乐,而国家的目的是实现人的理性对于社会生活的要求,即在国家中过一种有道德的生活;教会和教皇有权力限制和废黜不服从教权的君主。

从唯物主义的角度来看,国家是由上帝创立的说法是有些荒诞的,是不值得相信的,但是这种理论仍然具有一定的积极作用,即国家在上帝创设以后,统治者在治理的过程中需要制定出符合上帝之良好意愿的政策,需要完成其应尽之基本责任——确保社会稳定,防御外敌入侵,使百姓生活富足美好。如果统治者为政无道、怠惰政事、掊克百姓,轻则自身会遭受惩罚,重则国家会灭亡。

(四)暴力征服论

暴力征服论认为国家起源于战争,是不同集团之间使用暴力进行争夺和征服的产物。暴力征服论兴起于19世纪中叶,受到资本主义

---

① 《圣经·旧约·创世纪》,中国基督教协会出版2007年版,第7页。

列强的对外扩张和世界市场的形成的影响。巩普洛维赤在《国家概论》中明确指出国家形成于不同部落之间的征伐,认为"国家经常是一个部落对另一个部落施以暴力的结果而出现的,它表现为较强的部落对较弱的土著居民的征服与奴役"①。考茨基在《唯物史观》中也明确指出国家是强制性组织,其形成是部落之间暴力征服的产物,认为"战胜的部落使战败的部落从属于自己,没收他们的全部土地,其后强迫战败部落为战胜的部落做工,并强迫他们纳贡和缴租;每当发生这种情况时,便产生阶级划分,但是这并不是将一个团体划分成几个小团体,而是相反地把两个团体结为一个,其中一个就做了统治阶级与剥削阶级,而另一个则成为被压迫与被剥削的阶级,战胜者为了统治被征服者而建立的强制性机关就成为国家了"②。

近来的研究者如查尔斯·蒂利、福山、赵鼎新等都认为长期的战争促进了国家的形成。通过对中国春秋战国这一历史时期的宏观考察,福山认为"中国国家形成的主要动力,不是为了建立壮观的灌溉工程,也不在于魅力型宗教领袖,而是无情的战争;战争和战争的需求,在一千八百年内,把成千上万的弱小政治体凝聚成大一统的国家;它创立了永久且训练有素的官僚和行政阶层,使政治组织脱离亲戚关系成为可行"③。

奥尔森在解释专制国家的起源时所用的坐寇论是暴力征服论的一个变种。坐寇论简单地说就是,固定的匪帮持续的剥夺行为要好过流动的匪帮不断的剥夺行为所造成的无政府状态,具体来说就是流寇的普遍存在和频繁活动减少了人们进行生产和积累财富的意愿,流寇的获利也会减少,在这种情况下,"拥有足够能力控制其领地的匪帮首领有强烈的动机成为一个头戴皇冠、能够安居乐业的供应公共物品的专制者"④。奥尔森在阐述其理论之时,顺带批评了神权论和契约论:

> 一般而言,由于一大帮有足够能力组织大规模暴力的人的理性自利因素,为这一大帮人利益服务的政府因而就会产

---

① 转引自王惠岩主编:《政治学原理》,高等教育出版社2005年版,第34页。
② 同上书,第35页。
③ 弗朗西斯·福山:《政治秩序的起源:从前人类时代到法国大革命》,第93页。
④ 曼瑟·奥尔森:《权力与繁荣》,苏长和等译,上海人民出版社2014年版,第8页。

生。这些暴力团伙一般不愿意把自己称为匪帮,相反,他们总是给自己及其继任者以吹捧性的称号。他们有时甚至声称是基于神授权利而统治的。由于历史总是由胜利者书写的,那些处于统治地位的王朝当然把其解释为是基于高尚的动机而不是自利的因素而产生的。各种各样的专制者总声称是他们的臣民希望其来统治,这种说法因此滋生了一种错误的假设,认为政府的出现总是由于臣民自愿选择的结果。①

此外需要指出的是,暴力征服论在马克思主义关于国家起源的理论中也得到部分的承认,恩格斯在论述日耳曼国家出现的时候,即强调了日耳曼人对于罗马的征服使其不得不迅速打破了原有的氏族结构。② 社会契约论者也部分地承认暴力征服是国家形成的一种方式,霍布斯在论述取得主权、建立国家的方式时认为有两种:一种是按照契约建立的国家,一种是以力取得的国家。关于后者,霍布斯指出这种方式是"通过自然之力获得的,例如一个人使其子孙服从他的统治就是这样,因为他们要是拒绝的话,他就可以予以处死;这一方式下还有一种情形是通过战争使敌人服从他的意志,并以此为条件赦免他们的生命"③。

三、国家的基本功能

(一) 维护统治秩序

维护统治秩序是国家最为基本的功能。国家是有组织的暴力,掌握着军队、警察、法庭和监狱等暴力机器。这些暴力的存在,其强弱在一定程度上体现着国家的盛衰。暴力在和平时期起着威慑作用,让人们对国家及其统治者产生畏惧而不敢有非分之想;在非常时期的紧急状态下,这些暴力对内用来调解矛盾、镇压叛乱、维护社会稳定,对外

---

① 曼瑟·奥尔森:《权力与繁荣》,第 8—9 页。
② 需要指出的是,恩格斯在批判杜林的悲观暴力论时指出了暴力的积极作用,指出"暴力在历史中还起着另一种作用,革命的作用;暴力,用马克思的话说,是每一个孕育着新社会的旧社会的助产婆;它是社会运动借以为自己开辟道路并摧毁僵化的垂死的政治形式的工具"。参见恩格斯:《反杜林论》,《马克思恩格斯选集》(第二卷),人民出版社 1995 年版,第 527 页。
③ 霍布斯:《利维坦》,第 132 页。

用来防御外敌入侵、保护国家安全。良好的统治秩序只有国家才能提供,而且只有国家有稳定的国内局势和安全的国际环境,才能通过各项措施,进一步推动经济发展,为民众提供公共物品和福利,并促进整个社会的道德进步。当今世界上的许多失败国家,出现诸如政治动荡、治理不善、经济落后等不良状况,其根本原因就是国家无力维护统治秩序,无法确保秩序的稳定高效。

(二)发展经济生产

经济生产是人类发展延续不可缺少的活动,个体和家庭的生存离不开生产,国家的存在和繁荣也离不开经济生产,没有经济发展,国家就缺少税收来源,国家的各项事务就难以开展;没有经济繁荣,人口就难以增长,国家就难以强盛。主张大政府的国家干预论者自然将推动经济发展作为己任,会通过各种措施采用各项政策来发展经济促进生产;即便是主张小政府的自由市场论者,虽然相信"看不见的手"的力量,但也需要国家制定有关经济发展的相关规则、设定相关的技术标准,其中最重要的是国家要保障财产权。就现代社会而言,一般来讲,民主国家在经济秩序上是开放的,允许不同的经济组织进入市场,虽然"民主的确立与选举的推行并不必然带来稳定的契约或者财产权利……但是相反,在持久的民主或者代议制政府与对经济增长至关重要的财产与契约权之间,却存在重要的和关键的联系"①,这意味着,在稳定的民主国家,经济能实现长期发展。

(三)提供公共物品

公共物品是能够供社会大众无差别地共同使用的物品,严格意义的公共物品具有非排他性和非竞争性。公共物品包括诸如提供国防安全之类的具有完全的非排他性和非竞争性的纯公共物品,以及具有有限的非排他性和非竞争性的公益物品和公共事业物品。正如恩格斯所说,"国家的本质特征,是和人民大众分离的公共权力"②,国家具有公共性,需要提供基本的公共物品。不能提供公共物品的国家是低效的失败国家,不愿提供公共物品的国家是掠夺性国家;作为一个正常的国家都需要向其居民提供与其财政收入相匹配的公共物品,且民

---

① 曼瑟·奥尔森:《权力与繁荣》,第33页。
② 《马克思恩格斯选集》(第四卷),第116页。

众在公共物品的获得上均同等地受到无差别的对待。

（四）促进道德进步

有什么样的国家就有什么样的社会,有什么样的政府就有什么样的人民。尽管坚持"国家正确"或"国家理由"者会主张"只要目的正确,可以不择手段"或"为了达到一个最高尚的目的,可以使用最卑鄙的手段",但是这种马基雅维利主义式的选择只能是一种缺乏远见的短视行为。国家要想成为人们永久的忠诚对象,要想获得人们稳定的政治合法性信仰,就需要在较为形而上的领域对人们有所触动。正如密尔所说:"好政府的第一要素既然是组成社会的人们的美德和智慧,所以任何政府形式所能具有的最重要的优点就是促进人民本身的美德和智慧。"①任何负责任的政府都需要促进整个社会的道德水平的增长。

第二节　国家形式与国家机构

国家作为一个垄断了暴力的特殊组织,作为一个众多人口生活于其中的政治共同体,有其表现形式,有其机构载体。

一、国家形式

国家形式指的是作为公共权力的国家实现其意志的组织形式,包括纵向的国家结构形式和横向的国家政权组织形式,体现的是国家权力的配置情况。

（一）国家结构形式

国家结构形式是国家的整合方式,指国家的各个部分如何整合成一个整体,主要涉及代表国家整体的中央与地方之间的权力关系,影响着国家一体化的程度。一个国家的国家结构形式虽然具有稳定性,但也是会随着社会条件和环境的变迁而演变的。② 任何国家在确定

---

① J.S.密尔:《代议制政府》,汪瑄译,商务印书馆1982年版,第26页。
② 童之伟认为,"社会权利分解规律和国家权力分解规律是主导国家结构形式发展演变的两大规律,推动它们起作用的根本动力源于生产力的发展和科学技术的进步"。参见童之伟:《国家结构形式论》,北京大学出版社2015年版,第199页。

其国家结构形式时必须考虑两个方面的因素:一是必须保证中央的集中领导,统一指挥,确保中央有足够的权威;二是必须保证地方的积极性和创造性,发挥地方的自主性。任何国家的结构形式都需要考虑到这两个方面的因素,只是由于历史发展过程、政治文化等方面因素的不同,不同的国家在宪法规定和现实政治中对这两者的处理有较大差异,但大致有两种倾向:或者偏重于中央的集中领导,或者偏重于地方的自主性。根据不同的处理模式,国家结构形式可以分为两种:单一制和联邦制。①

单一制是指由若干不具有独立主权的行政单位组合成统一主权国家的国家整合方式。单一制国家的地位高于其组成部分,各组成部分只是国家为了行政管理的方便而设立的,因而会随着形势的变化而调整。单一制国家具有下列特点:第一,中央政府代表整个国家,享有最高权力,地方作为国家的一部分,地方政府是中央政府的下属单位;第二,国家只有一部宪法,由中央立法机关根据宪法制定法律,全国有统一的法律体系和司法体系,有统一的的行政官僚体系,地方只有在中央授权情况下才能制定适用于本地区的相关法律;第三,有统一的国籍;第四,中央政府统一行使外交权,地方政府不能独立行使外交权。

就单一制国家而言,根据中央集权和地方分权的程度不同,可以将单一制分为中央集权型单一制和地方分权型单一制。中央集权型单一制是指国家权力高度集中于中央政府,地方行政单位完全受中央的统一领导、管理和控制,地方的权力来自于中央的授权,其享有的权力范围不稳定,容易发生变动。地方分权型单一制是指在确立国家为单一制时又允许地方自治,地方政府有两重委托—代理关系,既是地方的自治机关,在法律规定的范围内享有自主管理当地事务的权力,又是中央政府统一领导下的地方政权,要处理中央委托办理的事项。

---

① 联邦制是复合制的一种,另一种是邦联制,《布莱克维尔政治制度百科全书》这样解释邦联:"一种限制性的联盟;一些国家有时通过某种永久性协定共同拥有政府的某些机构;例如,一些共和国可以拥有共同的国籍、军队、仲裁法庭、秘书处、部长会议、在共同的边境课收的进口税,甚或共有一个两院制立法机关的议院;它们借此获得了一种不很重要的集体的性质和名称,这就是邦联;但是,当通过了不退出的决议和对极为重要的最终决定不再需要一致同意时,联邦制这个相关的概念就更恰当了。"参见《布莱克维尔政治制度百科全书》,第137页。

在西方国家中,前者以法国最为典型,后者以英国最为典型。

联邦制是指由两个或两个以上的具有相对独立性的政治实体(共和国、州、邦)结合而成的复合制的国家结构形式。"作为一种区域政治组织形式,它通过其存在和权威都各自受到宪法保障的中央政府与地方政府之间的分权而将统一性和地区多样性一起纳入一个单一的政治体制之中,这种组织形式的独有特征是权力至少在两级政府中进行分配,统一性和地区多样性并存不悖。"[1]联邦制国家具有下列特征:第一,联邦和各成员单位的职责权限的划分,由联邦宪法作出规定,不能轻易变更;第二,联邦有适用于全国的宪法和基本法律,各成员单位在不与联邦宪法和法律相冲突的情况下,也可以有自己的宪法和法律;第三,联邦有全国最高的立法机关、行政机关和司法机关,行使最高权力,统一领导各成员单位,各成员单位有自己的立法机关、行政机关和司法机关,在本区域内在经济、社会、文化等方面享有相当程度的自主权;第四,在对外关系方面,联邦作为主权国家,是国际法主体,成员单位在特定范围内享有一定的外事权。

美国是世界上第一个实行联邦制的现代国家,除美国外,德国、印度、加拿大、澳大利亚、俄罗斯、墨西哥等二十多个国家也都实行的是联邦制。当今世界,实行联邦制的国家有二十多个。

我国实行单一制的国家结构形式,"中央和地方的国家机构职权的划分,遵循在中央的统一领导下,充分发挥地方的主动性、积极性的原则"。单一制的国家结构形式在《中华人民共和国宪法》第三十条和第三十一条的相关规定中可以明显地体现出来:

第三十条　中华人民共和国的行政区域划分如下:

(一)全国分为省、自治区、直辖市;

(二)省、自治区分为自治州、县、自治县、市;

(三)县、自治县分为乡、民族乡、镇。

直辖市和较大的市分为区、县。自治州分为县、自治县、市。

自治区、自治州、自治县都是民族自治地方。

第三十一条　国家在必要时得设立特别行政区。在特别

---

[1] 《布莱克维尔政治制度百科全书》,第240页。

行政区内实行的制度按照具体情况由全国人民代表大会以法律规定。

中国的单一制特征主要体现在以下几个方面:(1)中央政府代表整个国家,拥有最高权力,各省、自治区、直辖市、特别行政区都是中华人民共和国不可分割的组成部分,要接受中央的统一领导;(2)全国有统一的宪法和法律体系,全国只有一个制定法律的机关——全国人民代表大会及其常务委员会,有统一的行政管理体系;(3)公民有统一的国籍;(4)在国际上,代表中国的只能是中华人民共和国,中央政府统一行使外交权。

需要指出的是,由于中国为了解决香港、澳门和台湾问题而创设特别行政区制度,这使中国原本比较简单的单一制的国家结构形式复杂化了。特别行政区是中华人民共和国不可分离的部分,是中华人民共和国一个享有高度自治权的地方行政区域,直辖于中央人民政府;依照法律的规定享有立法权、行政管理权、独立的司法权和终审权;在其辖区内通用自己的货币,财政独立,收入全部用于自身需要,不上缴中央政府,中央政府不在特别行政区征税;特别行政区的事务由当地人进行管理,中央政府不派遣干部到特别行政区担任公职;特别行政区享有外事权,以"中国香港""中国台北"的名义发展对外经济文化联系。

(二)国家政权组织形式

国家政权组织形式即所谓的政体,主要涉及国家层面的政治权力的配置问题。政体问题是政治学研究的核心问题,在西方世界自古希腊以来被历代政治思想家所关注,在古代中国则很少得到重视。古希腊时期著名的政治思想家亚里士多德在继承柏拉图有关政体思想的基础上提出了区分政体的两个标准:一是统治者执政的目标是为了实现公共利益还是为了获取自身利益,二是统治者人数的多寡。根据第一个标准,他将政体区分为正宗政体和变态政体;根据第二个标准,他将政体区分为一人统治、少数人统治和多数人统治。[①] 依据这两个标准,政体共有六种,其中正宗政体包括君主政体、贵族政体和共和政体,变态政体包括僭主政体、寡头政体和平民政体。亚里士多德的这

---

① 亚里士多德:《政治学》,吴寿彭译,商务印书馆1965年版,第135—137页。

种政体观不仅对紧随其后的学者如波利比乌斯和西塞罗有影响,也对中世纪的经院哲学家托马斯·阿奎那有影响,还影响到启蒙运动时期的洛克和孟德斯鸠。20世纪以来,比较普遍的政体分类是将世界上所有的政体分为三种:民主政体、威权政体和极权政体。

民主政体在现代世界获得了普遍的认可,是制度合法性的唯一形式,不管一国的政体是不是民主政体,都要标榜自己的政府是民主政府,都会承认民主在意识形态上的正当性。民主的原意是人民的统治,在长时期内被等同为暴民统治,是个贬义词,直到19世纪才具有正当性,才被视为值得追求的价值。民主之定性的逆转,与代议制密切相关,由于现代国家的规模远远超过了城邦,新兴阶级逐渐成熟,开始要求在政治上发挥作用,选举权也得以普及,代议制民主逐渐消解了精英对直接民主尤其是多数人暴政的担忧。

正如亨廷顿所说:"作为一种政体,民主一直是根据政府权威的来源、政府所服务的目的和组成政府的程序来界定的。"① 但是由于民主的统治权问题无法彻底解决,且存在明显的统治权悖论,政府权威的来源——人民的意志以及政府的宗旨——共同福利,都容易含糊不清,因此,在20世纪中期,熊彼特针对古典学说存在的问题,提出了更接近现实生活的关于民主的定义:"民主方法就是那种为作出政治决定而实行的制度安排,在这种安排中,某些人通过争取人民选票取得作决定的权力。"② 这个关于民主的定义获得了广泛的接受,在现代社会用来评价一个国家的政治体制是否民主的标准就是"看其中最有影响的集体决策者是否通过公平、诚实和定期的选举产生,在这种选举中候选人可以自由地竞争选票,而且基本上所有的成年人都可以参加选举"③。

民主政体作为现代国家的组织形式,需要一些制度性支持:第一,宪法保证民选代表对政府政策的控制;第二,定期、公平和自由选举制度的确立,借此人民选举和撤换其领导人;第三,所有成年人普选权的

---

① 塞缪尔·亨廷顿:《第三波——20世纪后期民主化浪潮》,刘军宁译,上海三联书店1998年版,第4页。
② 约瑟夫·熊彼特:《资本主义、社会主义与民主》,吴良健译,商务印书馆1999年版,第395—396页。
③ 塞缪尔·亨廷顿:《第三波——20世纪后期民主化浪潮》,第5—6页。

实现;第四,公民有竞选公共职位的权利;第五,公民有自由表达的权利;第六,公民有获取政府和其他组织所控制的信息的权利;第七,公民有自由结社的权利。①

威权政体的概念最早由美国学者胡安·林茨于1964年提出,他认为威权政体介于西方世界的自由民主政体和苏联社会主义阵营的共产主义政体之间,此后这一概念获得了普遍运用。林茨将其定义为:"政治系统具有有限的、不承担责任的政治多元化,没有精致的指导性的意识形态,但具备独特的精神,且除了在发展中的某些时刻外,不存在广泛或深入的动员,由一个领导人或者有时是一个小团体行使权力,这些权力受到正式的但不甚明了的限制,而它们事实上又是可以预测的。"②威权政体具有以下特征:第一,政治上的非多元化,政治参与和政治竞争受到严格的限制;第二,经济和社会领域允许多元发展;第三,实行一定的政治控制和政治压制;第四,意识形态控制和政治动员程度总体偏低;第五,政治领导权的更迭规则是非选举式的。③

极权政体概念的出现与20世纪上半叶法西斯主义的兴起和苏联斯大林体制的形成密切相关,这种政体只有在大众民主和现代科技兴起的背景下产生。极权政体具有以下特征:第一,一种由覆盖了人们生活所有重要方面的官方学说构成的意识形态;第二,一个唯一的以等级的寡头统治的方式组织起来的群众性政党;第三,一种通过政党和秘密警察控制来实现的恐怖体系;第四,以技术为支撑几乎完全控制所有有效的大众交流手段;第五,对武器等暴力的垄断;第六,对经济的中央控制和指导。④ 著名政治哲学家汉娜·阿伦特对极权主义

---

① 罗伯特·达尔:《民主及其批评者》,曹海军等译,吉林人民出版社2006年版,第322—323页。

② 胡安·林茨:《一个威权主义政体:西班牙》,转引自胡安·林茨、阿尔弗雷德·斯特潘:《民主转型与巩固的问题:南欧、南美和后共产主义欧洲》,孙龙等译,浙江人民出版社2008年版,第40页。

③ 包刚升:《政治学通识》,北京大学出版社2015年版,第147—148页。关于威权主义的杰出分析,可参考吉列尔莫·奥唐奈:《现代化和官僚威权主义:南美政治研究》,王欢等译,北京大学出版社2008年版。

④ 卡尔·弗雷德里克、兹比格涅夫·布热津斯基:《极权主义专政与独裁》,转引自塞缪尔·亨廷顿:《第三波——20世纪后期民主化浪潮》,第10—11页。1941年7月,胡适在美国密歇根大学发表了《民主与极权的冲突》的英文演说,里面提到了极权主义的二十个特征,其主要特征与此处所列基本一致。

的研究尤为著名,她认为极权主义的主要特征是:

> 极权统治的手段不仅比较严厉,而且其极权主义形式与我们所知的其他政治压迫形式(例如专制政府、僭主暴政、独裁)有本质区别。凡是在它崛起执政的地方,它建立全新的政治制度,摧毁一个国家所有的社会、法律和政治传统。无论它的意识形态来自何种具体的民族传统或特殊的精神根源,极权主义政府总是将阶级转变成群众,撤换了政党制度(不是用一党制,而是用群众运动来替代政党制度),将权力中心从军队转移到警察,建立一种公开走向宰制全世界的外交政策……极权主义是一种现代形式的暴政,是一个毫无法纪的管理形式,权力只归属于一人。一方面是滥用权力,不受法律节制,屈从于统治者的利益,敌视被统治者的利益,另一方面,恐惧作为行动原则,统治者害怕人民,人民害怕统治者——这些在我们全部的传统中都是暴政的标志。①

除了这三种分类外,胡安·林茨从多元主义、意识形态、领导权、动员等四个维度对现代社会的政体做出了五种分类:民主政体、威权政体、全能主义政体(极权主义政体)、后全能主义政体(后极权主义政体)和苏丹制。②

此外需要指出的是,马克思主义认为国体决定政体,政体反映国体,脱离对国家性质的区分,根据国体的不同将人类社会迄今为止的政体区分为剥削阶级的国家政权组织形式和社会主义国家的政权组织形式。在此基础上,马克思主义提出了划分政体的两条标准:一是国家最高权力的归属,即国家最高权力属于一个人还是属于一个集体;二是国家最高权力机关的产生方式及任期,产生方式是世袭还是选举,任期是终身还是有任期限制。根据这两个标准,人类社会自有国家以来所实行的政体可以归纳为君主政体和共和政体两类。君主政体的基本特征是原则上君主掌握国家最高权力,君主是世袭的,是

---

① 汉娜·阿伦特:《极权主义的起源》,林骧华等译,生活·读书·新知三联书店2014年版,第574—575页。

② 五种政体在多元主义、意识形态、领导权和动员等四个方面各自的特征,可参考胡安·林茨、阿尔弗雷德·斯特潘:《民主转型与巩固的问题:南欧、南美和后共产主义欧洲》,表3.1,第46—47页。

终身任职的;共和政体的基本特征是国家最高权力机关的组成是通过选举产生的,其人员有严格的任职期限。

就君主政体和共和政体而言,根据权力配置情况尤其是权力核心的不同,现代的君主政体可分为议会君主制和二元君主制,共和政体可分为议会共和制和总统共和制。议会君主制的主要特征是君主统而不治,是象征性的国家元首,其职责多是礼仪性的,议会是国家的最高立法机关,由议会选举产生的政府首脑组织政府,英国、日本、西班牙等国目前实行这种政体。二元君主制的主要特征是世袭君主为国家元首,拥有实权,由君主任命内阁成员,政府对君主负责,议会行使立法权但君主有否决权,约旦、沙特阿拉伯、摩洛哥等少数国家目前仍实行这种政体。议会共和制的主要特征是选举产生的国家元首是虚位元首,议会作为国家权力的中心,内阁由议会产生并向议会负责,其代表是德国、印度、意大利。总统共和制的主要特征是总统和议会分别由选举产生,任期限定,总统既是国家元首又是政府首脑,与议会之间有权力制约关系,其代表是美国、巴西、墨西哥。

中国的国家政权组织形式属于共和制,具体表现为人民代表大会制度,这种政权组织形式具有下列特征:(1)国家的一切权力属于人民,人民行使国家权力的机关是全国人民代表大会和地方各级人民代表大会;(2)全国人民代表大会和地方各级人民代表大会都由民主选举产生,对人民负责,受人民监督;(3)国家行政机关、审判机关和检察机关都由人民代表大会产生,对其负责,受其监督;(4)全国人民代表大会是最高国家权力机关,其常设机构是全国人民代表大会常务委员会,全国人民代表大会及其常务委员会行使国家立法权。

二、国家机构

(一)国家机构的设置原则

国家机构是国家实现其意志的工具,是实现国家形式的物质载体。国家机构不是从来就有的,是随着国家的产生而出现的,并随着国家的发展演变而变迁。随着社会的复杂化和经济的发展,国家机构朝膨胀复杂趋势发展。国家机构的设置不是随意的,要遵循一定的原则:

第一,回应性原则。国家机构的设置是根据国家政治力量对比、政治形势、经济社会发展等因素的变化而调整的。国家机构的设置与调整是国家为了应对所面临的新问题与新形势而展开的,因其只是为了解决一时之问题,则当环境发生变化,旧有制度与机构无法应付而发生制度僵化与机构固化后,国家机构的重新设置与调整就势在必行。

第二,整体协调原则。正如钱穆在评价历代政治得失时指出的:"任何一项制度,决不是孤立存在的。各项制度间,必然是互相配合,形成一整套。否则那些制度各各分裂,决不会存在,也不能推行。"① 国家机构作为一个整体,本身必须是相互协调的,如国家机构内部矛盾重重且无解决之规则与机构,则国家机构作为整体就很难和谐运转。当国家机构中有某机构无法适应形势难以发挥作用时,该机构就会被裁撤或者重组,则其他国家机构也会做出相应调整。

第三,分权制衡原则。国家机构作为一个整体,其内部并非铁板一块,没有任何单一的机构可以独自治理国家,实现国家的优良治理必须"设官分职",需要有不同的机构相互之间的合作;各机构都有其自主性,不同机构之间不管是出于制度设计上的相互制衡,还是由于具有自主性而产生的功能上的相互制约,都有助于节制权力,使其不至于肆无忌惮。

第四,稳定调适原则。在历史制度主义看来,制度的"断续性平衡"模式指明旧制度在经历了长时期的稳定之后会在某一时期被危机所打断从而催生了新制度,尽管新制度的产生会引发紧张的政治冲突,但是经历一段时间后新制度就会进入静态平衡期。制度如此,体现制度作为制度之载体的国家机构也具备"断续性平衡"的特征。一般而言,国家机构的设置具有稳定性,在国家建立之初,国家立规宏远、建章立制、创制立法,国家机构的框架体系成立,在此后较长一段时间内,国家机构基本稳定,总体上能适应需要,但是当出现制度僵化和政治衰败之时,国家机构就需要进行调适,就需要经过调整后重新适应环境。

(二)国家机构的构成

中西政治思想史中关于国家机构构成的讨论都有,只不过西方关

---

① 钱穆:《中国历代政治得失》,生活·读书·新知三联书店 2005 年版,前言第 2 页。

于这方面的讨论更多地与政体相关,而中国更多地与治理相关。古希腊时期,亚里士多德就对当时城邦的政治权力做出了区分,认为城邦作为一个政治实体,不管其采用何种政体,都应具有基本的政治功能,设立相应的组织机构。他认为"一切政体都有三个要素,作为构成的基础,一个优良的立法家在创制时必须考虑到每一要素,怎样才能适合于其所构成的政体;倘使三个要素(部分)都有良好的组织,整个政体也将是一个健全的机构;各要素的组织如不相同,则由以合成的政体也不相同;三者之一为有关城邦一般公务的议事机能(部分),其二为行政机能部分——行政机能有哪些职司,所主管的是哪些事,以及他们怎样选任,这些问题都须一一论及,其三为审判(司法)机能"①。中国典籍中最早最完备地对国家机构的组成有记载的是《周礼》。《周礼》开宗明义地讲"惟王建国,辨方正位,体国经野,设官分职,以为民极",设立天官冢宰、地官司徒、春官宗伯、夏官司马、秋官司寇、冬官司空,各官带领其下属分别掌管国家的某些公共事务,帮助周王治理天下。②

现代国家的国家机构一般包括国家元首、立法机构、行政机构、司法机构。③

国家元首,在现代国家通常叫君主或总统,或有实权甚或兼政府首脑,或者是虚位元首,只承担象征性职责。国家元首一般拥有如下权力:(1)签署和公布法律,发布命令;(2)召集议会,宣布解散议会;(3)任免政府首脑及其他高级官员;(4)统帅全国武装力量;(5)代表国家进行外事活动,接受外国使节,派遣和召回驻外使节,批准和废除同外国缔结的条约和重要协定;(6)授予国家荣誉称号和勋章,发布特赦;(7)宣布进入紧急状态,宣布战争状态,发布动员令。

立法机构,一般称作议会,作为代议制机构,通常由选举产生的一定数量的议员组成,议员对选民负责,每届任期固定。议会主要拥有以下权力:(1)立法权,即制订和修改法律的权力,包括立法创议权,通过法案权和修正权,立法一般要经过法案的提出、审议、通过和公布等

---

① 亚里士多德:《政治学》,第218页。
② 此书拟周室的官制,本名《周官》,汉新交替之际,刘歆更名为《周礼》,分天官、地官、春官、夏官、秋官、冬官六篇,冬官早佚,汉时补入《考工记》一篇。
③ 本节讨论国家机构的一般构成,主要指中央层面国家机构的构成。

程序;(2)财政权,即议会审议和批准政府财政预算和决算的权力;(3)人事权,即决定和监督政府的组成人员;(4)监督权,即议会对政府的政策和政府官员的行为进行监督的权力,包括质询权、倒阁权和弹劾权。现代国家的议会一般采用一院制和两院制。一院制指的是只有一个议院的立法机关,如新西兰议会、以色列议会和丹麦议会。两院制指的是有两个议院的立法机关,如英国议会(上议院和下议院)、美国国会(参议院和众议院)和德国联邦议会(联邦议院和联邦参议院)。

行政机构,一般也叫内阁,主要负责政府行政工作。不管是总统制国家还是议会制国家都有内阁,但内阁的产生方式和作用都有较大差异。总统制下的内阁,总统同时是政府首脑,内阁成员由总统提名但需要经议会同意后才可任命,内阁向总统负责而不需要向议会负责,且只为总统决策提供建议。议会制下的内阁本身就是一种政体形式,通常由议会中的多数党或几党联盟负责组织,内阁对政策做出集体决定,要对议会负责。内阁行使的权力主要有:(1)执行法律,并有权制定相应的规章和条例;(2)管理全国的公共行政事务;(3)受限制的外交权;(4)军事权,制定军队编制、组织军队训练、装备军队、组织武器研制等;(5)参与立法权,主要表现为立法创议权和否决权。

司法机构,拥有解决法律冲突的权力,行使审判权,在中央层面一般指的是最高法院。"在大多数国家中,司法机构或法院被赋予了或成功地保持着一种与众不同的独立作用。在理想的观念模型中,司法机构常常被界定为旨在以一种确保对争讼各方都公平和正当的方式使冲突解决制度化的专门组织。"[1]法院行使的职权主要有:(1)审理各种诉讼案件,包括刑事、民事和行政案件以及选举案件;(2)违宪审查权,包括对立法机构所制定的法律以及政府通过的行政法规、颁布的行政命令及其他行政措施是否违反宪法有关条款及其精神的审查。[2]法院独立行使审判权,需要一些保障条件,如坚持司法独立原

---

[1] 《布莱克维尔政治制度百科全书》,第 326 页。
[2] 西方国家行使违宪审查的机构有两种类型:一是由普通法院审查,以美国最为典型;一是由专门的宪法法院或类似宪法法院的宪法委员会等机构审查,以意大利、德国和法国为代表。各国行使违宪审查的方式也不同:一是事后审查,以美国最为典型;一是事前审查,以法国最为典型。

则、无罪推定原则和不告不理原则,推行律师辩护制度,确立法官保障制度。

中国的国家机构实行民主集中制原则;各级人民代表大会由民主选举产生,对人民负责,受人民监督;行政机关、审判机关和检察机关都由人民代表大会产生,对它负责,受它监督;中央和地方的国家机构的职权划分,遵循保证中央统一领导的前提下充分发挥地方主动性的原则。

中国的国家机构包括全国人民代表大会、国家主席、国务院、中央军事委员会、地方各级人民代表大会和地方各级人民政府、民族自治地方的自治机关、人民法院和人民检察院。

第三节 国家运行机制、国家建设及其治理

一、国家运行机制

国家运行机制是指现代国家正常运转、政治秩序得以维持所需要的操作性制度,主要有官僚制、政党制度和选举制度。一般来说,处于现代世界中的国家要有效运作,都需要同时具备这三种制度。这三种制度在国家结构形式和政权组织形式的结构框架下相互支撑,相互配合,共同推动国家的运转和秩序的维持。

(一)官僚制

官僚制的建立与现代国家的形成及其建设密切相关,现代国家的形成及其建设需要一套强有力的高效的官僚机器来从社会中提取各种资源、进行分配并对社会进行管制,现代国家的形成及其建设不仅促进了官僚制的萌芽与生长,还推动了官僚制的完善及其细密化,而官僚制的发展也加快了现代国家的形成及其建设,强化了现代国家的能力。

官僚制的建立需要一些社会经济条件:货币经济与租税所供给的财政收入,行政事务之量的扩展,行政事务之质的变化,官僚制组织具有专业化和非人格化等技术优越性,军队和地方政府组织等领域内行

政手段的集中,经济与社会差异的齐平化。① 官僚制作为近代以来理性化和世俗化进程的集中表现,是现代社会中普遍运用的组织形式,其在政治领域中的运用,就是政府行政官僚体系的建立,这为理性的合法性统治奠定了重要基础。韦伯认为在纯粹的、典型的官僚制中,官员们具有以下特征:

(1) 个人是自由的,仅仅在事务上服从官职的义务;

(2) 处于固定的职务等级制度之中;

(3) 拥有固定的职务权限;

(4) 根据契约受命,即(原则上)建立在自由选择之上;

(5) 根据专业业务资格任命(不是选举)——在最合理的情况下,通过考试获得的、通过证书确认的专业业务资格;

(6) 采用固定的货币薪金支付报酬,大多数有权领取退休金;诚然,在有些情况下(尤其在私营企业里)组织方面有权解聘,不过官员方面也总是有权辞职的;薪金首先依据官阶等级分级,同时也根据职位的责任,此外,还根据"身份地位"的原则;

(7) 把他们的职务视为唯一的或主要的职业;

(8) 可看清自己的前程,职务"升迁"根据年资或政绩,或者两者兼而有之,取决于上司的评价;

(9) 工作中完全同"行政管理物资分开",个人不得把职位占为己有;

(10) 接受严格的、统一的职务纪律和监督。②

官僚制作为一种专业化和程序化的政府行政制度,天然地具有自我扩张和排斥大众参与的趋向。官僚机构的主要功能是实施法律、执行政策,然而它不仅仅是法律和政策的执行工具,还发挥着利益表达、利益综合、参与决策以及政治沟通等功能。③ 官僚系统无法避免地具备自主性,更会带来政府失灵问题,因而就会引发控制和反控制之间

---

① 马克斯·韦伯:《支配社会学》,康乐等译,广西师范大学出版社2004年版,第31—65页。

② 马克斯·韦伯:《经济与社会》(上卷),林荣远译,商务印书馆1997年版,第245—246页。

③ 加里布埃尔·A. 阿尔蒙德、小G. 宾厄姆·鲍威尔:《比较政治学:体系、过程和政策》,曹沛霖等译,上海译文出版社1987年版,第325—326页。

的冲突。"建立和保持一个反应性强、高度负责的官僚机构是现代的和正在现代化的社会——资本主义的或社会主义的,发达的或落后的——所面临的棘手问题之一。这是一个不能以任何彻底方式加以解决的问题,而只能通过各种起抵消作用的结构和势力减少官僚机构的作用,或是使其处于控制之下。"①

在现代民主国家中,对官僚机构实行的控制有正式的和非正式的两种,正式控制和非正式控制又各自分为外部的和内部的两种。正式的外部控制包括直接或间接选举产生的如总统、总理和州长等行政首脑,选举产生的如国会、议会和市议会等立法机关,独立行使司法权的法院,专门调查舞弊情况的官员;正式的内部控制包括法律规定的代表性官僚机构、法律规定的公民参与以及分权。非正式的外部控制包括公众舆论、新闻界、公共利益集团、选区以及互相竞争的官僚组织;非正式的内部控制包括官僚机构对公众舆论的认识、专业标准以及职责规范的社会化。②

（二）政党制度

在当今世界,政党在大多数国家和地区都存在着,并在政治生活中发挥着重要的作用。政党是那些为了赢得执政权或参政权的人们组建的政治组织,具有特定的政治纲领,具有组织性和纪律性。政党的产生方式有两种:一种是内生型,指议会内的派别在选举权逐渐普及的过程中,为了争取尽可能多的选民支持,开始构建系统的政党组织,成为全国性政党;一种是外生型,指议会外的政治组织通过参加选举进入议会,组建议会党团,建立健全政党组织。前者以英国的保守党和自由党最为典型,其前身分别为托利党和辉格党,两者在17世纪时只是议会内围绕王位继承问题而形成的两大政治派别,后来在19世纪随着议会改革的深入开展,选举权逐渐为更多的社会群体所享有,为了适应选举权扩散的新形势,两党先后在各选区设立选区协会,随后又建立了地方和中央层级的政党组织。后者以英国的工党最为

---

① 加里布埃尔·A.阿尔蒙德、小G.宾厄姆·鲍威尔:《比较政治学:体系、过程和政策》,第326—327页。
② 马克·V.纳德尔、弗朗西斯·E.鲁尔克:《官僚机构》,载格林斯坦、波尔斯比编:《政治学手册》。转引自加里布埃尔·A.阿尔蒙德、小G.宾厄姆·鲍威尔:《比较政治学:体系、过程和政策》,第327页。

典型,1900年,英国职工大会发起成立劳工代表委员会,主要的参加者有费边社、独立工党和社会民主联盟,1906年随着有20多名劳工代表当选为议员进入议会,改组为工党。

依据不同的划分标准,政党可以分为不同类型。依据政党是否拥有执政权(或参与政权),可以划分为执政党和在野党。执政党可以是一个政党,也可以是几个政党组建的政党联盟;在野党则无缘执政,而处于监督执政党的地位。依据政党的社会基础及其组织结构,可以划分为干部型政党和群众型政党。干部型政党的主要特点是依靠那些政治上积极活跃的、对本党的目标和策略等非常熟悉的、能够向群众灌输意识形态以指导其思想和行为的精英人物;群众型政党重视扩大选民基础,扩充党员队伍,强调对人员的录用以及组织动员。依据政党是代表还是塑造民意,可以划分为代表型政党和整合型政党。代表型政党主要是为了更多地获取选票,因而会尽可能地代表民意而不是用自己的意志来塑造选民的偏好;整合型政党则不仅仅是要回应民众的需求,还要用自己的观念和政策来动员和激励选民。依据政党是否承认其他政党有执政(或分享权力)的权利和机会,可以划分为宪政型政党和革命型政党。宪政型政党认为执政党和国家之间存在界限,尊重民主选举的规则,承认自己有被选民抛弃而其他政党可获选民支持上台的可能;革命型政党反对现行体制,试图通过暴力手段推行既存的制度框架,认为自己是革命成功后唯一的执政党,不承认其他政党有单独执政的可能。依据政党意识形态的倾向性,可以划分为左翼政党和右翼政党。左翼政党倾向于变革,试图进行社会经济改革,吸收社会弱势阶层的支持;右翼政党则倾向于稳定,试图维持政治经济秩序,吸收社会优势阶层的支持。[①]

在现代社会,政党具有十分重要的功能:代表一定的社会阶层和社会群体;吸纳社会中的优秀分子,培养和录用政治精英;制定政策目标,提供政策选项;进行利益表达和利益综合,捍卫自己所代表的社会阶层和社会群体的利益;进行政治动员,推动政治社会化;参加选举,组建或参与政府;监督政府,促进社会利益。

---

① 安德鲁·海伍德:《政治学的思维方式》,张立鹏译,中国人民大学出版社2014年版,第208—211页。

政党制度涉及一个国家内不同政党之间的关系结构。当今世界，政党制度主要有四种：一党制、两党制、多党制和一党独大制。一党制指的是只有一个政党可以合法垄断政权而其他政党被排斥在体制之外，有两个主要类型：一是社会主义国家中，共产党是唯一执政的政党，其他政党或者不被承认为合法，或者与政权无缘；一是在亚洲和非洲的新兴独立国家中，如津巴布韦和坦桑尼亚，民族主义政党领导了独立运动，在国家独立之后成为执政党，并建立了排他性的政党制度。① 两党制指的是国家政治生活主要受两大政党的影响，两大政党势均力敌，轮流执政，如英国和美国就是两党制国家的典型。多党制指的是存在两个以上的相互竞争的政党，基本上没有任何一个政党可以单独执政，因而需要组建联合政府，如法国、德国和意大利是多党制国家的典型。一党独大制指的是虽然有多个政党合法存在并自由竞争，但是只有一个政党能够单独执政，而其他政党基本上与政权无缘，如1947年到1989年国大党长期执政的印度，1955年至1993年自由民主党长期执政的日本，就是实行一党独大制的典型。

（三）选举制度

在现代社会，民主制度是任何政权获取政治合法性的唯一的制度选择形式，无选举即无民主成为一种广泛的共识。选举制度作为民主政体的重要支柱，使得民主政体得以落实，使得民主成为具有可操作性的事项。

选举制度具有十分重要的功能：吸引政治精英，组建政府；确立政治合法性，确保领导权和平交接；汇集民意，回应选民，影响政策变迁。选举制度要遵从一些基本原则：普遍选举、平等选举、直接选举和秘密投票。普遍选举指的是每一个符合国家宪法规定的享有政治权利的公民都有选举权和被选举权。平等选举指的是每个选民所投的选票具有同等价值，同等数量的代表应由同等数量的选民选举产生。直接选举指的是选民直接选举产生代议机关的代表或政府领导人。秘密投票，也称无记名投票，指的是选民在选举时不需要在选票上署名，按

---

① 中华人民共和国虽然是社会主义国家，但由于历史和现实的原因，允许其他民主党派的存在，并使其发挥一定的政治功能，实行的是中国共产党领导的多党合作和政治协商制度。

照自己的意志自愿填写,并无须向他人公开自己所填写的选票。

一般说来,选举制度的区分有三种方法:一是根据选举单位的不同,选举制度有职业代表制和区域代表制两种类型;二是根据选区所选代表的数目的不同,选举制度有小选区制和大选区制两种类型;三是根据计算选票的方法的不同,选举制度有多数代表制、比例代表制以及混合代表制等三种类型。在当今世界,职业代表制运用得很少,以爱尔兰参议院部分议员的选举最为典型,是以职业团体为单位选举代表的制度,认为整个社会可划分为不同的阶层或集团,每一阶层或集团都应有其代表参加国家管理。区域代表制中重要的是划分选区,而划分选区又要遵循一人一票、依据自然界限或行政区划来划分选区以及随着人口数量的变动而改划选区等原则。小选区制又称单名选区制,意味着每个选区只选举一个代表,在选举时,每个参与角逐的政党只提出一名本党候选人,获得多数选票者获胜,美国、英国、法国等国家的议会选举就采用这种制度。大选区制又称多名选区制,意味着每个选区可以选出两名以上的代表,往往是每个参与竞争的政党均提出一个候选人名单,选民投票不是投给个人而是投给政党,胜选后政党再在党内分配议席,德国和意大利等国的议会选举采用的是这种制度。当然这两种选举制度并不是不可同时存在的,如法兰西第四共和国时期,就在大省推行大选区制,而在个别地方实行小选区制。多数代表制是指在一个选区中获得多数选票的候选人或政党候选人名单胜选,根据多数所得比例的高低,又可分为简单多数代表制和绝对多数代表制。简单多数代表制指的是获得选区内票数最多的候选人或政党候选人名单当选,美国参众两院的议员选举和总统选举实行的就是这种制度。绝对多数代表制指的是选区内获得半数以上选票的候选人或政党候选人名单才算胜选。比例代表制指的是参与议会席位竞争的政党或政党联盟根据所获选票的多少按比例分配席次,这适用于大选区制,欧洲大陆的大多数国家的议会选举使用的就是这种制度。

二、国家建设与国家治理

现代国家与传统国家的区分是现代化理论的前提,现代国家建设就是国家的现代化,是国家的社会政治经济文化等领域的全面理性化的过程,而尤其指的是现代性在国家这一制度体系和组织结构中的生长与实现。国家建设在形式上,主要表现为民族国家的建立、民主国家的长成等制度体系的建立;在内容上,主要体现在政权的官僚化与合理化、社会控制强化、自由选举、政党政治、公民社会成长等方面。现代国家建设基本实现之后,国家治理的任务就被提上议事日程,国家治理需要制度体系的支撑,需要制度能力的提升。

(一)国家建设

民族与民主是现代国家建设的二元视角。民族—国家是现代国家的基本形式,其诞生之初,与之相对的政治制度则是绝对主义王权政体,此时的国家是以民族为载体而行使专制君权的政治实体;此后随着市场经济的发展、公民社会的成长,专制政体向民主政治转变,此时的国家就是以民族为载体而奉行民主政治的共同体。当民族与民主结合并在20世纪大为推广之后,这一合成的结构形式就成为现代国家的典型表现形式。国家建设是个长期的过程,是政治现代化的集中表现。依据西方国家的历史经验,国家建设进程可以划分为民族国家建设和民主国家建设两个阶段,而国家建设能力的提高则贯穿其中。

现代国家在最初阶段表现为民族国家,民族国家的建设是一个长期的过程,它起源于西欧中世纪后期,正式产生于1648年的《威斯特伐利亚和约》,兴盛于18—19世纪,在20世纪扩展到全球。在民族国家蓬勃发展之时,君主制是当时流行的制度形式,民族国家建设的目标是君主希望通过它来扩大并加深自己对社会的统治,试图控制相对自治的地方社会结构,试图扩大君主对地方资源的支配,并且在国家的支持下发展新的建制。通过民族国家建设,摧毁和取消了弱小而地方化的各种政治组织,或者把它们合并到较强大和全国性的政治组织中,进而形成了单一、集中和拥有主权的中央政府;通过强化中央政府权力的方式把法律制度和政治秩序施加于全国,以实现统治者的意志;国家权力对社会和经济生活各个方面的控制逐步加强,国家吸收下层财源的能力渐渐强化。然而,西欧民族国家的形成是由战争和征税推动的,即从分散、地方化和多中心的政治权力转化到统一和集中的国家权力的过程是充满暴力和战争的。尽管如此,这种政治结构的改变反映了一种新的权威和社会的关系,即在反对贵族和城市的斗争中,君主改变了力量联盟,开始与普通民众结合,并充当后者基本权利的界定者和保护人,这种做法有效地破坏了传统权威的支持基础,使它们无法阻止社会成员归属中心的上移。这意味着民族国家建设的过程,已经蕴含了民主国家所应有的元素,而这些元素也是此后发生的绝对主义专制政体向民主政体转型的催化剂。

民主国家建设阶段,国家建设的主要目标是建立一套自由民主制度,使国家权力受到有效制约,同时保障公民个人的合法权利。如前所述,通过民族国家建设,分散的、多中心的、割据性的权威体系,逐渐转变为一个以现代国家组织为中心的权威结构,这一结构确立了民族国家这一新的政治单位的权威中心地位,而原来分割式的权威结构就逐步解体,然而这只是结果性特征,并非原因性特征。在集中权力和加强对社会的渗透的现象之外,有着更深层的东西在发生变化并推动历史的发展,即这种新的政治结构反映的是一种新的权威和社会的关系,它创造了一种新的社会身份——公民,并赋予其正当的、受到保护的权利;没有公民身份的确立和强大的保护的出现,国家的集权化过程就得不到政治支持。也就是说,民族国家建设涉及权力本身性质的变化、国家—公共组织角色的变化、与此相关的法律、税收、授权和治理方式等制度的变化以及公共权威与公民关系的变化。这些变化意味着,国家政权能够成功取代其他政治单位而成为领土内公民归属的中心,其关键在于伴随这个过程出现的不同于以往的治理原则、一系列新的社会身份分类、不同成员权利和相互关系的界定以及公共组织成为捍卫并扩散这些基本原则、权利和关系的政治实体。① 随着经济的发展、新兴社会力量的崛起及其参与的扩大、政治改革的深入开展,这种新的治理原则、新的社会身份分类、新的权利关系的界定以及新型公共组织的发育,逐渐制度化和可操作化,通过制度的形式规定下来,通过具体的机制运行起来,民主国家得以最终确立。

现代国家建设并不意味着政治力量的绝对增长,而是要发展和完善具有合法性的政治力量和保障合法性的政治设施。国家构建的核心是国家能力的强化,而国家的强弱是由国家自主性和社会支持共同决定的。国家能力的提升是以国家权力为后盾的,国家权力可以区分

---

① 张静:《国家政权建设与乡村自治单位——问题与回顾》,《开放时代》2001年第9期。

为两个层面:其一是国家的专断性权力,相对于国家的自主性而言,指国家精英可以在不必与社会各集团进行常规化、制度化讨价还价的前提下自我行动的范围;其二是国家的基础性权力,它与国家的合法性密切相关,指的是国家事实上渗透市民社会,在其统治的领域内有效贯彻其政治决策的能力。① 所以,这两种权力的区分为我们更好地理解现代国家的自主性和合法性提供了一个论证的视角。现代国家是专断性权力和基础性权力必须而且应该能够有效结合的国家,专断性权力的行使无论在何时都不是不受限制的,因为一旦不受限制,权力的残酷本性就暴露出来,这就会侵蚀政权的合法性,中外历史上因此而丧失政权的事例不胜枚举,尽管这是任何统治者都不想看到的,但专断性权力行使的后果却是他必须承受的。这是就为了政权的延续而言的,此外专断性权力还必须受到社会可以利用的资源的多少、大众对意识形态的接受程度、统治者控制社会的方式与手段等因素的限制。专断性权力的行使需要以基础性权力的良好运用为前提,而基础性权力的行使必须以专断性权力的保持为基础,也就是说,自主性必须依靠合法性的获得才能维持下去,合法性的获得也必须以自主性体现的强力为基础,自主性与合法性必须紧密结合,国家的能力才能提高,政权才能维持。

(二) 国家治理

治理(governance)原意为统治、控制、领导、操纵、支配,在相当长的时间中,与政府的统治(government)的意思基本相同。冷战结束之际,不仅广大发展中国家内部的治理成为问题,社会动荡、政府低能,出现了很多的失败国家;而且发达国家的福利政策及其对社会的深度干预也导致国家财政紧张,赤字严重,政府失灵,自身的治理也存在改善的空间;更重要的是整个国际局势也出现动荡,许多世界性问题需要多国共同努力,全球治理随之成为迫切性问题。1989 年世界银行用"治理危机"来描述非洲的状况,此后"治理"广泛运用于政治发展领域,主要用来描述新兴独立国家的政治发展状况。20 世纪 90 年代以后,治理被赋予了新的含义。治理理论的创始者詹姆斯·罗西瑙认为治理与统治有着重大差别:

---

① Michael Mann, *States, War and Capitalism*, Oxford: Blackwell, 1988, pp. 5-9.

治理与政府统治并非同义词。尽管两者都涉及目的性行为、目标导向的活动和规则体系的含义,但是政府统治意味着由正式权力和警察力量支持的活动,以保证其适时制定的政策能够得到执行。治理则是由共同的目标所支持的,这个目标未必出自合法的以及正式规定的职责,而且它也不一定需要依靠强制力量克服挑战而使别人服从。换句话说,与统治相比,治理是一种内涵更为丰富的现象。它既包括政府机制,同时也包括非正式、非政府的机制,随着治理范围的扩大,各色人等和各类组织得以借助这些机制满足各自的需要并实现各自的愿望。所以治理就是这样一种规则体系:它依赖主体间重要性的程度不亚于对正式颁布的宪法和宪章的依赖。更明确地说,治理是只有被多数人接受(或者至少被它所影响的那些最有权势的人接受)才会生效的规则体系……因此,没有政府的治理是可能的,即我们可以设想这样一种规章机制:尽管它们未被赋予正式的权力,但在其活动领域内也能够有效地发挥功能。①

从这段话中,我们可以归纳出治理与统治的重要差别有两个:一是统治的主体单一,政府是唯一主体,政府统治依靠的是强制性权力以及由强制性权力所支撑的法律,而治理的主体多元,既可以是政府,也可以是社会公共组织,也可以是私人机构;二是统治往往是单向度运作,是自上而下的权力指挥与服从,政府通过制定法律和政策,发号施令,影响社会的发展和公众的利益,而治理则是双向多面的合作,是一个纵向互动、横向联合的合作体系,通过协商、对话和妥协等理性和平的方式对社会公共事务进行管理。②

在治理理论的基础上,奥斯特罗姆夫妇尤其是埃莉诺·奥斯特罗姆借用了迈克尔·波兰尼所提出的"多中心"概念,提出了"多中心治理"理论,并以之来研究发展中国家农村地区基础设施建设的可持续性问题以及公共池塘资源的集体行动问题。埃莉诺·奥斯特罗姆认

---

① 詹姆斯·N. 罗西瑙主编:《没有政府的治理》,张胜军等译,江西人民出版社2001年版,第4—5页。

② 俞可平主编:《治理与善治》,社会科学文献出版社2000年版,第5—6页。

为与集权的和多数分权的制度安排相比,多中心治理更为有效:

> 无中心或多中心的制度结构能够减少策略成本和信息成本,而又在存在规模经济时保留大型生产机构的优点。多中心或无中心的制度安排把有局限的但独立的规则制定和规则执行权分配给无数的管辖单位。所有的公共当局具有有限但独立的官方的地位,没有任何个人或群体作为最终的和全能的权威凌驾于法律之上。①

顾名思义,国家治理是国家权力在现代国家的制度框架中,依据一定的政治原则,运用各种资源和手段对社会公共事务的治理。这种治理与传统的强调国家权力对社会的统治和管制有明显的区别,即国家治理在强调国家权力和政府的主导作用的基础上,更强调对其他社会力量尤其是社会公共机构和私人机构的吸纳,更注重对社会公共利益和公众诉求的积极回应。这意味着国家治理吸收了治理的理念及其相关原则,即"治理理论是从社会中心论出发,从社会的诉求来规制国家和政府的职责和作为;国家治理概念则强调了转型社会国家发挥主导作用的重要性,同时也考虑到了治理理念所强调的社会诉求"②。

国家治理包括国家治理体系和国家治理能力两个方面,国家治理的现代化包括国家治理体系的现代化和国家治理能力的现代化。③国家治理体系指的是以政府为主导的多元主体治理国家所凭借的制度体系,包括国家结构形式、政权组织形式、官僚制、政党制度、选举制度以及国家机构。国家治理体系的现代化就是国家治理所凭借的制度体系的现代化,符合现代国家建设的价值取向,采用民主负责制,实行法治,具体就是国家结构形式的分权化、政体的民主化、官僚体系的合理化、政党制度的竞争化、选举制度的切实化以及国家机构的制衡与合作。国家治理能力指的是国家运用权力,调用各种资源,治理公共事务,回应民众诉求的能力。国家治理能力的现代化就是国家运用

---

① 埃莉诺·奥斯特罗姆、拉里·施罗德、苏珊·温:《制度激励与可持续发展:基础设施政策透视》,毛寿龙译,上海三联书店2000年版。
② 徐湘林:《"国家治理"的理论内涵》,《人民论坛》2014年第10期。
③ 2013年11月12日,中国共产党十八届三中全会通过《中共中央关于全面深化改革若干重大问题的决定》,指出:"全面深化改革的总目标是完善和发展中国特色社会主义制度,推进国家治理体系和治理能力现代化。"

权力的方式、调用资源的方法、治理公共事务的程序、回应民众诉求的手段等方面要符合现代国家建设的价值取向,进而保障国家有高效而合理的提取能力、公正而有效的分配能力、深入而细致的濡化能力、严密而合法的管制能力。总而言之,国家治理现代化的实质就是要在国家力量和社会之间寻求一种平衡,既确保国家有优良的制度支撑和有效的施政能力,又防止国家对社会的肆意干涉,确保社会公共空间的良好成长,保障公民个人的合法权利。

参考文献

[1]《马克思恩格斯选集》(第四卷),人民出版社 1995 年版。

[2] 加里布埃尔·A. 阿尔蒙德、小 G. 宾厄姆·鲍威尔:《比较政治学:体系、过程和政策》,曹沛霖等译,上海译文出版社 1987 年版。

[3] 韦农·波格丹诺(英文版)主编、邓正来(中译本)主编:《布莱克维尔政治制度百科全书》,中国政法大学出版社 2011 年版。

[4] 弗朗西斯·福山:《政治秩序的起源:从前人类时代到法国大革命》,毛俊杰译,广西师范大学出版社 2012 年版。

思考题

1. 设想一种情景:在一个与外界绝缘、阶层差距悬殊、无黑恶势力存在的岛上,突然取消了政府,更不存在军队、警察和监狱等暴力。这个小岛此后会发生什么状况?人们可能怎样应对?
2. 陶渊明的《桃花源记》中讲到桃花源中人"先世避秦时乱,率妻子邑人来此绝境,不复出焉,遂与外人间隔",这种与世隔绝而政府无法管控的情况可能是真实的吗?原因是什么?
3. 梁启超曾认为"曰唐虞夏商周也,曰秦汉魏晋也,曰宋齐梁陈隋唐也,曰宋元明清也,皆朝名也,而非国名也,盖数千年来,不闻有国家,但闻有朝廷",这种说法存在问题吗?我们该怎么理解古代中国的王朝国家?
4. 如何践行民主制度,人民才能更好地监督政府,才能人人都负起责来?

第八章 全球化与我们的生活

【本章提要】本章的**目的**是帮助学生了解全球化的概念缘起及其历史沿革,以及全球化对于我们日常生活的影响。**内容**包括:全球化是什么、全球化的基本特征、全球化的具体类型与形式。其中,**重点**是要阐明"全球化"是一种真实的现象,对于维持全球经济、社会、政治与文化的协调发展而言发挥着重要的作用;**难点**是从不同的角度客观系统地分析全球化的影响效果。

有一位记者曾讲述过这样一个故事:"一位英国王妃和她的埃及男友,乘坐一辆由喝多了苏格兰威士忌酒的比利时司机驾驶的装有荷兰发动机的德国汽车,被一群骑着日本摩托的意大利狗仔队追踪,在法国的一个隧道里发生了车祸,抢救她的是美国医生,用的药产自巴西。"[①]这个故事说明了什么问题呢?实际上,它是在借用戴安娜王妃发生车祸这个事件,揭示了世界各国在商品和服务贸易中不断提升的相互依存度。

我们都应该感到庆幸,因为生活在国际贸易发达的丰裕社会。然而,当今世界并非所有的角落都能够享受和平的福音。极端组织"伊斯兰国"最近在法国等西方国家接连制造了多起恐怖袭击,联合国安理会于 2015 年 11 月 21 日召开紧急会议,通过了一份关于国际社会联合打击"伊斯兰国"的决议,将依据国际法的有关规定,采取一切必要措施抵制恐怖主义威胁。在反恐这一议题上,世界各国政府间形成

---

① 张宇燕:《形象解释"全球化"》,光明网—海外传播中心,2012 年 12 月 3 日,http://en.gmw.cn/2012-12/03/content_5886958.htm。

了政治共同体,建立起跨越国境的全球反恐阵线。

  同时,在恐怖组织的主要据点叙利亚和伊拉克等国,长久不息的战乱使得数以万计的难民无家可归,急需人道主义援助。以"无国界医生组织"为代表的国际非政府组织对这些处于战乱之中的民众进行了医疗安置与关怀,为缓解国际性的社会问题提供了强有力的支持。

  而在平息国际争端的问题上,理解与包容彼此的文化也能够起到积极有效的作用。截至2015年年底,中国已经在全球134个国家和地区建立了500所孔子学院和1000个孔子课堂,培训了190万海外学员,用汉语语言作为传播之力,架设起了中国与世界各国的文化交融之桥。① 另一方面,随着科技的发展,越来越多的西方文化也通过电影、电视、图书等媒介传播到了国内;与十几年前相比,我们有了更多的渠道去充分了解与认识其他国家的文化。

  上述几个例子其实都在描述全球化(globalization)的不同表现形式,分别从经济、政治、社会和文化层面反映出了日益紧密的国际交流与合作。全球化已经演变成一个世界范围内的流行语,在报纸、杂志、电视、广播等大众媒体的报道以及学术界的争论之中随处可见,并俨然化身为一把能够解释当下社会现实与预测未来发展的万能钥匙。事实上,全球化也是一柄双刃剑,对一部分人来说它是幸福的使者;而对于另一部分人,它又是痛苦的根源。然而,对于生活于地球上的所有人而言,全球化却都是一个无法逃避也难以逆转的历史进程,是必须去经历与体验的宿命。②

第一节 什么是全球化?

  20世纪60年代初期,"全球化"作为一个术语式的概念被正式提出来,此后便在全世界得到迅速而广泛的传播。1992年,时任联合国秘书长加利在联合国日的致辞中说:"第一个真正的全球化时代已经到来。"我们看到,最近的三十多年的确见证了一场全球性的大规模社

---

  ① 《中国已建立500所孔子学院 遍及134个国家和地区》,《人民日报(海外版)》2015年12月7日。

  ② 齐格蒙特·鲍曼:《全球化——人类的后果》,郭国良、徐建华译,商务印书馆2001年版,第1页。

会变革,国际经济体系与政治格局都随之发生了深刻的变化。站在历史的角度看,当前的这场社会变革对于世界历史发展而言,其影响力并不亚于14世纪缘起于意大利的文艺复兴运动、16世纪发端于德国的新教革新运动以及18世纪肇始于英国的工业革命。直到21世纪的今天,我们也很难再找出一个词语能够像"全球化"一样,对于不同国家的人们而言具有如此丰富多样的含义,并且还能够引发无数的共鸣。

那么,全球化真的只是最近几十年才被人们觉察到的一种现象吗?其实,早在19世纪,世界共产主义运动的先驱马克思与恩格斯就敏锐地注意到全球生产方式和交换方式已经发生了质的变化,而这种变化也将会把世界历史进程推向一个新的阶段。在1848年出版的《共产党宣言》中,他们写道:

> 大工业建立了由美洲的发现所准备好的世界市场。世界市场使商业、航海业和陆路交通得到了巨大的发展。这种发展又反过来促进了工业的扩展,同时,随着工业、商业、航海业和铁路的扩展,资产阶级也在同一程度上得到发展,增加自己的资本,把中世纪遗留下来的一切阶级排挤到后面去……不断扩大产品销路的需要,驱使资产阶级奔走于全球各地。它必须到处落户,到处开发,到处建立联系。资产阶级,由于开拓了世界市场,使一切国家的生产和消费都成为世界性的了……旧的、靠本国产品来满足的需要,被新的、要靠极其遥远的国家和地带的产品来满足的需要所代替了。过去那种地方的和民族的自给自足和闭关自守状态,被各民族的各方面的互相往来和各方面的互相依赖所代替了。①

从这些描述中,我们能够看到马克思和恩格斯所勾勒出来的全球化早期的图景。自19世纪以来,工业科技与交通运输的发展使得世界各国之间的联系与往来越来越紧密,这也为当今全球化向纵深发展提供了必要的基础。当历史的车轮进入到20世纪90年代以后,全球化已经成为不同学科领域的学者所广泛关注的对象,也因此对于什么

---

① 马克思、恩格斯:《共产党宣言》,人民出版社1997年版,第28—31页。

是全球化这个问题,不同的学者给出了不同的答案。在本节中,我们将列举几个有代表性的观点,以进一步加深对于全球化这个概念的理解。①

全球化可以被定义为世界范围内的社会关系的强化,这种关系以这样一种方式将彼此相距遥远的地域连接起来,即此地所发生的事件可能是由发生在许多英里以外的异地事件所引起,反之亦然。

——安东尼·吉登斯,伦敦政治经济学院前任院长

全球化这个概念既反映了世界性交流极大增加的意识,也反映出一种世界性市场的眼界,比起现代性之前的阶段这二者如今要容易被感知得多。

——弗里德里克·詹姆逊,杜克大学文学教授

全球化可以被视为一种过程(或者说是一系列的过程),包含社会关系及交易在空间组织方面的转型——以它们的延展性、强度、速度和影响来评估——形成了跨越洲际的或者区域间的流动,以及活动、互动和权力使用的网络。

——大卫·赫尔德,伦敦政治经济学院政治科学教授

全球化概念既指向世界的压缩这层含义,也指世界作为一个整体的意识正在强化。

——罗纳德·罗伯逊,苏格兰阿伯丁大学社会学教授

全球化包括四个方面的内容:(1)互联——商品、货币、科技、信息、人、思想和文化实践流动的加强,超越了政治和文化壁垒。(2)这些互相依赖的活动范围超越了疆域,汇聚融合,比如物价和市场。全球化运动必然不是片段式的,或者仅仅包含少数人的(像早期贸易活动),或者不对其他没有包含在内的部分产生影响。(3)全球化包括了世界一体化的意识形态和身份认同,比如大都会文化、宗教和环境保护主义。

---

① 这些有关全球化的定义整理自以下文献。卢克·马特尔:《社会学视角下的全球化》,宋妍译,辽宁人民出版社2014年版,第11—12页。M. B. Steger, *Globalization: A Very Short Introduction*, New York: Oxford University Press, 2009, p. 13.

（4）全球化具有能动性，不能仅仅被视为一种向外的或者固化的结构。

——塞缪尔·亨廷顿，哈佛大学政治学教授

通过对上述关于全球化的定义进行总结，我们发现尽管不同学者对全球化的理解角度略有不同，但都承认全球化是一种真实的现象，并且已经给我们的日常生活带来了显著的变化。在个体层面，全球化带来的则是更大程度的行动自由，使每一个人都能够获得比以往更多的工作与社会流动机会，拥有更多的与居家生活或休闲旅行等有关的商品及服务选择。而在国家层面，全球化有助于引入更为先进的科学技术，吸引更多的国外资本投资，以及拓展更为广阔的全球进出口市场，进而有效促进经济社会的快速发展。同时，伴随着科学技术的突飞猛进，尤其是互联网在全球的快速普及，人们越来越明显地感觉到彼此之间的联系变得日益紧密，整个世界的时空仿佛被"压平"了一般：一方面，随着飞机、高铁等现代交通工具的广泛应用，地球上任意两地之间的通勤时间相比以前大幅度减少；另一方面，在网络传媒力量的推动下，美国、加拿大等大洋彼岸的国家所发生的新闻事件，于我们而言也仅仅需要点击几下鼠标就能在第一时间看到。由此可见，时间的差异与空间的距离都不再成为人们之间交流的障碍，而这种便捷的生活情景则是全球化时代的真实写照。毋庸置疑，我们可以从不同角度直观地感受到全球化所带来的诸多益处，然而这些都仅仅只是它显露出来的冰山一角；作为一个能够引起巨大争议的概念，在其身上必然还存在着不易察觉的潜在影响效应，吸引人们去竭力揭开它神秘的面纱。

第二节 全球化的特征解读

对于全球化这样一个典型的抽象概念，接下来我们需要依循"概念的具体化路径"来对它进行解读。"概念的具体化"指的是使一个抽象而模糊的概念变得清晰且明确的思维过程，借此能够帮助我们对概念背后所承载的经验现象进行观察，并进一步了解这个新的概念与既有现象之间到底有何联系与区别。① 在本节中,我们将着重从个人、国家以及风险社会这三个方面来对"全球化"这一概念予以具体的观察,以帮助我们去逐步体会全球化视野中社会生活的真实图景。

一、全球化视野中的个人:我们都是"地球村"的村民

说起全球化,最先联想到的一层含义或许就是"地球村(Global Village)"的形成。"地球村"这个概念是由加拿大学者马歇尔·麦克卢汉在其1964年出版的著作《理解媒介:论人的延伸》中首次提出的,在当时仅仅是一种理论上的预言,却在今天被认定为不争的社会现实。时空的压缩使我们居住的星球更像是茫茫宇宙中的一个完整村落,而置身其中的那些具有不同国籍、不同肤色的人们也被赋予了一个相同的身份——地球村的村民。在此背景下,每个人都经历着这样一个身份迁移过程,即从由居住地域、文化传统等因素所决定的多样化身份,向着统一的"地球村村民身份"的转变。要理解这一点其实并不困难,因为它实际上是一种古已有之的人类迁移现象的延续,只是那个时候人们脑海中还没有"全球(globe)"的概念罢了。事实上,早在大约五万年前,人类的祖先就从非洲东部开始向着包括北美洲和南美洲在内的地球其他角落迁徙,这一过程可以说是当代全球化的雏形。到了冰河时代后期(约距今8000年至10 000年),全球开始普遍转暖,使大量冰川融化甚至消失,海平面上升,这就造成了如今欧亚大陆与美洲大陆永久分离的世界地理格局。但是,地理上的分隔挡不住人类对未知的探索。如果克里斯托弗·哥伦布没有得到西班牙女王伊莎贝拉的支持,于1492年横渡大西洋,从而发现了中美洲加勒比海中的巴哈马群岛(哥伦布将其称为"圣萨尔瓦多"),也许居住在这两大洲上的人至今也不知道对方的存在,当然也不可能有互动交流的机会了。同一年,德国地理学家马丁·贝海姆根据当时所掌握的地理知识制作了世界上第一个地球仪,这与哥伦布发现新大陆一道成为人类开始具有全球视野的标志性事件。

---

① 关于抽象概念的分析原理及其在理解"全球化"概念中的应用,可进一步参见 Jens Bartelson,"Three Concepts of Globalization," *International Sociology* ,2000, 15(2):180-196。

> **新闻链接**
>
> **一项关于全球迁徙研究的新成果**
>
> 据英国《每日电讯报》报道,一个西班牙大学研究小组最新研究证实,在克里斯托弗·哥伦布发现"新大陆"之前的500年,第一批北美洲人就已到达欧洲定居生活。
>
> 科学家跟踪一个冰岛家族的基因来源,认为第一批北美洲人到达欧洲是在10世纪,比哥伦布1492年首航要早500多年。
>
> 挪威的长篇小说曾描述北欧海盗在哥伦布早数个世纪就到达北美洲,并且最新数据显然支持这项假设——他们可能将北美洲印第安人带回北欧。研究人员指出,从北美洲来的女性可能在公元1000年到达冰岛,他们的遗传基因仍存在于目前大约80多位冰岛居民中。
>
>
>
> **图8.1 第一批北美洲人在哥伦布首航 500 年前到达欧洲**
>
> 调查员发现跟踪共同祖先的这种基因可追溯至冰岛南部 Vatnaj Kull 冰川地区,该研究排除了之前的观点——大约1710年,北美洲人通过亚洲来到北欧定居。
>
> 西班牙庞培法布拉大学的卡勒斯·拉鲁扎·福克斯(Carles Lalueza Fox)说:"在10世纪之前,冰岛几乎是与世隔绝的岛屿,多项可能性假设认为公元1000年左右一位北美洲女性被北欧海盗从北美洲掳掠,她在北欧定居生活繁衍后代。"

> 科学家认为,加拿大东部特拉诺瓦的拉安斯欧克斯牧场北欧移居地的历史可追溯至 11 世纪。他们目前试着确定首个北美洲基因到达冰岛的时间,并寻找掩埋北美洲人尸骨的地点。目前,这项基因研究发表在《自然人类学美洲人杂志》上。①

伴随着交通工具、通信及互联网技术的更新换代,人们彼此之间逐渐产生了更加密切的交往,且这种交往已经彻底跨越了传统意义上的政治制度、文化差异与地理位置的阻隔。毫无疑问,人类的全球视野得到了进一步拓宽,其意义则不仅体现在日常生活空间的扩大,同时还体现在每个人身份属性的变化。如前所述,"地球村"的称谓逐渐被世界各国民众所广泛认可,由此也让我们每个人都有了"地球村村民"这样一种共同的身份,同时也让"村民"之间的交往方式以及关系形态发生了质的变化。概括而言,这种变化具有以下两个方面的突出特征。

一方面,"地球村"的形成大幅提高了具有不同背景的个人之间互动的机会与频率。既然同为地球村的一员,我们就应该拥有去村落里其他地方看看的权利,于是全球旅行变成了一种习以为常的生活方式。据中国旅游研究院发布的相关资料介绍,2014 年中国出境游市场规模达到了 1.07 亿人次;在与我国建交的 172 个国家中,已经开展了 ADS 签证业务②的占到 68%,还有越来越多的国家和地区对于中国旅客实施免签或落地签政策,这些都为有意愿出去看世界的普通人提供了更多的机会。此外,随着中国综合国力的不断提升,越来越多的外国游客也被底蕴深厚的中华文化所吸引,选择来到中国旅游。据统计,2014 年入境的外国游客总数超过 1.28 亿人次,市场规模仅次于法国、美国和西班牙,居世界第四位。③ 从这些数据中,我们能够直观地了解到中国人与外国人之间日益频繁的往来,也能够体会到在地球村村民的身份之下,不同背景的个体之间所进行的互动交流已经变成

---

① 《第一批北美洲人在哥伦布首航 500 年前到达欧洲》,http://tech.qq.com/a/20101119/000302.htm。

② ADS 全称是"Approved Destination Status",指的是被批准的旅游目的地国家。加注该类签证后,中国游客可以在被批准的旅游目的地国家之内跟团旅游。

③ 相关数据分别引自中国旅游研究院发布的《中国出境旅游发展年度报告 2015》和《中国入境旅游发展年度报告 2015》。

了一种稀松平常的行为。

另一方面,"地球村"的形成还有效促进了个人关系网络在世界范围内的延展与强化。我国著名学者费孝通教授在描述传统乡土社会的特征时,曾精辟地指出"向泥土讨生活的人是不能老是移动的","在一个地方出生的就在这地方生长下去",同时"'生于斯,死于斯'的结果必是世代的黏着"。① 这表明以农业为主的传统社会不太可能出现大的变动,人们会倾向于固守在当地的熟人关系网之中。然而,在全球化浪潮来临以后,相对稳定的传统社会关系受到了冲击,越来越多的人选择走出家乡甚至走出国门,试图去寻求新的生活。于是,原先聚于一地的人际关系网络也随着个体的流动而迁移到了世界各地。1993年,一部名为《北京人在纽约》的电视剧在国内受到热捧。作为第一部全程在海外拍摄的电视剧,它首次从文艺的角度诠释了全球化浪潮中个人社会关系性质的演变。从怀抱着梦想的北京人到美国奋斗打拼的故事中,展现了剧中人物是如何在陌生的城市中重新建立起个人的关系网的。当然,这种关系网向海外延展的现象不仅为影视剧创作提供了灵感,它同样也受到了学术界的关注。例如,中国社会科学院王春光研究员曾系统研究过"巴黎的温州人"这一特殊的群体,描述了他们逐步从族群聚居、打黑工的生活,走向合法做工进而实现"老板梦"的心路历程,并着重分析了他们是怎样借助于"干会""活会"等非正式的互助关系网在异国他乡拓展出新的人脉关系,进而逐步融入法国社会之中。② 上面所列举的例子其实都在表明这样一个事实:受益于"地球村"的形成,我们每个人的交往关系网络已经有了向世界上任何地方拓展的潜力,并且这种潜力在全球化趋势的推动下正在被不断强化。

二、全球化视野中的国家:每一国都是"命运共同体"的成员

全球化的第二个特征体现在不同国家之间关系模式的转型之上。如果我们把国家视为一种行为主体,那么其最为基础的行为目标就应

---

① 费孝通:《乡土中国》,生活·读书·新知三联书店1985年版,第18页。
② 王春光、Jean Philippe BEJA:《温州人在巴黎:一种独特的社会融入模式》,《中国社会科学》1999年第6期。

该是确保本国的国家利益与主权不受他国的侵犯。而达成这一目标的方式一般有以下两种,即采用战争的方式抑或和平的方式。其中,战争的方式实则是用对别国利益的侵犯为代价来保护本国利益,是用"进攻"来代替"防守",其结果往往导致两败俱伤。众所周知,两次世界大战给许多国家带来了不同程度的利益侵害,历史的教训使人们清醒地认识到,使用武力征服并不能够创造出有利于本国发展的持续稳定的外部环境,反而会造成愈加失衡的国际关系格局。

回顾历史可以发现,早在17世纪中期,欧洲诸国从1618年至1648年这长达三十年的战争结束后建立起威斯特伐利亚体系(Westphalian System)①,而该体系的重要意义就在于它奠定了以国家主权与平等地位为基础的国际关系根本性准则。1945年成立的联合国则把这一主张写入了《宪章》之中,这可被视为二战以来国际关系史上具有里程碑意义的重要事件。自此以后,国际关系似乎进入到一段较长时间的"和平"发展时期。然而,战后初期的"和平"并非真正意义上的"和平",而是一种"恐怖性和平":美苏两大阵营间的冷战引发了近代史上影响深远的军备竞赛,同时一系列区域性的革命运动、种族与宗教矛盾也让"和平"的天空笼罩了一层阴云。中国则为这一时期国际关系的良性发展发挥了积极的推动作用。1953年年底,周恩来总理在接见印度来访使团时,首次公开提出了和平共处五项原则;在1954年的日内瓦会议上,正是基于该原则所签订的《印度支那停战协定》和《日内瓦会议最后宣言》(统称《日内瓦协议》),帮助妥善处理了印度支那问题;而在1955年举行的万隆会议上,与会各国共同签署的《关于促进世界和平与合作的宣言》则完全采纳了五项原则的全部内容②;此后,联合国于1970年和1974年又分别发表了《关于各国依联合国宪章建立友好关系及合作的国际法原则宣言》与《关于建立新的

---

① 威斯特伐利亚体系是由一系列和约所构成,签约的一方是神圣罗马帝国内布兰登堡、萨克森、巴伐利亚等国以及法国、瑞典,另一方则是统治神圣罗马帝国、西班牙与奥地利的哈布斯堡王室(Habsburg)。

② 万隆会议上发表了和平共处五项原则的正式表述"互相尊重主权和领土完整、互不侵犯、互不干涉内政、平等互利、和平共处",与此前的表述"互相尊重领土主权、互不侵犯、互不干涉内政、平等互惠和和平共处"稍有差异。参见《周恩来外交文选》,中央文献出版社1990年版,第63页。

国际经济秩序宣言》,其中也都明确包含了五项原则的基本内容。① 这一系列协议的成功签署都标示着中国的外交主张逐渐得到了国际上的普遍认可。到了20世纪80年代,随着全球化进程的加速以及中国综合实力的稳步提升,以五项原则为根本发展起来的中国新时期外交政策,在建立国际新秩序的过程中产生了举足轻重的影响。

进入到21世纪以后,中国为维护国际关系稳定发展做出了更为积极且富有建设性的努力。2013年4月7日,国家主席习近平在博鳌亚洲论坛上发表主旨演讲时说:"我们生活在同一个地球村,应该牢固树立命运共同体意识,顺应时代潮流,把握正确方向,坚持同舟共济";而在2015年9月举行的第70届联合国大会上,习主席再次明确指出,当前的"世界格局正处在一个加快演变的历史性进程之中",为了进一步促进世界和平与发展,需要各国"携手构建合作共赢新伙伴,同心打造人类命运共同体"。这些经典表述指明了两层含义:在个体层面上,我们每个人都是地球村的一员,这与之前提到的内容是相契合的;而在国家层面上,每一国也都成为"命运共同体"的一员,这实际上强调了一种以"你中有我,我中有你""一荣俱荣,一损俱损"为特征的国际关系新格局。同时,中国并没有把"命运共同体"仅仅当作响亮的口号,而是采取了一系列惠及友邦的实际行动,例如:提出了共同、综合、合作与可持续的"亚洲安全观",致力于走出一条共建、共享、共赢的亚洲安全之路;牵头倡议建设丝绸之路经济带和21世纪海上丝绸之路,为新时期的国际合作铺开了一条创新、包容与务实的发展道路;发起并成立了亚洲基础设施投资银行以及丝路基金,致力于同参与国家开展互利共赢的全方位深入合作。② 这些举措是在向世界传达"多元共生、包容共进"的全球发展理念,对于进一步优化国际关系而言具有实质性的推动作用。

"命运共同体"的国际观之所以能够引起世界各国的高度重视,主要是因为它抓住了当代国际关系发展的三个根本性要点:

第一,"命运共同体"的理念抓住了处理国际事务时应始终倚赖民

---

① 蔡亮:《共生国际体系的优化:从和平共处到命运共同体》,《社会科学》2014年第9期。

② 《习近平如何打造"亲诚惠容"的命运共同体?》,http://cpc.people.com.cn/xuexi/n/2015/0325/c385474-26749401.html。

主原则这一要点。它强调每一个主权国家都是平等的国际关系参与主体,"无论大小、强弱、贫富,都应该做和平的维护者和促进者,不能这边搭台、那边拆台,而应该相互补台、好戏连台";并且"各国主权范围内的事情只能由本国政府和人民去管,世界上的事情只能由各国政府和人民共同商量来办"。①

第二,"命运共同体"的理念揭示出所有国家之间业已形成唇齿相依的联系,具有共同利益和整体利益,因而抓住了各国之间利益相关这一要点。"命运共同体"从根本上讲就是利益共同体,它打破了冷战时期各个国家集团之间的零和博弈思维,强调要"在竞争中合作,在合作中共赢,在追求本国利益时兼顾别国利益,在寻求自身发展时兼顾别国发展"。

第三,"命运共同体"的理念是对中国传统"和文化"的全新演绎,抓住了构建和谐国际关系是世界发展的必然趋势这一要点。"和文化"的基本内涵包括"和而不同"与"和实生物",前者告诉我们应该承认与尊重世界的多样性与差异性,而后者则言明和谐的共生关系才是各国得以繁荣发展的前提与保证。以史为鉴,各国都已逐渐认识到"一花独放不是春,百花齐放春满园"的基本发展逻辑,于是以"和"为贵也就顺理成章地成为构建新型国际关系的底线标准。②

总而言之,现阶段的国际形势风云变幻、日益复杂,"独善其身"显然已经难以适应全球化时代的发展趋势;共处于同一个地球村的世界各国,只有携手建立"命运共同体"式的国际关系,才能够真正实现共生、共享、共荣的和谐发展。

◎ 延伸阅读

"命运共同体"思想对于中国与世界的重要意义

中国发展当然要走自己的道路,但中国发展毕竟是整个世界发展的一部分。因此,我们在发展中,正如习近平总书记所指出的,"要树

---

① 《习近平:世界的命运必须由各国人民共同掌握》,http://cpc.people.com.cn/xuexi/n/2015/0809/c385474-27432139.html。
② 金应忠:《从"和文化"到新型国际关系理念——兼论人类命运共同体意识》,《社会科学》2015年第11期。

立世界眼光,更好把国内发展与对外开放统一起来,把中国发展与世界发展联系起来,把中国人民利益同各国人民共同利益结合起来"。而这样一种"世界眼光"的必然体现,这一系列的"统一""联系""结合"的必然结果,就是新一届中央领导集体所提出的"命运共同体"思想的形成。

"命运共同体"思想是指导中国进行国际交往、处理国际事务、建构国际新秩序的基本的主张。"走和平发展道路,是我们党根据时代发展潮流和我国根本利益作出的战略抉择。""中国人民怕的就是动荡,求的就是稳定,盼的就是天下太平。"中国为什么要坚定不移地倡导走和平发展之路呢? 一个重要的理论认知,就是"命运共同体"思想的提出。换言之,中国之所以要大力强调和主张建设和谐世界、促进和平发展,就是基于对当今国际社会是一种命运共同体的客观认知。"命运共同体"思想是中国所主张的实现和平发展、建设和谐世界的重要理念基础。

基于实践的角度分析,由于"命运共同体"思想着眼的是人类的整体利益,并包含着新的理念和准则,因而,推行"命运共同体"思想,不仅有助于克服和解决当今日趋严重的全球性问题,有助于推动世界各国的共同繁荣和进步,更重要的是,倡导并积极建构命运共同体,能把中国置于一种和平安稳的国际环境之中,从而为中国的科学发展和中国的崛起提供极其有利的外部条件。"党的十八大明确提出了'两个一百年'的奋斗目标,我们还明确提出了实现中华民族伟大复兴的中国梦的奋斗目标。实现我们的奋斗目标,必须有和平国际环境。"而把当今世界看作命运共同体,倡导并建设这种命运共同体,显然能为中国的建设和发展提供一个安宁、安全、和平的国际环境,有助于减缓来自外部的干扰和压力。①

三、全球化视野中的社会风险:"风险社会"成为一种全球性的共识

全球化的第三个特征体现在人们的思想意识层面。社会风险正在全球范围内进行分配,而"风险社会"的理论思潮则随之转化成一种

---

① 节选自邱耕田:《"命运共同体":一种新的国际观》,《学习时报》2015年6月8日。

全球性的社会共识。德国学者乌尔里希·贝克是这一理论观点的集大成者,在其代表作《风险社会》一书中,他曾系统论述过这种全球性风险出现的历程。自18世纪中叶以来,发端于英国的工业革命极大地解放了人类的生产力,作坊式手工业生产逐渐被工厂化大规模生产所取代;与此同时,人类对自然知识的积累也一步步将那种封建时代与宗教相伴而生的旧世界观去神秘化了,取而代之的则是以科学和技术为中心发展起来的现代工业文明与工业社会。与18世纪以前相比,工业时代让人们的生产效率与生活水平得到了明显提升。直到20世纪前期,人们都还认可这样一种幻象:"发达的工业社会,连同它的工作和生活方式,它的生产部门,它的立足经济增长的思想范畴,它对科学和技术的理解与它的民主模式,是一个彻底现代的社会,是现代性的顶峰——甚至设想超越它的可能性也是没有意义的。"①

然而,工业社会的"神话"在以生态环境恶化为代表的一系列负面阴影之下走向了破灭。回顾历史可以发现,人类对环境资源的利用经历了一般化利用、过度化利用和保护性利用三个阶段。工业革命以前,人与环境的关系停留在"靠山吃山、靠水吃水"的状态,这个阶段可以被认为是一般化地适度利用环境资源。工业革命的出现则打破了这种自然状态,无论是工业生产还是公众日常生活,都需要大量开发诸如森林、矿山等环境资源,对这些资源的利用也逐渐变得不加以限制。到了20世纪70年代,人们开始意识到很多不可再生资源正在走向枯竭;从《经济增长理论》到《增长的极限》,从《亚洲的戏剧》到《新发展观》,这些学术著作都促使国际社会重新反思工业化所引发的不容忽视的社会风险。② 用贝克的话说,这些风险"不像19世纪和20世纪上半期与工厂相联系的或职业性的风险,它们不再局限于特定的地域或团体,而是呈现出一种全球化的趋势……在这种意义上,危险成为超国界的存在,成为带有一种新型的社会和政治动力的非阶级化的全球性危险"③。可见,在全球化趋势的推动之下,当下社会中存在的风险被赋予了与工业化时代截然不同的特质,而这些特质又反过来成

---

① 乌尔里希·贝克:《风险社会》,何博闻译,译林出版社2004年版,第4—5页。
② 周长城、徐鹏:《"新绿色革命"与城市治理体系的创新——丹麦可持续发展经验对中国的启示》,《人民论坛·学术前沿》2014年第22期,第74—83页。
③ 乌尔里希·贝克:《风险社会》,第7页。

为全球化本身的真实写照。

与传统意义上的风险不同,全球化视野下的风险已经与其最初起源的地方相脱离,并以一种不易察觉的扩散方式使地球上其他角落的生命处于危险之中。在传统工业社会,绝大部分的风险是与人们的生产活动联系在一起的。例如,从工业生产中会产生有害工业废料,在农作物上会残留过量喷洒的农药,以及在交通运输中也会有大量排放的汽车尾气,这些对于生态环境与人类健康而言都是被普遍认可的风险。这类风险的一个共同特点是,它们都有着比较明确的风险源头(厂房、农地或者公路等),这就为有针对性地化解风险提供了可能。但现在的情况是,上述这些都逐渐被看作是"典型的局部性误诊"。贝克就曾以森林资源遭受破坏为例,对这种环境风险的源头给出了不同的解读。他质疑道:"汽车是'国家的首要污染源',因而是真正的'森林杀手'吗?或者我们必须在燃煤动力工厂安装高质量高级别的滤气装置?或者那也是被证明是没有作用的,因为造成森林死亡的污染物从邻近国家的气窗和排气管道中畅通无阻地到达我们的家门口(或者森林)。"① 从贝克对森林破坏原因的追问中,我们能够意识到一种超越了局部层次的风险,在它背后或许还牵涉到不止一个国家的工业部门、商业机构以及为污染辩护的科学团体,而当这些都被公众怀疑为风险源头的时候,局部的森林破坏也就变成了一种系统存在的风险。由此可见,全球化背景下的风险已经不再仅仅存在于其产生的地方,而更有可能超越局部的限制,因此也需要人们用比以往更加睿智的眼光去定位造成风险的多样化的源头。

延伸阅读

乌尔里希·贝克与"风险社会"理论

乌尔里希·贝克,1944年5月15日出生于二战时德国的斯武普斯克(现属于波兰),1966年,贝克进入弗赖堡大学学习法律,但在第二学期,他就转到慕尼黑大学主修社会学、哲学、心理学和政治学。1972年,贝克以优异的成绩毕业获博士学位,并留校任职。1979年,晋升为讲师。1979年至1981年,贝克担任明斯特大学教授,1981年

---

① 乌尔里希·贝克:《风险社会》,第32页。

至1992年,担任班贝格大学教授。自1992年起,贝克开始在慕尼黑大学任社会学教授,并任慕尼黑大学社会学研究所所长。1997年,伦敦政治经济学院聘请贝克为英国社会学杂志百年访问教授。

为乌尔里希·贝克赢得世界声誉的著作是1986年的《风险社会:迈向一种新的现代性》,他在书中首次以"风险社会"的概念来描述当今西方高度发达的现代社会,并从社会学层面反思、批判现代性出现以来风险因素日益突出的社会现象。《风险社会》出版当年,就发生了切尔诺贝利核电站事故,核辐射威胁覆盖整个欧洲。很快,他的"风险社会"理论就在全球受到关注。

对于《风险社会》一书的创作,贝克后来回忆,20世纪七八十年代他就意识到,作为一门科学的社会学的核心议题在于研究社会的变化。贝克认为,当时的社会学将自己封闭在现代社会的某一发展阶段之中,这是非常荒唐的。所以他将全部精力投入到研究社会现代化进程上,试图重新定义各个机构。于是他开始注意到环保问题。"环境遭破坏并非是现代进程失败的产物,而恰恰是这一进程取得成功所带来的后果。在工业化进程中,大自然遭到破坏。我认为,这些副作用尚没有引起人们的足够重视。所以我想到要撰写《风险社会》一书。"而所谓风险社会即意味着,伴随现代化进程产生的负面影响已对社会基石构成威胁,它是现代化发展的一个新的阶段,一个取得成功的阶段。

乌尔里希·贝克将后现代社会诠释为风险社会,其主要特征在于:人类面临着威胁其生存的由社会所制造的风险。我们身处其中的社会充斥着组织化不负责任的态度,尤其是,风险的制造者以风险牺牲品为代价来保护自己的利益。他认为西方的经济制度、法律制度和政治制度不仅卷入了风险制造,而且参与了对风险真相的掩盖。贝克力倡反思性现代化,其特点是既洞察到现代性中理性的困境,又试图以理性的精神来治疗这种困境。贝克认为,在前工业时代,灾难被认为是同自然本身紧密相连的,所以,人类并不需要对灾难负责。但是,现代社会的风险更多地同人类的决策相关。在《风险社会》一书中,贝克提出了"有组织的不负责任"的概念,他认为,现代性的出发点是控制不确定性,但是现代性又产生了新的不确定性,很难找到不确定性产生的确定原因。

所以在现代社会,自然风险和技术风险是无法区分的,它们结合在一起。对于这种复合型全球风险的预防和控制,贝克持悲观态度,他甚至认为灾难可能会打断现代性文明,"这些灾难或者说对灾难的预期是同时发生的,这就是我所说的'全球时刻'"。而唯一能做的只有合作,建立全球治理体系。面对全球灾难,在全球风险社会,贝克认为,没有一个国家可以独自解决那些问题。事实上,只是基于本国利益做出的选择最终都会失败,因为它们可能带来风险,长期而言,风险反过来会损害国家的主权利益。

在《风险社会》出版20年后,贝克又出版了《世界风险社会》。贝克在《风险社会》中就已经把全球化作为风险讨论的背景,而在《世界风险社会》中,他把关于风险社会的讨论与全球化联系在一起,只有跨国界的行动才能阻止风险的发生。[①]

第三节　全球化的发展样态

在上一节中,我们能够初步了解全球化这个抽象概念所包含的基本特征要素。概括而言,它是一系列变动趋势的集合,包括个人身份朝着"地球村村民"的方向迁移,国际关系向着"命运共同体"的模式转型,以及"风险"意识突破了地域与文化的界限,演化为一种具有超越性的全球性共识。通过以上介绍,我们的脑海中应该渐已形成全球化的整体轮廓,然而却难免感觉到这些理论探讨似乎离我们的生活太遥远,以至于不禁要问:全球化与我们的生活有何关系呢?针对可能产生的疑问,在接下来的讲述中,我们将继续关注全球化在经济、政治和文化三个具体领域的当前发展样态。

一、经济领域的全球化发展

经济全球化是我们日常生活中使用频率很高的一个概念,这主要是因为它能够抓住经济活动正在世界范围内广泛融合这一重要的时代特征。从概念上判断,经济全球化指的是全球经济的交互关系正在被不断强化和扩展。具体来说,就是与经济活动有关的商品、服务、生

---

① 节选自《"风险社会"提出者贝克去世,对这一损失我们还不能真正理解》,http://www.cssn.cn/shx/shx_tpxw/201501/t20150105_1467120.shtml。

产要素以及信息资源等实现了全球性的流动与重置,能够整合世界各国经济活动的全球市场已经形成。与此同时,经济全球化也使得大型跨国公司、国际经济组织以及区域性贸易合作集团在构建全球经济新秩序的过程中扮演着越来越重要的角色。总体而言,经济全球化既反映了当前各国和各地区在经济领域互相依存的程度不断加深这一事实,也揭示出全球范围内生产力与生产关系向着更高级阶段演进这一必然的发展过程。

(一)"布雷顿森林会议"与全球经济秩序的建立

当代经济的全球化发展与二战初期召开的"布雷顿森林会议"(Bretton Woods Conference)密不可分。1944年7月,参与筹建联合国的44国政府代表在位于美国新罕布什尔州的布雷顿森林举行会议。这是继1919年巴黎和会之后最为隆重的一次国际会议,主要目的是共同商议战后经济重建事宜。会上,以美国和英国为代表的世界主要经济体提出要修订以保护本国经济为主要目标的战中时期(1918—1939)经济政策(如设置进口商品的高关税),以此来促进国际贸易合作。这次会议通过了《联合国货币金融协议最后决议书》以及相关的附属协定,统称为《布雷顿森林协定》。协定的核心内容包括:建立一种国际金汇兑本位制,将美元与黄金挂钩,美元成为黄金的"等价物";成员国货币和美元挂钩,实行可调整的固定汇率制度(即35美元兑换1盎司黄金);取消经常账户交易的外汇管制等。《布雷顿森林协定》的签署使美元在战后国际货币体系中占据了中心地位。

布雷顿森林会议不仅确立了以美元为中心的固定汇率制体系,还推动建立了三个重要的国际经济组织,它们对维持战后世界经济秩序的良性运行产生了积极影响。第一个是1945年正式设立的国际货币基金组织(International Monetary Fund,IMF),它主要是为了加强多边贸易和货币的可兑换性,保持国际汇率的稳定。同一年,国际复兴开发银行(International Bank for Reconstruction and Development,IBRD)也宣告成立,它是现在世界银行(World Bank,WB)的前身,建立之初定位于战后欧洲经济的恢复;20世纪50年代以后,其宗旨进一步扩展为向成员国(尤其是发展中国家)提供贷款以促进工业建设项目的完成,并致力于推动该国经济以及国际贸易的恢复与发展。1947年,基于《关贸总协定》的第三个国际经济组织得以建立,它也是1995年成立的世界贸易组织(World Trade Organization, WTO)的前身。在布雷顿森林会议以后,这三大国际经济组织成为协调世界各国经济贸易的核心枢纽。直到1971年,时任美国总统尼克松正式宣布美元汇率与黄金脱钩,布雷顿森林体系宣告解体。

布雷顿森林体系是以英国经济学家凯恩斯所主张的国家干预主义为基础构建起来的,因而它从根本上反对古典自由放任主义的经济思想。然而,到了20世纪80年代,以英国首相撒切尔夫人以及美国总统里根为代表的政界领袖意识到凯恩斯主义干预国家经济的弊端,转而开始推行新自由主义改革,以此来顺应全球化背景之下世界经济自由发展的现实需求。1990年前后,苏联以及东欧国家解体,这一事件也在某种程度上为建立新自由主义经济秩序提供了进一步发展的历史机遇。自此之后,经济全球化的态势日趋明显,具体表现在三个方面,即:自由贸易的国际化发展、跨国公司的规模扩张以及国际经济组织的重要性愈加凸显。接下来,我们将分别从这三个角度对当前经济全球化的发展样态予以进一步介绍。

(二) 经济全球化的重要特征

1. 自由贸易的国际化发展

新自由主义的经济政策直接推动了自由贸易在世界范围内的蓬勃发展。据世界贸易组织(WTO)提供的数据显示,2014年全球出口商品贸易总额达到了190 020亿美元,其中我国出口商品贸易总额为23 420亿美元,占全球份额的12.3%,位列世界第一位;美国出口商品贸易总额为16 210亿美元,位列第二;德国出口商品贸易总额为15 080亿美元,位列第三。① 从上述有关全球出口商品贸易额的数据中,我们能够直观地感受到当前世界自由贸易的巨大规模。

然而,贸易的自由化也是一柄双刃剑。从积极的角度看,在一个共同的国际市场中,自由贸易使得各国经济越来越趋向于开放化,商品、服务以及资本、技术、劳动力等生产要素能够自由流动,国际贸易壁垒得以减少或消除。这些有利因素不仅直接增加了可供消费者选择的商品与服务种类,提升了经济交易中买卖双方的自由度,还为新

---

① 相关数据引自世界贸易组织发布的 *International Trade Statistics 2015*, https://www.wto.org/english/res_e/statis_e/its2015_e/its15_toc_e.htm。

研发的技术能够更快地应用于需要的地区或领域提供了更多便利。对于整个世界经济而言,自由贸易极大地提升了各国的经济生产力,促进了全球财富的积累,同时良好的全球经济环境也有利于维持国际与地区关系,使之稳定协调发展。诚然,自由贸易所带来的益处是显而易见的,但是也存在着不容忽视的负面影响,其中一个被普遍关注的消极影响可以被总结为"马太效应(Matthew Effect)",即强国愈来愈强,弱国愈来愈弱,全球贫富差距被进一步拉大。在经济生产领域,欠发达地区由于劳动力成本低廉,于是成了一些国际知名品牌厂商的代工厂所在地;而某些代工厂的工作环境较差、管理严苛,没有给工人提供必要的社会保险、休闲娱乐设施,由此导致的劳资关系紧张也被看作是贸易自由化的一个消极后果。此外,还有学者质疑,伴随着贸易自由化发展,全球范围内的环境问题(如温室气体排放引发的温室效应)也进一步加剧。总而言之,自由贸易一方面促进了全球经济的快速发展,另一方面也带来了与经济发展紧密相关的现实问题。

2. 跨国公司的规模扩张

在经济全球化不断加速的过程中,跨国公司(Transnational Corporation,TNC)作为世界经济的助推器也随之得到了快速发展。很多国家或地区为了引入更多国外直接投资(Foreign Direct Investment,FDI)①,会对跨国公司的经营活动予以一定的补贴。事实证明,已经有越来越多的公司在利好政策的驱动之下选择了"走出去战略",全球具有跨国经营背景的公司数量从1970年的7000个增长到2006年的78 000个。② 美国诺贝尔经济学奖获得者乔治·施蒂格勒曾指出,几乎没有一家大公司是靠内部扩张成长起来的,可见跨国发展是现代公司实现资源优化配置及高效率扩张的重要途径。

跨国公司在地域分布方面显现出较为一致的规律性。通用电气、沃尔玛、苹果、谷歌、三星及西门子等这些全球排名靠前的大型跨国公

---

① 按照国际货币基金组织(IMF)的定义,FDI是指一国的投资者将资本用于他国的生产或经营,并掌握一定经营控制权的投资行为。从形式上看,目前主要有三种跨国投资的方式:第一种是在国外直接新建一个跨国公司,也就是俗称的绿地投资(Greenfield);第二种是建立跨国合资企业,也叫作联合经营(Joint Venture);第三种则是跨国并购(Acquisition)。

② M. B. Steger, *Globalization: A Very Short Introduction*, p. 49.

司,几乎都将其总部设置在北美、欧洲、日本或韩国这些世界发达地区,而这种地域选择的倾向性也在某种程度上加重了全球经济的失衡局面。近几年,我国经济的稳定增长也成就了一些在国际上有影响力的本土企业,如阿里巴巴集团、联想、华为、小米等众多企业已经将业务拓展到海外,并且以其优质的产品与服务逐步赢得了国外消费者的青睐。随着国际分工向着更广与更细的方向演进,势必会推进更多企业走向国际市场以谋求进一步发展,而这一趋势也将世界各国的经济以更为紧密的方式联系在一起。

> **新闻链接**
>
> **从华为和联想看国内IT企业的国际化之路**
>
> 　　不久前,Interbrand发布了"2015年全球最具价值品牌100强"排行榜,IT巨头们再次成为争论的焦点。苹果、谷歌等硅谷企业依旧是榜单里的翘楚,任天堂和诺基亚却未能跻身全球100强之列,而国内的品牌中,华为是排名最高的中国公司,联想也成为第二家上榜的国内品牌。
>
> 　　其实,近几年国外关于品牌价值的排名中,从未少过华为和联想的身影。这两家风雨中走来的IT巨头被不少人誉为民族骄傲,而究其和其他IT企业的最大区别,莫过于二者都是国际化战略的先行者。
>
> 　　一般来看,衡量一家企业是否是国际化公司的标准有两个维度,一个是企业对国际市场的依存度,通常由企业海外收入、海外资产的比重来衡量。另一个是企业在国际市场运营、竞争的能力,表现在国际视野的领导力、全球化运营模式、人才、供应链管理、技术、品牌等等。按照Interbrand品牌评估方法,主要从七个方面来评价一个品牌的强度,即市场性质、稳定性、品牌在同行业中的地位、行销范围、品牌趋势、品牌支持和品牌保护。对于国内品牌来说,能否真正实现国际化对市场性质、行业地位、行销范围等方面而言不可同日而语,而这也正是华为和联想在品牌价值上和其他国内品牌的分水岭。

从华为 2014 年年报来看,中国区业务收入为 1089 亿元,欧洲中东非洲区业务收入为 1010 亿元,美洲收入为 309 亿元,亚太地区收入为 424 亿元。也就是说华为的海外收入比重在 65% 以上,特别是在欧美市场的出色表现,为华为的国际影响力增加了浓墨重彩的一笔。同时联想 2014 年的海外收入也在 62% 左右。而二者的全球化运营模式可谓各有所长,至少华为和联想 45.92 亿美元与 41.14 亿美元的品牌价值是最好的例证。

众所周知,华为在出海之初主要优势是低成本和低价格,凭借物美价廉迅速在亚太、非洲、中东等地铺开市场。但在欧美市场的探索上似乎并不那么顺利,面临着思科、爱立信等对手的直接竞争,特别是欧盟和美国对华为的政治打击一度闹得沸沸扬扬。华为可敬之处在于,当国际化战略由易转难的时候,华为审时度势地避开和原有市场大佬的死磕,选择了曲线进入。比如说示好 IN-QUAM 成功进入葡萄牙市场,而后通过与当地著名的代理商合作,相继打开了德国、法国、西班牙和英国等市场的大门。不久前,谷歌发布了由华为代工的 Nexus 6P,可以看作是华为曲线进入的又一次尝试。

和华为不同,联想的国际化似乎对收购情有独钟。2004 年联想以 12.5 亿美元收购了 IBM 的个人电脑业务,并一举成为全球最大的 PC 厂商,至今这一收购行为仍被人们津津乐道。2014 年联想以 23 亿美元收购 IBM 的 X86 服务器业务,正式进军轻服务器行业,在 X86 服务器市场份额上从第六攀升至前三。不久之后,联想以 29 亿美元从谷歌手中买下摩托罗拉手机业务,试图复制 PC 模式,以解救自家的手机业务。当然,联想还在全球各地进行了一系列的收购行为,比如在 2012 年收购巴西个人电脑和消费电子行业的重要企业 CCE,正是通过这种滚雪球的并购行为,联想的国际化战略有了今天的成绩。①

---

① 《从华为和联想看国内 IT 企业的国际化之路》,http://tech.163.com/15/1017/09/B649KE51000948V8.html。

3. 国际经济组织的重要性愈加凸显

随着世界各国在经济领域的合作日益加深,具有不同社会制度与不同经济发展程度的国家之间产生摩擦与矛盾的可能性也逐渐增大。在此背景下,各种类型的国际经济组织应运而生,它们在保障有关国家利益、避免国际冲突激化以及维护和平经济环境等方面扮演着越来越重要的角色。

我们可以依据一定的标准对国际经济组织进行分类。从所涉及的地域范围来看,可以分为全球性国际经济组织(如世界贸易组织、世界银行等)与区域性国际经济组织(如上海合作组织、亚太经济合作组织、亚洲基础设施投资银行、亚洲开发银行等)。而从组织性质的角度看,则可以分为以下两种类型:(1)论坛型。参与各国以举办会议的形式共同磋商经济事务,通常缺乏代表成员国执行决议的权威性,如博鳌亚洲论坛、世界经济论坛、亚欧首脑会议等。(2)机构型。这类组织以独立的或者多国联合的机构形式存在,具有一定的权威性,能够协调处理单个国家难以实现的经济职能,如国际货币基金组织、国际劳工组织、经济合作与发展组织等。

在经济全球化的大背景下,这些国际经济组织的重要性主要体现在以下三个方面:(1)国际经济组织为处理国际经济争端提供了谈判与对话的平台,有利于推动国际经济秩序的健康发展;(2)国际经济组织通过参与相关法规的编撰与制定工作,能够促进国际经济法、贸易法与发展法的逐步完善,进而创造有利于国际经贸合作的制度环境;(3)国际经济组织还有助于协调各主权国家不同的货币形式、货币政策及金融制度,从而帮助稳定国际金融制度,为国际融资提供了更多便利条件。[1]

二、政治领域的全球化发展

政治领域的全球化强调的是世界各国及国际组织在政治上的相互联系正在往更深与更广的方向拓展。其具体的表现就是基于利益共同体的标准,越来越多超越国家领土界限的政府间合作组织相继建立,并且这些组织已经在全球治理中扮演着日益重要的角色。之所以

---

[1] 李小北、李禹桥:《国际经济合作》,经济管理出版社2011年版,第31—33页。

会出现这种趋势,主要是因为当下有很多问题从一国范围内很难有效处理,因而需要转移到国际的层面加以协调解决。例如,世界各国正面临共同的生态环境问题,以及包括贩毒、恐怖主义在内的国际犯罪问题。对于这类超越国境界限的问题,单一国家往往难以制定有效的应对策略,故而需要在跨国的层面对之进行重新定位,并以民主的方式达成不同国家间的行动共识。

依据政府管辖范围的差异,我们可以将各国在政治领域的合作划分为三个层次,即省(市、州)政府间合作、区域性政府间合作以及全球性政府间合作,接下来将对这三类政府间的合作分别进行介绍。

(一) 省(市、州)政府间合作

当前,世界不同国家的省(市、州)政府之间已经建立起了形式多样的合作关系。以中国为例,我国开展友好城市活动的历史可以追溯到1973年,当时天津市与日本神户市结成中国的第一对国际友好城市。此后四十多年间,友好城市取得了快速的发展,而这也正好反映了我国改革开放的成果和历程。截至2013年,我国已经与世界上131个国家建立了2022对友好城市(省、州)关系。[①] 目前已经成立了"世界主要大城市协会(World Association of Major Metropolises)""世界低碳城市联盟(World Alliance for Low Carbon Cites)"等国际城市间合作组织。可见,各国的发展实践已经使人们普遍意识到城镇化发展需要国际视野和世界智慧,因此各国地方政府正在针对城镇化发展中遇到的共性问题展开经验分享与深入合作。

> **新闻链接**
>
> **北京与50座城市建立国际友好城市关系**
> **——将借鉴友城经验治理"大城市病"**
>
> 作为国际交往中心,北京已经与全球45个国家的50座城市建立了国际友好城市关系。北京将学习借鉴友城治理经验,治理大气污染、交通拥堵、人口过快增长、垃圾污水处理等"大城市病"。

---

① 刘秀玲:《中国已与世界131个国家建立2022对友好城市关系》,http://news.xinhuanet.com/politics/2013-09/07/c_117268486.htm。

> 日前,市政府外办主任赵会民向市人大常委会报告了北京市国际友好城市工作情况。据介绍,1979年3月,日本东京都成为最早与北京缔结国际友城关系的城市,此后陆续有美国纽约、法国巴黎、英国伦敦等国际大都市与北京结为友城,其中欧洲城市21个、亚洲城市13个、美洲城市10个、非洲和大洋洲城市各3个。按照"政府结好、多方受益"的原则,友城工作在提升北京国际化发展水平和聚集国际高端要素等方面发挥了不可替代的重要作用。
>
> 2009年以来,北京已经与37个友城开展了114项务实合作。配合国家总体外交,积极参加在世界各国举办的中国年活动,向友城捐赠捐建雕塑、中式建筑等,通过友城渠道服务本市承办重大国际活动24项,推动北京银行与ING国际集团、北汽福田与莫斯科市等多个合作项目,有力推动了北京企业"走出去"和吸引国际资源落地。
>
> 赵会民表示,下一步本市将通过扩大友城交往范围,丰富交往内涵,创新工作模式,整合友城资源等,继续助力首都四个中心建设,提升首都国际化水平和国际影响力,促进京津冀友城工作协同发展。特别是要开展城市建设和管理交流合作,围绕首都当前需要着力解决的大气污染、交通拥堵、人口过快增长、垃圾污水处理等"大城市病",学习借鉴纽约、伦敦、东京、巴黎等友城经验,与韩国首尔市和美国洛杉矶市等友城建立大气污染防治的交流合作机制,引进友城先进技术和解决方案为北京服务。①

(二) 区域性政府间合作

世界各国基于地缘关系,建立了多样化的区域性政府间合作组织。这些组织的主要任务是维护和促进本地区的和平与稳定,调解地区战乱与冲突,同时还致力于推行地区性改革战略,促使各成员国在重大国际事务中能够协调一致。例如,欧洲联盟(European Union)、非洲联盟(African Union)、东南亚国家联盟(Association of Southeast Asian Nations)、上海合作组织(Shanghai Cooperation Organization)等都是区

---

① 王皓:《北京与50座城市建立国际友好城市关系》,《北京日报》2014年6月3日。

域性政府间合作组织。我们在此以上海合作组织(简称"上合组织")为例,对这类组织的基本情况予以进一步介绍。

上合组织的前身是由中国、俄罗斯、哈萨克斯坦、吉尔吉斯斯坦和塔吉克斯坦组成的"上海五国"会晤机制。苏联解体后,为了解决中国同俄罗斯、哈萨克斯坦、吉尔吉斯斯坦和塔吉克斯坦的边界问题,五国元首于1996年在上海举行了首次峰会。五国本着互谅互让的原则,在解决边界问题方面取得了巨大成果,逐步形成了五国会谈机制。2001年6月14日,"上海五国"元首在上海举行第6次会晤,乌兹别克斯坦以完全平等的身份加入"上海五国"。随后六国元首举行了首次会晤,签署了《上海合作组织成立宣言》,上海合作组织正式成立。2002年6月,上合组织成员国元首在举行的第二次会晤上签署了《上海合作组织宪章》。《宪章》对上合组织的宗旨、组织结构、运作形式、合作方向及对外交往等原则作了明确阐述,标志着该组织从国际法意义上得以真正建立。除了上述6个正式成员国,该组织还逐步接纳了蒙古、巴基斯坦、伊朗、印度、阿富汗、白俄罗斯等6个观察员国,以及白俄罗斯、斯里兰卡、土耳其、阿塞拜疆、亚美尼亚、柬埔寨、尼泊尔等7个对话伙伴国。

上合组织自2001年成立以来,保持了健康、稳定的发展势头,成为欧亚地区地缘政治格局中具有关键作用的建设性力量。安全合作是这个组织非常重要的合作领域,在其成立之初便签署了《打击恐怖主义、分裂主义和极端主义上海公约》,从而迈出成员国在该领域合作的第一步。作为上合组织常设机构之一,2004年成立的上合组织地区反恐怖机构在打击"三股势力"(即暴力恐怖势力、民族分裂势力、宗教极端势力)方面发挥了重要作用。通过建立联合反恐演习、情报交流会议、打击网络恐怖主义联合工作小组等合作机制,上合组织成员国在安全领域的合作得以深入推进。此外,在经济合作领域,上合组织还成立了实业家委员会、银行联合体,在推动各成员国加强能源、交通、电信等基础设施建设方面取得了积极进展。

当前,国际局势正在经历复杂深刻变化,各种不稳定、不确定因素增多。在这种形势下,上合组织能够秉承不结盟、不针对其他国家和组织以及对外开放的原则,不断深化安全、经济、人文各领域的合作,为维护地区安全稳定、提高地区经济社会发展水平起到了积极作用。①

通过对上合组织的介绍,我们能够了解到这类区域性组织的一些共性特征,即它们一般都属于集政治和经济于一体的地区政治实体,致力于帮助维持本地区的政治稳定与经济发展,尽可能减少区域内的冲突战乱,共同创造一个和谐的发展环境。

（三）全球性政府间合作

全球性政府间合作组织通过促成所有会员国之间开展对话,主持协商,成为政府间达成协议、携手解决问题的有效机制。联合国是这类组织的代表,它成立于1945年,现有会员国193个。联合国的宗旨和工作以《联合国宪章》中规定的机构目标和原则为出发点。

根据《联合国宪章》赋予的权利及其独特的国际性质,联合国可就人类在21世纪面临的一系列问题采取行动,具体涉及和平与安全、气候变化、可持续发展、人权、裁军、恐怖主义、人道主义和卫生突发事件、性别平等、施政及粮食生产等。此外,联合国通过大会、安全理事会、经济及社会理事会和其他机构和委员会,为会员国提供一个论坛来表达他们的观点。

我们知道,预防冲突能够最为有效地减轻人类苦难,减少冲突及其后果所带来的经济成本。联合国通过外交手段、斡旋及调解,从而在冲突预防中发挥了重要作用。此外,在维护国际和平与安全方面,联合国通过"维持和平行动"来帮助推进世界政治进程、保护平民、协助前战斗人员解除武装、复员和重返社会;支持宪政及选举进程,保护并推动人权,恢复法制和加强合法国家的权力。还通过"建设和平活动",帮助国家走出冲突,减少再次陷入冲突的风险,并为建设可持续的和平与发展奠定基础。同时,面对恐怖主义的全球性威胁,联合国会员国于2006年9月通过了《联合国全球反恐战略》,这是各会员国首次就反对恐怖主义达成的首个共同战略和业务框架。② 通过以上对联合国的基本介绍,我们能够进一步理解在全球化背景下世界各国政府间加强合作的重要意义。

---

① 《上海合作组织（上合组织）》,http://news.xinhuanet.com/ziliao/2002-06/01/content_418824.htm。

② 联合国相关资料来源于其官网。

（四）国际非政府组织

以上提到的都是以主权国家或其下级政府作为主体构建起来的合作组织，能够帮助处理国际性或区域性的问题。除此之外，还有一类组织独立于政府之外，但是也对缓解国际争端与社会问题起到关键的推动作用，它们被称为"国际非政府组织（International NGO）"。例如，在有关的新闻报道中，我们常常会听到"无国界医生（Médecins Sans Frontières，MSF）"这个名字，它就是一个独立的国际医疗人道救援组织，致力于为受武装冲突、疫病和天灾影响，以及被拒于医疗体系以外的人群提供紧急医疗援助。接下来，我们就以这个组织为例，来了解现今国际非政府组织的发展状况。

无国界医生于1971年在法国巴黎成立，现已发展成全球运动，设有24个协会，无国界医生（国际）设于瑞士日内瓦。作为一个独立自主的非营利组织，无国界医生现于全球超过60个国家开展救援项目。数以万计从事医疗、后勤和管理的专业人士投身组织的救援工作，他们绝大部分来自医疗援助项目所在的国家。

在组织构成方面，无国界医生是由现职和前任人员所组成的国家和地区协会。目前共有23个协会，全部是独立的法人，并由每个协会选出其董事会成员和主席。大部分协会均设有行政办事处，负责为组织的前线工作筹款和招募人员。协会与5个行动中心相关联，这5个中心分别位于巴黎、布鲁塞尔、阿姆斯特丹、巴塞罗那和日内瓦，它们负责管理无国界医生的人道救援项目。组织内还有其他单位为救援项目提供支援，例如位于波尔多的物资供应中心、在约翰内斯堡专门研究艾滋病的部门，以及设于维也纳的评核部门等。无国界医生的办事处、单位、行动中心和协会紧密相扣，并在不同层面一起工作。它们透过共享无国界医生的名字，对无国界医生宪章和宗旨的共同承诺，以及作为无国界医生的国际会员，正式形成了一种全球行动网络。

在具体的行动中，无国界医生只会基于人们的需要提供援助，不受种族、宗教、性别或政治因素左右。在小区及医疗系统不胜负荷的地方，无国界医生为身处困境的人提供医疗护理。其核心工作是为受武装冲突影响的人群提供紧急医疗救援，这些救援行动都是基于医疗道德，以及中立和不偏不倚的原则。无国界医生不会偏袒任何一方，力求为最有迫切需要的人们提供援助。在冲突地区开展的项目，无国界医生并不接受直接牵涉到冲突的政府或其他派别的资助。①

通过对无国界医生这一典型的国际非政府组织的介绍,我们能够感受到这类组织在缓解国际性或区域性争端中起到了积极作用。它们能够根据组织机构的性质(如"无国界医生"主要从事医疗援助),有针对性地协助处理那些与社会治理相关的矛盾问题。由此可见,国际非政府组织与各个层次的政府间合作组织一道,共同构成了当今全球治理体系中的关键力量。

三、文化领域的全球化发展

置身于全球化的世界中,文化的呈现方式与具体内容开始变得丰富多样,而我们也有了比以往更多的机会去体验来自世界不同地域的多元文化。尤其是依靠互联网、电视等媒体平台广泛传播的大众文化正逐渐渗透到日常生活的各个方面,深刻影响着我们的行动与思考的方式。但是,当我们享受多元文化带来的乐趣时,更应该注意到文化的多样性正在全球化的背景之下受到严峻的挑战。接下来,我们将聚焦于全球文化的"麦当劳化"(McDonaldiztion)"问题,同时也将分析应该如何应对这种"麦当劳化"的挑战。

(一)全球文化的"麦当劳化"

美国学者乔治·里泽在描述全球化背景下的社会变迁状况时,创造了一个有趣的概念——"麦当劳化",意指快餐店的规则逐渐主宰美国社会的诸多方面乃至世界其他地域的过程。几乎所有美国人以及很多其他国家的人都无数次地走进它的金色拱门;其无处不在的广告,以及大街上随处可见的麦当劳招牌,使得麦当劳已经作为一种文化现象植入公众的思想意识之中。曾经有一项针对美国学龄儿童的调查显示,96%的受访儿童能够认出麦当劳大叔的名字,位列圣诞老人之后,排在第二位。

从表面上看,麦当劳餐厅的经营是颇具效率的,能够让顾客在尽可能短的时间内品尝到想要的食物,而且这种统一的店面装修、员工操作流程以及主要的食物品类都让遍布世界各地的麦当劳餐厅没有显著的差异性。对于顾客来说,这种标准化的用餐模式提高了就餐过

---

① "无国界医生"的相关资料来源于该组织的官方网站(http://msf.org.cn)。

程的可预测性和可控制性;而对于经营者,这种标准化的服务流程也能够在很大程度上减少管理成本。就此而言,似乎"麦当劳化"并没有什么不好。但如果我们进一步思考"麦当劳化"的深层次内容,那么问题就出现了。其一,几乎所有麦当劳餐厅都提供简单便捷的"薯条加汉堡"主食搭配,而这种主食已经被普遍认可为对人体健康产生威胁的"垃圾食品"。因此,可以说麦当劳快餐实际上向全球传递着一种并不健康的"快餐文化"。其二,麦当劳餐厅看似理性的经营也被解读为"去人性化"的;从长远来看,这种过度强调标准化的管理模式也会使人们的创造性逐渐消退,多样性也会在很大程度上被单一性所取代。

正如乔治·里泽所言,上述"麦当劳化"的影响其实并不仅仅限于餐饮业,事实上已经波及了包括文化、教育、工作等在内的社会生活的方方面面。就文化领域而言,"麦当劳化"表达的是一种追求同质性的文化观念,以标准化的规范来提高做事的效率。那"麦当劳化"在文化领域是怎么体现出来的,它又给我们的文化生活带来了什么影响呢?接下来,我们从两个方面来回答这个问题。一方面,全球文化的"麦当劳化"让一些有价值的文化形式被忽视甚至抛弃了。英国学者沃特森在《多元文化主义》一书中,曾指出"文化形态与生俱来就是不稳定的,它们一直受到外因和内因的影响,并且一直经历着改造和转变……文化不再是一套固定的独立于历史潮流的社会行为,也不仅仅是政治和经济变革的反映和指针"。他注意到了文化的不稳定性,在条件成熟时有可能走向没落甚至衰亡。他举了一个文化衰亡的事例,指出印度爪哇的"皮影戏"中以传统的《摩诃婆罗门和罗摩传》为其主题的故事编排,如今正被起源于美国、日本和中国的故事所取代。[①] 从这个事例中,我们能够看到一些具有个性的非主流文化形式正在被主流的文化形式所同化,从而使全球文化的多样性逐渐减少。

另一方面,语言作为文化的重要载体,也受到了"麦当劳化"趋势的影响。具体来说,就是一些在国际交流中经常使用的语言变得越来越重要,相反另一些只有少数人使用的语言则面临后继无人的尴尬境地。举例来说,英语被视为全球通用语言。相关数据显示,全球有超过3.5亿人以英语为母语,同时还有超过4亿人将英语作为第二语言;

---

① 沃特森:《多元文化主义》,叶兴艺译,吉林人民出版社2005年版,第70—75页。

互联网上有超过80%的内容是用英语来描述的;此外,世界上几乎有一半的外国留学生入读英美教育机构。与英语的绝对优势地位形成鲜明对比,地球上越来越多的语言种类正在被遗忘甚至走向绝迹。据统计,世界上的语言种类数已经从1500年的14 500种减少到了21世纪初期的不到7000种;还有语言学家预计,若以目前的递减速度,还将有50%至90%的语言会于21世纪末消失。这种语言多样性的衰亡也从另一个侧面反映了全球文化的"麦当劳化"趋势。①

(二) 应对文化领域"麦当劳化"的挑战

面对着文化领域的"麦当劳化"趋势,我们应该对此有所反思。沃特森曾指出:"没有任何一种文化比其他文化更为优秀,也没有一种超然的标准可以证明这样一种正当性:可以把自己的标准强加于其他文化。"②从这一角度而言,不管是何种形式的文化,都应当是具有各自独立的特性。因此,我们应该认识到不同文化之间并不必然相悖,而是可以相互促进、共同发展的。故此,在全球化的语境下,我们应以宽广的胸怀去认可与接纳不同的文化形式,并且尽己所能去保护与传承那些可能面临衰亡的优秀文化,以此来帮助传承全球文化的多样性,携手促进全球文化的大繁荣与大发展。

延伸阅读
文化多样性的内在结构和意义内涵

文化多样性是各群体和社会借以表现文化的多种形式,这些表现形式在他们内部及其相互之间传承。尊重文化多样性既是发展本民族文化的内在要求,也是实现世界文化繁荣的必然要求。习近平总书记指出,"文明是多彩的,人类文明因多样才有交流互鉴的价值",如何理解文化多样性的内在结构和意义内涵,是对文化多样性保持正确态度和立场的首要问题。

多样性既是现存的也是演变的。

文化以差异的方式存在,这是事实,但任何文化都不是固定的、僵

---

① M. B. Steger, *Globalization: A Very Short Introduction*, pp. 72-83.
② 沃特森:《多元文化主义》,第1页。

化的。现代文化理论的一个重要内容,就是阐释文化的演进和发展阶段。许多哲学家都对此颇有研究,这其中维柯、黑格尔等人的思想观点影响深远。维柯认为,任何民族都要经历神治时代、人治时代和平民统治时代。黑格尔以自由为理解历史的线索,认为东方世界只知道一个人的自由,希腊和罗马人知道少数人是自由的,日耳曼人受基督教影响知道全体人是自由的。所有这些都指出了文化演变的普遍性。但是,这类论述不应否认各地区、各民族进入这些时代的具体时间是不相同的,所走道路和方式是各异的。不能用"先进/落后"单向解释模式而忽略文化的复杂内容和文化内的变化。那么,如何在坚持普遍规律的同时又尊重文化的多样性和差异性呢?这里可以借用冯友兰的解释。他根据逻辑的"类型"与"个体"原理认为,资本主义文化、社会主义文化,是从类型的观点论文化,所见是同,所得是科学;中国文化、西洋文化,是从个体的观点论文化,所见是异,所得是历史。一个民族或国家的文化,既是特殊的,又同时属于许多类型。比如西洋文化可以是中古的,也可以是近代的,中国文化可以是中古的,也可以是近代的。从这个角度看,近代以来中国一般人心目中的中西之分,大部分是古今之异。引申开来说,也就是文化的时代性与文化的民族性是可以统一的。

多样性既存在于文化间也存在于文化内。

多样性议题并不始于当代,但显然只有在全球化的当代,重要性才得以凸显。世界近现代历史确实更多体现为西方文化的强势扩张,而中国这样历经几千年不衰而传承至今的文化传统,也不同程度地受到西方文化的深刻影响。但全球化之于多样性,并非只有压制和同化。应当把全球化与本土化理解为同一进程的两个方面,本土化当然是多样性的一种表现形式,但全球化也给一个文化共同体带来了新的不同成分,也是多样性展开的一种形式。这里至少有两个议题。其一,全球化激活了本土化,既使不同文化之间拥有更多体认、交流、沟通的机会,凸显了各文化的历史传统和特殊价值,又激活了对维护世界文化多样性的关注,由此出现本土化、区域化与全球化、产业化齐头并进的势头。其二,全球化增加了文化内部的多样性。去边界意义上的全球化,可能破坏民族/国家意义上的文化自主性,也可能唤醒非民族/国家意义上的文化自觉性。事实上,我们会发现存在着两种类型的多样性:"文化内的多样性"与"文化间的多样性"。当一种文化传播介入到另一种文化时,后者内部的多样性上升了(消费者有了更多的选择),但两种文化间的多样性反而下降了(两种文化更相似了)。问题的关键不是多样性的程度高低,而是带来了哪一种多样性。跨文化交流能够增加文化内的多样性,而不是文化间的多样性,不能简单说全球化只造成文化趋同甚至同质化。①

参考文献

[1] 卢克·马特尔:《社会学视角下的全球化》,宋妍译,辽宁人民出版社 2014 年版。

[2] 齐格蒙特·鲍曼:《全球化——人类的后果》,郭国良、徐建华译,商务印书馆 2001 年版。

[3] 乔治·里泽:《麦当劳梦魇——社会的麦当劳化》,容冰译,中信出版社 2006 年版。

[4] 乌尔里希·贝克:《风险社会》,何博闻译,译林出版社 2004 年版。

[5] J. Bartelson, "Three Concepts of Globalization," *International Sociology*, 2000, 15(2): 180-196.

[6] M. B. Steger, *Globalization: A Very Short Introduction*, New York: Oxford University Press, 2009.

思考题

1. 请根据你自己的理解,给"全球化"下一个定义。
2. 试论述国际经济合作的意义及其作用。
3. 试论述全球化给国际关系带来的影响。
4. 你认为全球文化是在向多元化还是同质化的方向发展?
5. 你认为应该如何看待"麦当劳化"带来的挑战?

---

① 单世联:《文化多样性的内在结构和意义内涵》,《中国社会科学报》2014 年第 609 期。

第九章　互联网与虚拟社会

【本章提要】本章的**目的**是帮助同学们认识"互联网与虚拟社会"这个范畴。**内容**包括什么是虚拟社区、我们与虚拟社会、虚拟社会的控制与管理,旨在帮助学生认识虚拟社会,了解虚拟社会的结构特征,遵守虚拟社会规范。互联网作为一种生活方式,是晚近才进入我们生活的。现在的虚拟社会也许就是未来的真实社会,需要尽早将规范确立起来。本章的**难点**在于如何管理和控制虚拟社会,理解我们生活中遇到的网络上形形色色、千奇百怪的网络个案。

如果说蒸汽机的发明为技术革命拉开了序幕的话,那么互联网的发明或许预示着社会革命的时代已经来临。伴随着大工业机器的轰鸣声,人类从以物质为基础的时代进入到以能源为基础的时代;伴随着计算机滴滴的键盘声,人类又从以能源为基础的时代迈入以信息为基础的时代。日益普及的互联网应用技术使天南地北的遥远距离变得近在咫尺,虚拟社会的出现使空间隔断瞬间崩解,网罗了几乎每个人的互联网,不仅为传统社会向现代社会的转型创造了良好平台,也为推进我们传统生活方式的革新提供了强大的变革动力。

图 9.1　中国网民规模及互联网普及率①

第一节　什么是虚拟社区

互联网的出现使跨时空的人际互动成为现实,人们通过互联网交流形成具有共同的价值观和归属感的群体,就此而言,"社区"的"精神共同体"属性凸显了出来,虚拟社区形成。"虚拟社区"译自英文"virtual community",意指"为网络衍生出来的社会群聚现象,也就是一定规模的人们,以充沛的感情进行某种程度的公开讨论,在网络空间中形成的个人关系网络"②。霍华德·莱茵高德(Howard Rheingold)在1993年出版的著作《虚拟社区》中首先引进了虚拟社区的提法,他将其定义为一群借由计算机网络彼此沟通的人。具体来讲,虚拟社区就是由网民在电子网络空间进行频繁的社会互动形成的具有文化认同的共同体及其活动场所。虚拟社区存在于与日常经验的物理空间不同的电子网络空间(cyberspace,也有译作"赛博空间"),社区的居民为网民(netizen),他们在一定的网络空间围绕共同的需要和兴趣进行交流等活动,并且形成了共同的文化和对社区的认同感与归属感。③

---

① 《中国网民规模达 6.68 亿　手机上网人群占比 88.9%》,http://tech.qq.com/a/20150723/038616.htm。
② H. Rheingold, *Virtual Communities: Homesteading on the Electronic Frontier*, Mass: Addison-Wesley, 1993, p. 5.
③ 郑杭生主编:《社会学概论新修》(第三版),第291页。

如同现实生活的群体,虚拟社会中也存在各种各样的群体,不同群体的性质、结构、作用和活动方式各不相同,构成了不同的虚拟社区。

一、虚拟社区的类型

在网络日益普及的今天,越来越多志趣相投的原本分散在不同现实社会空间的人得以在网络上相聚,他们以兴趣为媒介进行组合,以网络为平台进行互动。兴趣型社区的出现反映了社会发展的风貌和格调,也可能是网络社会时代所特有的社会现象。虚拟社区有多种不同的分类方法,按照哈格尔和阿姆斯特朗的分类方法,将虚拟社区分为以下四类。[①]

（一）兴趣型社区

兴趣型社区由具有相同兴趣的一群人组成,他们通过聊天室、讨论区交流形成互动频繁的社群关系,进而形成网上群体,其实也是"另一种真实社区"。兴趣型社区成员因各自相似的兴趣而聚集在一起。最受年轻网民群体追捧的 BBS 或各种论坛,就是网上兴趣型社区的重要活动空间。比如 Garden.com 就是一个以兴趣社区为特色的网站,Garden.com 的兴趣社区聚集了一批园艺爱好者,社区成员之间相互交流园艺方面的技巧和经验。

（二）关系型社区

关系型社区的成员往往有着共同的生活经历,所以凝聚力一般较强,对于成员的遭遇有着切身体会。关系型社区包括一些专业人士组成的社区,如病友社区、老年人社区、女性社区、家长社区等,比如"肝胆相照"社区就是关系社区的一个典型例子。

（三）幻想型社区

幻想型社区成员一般以年轻人居多,这类社区的成员共同营造了一个幻想中的世界,成员们经常参与角色扮演游戏并彼此交流心得体会,比如新近非常流行的"英雄联盟"等。

（四）交易型社区

这类社区主要由买家、卖家和中介商构成,社区的主要目的是为

---

① 李佳纯、郑君良:《虚拟社区介绍》,《网路社会学通讯期刊》2002 年第 12 期。

成员间的交易提供便利条件,例如,"天猫""京东""亚马逊"等购物社区。

二、虚拟社区的特征

虚拟社区并非是虚无空想的乌托邦,它是真实存在并且可感知的。虚拟社区的出现和发展是对传统生活方式和生存观念的颠覆和重构,它为人类提供了一个崭新的数字化空间与符号化交往环境。虚拟社区虽然没有有形的物理体积,但却是真切存在于赛博空间中的具有初级关系的社区。与现实社区相比,虚拟社区主要有以下几个鲜明的特征:

(一) 空间的虚拟性与跨地域性

在虚拟社区中,人们主要借助计算机的网络技术实现跨地域的互动,这种时空压缩的互动方式深刻影响和改变了传统的沟通方式,为人类交往提供了革命性的改变形式。信息技术的发展使得地域限制趋于消失,人们不再需要聚到一个固定的场所实现沟通,身体的"缺场"取代了身体的"在场"①,传统人际互动中所必需的时间和场所两个要素被极度压缩甚至被取消了。虚拟社会本身不受地界和国界的限制。现代通信技术打破了现实社会互动对地域的要求,在网络虚拟社会中网民之间的交流,可实现跨地域跨国界的瞬间互动交流,延伸了人们社会交往的范围和空间,一定程度表现出跨地域性。正是网络虚拟社会空间的超地域特征,使得人类的社会行动和社会互动能够摆脱时间和空间的局限性,进行深度的全球性整合。

(二) 社会行为高度开放性和交互性

虚拟社区高度的开放性缘于人际互动的匿名性。虚拟性是网络社会实践的首要特征和本质特征,人们的实践活动从传统物理空间转移到以信息技术为主的网络空间。网络虚拟社会可以将"现实人"转变成"虚拟人",将人隐藏到漫无边际的网络节点背后,从事自己的行为和活动,表述自己的见解和主张。在虚拟社区中,性别、年龄、种族等各种在现实社会中被看重的身份性标识已经没有太多的实质性意

---

① 冯鹏志:《网络行动的规定和特征——网络社会学的分析起点》,《学术界》2001年第1期。

义,成员之间可以随意地选择社区进行交流,也可以充当不同的角色,塑造不同的自我,创造不同的空间。由于虚拟社区的高度开放和匿名性,成员可以在社区中自由、随意地表达观点,宣泄自我,而网民的这种行为方式反过来又强化了虚拟社区的开放性和交互性。

(三) 结构独特性和管理自治性

虚拟社区的成员在频繁的互动中会形成共同的价值观念和社区归属感,但是由于虚拟社区的人际关系较为松散,社区群体流动频繁,这种社区的凝聚力较现实社区要孱弱许多,这是因为虚拟社区的管理是自治的。社区成员在社区管理和建设中享有充分的民主和自治权利,成员享有高度的言论自由和进入退出自由,正因为如此,成员的交流对象具有不稳定性,交流过程也具有短暂性,社区内维系社区组织及制约社区成员的制度和机构的力量都较为薄弱。

(四) 社会交往的互动性和社群性

在现实生活中,人们往往由于时间、空间等多种条件的限制而无法进行及时有效的互动,但在网络社会中,人们随时可以在网络空间相遇,相遇者只要愿意即可进行互动,互动的内涵在这个意义上就变得丰富起来,互动的空间也变得无限广阔。在现实社会中,群体互动往往是一对一的、线性的,话语会随着时间流逝而不可重复,但是网络群体之间的互动交流则是多向的、共时的、非线性的,一个人在网上可以同时与多人进行交流和互动,这在很大程度上满足了人们渴望交流和沟通的心理需求。网民进入网络虚拟社会自觉不自觉地根据自身兴趣、爱好等价值取向与其他网民进行信息交流,并在相互沟通的基础上,结成相对稳定的虚拟群落。

三、虚拟社区与现实社区的关系分析

虚拟社区与现实社区之间存在不可分割的密切联系,同时也有着截然不同的区别。二者之间最大的差别表现在空间地域上,现实社区通常是"地域共同体",强调地域对于社区凝聚力的重要意义,而虚拟社区则更侧重"精神共同体",更强调作为"共同体"的功能或精神方面的因素而不关注其地域属性。因此,有论者指出,虚拟社区与现实

社区之间最大的区别是它的"不完全延伸性"。① 所谓"不完全延伸性"是指虚拟社区成员的身份一般不具有在日常的现实社区里延伸的特性。谈及虚拟社区与现实社区的联系,可以从以下几个方面理解:

(一)虚拟社区是对现实社区的反映

网络虚拟社会关系是指人们借助数字化符号,在虚拟实践过程中所结成的比较稳定的信任联系和关系的总和,是人们基于互联网络的虚拟环境以各种不同的方式彼此发展的社会联系。正如马克思所说的"社会关系是指许多个人的共同活动",即只有"以一定的方式共同活动和相互交换其活动",才能形成社会关系,网络虚拟社会关系便是在"虚拟空间"中结成的社会关系。在虚拟实践过程中虚拟社区是对现实社区的反映,也就是说,现实社区中的生活方式和观念、规范等会影响到虚拟社区的建构和运行。

(二)虚拟社区反作用于现实社区

虚拟社区本身不受地界和国界的限制。现代通信技术打破了现实社会互动对地域的要求,在网络虚拟社会中网民之间,可实现跨地域跨国界的瞬间互动交流,延伸了人们社会交往的范围和空间,一定程度上表现出对于现实社区的反作用。虚拟社区的生存观念、行为规范和准则等会对现实社区造成一定的冲击,为现实社区的重组和再造增加新的元素,影响现实社区的发展。比如电子商务、"互联网+"、网恋等在虚拟社区中的事件都会直接影响现实社区的生活。

(三)虚拟社区与现实社区在功能上是互补的

虚拟社区产生于社会实践,又服务于社会实践,网络虚拟社会所依赖的信息技术是新技术革命的核心,是网络虚拟社会赖以形成的技术基础。因此,网络虚拟社会与现实社会密切相关,网络虚拟社会和现实社会是双向互动、相互补充的关系。虚拟社区在获得信息和自我实现等方面有着现实社区无法比拟的优势,但是人们日常的生活需要,比如生活饮食等最终还需要在现实社区中完成。

互联网真正让世界变成了地球村,让国际社会越来越成为你中有我、我中有你的命运共同体。

---

① 郑杭生主编:《社会学概论新修》(第三版),第293页。

第二节 我们与虚拟社会

回顾互联网的发展历程,从1994年4月20日,一条带宽只有64K的国际专线,宣告了中国成为第77个真正拥有全功能互联网的国家,中国互联网才是年轻的22岁。根据中国互联网络信息中心(CNNIC)2016年1月22日发布的《中国互联网络发展状况统计报告》,如今中国网民数量达到6.88亿,位居世界第一,中国已成为名副其实的互联网大国。互联网正日益成为创新驱动发展的先导力量,深刻改变着人们的生产生活方式,推动着社会进步。

一、互联网是一把"双刃剑"

"互联网是一把'双刃剑',用得好,它是阿里巴巴的宝库,里面有取之不尽的宝物;用不好,它是潘多拉的魔盒,给人类自己带来无尽的伤害。"[①]

如前所述,互联网的出现使地球成为信息网络村,实现了资源的共享。据中国互联网络信息中心2016年1月份发布的第37次《中国互联网络发展状况统计报告》显示,中国网民平均每周上网时间有26.2小时,相当于平均每天3.7小时。以每天8小时睡眠为例,中国网民清醒的时候有1/4时间是在上网。网络已经成为社会生活不可或缺的重要工具。目前我国各种网站几乎覆盖了人们工作生活的方方面面,从浏览新闻到发布信息,文件传输到发帖评论,从娱乐交友到天气交通,从网上购物到求职入职。互联网在给人们工作、生活提供极大便利的同时,逐渐成了生存的第二空间。除此之外,互联网正深刻地改变着传统舆论的生成和传播模式。在互联网时代特别是微博、微信的出现,几乎每位网民都可能扮演记者和编辑的角色,这些功能从某种程度上赋予每个参与者参与政治生活、参与社会治理的权利,也激发了广大网民的参与热情。

进一步来讲,互联网的发展也对国家主权、安全、发展利益提出了

---

① 鲁炜:《互联网是一把双刃剑》,http://news.xinhuanet.com/live/2014-10-31/c_1113052668.htm。

新的挑战,需要国际社会认真应对、谋求共治、实现共赢。从有利方面看,互联网已成为当今世界不可或缺的重要部分,由于它不受时间和空间的限制,利用这一时空穿梭工具,不但可以实现资源的共享还可以随时与身处不同地方的朋友互动,在节省成本的同时还提高了互动效率。互联网还是一个展示自我的平台,由于互联网较低的准入门槛,为广大网民提供了一个展示创意的广阔窗口,任何的奇思妙想都可以在互联网上得到欣赏和鼓励。同时,互联网也是一个比较公平的平台,无论你的身份和地位如何,都可以在互联网上发布和接受信息,不会受到限制。从不利方面看,互联网发展对国家主权、安全、发展利益提出了新的挑战,也为公民个体的信息安全带来了困扰,面对全新的互联网时代的挑战,需要把握互联网的技术本质,树立起互联网思维,提升互联网领导力。

二、虚拟社会的机遇与把握

互联开放、自由平等、快速海量、共享协作、融合创新等互联网的显著特点,为每一个领域、每一个人提供了全新的机遇。当下的我们足不出户就可以享受送到家的美食,轻点一下鼠标便可购买外出旅游的车票、预定好相距数千里的另一个城市的下榻宾馆,互联网正在悄然改变着我们每一天的生活。

(一)对个体生活方式的改变

1. 消费方式:"光棍节"的销售奇迹

随着计算机技术以及互联网的发展,商家已经嗅到了网上的商机。电子商务自1995年第一笔业务开始迅速发展,已经成为重要的营销渠道,网络消费应运而生。中国电商巨头阿里巴巴2015年"双十一光棍节"的交易总额已经超越2014年的93亿美元。在全部912亿元人民币的交易额中,移动客户端贡献了大约68%。[1]

中国互联网络信息中心2016年1月22日发布的《中国互联网络发展状况统计报告》(以下简称为《报告》)显示,中国网民数量达到6.88亿,占总人口的50.3%,居民上网人数已过半。《报告》显示,网民

---

[1] 《2015天猫双十一销售额数据统计(24小时)》,http://gongwen.cnrencai.com/dashiji/24528.html。

的上网设备正在向手机端集中,手机成为拉动网民规模增长的主要因素。截至2015年12月,中国手机网民规模达6.20亿,占网民总数的90.1%;有1.27亿人只使用手机上网,占整体网民的18.5%。截至2015年12月,网上支付用户规模达到4.16亿,年增长率为36.8%;网民使用手机网上支付的比例由2014年年底的39.0%提升至57.7%。

《报告》显示,2015年,有9664万人使用网络预约出租车,网络预约专车人数已达2165万。同时,1.10亿网民通过互联网接受在线教育,1.52亿网民使用网络医疗。《报告》还指出,企业开展网上销售、采购业务的比例均超过30%,销售规模增长迅速。移动营销成为企业推广的重要渠道。

互联网的普惠、便捷、共享特性,塑造了全新的社会生活形态,为提升公共服务水平、有效促进民生改善与社会和谐提供了有力保障。

2. 交往方式:社会互动的有效延伸

社会互动是社会关系产生的基础,是传统社会中人与人、人与群体或群体与群体之间,借助语言、文字等符号进行的社会交往活动。而随着互联网的出现和不断发展,社会互动被赋予了新的内涵,网络交往突破了传统互动的范畴,交往主体在网络上发生互动并在交往过程中构成社会关系,在此基础上,逐渐形成网络群体、虚拟社区乃至整个虚拟社会。也就是说,互联网将人们从空间中解放出来,社会行动的主体在虚拟空间中得到延伸。互联网所展示的新的人际交往互动方式,提供了人际交往的崭新空间与契机,加快了联系的速度,降低了交往的成本,使人际交往从个人所熟悉的强联系人群延伸到了原本遥远、陌生的弱联系群体。

2011年以来,一款叫作"微信"的智能终端迅速流行起来。微信(WeChat)是腾讯公司推出的一个为智能终端提供即时通信服务的免费应用程序,微信支持通过网络跨通信运营商、跨操作系统平台快速发送免费(需消耗少量网络流量)语音短信、视频、图片和文字,同时,也可以使用通过共享流媒体内容的资料和基于位置的社交插件"摇一摇""漂流瓶""朋友圈""公众平台""语音记事本"等服务插件。截止到2015年第一季度,微信已经覆盖中国90%以上的智能手机,月活跃用户达到5.49亿,用户覆盖200多个国家、超过20种语言。此外,各品牌的微信公众账号总数已经超过800万个,移动应用对接数量超过

85 000 个,微信支付用户则达到了 4 亿左右。① 微信快速流行的一个重要原因就是社会互动的有效延伸,为普通民众尤其是弱势群体提供了更多表达机会和平台,每个人的发言权都会受到尊重,即使发声很小,也能通过朋友圈呈现出来。

3. 工作方式:更加灵活地选择生活

随着时代的发展,任务导向成为现代组织崇尚的目标模式。而互联网的出现和网络技术的发展,为这一目标的实现提供了可能。在一些发达国家,在家上班不仅合情合理,而且已成为合法的事情,对员工的考核已经不再依赖于具体的工作地点和工作时间,而是转变为完成任务中心型。只要按时、按质、按量完成任务就算达标,不管你是在咖啡馆还是在健身房,工作和休闲的界限已经开始慢慢变得模糊。例如,在瑞典,在家上班已普遍被人们所接受,并成为一种时尚。办公的虚拟化彻底颠覆了传统的上班观念,足不出户便可知天下事,也可能处理天下事,电脑已成为进入千家万户的普通商品,因特网已成为人们日常工作与生活越来越离不开的重要组成部分。

4. 话语表达:扩大的公共领域

传统社会的茶馆等容易聚集人群的场所成为公共领域,大部分普通人群囿于传统媒介的低效率和信息滞后等原因无法在公共领域发出自己的声音,因此,传统媒介在社会参与和展示自我方面存在着渠道不畅、不利于表达等缺陷。互联网的出现为公众的社会参与和意见表达提供了一个快捷高效的平台。网络本身具有开放性、时效性、互动性的特点,而网民又具有平等自由、多样性、匿名性等特点。网络的普及,为公共领域的扩大提供了极为有利的条件,并以极快的速度深入到公众的日常生活中。网络点对点、多点对多点的传播特性,为公众的意见表达提供了空间,为多元文化和多元思想的存在提供了场所,越来越多的网络公众个体对社会生活的各个方面发表不同看法,并及时迅速地在网络传播开来,形成了普遍意义上的公共领域。

---

① 《微信用户最新数据:月活跃用户达到 5.49 亿,支付用户 4 亿左右》,http://tech.163.com/15/0601/13/AR1F5KE000094ODU.html。

（二）对社会的改变

1. 创新经济发展模式

近来,网上有个段子非常流行:"邮局不努力,顺丰就替它努力;通信行业不努力,微信就替它努力;银行不努力,支付宝就替它努力;出租车不努力,滴滴、快的就替它努力。"在"互联网+"时代,互联网已经跳出了一个行业范畴,随风潜入夜,润物细无声,与经济社会各领域深度融合,培育出许多新兴产业和新兴业态,形成新的经济增长点。"互联网+"到哪个传统行业,哪个传统行业就会发生翻天覆地的变化。互联网成为国民经济和社会发展的创新引擎、效率引擎。

如果说农业时代的基础资源是土地、森林和水等,工业时代是交通和电力,那么互联网时代的基础资源便是云、网、端。"云"就是大数据、云计算,"网"就是"互联网","端"就是各种应用终端,新技术融合借助互联网平台创造出无穷无尽的创新,互联网已经是中国经济最好的催化剂,互联网经济发展如火如荼,无数的投资者和创业者将互联网变成了一个热闹的"技术驱动"的商业环境。

从互联网的出现开始,不少嗅觉敏感的商人闻到其中潜藏的巨大利润,不少人的命运由此改变。1996年,张朝阳创办了中国第一个商业网站——搜狐网;1997年,26岁的丁磊在广州创立了网易公司;1999年,李彦宏放弃在美国"豪车别墅"的优越生活,回国创立百度,也是在这一年,马云正式辞去公职,开启了阿里巴巴的征程。数据显示,中国电商销售额已达到美国的60%左右,并且未来5年将以每年24%的复合增长率增长,而美国为14%。中国在线广告业规模目前为美国的40%,预计未来几年也将以类似速度增长。[①]

无所不在的网络、无所不在的计算、无所不在的软件、无所不在的数据、无所不在的知识以及便捷的获取方式、无所不在的创新(以创客为代表的个人设计、个人制造等)、无所不在的"互联网+",引发了各种新的经济业态和新的经济增长模式,将一个个的消费个体纳入到经济发展的链条之中,阿里巴巴取得成就的背后是三亿多人的网购行为在支撑。互联网的本质应该是一种在新的条件下的新经济模式。总

---

① 《崛起的中国互联网企业》,http://www.ftchinese.com/story/001056056/。

之,"互联网+"代表一种新的经济形态,即充分发挥互联网在生产要素配置中的优化和集成作用,将互联网的创新成果深度融合于经济社会各领域之中,提升实体经济的创新力和生产力,形成更广泛的以互联网为基础设施和实现工具的经济发展新形态。

2. 推动公共治理变革

当前我国政府职能改革的任务依然没有完成,政府越位与缺位现象并存,组织结构在设置方面具有很大的不合理性,网络社会的出现,使这种不合理变得更加突出。我国现行政府管理体制与网络社会要求相距甚远,由此形成网络社会倒逼政府管理体制的改革。前已述之,网络社会具有民主性、平等性、透明性的特征,这些虚拟社会特征势必要求政府职能从以管制型为主转向以提供服务为主。网络社会的平等性特征要求政府在处理涉及普通民众切身利益问题之时更加注重协商和对话,而网络社会的透明性特征则迫使政府阳光化运行。

党的十八届三中全会提出国家治理现代化,而国家治理现代化的基础首先需要政府治理现代化。因为政府治理处在国家治理第一线,如果它本身不能现代化,国家治理现代化将很难实现。互联网的普及为政府治理流程再造提供了条件,使跨部门协同、智能化管理和服务成为可能,进而实现现代化政府的目标,即法治政府、创新政府、廉洁政府、服务型政府。

"互联网+政务"为政府治理现代化提供了强大的支撑。互联网应用的广泛普及,为大数据等新技术应用提供了广阔前景。政府要使政策制定更加科学合理、贴近民心,需要借助大量的数据和信息支撑以不断地改进政策制定过程和优化决策水平。从政府自身管理运行来看,要做到高效、透明、便民,也需要自身能够实现流程优化、简便,以充分调动市场活力、释放社会活力。通过信息化网络技术还可以把政府内部的权力运行进一步关在制度的笼子里面,包括正在构建的权力清单、责任清单,都是借助信息网络技术来实现的。运用计算机、网络和通信等现代信息技术手段,实现政府组织结构和工作流程的优化重组,建立简政、高效、廉洁、公平的政府运作模式,以便全方位地向社会提供优质、规范、透明、符合国际水准的管理和服务。同时,不少地方的政府部门开通了微信、微博,口语化的"政府声音"让政府更加亲民,也成为与民互动、收集民意的一个有效途径,这些变化不但体现了政府对民众权利的重视和尊重,也彰显了服务型政府的应有之义,体现了以人为本、以民为先的精神。

对公众来讲,社会公众对政务信息的消费不断增长,对政务信息消费的需求也在不断提升。公众提高对基本公共服务的诉求,希望政府能够提供更多、更简便、更低廉的公共服务。在政府的社会管理和市场监管能力方面,百姓的要求也越来越高,比如食品安全、药品安全,百姓希望能通过信息网络技术把食品安全的追溯系统构建起来,以此保障食品安全,改善民生,同时也提升政府对百姓的公信力。另外,政府在公共安全和应对危机等方面,也需要借助信息网络技术来加强对社会的治理。

3. 为社会变迁注入新生力量

"互联网+"作为一场全新的技术革命,为社会结构的变迁注入了新生力量,正是因为信息自由发布和获得的非等级化,使得传统意义上的金字塔型、块状的层级结构模式变为扁平化社会结构。伴随着共享经济、网络协同和众包合作所创造的大规模、社会化协作的新模式、新业态的出现,将产生一些全新的组织类型及个人与组织关系模式,改变和重塑传统社会结构,使其经历一场解构与重构的革命,形成新的社会结构,整个社会将维系于信息网络呈现出的一种多元网状结构。

网络虚拟社会从最初的 PC 机的信息传输到个人媒体,其最强势的发展时期是伴随着公共空间的开辟而迅猛发展起来的。这些公共媒体从某种程度上赋予每个参与者参与政治生活、参与社会治理的权力,也激发了其参与热情。借助论坛、博客等公共平台,不但可以揭发事件,还可以进行辩论和反思。网络的相对隐蔽性和安全性,使网民可以行使揭发、评价和监督政府官员的重要权利,从而对于官员腐败起到钳制作用,发挥人民舆论的强大威力。近年来,网络反腐经历了由草根发起到政府参与,从个人行为到集体行动的转变,从弥补制度反腐到网络反腐制度化的转变。这种变化使网络反腐成为新时期反腐斗争的一种重要方式,同传统的制度反腐相比较,网络反腐具有公开性、透明性、举报安全性等特点,显示了网络反腐的巨大力量。

延伸阅读

四川会理县领导考察"悬浮照"事件

一、事件简介

2011年6月16日,四川省凉山州会理县人民政府公众信息网上发表了一篇题为《会理县高标准建设通乡公路》的图片新闻。这篇和其他众多的旨在宣传交通的新闻一样,并没有引起太多人的关注和关心。但是,网民"jiaoao592"在2011年6月26日晚将这则新闻贴到了天涯社区,并题为《太假了,我县的宣传图片》,指出这篇新闻的图片是人为PS的,将几位领导的图从别的地方抠出来放到了公路上面。仔细看这几幅图,几位领导确实有一种"悬浮"的感觉。旋即"悬浮照"被网友在微博中传播开来,并引发全民"PS大赛",四川会理县这个知名度并不高的小县城顿时成为全国公众关注的焦点。

二、事件发展进程

2011年6月16日,一篇题为《会理县高标准建设通乡公路》的图片新闻,发布在四川凉山州会理县人民政府公众信息网上。

10天后的6月26日晚八点,一名网民将此新闻贴到天涯社区上,以《太假了,我县的宣传图片》为题,指出PS之后领导"悬浮"的假图片。

"进去一看图片,半升血吐出来了!"发布这篇帖子的"jiaoao592"说,"这样的照片让人一看就知道是PS的,他们居然好意思放到主页上去。""这种照片太假了,这是假新闻吧?""太丢脸了,人都悬浮起来了,PS技术不过关啊!"还有网友打趣地说:"太欢乐了,经鉴定,照片毫无PS痕迹。"在百度贴吧会理吧,还不断有各地的网友发来"贺电","祝贺"会理县建成第一条"磁悬浮"公路。不少网友调侃地称:"太牛了,都能腾云驾雾了。""实在是太喜庆太欢乐了。这条通乡公路的标准绝对高得不能再高了,采用了人悬浮的尖端技术。"

会理县一时跃上了风口浪尖。天涯帖子点击量暴涨,跟帖无数,当晚十一点,有网民发起"PS"恶搞领导照片大赛。随后,围观不尽,拍砖不断,口水乱喷,图片被疯狂转载,同时图片也被无限恶搞,"悬浮照"事件在两天之内成为全国性热议的网络舆论事件。

随后,政府迅速发表了公开的道歉信,并由当事人孙某将当天领导考察的原图和经过修改的 PS 图一并发到网上,由于诚恳的态度和及时的道歉,很快得到了网民的理解和原谅。①

由此,中国社会在交往互动、舆论表达、利益诉求、价值观念、生活方式等方面都将呈现出不同于传统的新特性。这使得社会变得更加复杂多变,不确定性增加,需要我们创新社会模式来应对这个时代变局。

4. 推进文化与科技的融合

2015 年 3 月 5 日,李克强总理在《政府工作报告》中提出"大众创业,万众创新",文化产业作为最具创新潜力的产业之一在提升国家和区域综合竞争力方面发挥着越来越重要的作用。近年来的实践表明,文化创意产业的发展不能仅仅依靠专业人士的技术,更需要依靠科技创新成果的驱动,才能使其具有可持续的发展动力。

"互联网+文化"具有高知识性、高增值性和低能耗、低污染等特征。根据统计,2014 年北京举办的第二届惠民文化消费季的短短两个月,主办方整合演出场所、电影院线、电商平台、知名书店,推出了低票价演出、电影展映、图书阅读、动漫游戏等诸多活动,累计消费金额达 101.4 亿元。由此可见,"互联网+文化"极大激发了大众的消费意愿,消除了各产业间的壁垒。推进文化与科技的深度融合,是培育国民经济新的增长点、提升国家文化软实力和产业竞争力的重大举措,是发展创新型经济、促进经济结构调整和发展方式转变、催生新兴业态、带动就业、满足多样化消费需求、提高人民生活质量的重要途径。

作为最具创造性的文化创意产业,在发展转变的过程中与科技成果相融合,就更不能离开互联网。中国的文化产业结构正在发生巨大变化,传统文化产业的转型升级已迫在眉睫,互联网企业正在主导文化产业并购和资源整合。在"互联网+"的网络新思维的指引下,围绕文化与科技深度融合的发展现状,互联网思维正在为中国文化创意产业提供前所未有的巨大机遇。

---

① 《四川会理县领导考察"悬浮照"事件》,http://www.71.cn/2013/0108/700831.shtml。

三、虚拟社会的危机与陷阱

（一）互联网产业对于实体经济的挤压

近年来尤其是近两年来，互联网产业的火热很容易让人忽略制造业等传统实体经济真正的发展状况。互联网产业对于实体经济的挤压主要表现在三个方面：其一是生产与消费脱节严重。消费端近几年来变化很大，就是我们常说的"消费升级"。新兴的"80后""90后"年轻群体正在逐渐成为消费主力，他们接受的互联网消费文化明显跟老一辈消费者有了明显的不同，但同时生产端那边的情况却没有跟上脚步。这就导致了国内的消费者一直处于需求不满足，同时生产商因为把握不准消费者需求，自己也面临着生产过剩、无处外销的尴尬局面。其二是互联网产业对于实体经济中间环节的挤压造成许多工人失业。举个简单的例子，一件商品，实体售卖，虽然售价略高，可以养活10个人。网上售卖价格略低只能养活4个人。实体商业越来越萧条之后，会逐渐传导到商业地产、物业、建材、上游原料等一个链条的萧条。随之而来的就是这一个链条上的大量劳动力失业。个体店面开不下去，包括很多品牌连锁服装都在缩减店面数量。失业的人会越来越多，找不到工作的年轻人也会越来越多。当人们看到越来越多的商业店铺空置，往日繁华的商业区日渐凋零，对经济的信心就会明显不足，反过来就会减少消费，然后进入死循环。

（二）网络的失序如何规范？

1. 网络病毒

网络病毒是一种隐藏在可执行程序或数据文件中的具有自我复制和传播能力的干扰性电脑程序。由于这种程序具有类似于医学中所谓的病毒的特性，即必须要依附于正常的程序而存在，因此被称为网络病毒。

近年来，"网游大盗""熊猫烧香""德芙""QQ木马""灰鸽子"等木马病毒日益猖獗，以盗取用户密码账号、个人隐私、商业秘密、网络财产为目的。调查显示，趋利性成为计算机病毒发展的新趋势。网上制作、贩卖病毒、木马的活动日益猖獗，利用病毒、木马技术进行网络盗窃、诈骗的网络犯罪活动呈快速上升趋势，网上治安形势非常严峻。

早期病毒作者编写病毒的目的是"炫耀技术",可以说是"损人不利己"。像著名的 CIH 病毒,虽然把 6000 万台计算机搞瘫痪了,但病毒作者陈盈豪不仅没获取到 1 分钱的利润,还被警方领到了台北"刑事局"。而当前,获取经济利益成了病毒作者编写病毒的主要目的,就像"熊猫烧香"的作者李俊,每天入账收入近 1 万元,被警方抓获后,承认自己获利上千万元。经历了几次大规模暴发后,"熊猫烧香"成为众多电脑用户谈之色变的词汇,病毒作者也因破坏计算机信息系统罪名成立,依法判处 4 年有期徒刑。

2. 网上黑客

黑客是英语中"hacker"一词的汉译音,"hack"本意为"砍",所以"黑客"专指那些"热衷于从事计算机程序的设计者"或常常通过高超技能入侵系统的人,网上黑客通常会破译计算机系统的密码,并把其中一些重要的绝密资料向外传播。

延伸阅读

信用卡造假

稍显平常一些的黑客入侵是信用卡复制器,这种入侵相对比较简单。黑客在某个设备上部署一个复制器(Skimmer),比如在 ATM、加油站付款口,或者支付终端,然后在你使用取款机或刷卡时记录你的银行卡信息和密码。

信用卡复制器在过去的几年内愈发成熟,它们从看上去容易辨别的设备变成了隐藏得很深的日常物品,即使是专业人士也很难发现。复制器通常被插入装置内部,在看不见的地方。有一些复制器通过无线蓝牙进行连接,使得黑客可以在一小段距离之外进行入侵并获取所有信息,而不必亲自去操作设备。

黑客会用偷来的信息生产假卡,用于诈骗。他们会雇用许多人从取款机上提取现金或刷卡消费,不管是在销售昂贵商品的商店还是在线购买然后转售或退款获得现金。这种行为实施得非常迅速,通常在几个小时内完成。当信用卡提供商检测到或被通知欺诈行为时,信用卡复制诈骗团伙已经获得利润并逃之夭夭了。

警方对这种作案手段予以还击。他们在找到的信用卡复制装置中安装GPS,当犯罪者回收设备后,警方就可以跟踪并抓捕罪犯。但这种手段逐渐被公开后,罪犯可能会更多地采取蓝牙连接与复制器通信,以避免从物理上接触这些设备。①

3．网络暴力

网络暴力是指网民在网络上的暴力行为,是社会暴力在网络上的延伸。网络暴力不同于现实生活中拳脚相加、血肉相搏的暴力行为,而是借助网络的虚拟空间用语言文字对人进行伤害与诬蔑。这些语言、文字、图片、视频都具有恶毒、尖酸刻薄、残忍凶暴等基本特点,已经超出了对于这些事件正常的评论范围,不但对事件当事人进行人身攻击,恶意诋毁,更将这种伤害行为从虚拟网络转移到现实社会中,对事件当事人进行"人肉搜索",将其真实身份、姓名、照片、生活细节等个人隐私公布于众。这些评论与做法,不但严重地影响了事件当事人的精神状态,更破坏了当事人的工作、学习和生活秩序,甚至造成严重的后果。②

4．网络诈骗

网络诈骗是指以非法占有为目的,利用互联网采用虚构事实或者隐瞒真相的方法,骗取数额较大的公私财物的行为。网络诈骗与一般诈骗的主要区别在于网络诈骗是利用互联网实施的诈骗行为,没有利用互联网实施的诈骗行为便不是网络诈骗。

◎ 延伸阅读

2011年1月26日晚20时,张某收到一条来自+8613145858×××的短信,称中国银行的E令需要升级,让其到www.bo-cocg.com进行E令升级。被害人在此网站按照它的步骤一步步地操作,与平时登录中国银行的网站程序都是一样的,到最后一步时显示倒计时状态,显示让被害人重新输入。被害人连续输入3次后,以为是网络问题停止了操作,第二天,被害人重新登录自己收藏的中国银行的网站,发现卡

---

① 《教你全方位了解黑客如何入侵NT系统》,http://www.51zixuewang.com/article/xingyejishu/heikejishu/50643.html

② 郭丽华:《网络暴力现象探析》,《新闻传播》2009年第1期。

内 19 952 元人民币被盗走。①

5. 网络色情

网络交流的高匿名性、高互动性、高隐蔽性使色情信息的传播变得极为便利。在网络空间中,色情信息的传播几乎不受任何限制,而且个人通过互联网接触色情信息也极为方便和安全。从社会学的视角来看,网络色情问题的严重性,不仅表现在色情信息的数量和种类繁多,更在于网民追逐和迷恋这些色情信息的狂热程度。

延伸阅读

吉林省长春市公安机关破获"3·27"网上淫秽色情传播案

2007年3月27日,长春市公安机关侦破网上群发邮件传播淫秽色情信息案,抓获犯罪嫌疑人朴××等4人,缴获用于群发电子邮件的电脑400余台。

该色情邮件群发团伙组织者是朴某在日本工作的儿子郭某。朴某等人负责利用群发软件自动群发淫秽色情电子邮件。②

(三) 对文化的影响与反思

当前,网络传播已经对社会文化产生了深刻的影响。当然,其中也包含了一些负面的影响。网络的文化霸权可以从两个层面来理解,一是指一种文化比其他文化得到更多的传播,从而赢得最多的关注,进而拥有影响他人观念和信仰的强大力量;二是指只有一种信息可用,由此限制了其他文化背景的人获取信息的总量。20世纪90年代初,因特网出现后,美国对互联网的控制达到无以复加的程度,在世界110万互联网用户和20万台主机中,美国所占的比例分别达到了86%和92%。2001年,根据在线使用人数统计的最新数据,47.6%的互联

---

① 河南师范大学网络中心,http://www.henannu.edu.cn/s/64/t/1012/p/1/c/9258/list.htm。
② 《公安部公布打击网上淫秽色情犯罪活动典型案例》,http://politics.people.com.cn/GB/1027/5610569.html。

网用户使用的是英语。因为美国等英语国家,无论是在因特网骨干技术领域,还是互联网发展的辅助系统方面,都拥有其他国家和地区所没有的经济、政治、社会优势,从而能够迅速适应网络时代的发展潮流,逐步掌握网络文化霸权。面对互联网上的英语文化浪潮,很多非英语国家开始担心,本国文化会被网上的英语文化所侵蚀,从而导致本国文化、语言甚至是国家认同的丧失。近年来,随着非英语网络用户的大量出现,单一语种文化的绝对优势已经失去,尽管如此,作为一种网络通用工具的英语仍会维持其统治地位。澳大利亚广播事业局的加里斯·格兰杰(Gareth Grainger)即指出:"任何人想要限制网上英语的现有支配地位都是愚蠢和徒劳的,因为英语反映了该领域的起源,以及现有的用户。"①

第三节 虚拟社会的管理与控制②

一、合理配置虚拟社会的公共资源

虚拟社会资源应当是政府与社会所共享的,尤其需要破除将虚拟社会的互联网资源视为新型社会控制工具的陈旧观念。积极构建基于大数据的虚拟社会公共服务体系是互联网时代政府的应有职责,特别是民主、服务、参与、互动等治理理念的价值内涵是保证管理型政府走向服务型政府转变的重中之重。更为重要的是,虚拟社会治理中的维稳、政绩、考核等功利性因素,将会对个体行为取向造成冲击。需要在实践中不断反思,政府与社会均需把公共利益最大化作为参与虚拟社会治理的出发点,促进彼此间以正确的心态、方式、观念参与虚拟社会治理,使国家与社会实现和谐互动,而不是一味追求对传统权威的维护。再者,对公权与私权进行合理界分,防止政府权力过多介入社会生活,给予公民权利合理的生存空间。社会公众作为公民权利的主要行使主体,亦需正确理解虚拟社会治理中的权力让渡,理想化的私权运用和过度强调网络公民社会的作用,只能人为造成公权与私权严重对立失衡,从而导致虚拟社会治理失灵。尤其是要消除狂欢式、发

---

① 屈中正:《网络传媒对社会文化的影响》,《人民论坛》2010 年第 32 期。
② 同上。

泄式、戏谑式的虚拟社会治理参与。总之,任何权力都需要有外界的监督,为了根本性地确保公共权力与公民权利处于平衡状态,两者应在自我规制的基础上主动接受相互监督,避免因一种权力力量独大,使另一种权力遭受压制。采取监督与管理相结合的方式,提高公共权力与公民权利的运作透明度,使两者在良性互动中相互了解,最终达到再平衡状态。

二、引导虚拟社会公民形成共识

虚拟社会中的公民存在不同的诉求是很正常的,关键在于如何通过友好的协商达成共识,具体来讲主要分为四种手段。其一是引导。所谓引导,就是指政府或者权威机构通过宣传教育以道德手段对虚拟社会的运行进行规范,逐渐形成关于虚拟社会内部价值和运行规范的基本共识。其二是协商。所谓协商主要包含两个方面的内容,一是政府与网民之间的协商,二是网民之间的互动协商,具体的协商内容可以是虚拟社会的基本伦理价值、治理体制等软性约束要素的协商,也可以是对关于网络社会行为立法的硬性约束的协商。其三是立法。立法就是要通过法律体系的手段形成对虚拟社会基本行为规范的硬约束。虚拟社会的法律体系不仅仅包括对真实社会中的行为人的网络行为的约束和处罚,也包括网络社会本身内部对虚拟的网络主体的行为的约束和惩罚,从而形成跨越真实与虚拟社会的共同的法律体系。其四是自治。以上的关于网络社会的共同伦理价值的软约束以及法律体系的硬约束形成后,网络社会内更多的是要通过在法律体系和引导与协商的机制下,形成各个网络社区的自治。最终促进整个虚拟社会治理结构的形成。而在自治过程中,不仅仅需要法律体系的规范的保障,也需要协商机制的建立和政府以及权威组织对网络社会个体的引导。

三、规范网民的社会行为

网上规范可分为非强制性规范和强制性规范两大类。还有一种属于技术性的操作规范,比如,如何上网、如何收发网上邮件、如何打开各种类型的网上文件、如何输入文字等,在此不再赘述。社会规范在社会中具有重要作用,它能起到调适人们的行为,整合社会秩序的作用。具体说来主要有三个方面:指导社会活动、提供行为模式以及控制和惩罚违规者。而社会规范有两种形成方式:一种是约定俗成、非强制性的,是先由几个人互相认可,后被多数人认可。自发的行为规范被众多人反复不断地长期遵循,它的作用是在没有外部压力的情况下实现的,主要通过模仿转化为人们的习惯行为。还有一种是人为制定,即由组织或国家、政府等制定的规范(带有强制性)。社会规范的分类中,又把约定俗成的社会规范列为非强制性的;把人为制定的列为强制性的。比如,现实中的习俗、道德、宗教、礼仪,是约定俗成的,属于非强制性的;规章、法律等是人为制定的,属于强制性的。非强制性的规范多是不成文的;强制性的规范多是成文的。

对于如何规范网民的社会行为主要分为刚性管理措施和柔性管理措施两类。刚性管理措施是指形成互联网管理的法律框架,主要包括:对因特网实行注册登记制度;明确规定互联网内容服务商和技术商的责任;强调行业自律和用户自律相结合;实行分类许可制。柔性的管理措施主要包括:培养公共网络道德;倡导行业自律;实现技术手段等。

四、共享平等的价值观

网络社会秩序从个体上需要受每个网民的内部约定所制约;当两个或两个以上的网民互动时,其秩序需要的则是网民相互之间的心理认同和相似的认知才能实现。网络社会初级阶段,少有什么明文规定来约制上网者的网上行为、上网者之间的互动,除了一些技术上的限定外,多半是靠心理契约来约制才使网络社会有秩序。即使目前已经确定了各种网上法规,但是心理契约在维系互联网社会秩序上仍然起着相当大的作用。在这一过程中,心理契约是人们行为的前规范阶段和人际信任的前提,并使网络社会成员间的行为有序化和可预测,进而达到社会秩序的维护。在功能上,心理契约有助于建立上网者之间的人际信任,并有助于建立网上行为规范和网上社会规章制度。而且,在网上人际关系的互动下,双方行动的自由度所导致的复杂性,也就是所谓双方各自状况的问题,需要心理契约来化约。

关于虚拟社会未来发展大体有三种观点:一种是虚拟社会为人类社会带来进步并有助于人类解决诸多问题;另一种是网络社会将造成

人际关系异化,人类要付出重大代价;第三种是网络只是工具,对人类社会是利是弊,要看人类如何应用它。

  一个不可否认的事实是,网络对于生活的影响会越来越强。未来几乎所有新科技都要与"网络"发生关系,当人们对于信息科技无法抗拒,似乎它已经成为日常生活中的必备品时,不禁会对科技主宰人类未来的可能性感到担忧。人类社会是人们相互作用的产物,即人们互动的产物。互动就是人们交流信息,那么人们交流信息的方式的变化势必会影响互动过程,进而影响到互动结果,也就是说,影响社会结构。从某种意义上讲,人类社会的变迁是伴随着人类交流信息方式的变化而变化的。网络社会中传递、交流信息的方式达到了前所未有的水平,以后还要继续深入发展,这种改变人类交流信息方式的"进步",给网络社会本身带来新的景象,同时也给整体人类社会带来不易确定的前景。清晰地预料这种前景是困难的,但我们有一种感觉:我们是否会意识到人类社会产品的发展要有一定程度的转换?即重新审视我们以往和现在所有的生活方式,明智地选择适宜人类生存发展的生活方式,转变以往主流的政治价值、经济价值和普遍的文化价值观念,真正接近适宜人类生存发展的生活方式。科技为人类自己所主宰,而不是科技主宰人类的命运;生活方式为人类存续的宗旨所主宰,而不是远离生命的初始意义。我们希望现在的网络社会和未来的网络社会为我们提供这方面的方便。

参考文献

[1] 曼纽尔·卡斯特:《网络社会的崛起》,夏铸九、王志弘译,社会科学文献出版社 2003 年版。

[2] 曼纽尔·卡斯特:《认同的力量》,夏铸九、王志弘译,社会科学文献出版社 2003 年版。

[3] 曼纽尔·卡斯特:《千年终结》,夏铸九、王志弘译,社会科学文献出版社 2003 年版。

[4] 李强:《互联网与转型中国》,社会科学文献出版社 2014 年版。

[5] 互联网实验室:《第三浪:互联网未来与中国转型》,华文出版社 2009 年版。

思考题

1. 虚拟社区的特征是什么?
2. 如何管理与控制虚拟社会?
3. 你认为是人类控制了技术,还是技术控制了人类?
4. 你如何看待虚拟社会的前景?

第十章 人口、资源与生态环境

【本章提要】内容：本章主要论述我们应该如何认识人口、资源与生态关系的关系，以及三者的关系是如何对我们的生活产生影响的。**目的**：从农业社会开始，人类的每一步发展都基本以环境、资源为代价，特别是工业革命后的 300 年，尽管只是人类社会历史的瞬间，但人口与消费爆炸性的增长使全球环境、资源等方面出现了严重的危机。在这种现实下，如何实现可持续发展成为社会学以及其他学科的重要讨论话题。**重点**：把人口、资源、环境作为一个整体来研究是当代人类对发展思维的创新。**难点**：科学技术是一把双刃剑，其产生作用受到社会因素、伦理道德、技术因素等诸多方面的影响。

第一节 如何认识人口现象

一、什么是人口现象

人口引起学术领域的关注，其历史并不是很长，严格来说是始于工业革命之后，标志性的事件就是 1798 年马尔萨斯发表轰动一时的《人口论》，详细阐述了人口和社会生产之间的关系。仅在一个多世纪前，研究人口的还是数学家、经济学家和政治家，因为在那个时期，世界人口总量还很少，呈现的是一种稳定的状态。世纪之交的 1999 年是一个特殊的年份，这一年世界人口规模达到 60 亿，同时联合国也确定这一年为国际老年人年。① 自此以后,人们越来越关注人口的数量、结构、分布和变化的社会影响。而且,现实生活中的人口现象,对于个人行为、社会结构以及文化和教育等多方面,也会产生重要的影响。

(一) 人口是如何定义的

什么是人口？每天在我们的日常生活中都会碰到各种人,不同的性别、年龄,甚至不同的民族、种族、国籍,这些人我们能称之为人口吗？显然是不行的。那我们如何理解人口的概念呢？在《人口学辞典》中,人口被界定为:"生活在一定社会生产方式、一定时间、一定地域,实现其生命活动并构成社会生活主体,具有一定数量和质量的人所组成的社会群体。"②人口作为一个生物群体,有出生、成长、衰老、死亡的生命过程,有自身遗传、变异以及全部生理机能。"物质资料的生产是人口存在和发展的物质基础,在物质资料的生产过程中,人们一方面从事改造自然、获取物质资料的活动,另一方面彼此之间结成一定的关系,即生产关系。同时,在社会生活的其他领域中,人们彼此还形成各种不同的政治关系、文化关系、民族关系、家庭关系、宗教关系以及由这些关系派生出来的其他关系。"③佟新将人口界定为:"人口是指生活在特定的社会制度、特定领域,具有一定数量和质量的人的总称,是一个社会各种文化、经济和政治活动的基础。"④

从以上两个较为权威的界定中我们可以发现,人口与人相比,是一个集合的概念,是一个总称,对其界定一般包含三个要素:关系背景,即处于何种生产关系之下;时间背景,即基于什么时间点的考察;地域背景,即在什么范围内进行的考察。因而人口从本质上可理解为:生活在一定社会生产方式、一定时间、一定地域,实现生命活动并构成社会生活主体,具有一定数量和质量的人所组成的社会群体。人口作为群体单位与单个的人相比,有三个显著的特征:第一,人口可以用数量表示它的规模、结构分布和质量,而个人则不能这样表示;第

---

① 李建新:《中国人口结构问题》,社会科学文献出版社 2009 年版,第 1 页。
② 刘铮等主编:《人口学辞典》,人民出版社 1988 年版,第 21 页。
③ 同上书,第 22 页。
④ 佟新:《人口社会学》(第四版),北京大学出版社 2011 年版,第 1 页。

二,人口现象的客观性更强,而个人行为的主观性更强;第三,人口可以表现出规律(受大数定律支配),而每一个个人的行为变化是无规律的。

一般而言,人口可以从静态和动态两个方面进行考察。人口状况从静态方面看,通过一定时点上的人口数、人口密度及各种人口构成反映出来,主要指人口结构。人口结构大体上可分为两类:自然结构,主要表现为人口的年龄结构和性别结构;社会结构,主要表现为人口的社会分层和地区分布等。人口状况从动态方面看,通过一定时点上人口的变动状况反映出来。人口变动一般可分为三类:自然变动,即由出生和死亡引起的人口数量的增减和人口年龄、性别构成的变化;机械变动,也称作人口迁移,是指人口在空间上的一切移动,包括改变定居地点的永久性移动和暂时的移动;社会变动,是指一定数量的人从一个社会集团转入另一个社会集团的变动。社会集团是按照一定社会中的人所具有的不同社会身份和经济标志进行划分的,如婚姻、家庭、收入、职业、文化教育、语言、国籍、宗教等(见图 10.1)。

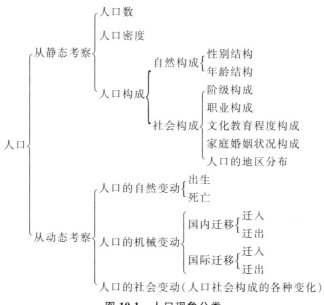

图 10.1 人口现象分类

（二）人口结构

人口具有双重属性,即生物属性和社会属性,因而人口结构也可以分为隶属于生物属性的自然结构和隶属于社会属性的社会结构。

1. 自然结构

（1）性别结构。指一定时点、一定地区男女两性在全体人口中的比例,通常用百分比来表示。在性别结构上考察人口现象,主要有以下几个指标[1]：

① 性别构成：以全体人口数为分母,分别计算男、女所占百分比。

② 性别比：也叫性比例,是某一人口（或某一年龄组内）每100名女性所对应的男性人口数。

③ 出生性别比：指一定时期内出生的婴儿中,每100个出生的女婴所对应的男婴数。

（2）年龄结构。一定时期、一定地域范围内,不同年龄人口占总人口的比重状况。国际上通常将不同年龄的人口划分为三大类：0—14岁,少年儿童人口；15—59（或64）岁,劳动年龄人口；60（或65）岁及以上,老年人口。在年龄结构上考察人口现象,主要有以下几个指标[2]：

① 老年系数（老年人口比重）：60（或65）岁及以上人口占总人口的百分比。

② 少年系数（少年儿童比重）：14岁及以下人口占总人口的百分比。

③ 老少比（老龄化指数）：60（或65）岁及以上人口与14岁及以下人口之比。

④ 少儿抚养比（少年抚养系数）：14岁及以下人口占15—59（或64）岁劳动年龄人口的百分比。

⑤ 老年抚养比（老年赡养系数）：60（或65）岁及以上人口占15—64岁劳动年龄人口的百分比。

⑥ 总抚养比（社会负担系数）：少儿抚养比和老年抚养比之和。

---

[1] 刘铮等主编：《人口统计学》,中国人民大学出版社1981年版,第25页。

[2] 同上书,第29页。

2. 社会结构

(1) 家庭构成。家庭是由婚姻、血缘或收养关系所组成的社会生活的基本单位,家庭是婚姻的结果,也是人口再生产的基本单位。在家庭层面考察人口现象,主要有以下几个方面:

① 家庭代际层次。核心家庭:由一对夫妻及其子女组成的家庭;主干家庭:又称直系家庭,即由父母和一对已婚子女及其未婚子女组成的家庭;联合家庭:指至少有两对或两对以上同代夫妻及其未婚子女组成的家庭。

② 家庭生命周期。家庭生命周期通常是指从夫妇双方结合组成家庭开始,到夫妇双方死亡从而家庭解体而告终的整个家庭发展过程。一般把家庭生命周期划分为形成、扩展、稳定、收缩、空巢和解体6个阶段(见图10.2)。

图 10.2 家庭生命周期图示

(2) 婚姻构成。婚姻是指男女两性依照一定的风俗、伦理和法律的规范建立起来的夫妻关系。广义的婚姻概念既包括未婚、已婚有配偶、分居、离婚、丧偶等婚姻状态,也包括结婚(初婚与再婚)、离婚、丧偶等人口婚姻事件。在婚姻构成上对人口现象的考察,主要有以下几个指标①:

① 结婚率:是指某一时期(通常为一年)每 1000 名 15 岁及以上人口中结婚事件的发生数,即全年结婚对数。

② 平均初婚年龄:是指初次结婚者的平均年龄。人口学一般强调女性初婚年龄。

③ 离婚率:是指一定时期内(通常为一年)每 1000 名 15 岁及以上人口中离婚事件的发生数。

④ 离婚比:一年内结婚对数与离婚对数之比。

---

① 刘铮等主编:《人口统计学》,第 86 页。

(3) 文化教育程度构成。人口的受教育程度和水平是一个国家或地区人口素质的重要指标,它对于人类文明和社会经济发展具有极为重要的影响,也是反映教育发展状况的基本内容。在文化教育构成上考察人口现象,主要有以下几个指标:

① 文盲率:反映的是教育普及状况。

② 每 10 万人中大学生人数:反映高等教育的普及情况。

③ 各种文化程度人口所占比重:反映人口受教育状况的内部构成和差异。

④ 人均受教育年限:是一个综合性很强的指标,反映人口受教育的总体水平。

(4) 人口地域分布。指在一定时点人口在一定空间的集散状态。一定时点的人口地域分布是人口的空间分布长期发展演变的结果,是自然、经济、社会、历史、资源环境等多种因素综合作用的结果。

(三) 人口变动

1. 生育

对生育的界定通常有两个层次:一是生物属性上的界定即生殖力,指妇女生理上的生育能力,即妇女生育能力和潜能。妇女的平均生育时期是 15—49 岁,有 35 年时间,每次怀孕需要 9 个月左右,不采取生育限制措施时一次怀孕终止和下一次怀孕开始之间的平均时间是 18 个月,每个妇女平均每 2.2 年生一个孩子,潜在的最大生育数量为 16 个。二是社会属性上的界定即生育率,指不同时期、不同妇女或育龄妇女的实际生育水平或生育子女的数量。由于现实生活中社会、经济、文化、政治等因素的影响,妇女的生育率远远低于生殖力水平。对于生育行为的考察也主要从社会属性层面来进行,主要有以下几个测量指标①:

(1) 粗出生率:一年的活产出生总数量除以年中人口数。

(2) 一般生育率:一年中活产出生的总数量除以育龄妇女人数。使用人口的年龄和性别结构信息,区分某年人群中真正发生生育行为的人。

(3) 年龄别生育率:反映育龄妇女各年龄组的生育水平,是一定

---

① 刘铮等主编:《人口统计学》,第 66 页。

时期内(通常为一年)某个年龄组的育龄妇女所生育的活产婴儿数与相应年龄组的育龄妇女总人口数之比。

(4)总和生育率:在一定时期内(通常为一年)年龄别生育率之和,每一名妇女如果像统计年那样度过她的生育期,她一生可能生育的子女数——时点指标。

2. 死亡

按照联合国人口统计部的定义,死亡是指:生命的一切征兆永久消失。所谓医学死亡,是指持续 12 小时无自发性的运动,心跳、呼吸机能呈现不可逆转的停止,以及瞳孔扩张、对光无反应。传统的死亡定义:心跳停止且无自主性呼吸运动。然而由于医学的进步,呼吸机能的退化或停止,可使用人工呼吸器来维持换气;心跳速率的下降或停止,可倚靠药物、心律引发器来维持跳动。对于死亡行为的考察主要有以下几个指标[1]:

(1)粗死亡率:通常简称死亡率,它是一定时期内(通常为一年)全部死亡人数与同期平均总人口数之比,说明该时期人口的死亡强度。

(2)年龄别死亡率:它是某一年龄死亡人数与该年龄的平均人数之比。

(3)婴儿死亡率:一年内未满周岁的死亡婴儿数与当年活产婴儿数之比。

(4)新生儿死亡率:新生儿死亡率是指某一地区一定时期内(通常为一年)出生后 28 天以内的死亡婴儿数占同期出生婴儿总数的比例。

3. 迁移与流动

人口迁移是指一定的时期范围,跨越居住地一定界限的移动,这里包含了时间、空间和行为三要素。通常而言,迁移被认为是永久性的(在中国则意味着是伴随着户籍的变动),流动则是短期的不伴随户籍的变动。考察人口流动或迁移的指标主要有以下几种[2]:

(1)人口迁入率:是指某一地区一年内每 1000 人口中迁入该地

---

[1] 刘铮等主编:《人口统计学》,第 94 页。
[2] 同上书,第 109 页。

区的人数。

(2) 人口迁出率:是指某一地区一年内每 1000 人口中迁出该地区的人数。

(3) 人口净迁移率:是指某一地区一年内每 1000 人口中迁入与迁出人口之差。

(4) 人口总迁移率:某地区一年内每 1000 人口中迁入人口与迁出人口之和。

二、世界人口现状

(一) 人口规模

1. 世界人口增长不断加快

从表 10.1 和图 10.3 可以看出,全球人口每递增 10 亿所需要的时间越来越短,世界人口总数突破 10 亿全人类花费了将近 300 万年的时间,可见在人类历史的很长一段时间里,人口规模增长是非常缓慢的。之后世界人口总量开始进入较快增长阶段,到 2011 年世界人口总量突破 70 亿大关。2015 年世界人口达到 73.5 亿左右。

表 10.1　全球人口每递增 10 亿时间表[①]

年份	人口数	增长 10 亿所用时间
1800 年	10 亿	近 300 万年
1930 年	20 亿	约 130 年
1960 年	30 亿	30 年
1975 年	40 亿	15 年
1987 年	50 亿	12 年
1999 年	60 亿	12 年
2011 年	70 亿	12 年
2015 年	73.5 亿	

---

① United Nations Department of Economic & Social Affairs, *World Population Prospects 2015*.

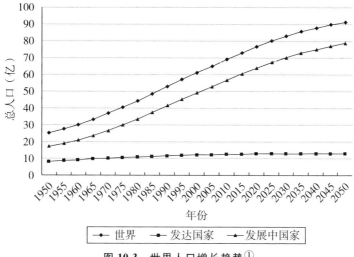

图 10.3　世界人口增长趋势①

> **新闻链接**
>
> ### 世界第 70 亿名公民的诞生
>
>
>
> 1999 年 10 月 12 日凌晨 0 时 2 分,波黑首都萨拉热窝一名男婴的诞生标志着世界人口达到了 60 亿。时光流转,仅仅 12 年之后,2011 年 10 月 31 日,菲律宾婴儿丹妮卡·卡马乔的诞生象征着世界人口突破 70 亿。②

2. 世界各地人口增长不均衡

根据联合国的预测,从现在到未来(2015—2100),全球新增加的将近 40 亿人口中,2% 来自发达国家,98% 来自发展中国家。分地区来看,非洲人口无论是从数据还是比例上来看都是增长最快的,其次是

---

① United Nations Department of Economic & Social Affairs, *World Population Prospects 2015*.
② 《多国选定世界第 70 亿名公民》,http://news.sina.com.cn/w/p/2011-11-01/035723393172.shtml。

亚洲、北美洲、欧洲地区则会出现负增长(见表10.2)。

表10.2 全球主要地区人口增长预测

主要地区	人口总量(百万)			
	2015年	2030年	2050年	2100年
世界	7349	8501	9725	11 213
非洲	1186	1679	2478	4387
亚洲	4393	4923	5267	4889
欧洲	738	734	707	646
拉丁美洲	634	721	784	721
北美洲	358	396	433	500
大洋洲	39	47	57	71

(二) 人口结构

1. 世界总人口中老年人口年龄段增速最快

图10.4显示,在2000—2050年的50年里,世界人口整体增长的同时,60岁及以上人口增加的速度是最快的,远远超过其他年龄段人口的增长速度;0—9岁和10—24岁两个年龄段的人口增长幅度最小。

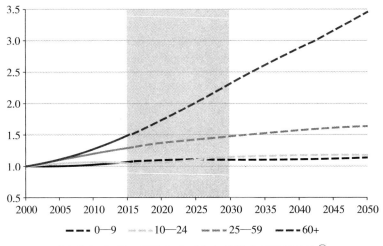

图10.4 2000—2050年全球各年龄段人口增长趋势①

---

① United Nations Department of Economic & Social Affairs, *World Population Ageing 2015*.

2. 世界各地区人口老龄化速度差异很大

表 10.3 和图 10.5 显示,老年人口虽然在全世界范围内呈快速增长的趋势,但各个地区的增长速度是不一致的:比较而言发达地区老年人口增长速度快于发展中地区,其中欧洲增长速度最快,其次是北美洲,增长速度最慢的是非洲地区。

表 10.3 全球主要地区 60 岁及以上人口变动趋势①

主要地区	2015 年 60 岁及以上人口（百万）	2030 年 60 岁及以上人口（百万）	2015 年到 2030 年增长率	2015 年所占比例(%)	2030 年所占比例(%)
世界	900.9	1402.4	55.7	100.0	100.0
非洲	64.4	105.4	63.5	7.2	7.5
亚洲	508.0	844.5	66.3	56.4	60.2
欧洲	176.5	217.2	23.1	19.6	15.5
北美洲	74.6	104.8	40.5	8.3	7.5
拉丁美洲	70.9	121.0	70.6	7.9	8.6
大洋洲	6.5	9.6	47.4	0.7	0.7

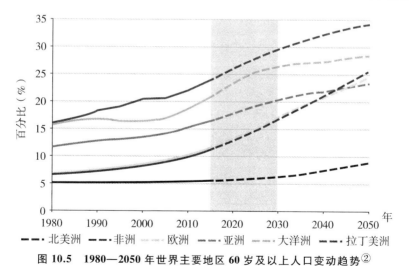

图 10.5 1980—2050 年世界主要地区 60 岁及以上人口变动趋势②

---

① United Nations Department of Economic & Social Affairs, *World Population Ageing 2015*.
② Ibid.

(三) 人口迁移与流动

图 10.6 展现的是 1990—2013 年世界不同地区人口迁移的总体趋势：欧洲是发生人口迁移数量最多的地区，其次是亚洲；拉丁美洲和大洋洲相对而言人口迁移与流动的规模较小，且增幅不大。

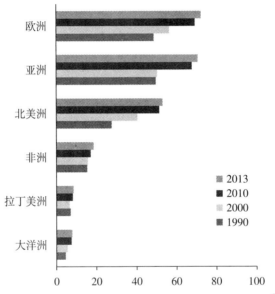

图 10.6　1990—2013 年国际人口迁移趋势 (单位：百万) [1]

图 10.7—图 10.9 显示的是三个时间段内在国家层面排名前十的迁移流，通过比较可以发现以下特征：在三个时间段内，墨西哥—美国的迁移流始终处在第一位；1990—2000 年这个时间段里，多个大规模的迁移流是涌向美国的，如越南、中国、波多黎各、印度和墨西哥；2000—2010 年这个时间段里，一个较为突出的特点是中东和北非地区的人口迁移增长，沙特阿拉伯、阿拉伯联合酋长国、叙利亚等中东和北非国家的人口迁移增长迅速；2010—2013 年这个时间段里，世界人口迁移出现均衡的趋势，不再集中于某个国家和地区。

---

[1] United Nations Department of Economic & Social Affairs, *International Migration Report 2013*.

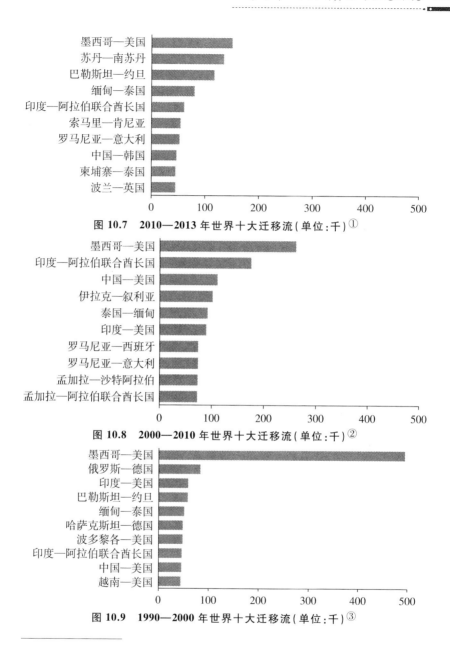

图 10.7 2010—2013 年世界十大迁移流(单位:千)①

图 10.8 2000—2010 年世界十大迁移流(单位:千)②

图 10.9 1990—2000 年世界十大迁移流(单位:千)③

---

① United Nations Department of Economic & Social Affairs, *International Migration Report 2013*.
② Ibid.
③ Ibid.

三、中国人口现状

（一）人口规模

图 10.10 显示的是中国人口的增长趋势。从总量上看，截至 2014 年，中国总人口约为 13.68 亿，自然增长率在 5‰ 左右波动，从 2004 年的 5.28‰ 下降到 2010 年和 2011 年的 4.79‰ 最低点，之后又有所上升，到 2014 年为 5.21‰。

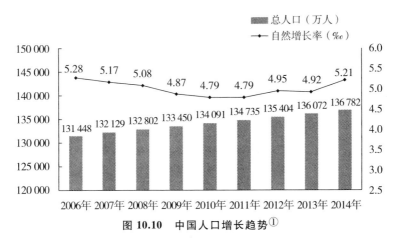

图 10.10　中国人口增长趋势[①]

（二）人口年龄结构

如图 10.11 所示，中国人口总量在持续增加的同时，人口年龄结构也在趋于老龄化：0—14 岁青少年人口比例在缓慢下降的同时，65 岁及以上人口所占比例则逐渐升高，与此同时 15—64 岁劳动力年龄人口也在 2020 年左右到达峰值后呈下降趋势。中国人口年龄结构的变动，影响因素非常复杂，但在人口层面有两个因素是不可忽视的，一是中国持续下降的生育水平，直接的影响就是新出生人口的减少以及青少年人口比例的下降；二是健康和医疗水平的提高，导致人均预期寿命增长，老年人口所占的比例会有所提高。

---

① 根据国家统计局网站数据计算绘制而成。

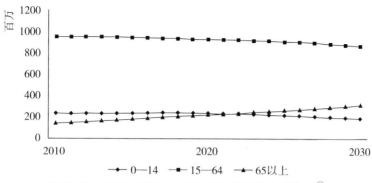

图 10.11　2010—2030 年中国人口年龄结构变动情况①

（三）人口迁移与流动

"十二五"期间，中国流动人口年均增长约 800 万人，截至 2014 年年末达到 2.53 亿人，预计 2020 年中国流动迁移人口，包括现在预测要在城市落户的人，将逐步增加到 2.91 亿，年均增加 600 万人左右，其中，农业转移人口约 2.2 亿人，城城之间流动人口约 7000 万人。

"十三五"期间，人口继续向沿江、沿海、铁路沿线地区聚集。超大城市和特大城市的人口，还会由于人口的迁入继续增长。随着区域经济一体化的推进，区域间经济联系的加强，城镇之间人口流动将日趋活跃。②

第二节　人口如何影响我们的生活

一、人口对我们生活的影响

（一）经济

1. 人口数量与经济

在人口和经济的相互关系上，马克思主义向来坚持两种观点，即在承认经济对人口发展有决定性影响的同时，还承认人口对经济发展

---

① 袁志刚、余静文：《中国人口结构变动趋势倒逼金融模式转型》，《学术月刊》2014 年第 10 期。

② 《2020 年我国流动人口数据预测分析》，http://www.chinagao.com/stat/stats/46624.html。

有重要的反作用,能够促进或延缓经济的发展。① 人口特别是劳动力年龄人口是经济发展必不可少的因素。人口增长在一定意义上要同经济发展相适应,不能超过一定经济容量所能承受的人口容量,否则将面临日益增大的人口压力,反之,适当的人口数量和较好的人口素质相结合,对经济的发展则能起到重要的作用,也是任何一个社会经济发展的前提,只有具备了一定数量的人口,才能满足机械化大生产所要求的专业分工需要,才能实现规模效应和集聚效应,提高资源利用率。

2. 人口结构与经济

人口的自然结构、地域结构和社会结构都会在不同程度上影响生产和经济发展。一个地区的男女性别比例,可能会对该地区的经济结构特别是部门结构和职业结构产生影响。人口的地域结构特别是城乡结构,既在一定程度上反映地区的经济结构特点,也会影响经济结构的形成。人口的社会结构特别是文化教育结构,无疑也会对社会经济结构产生影响。②

3. 人口迁移、流动与经济

人口分布和人口迁移流动对经济发展也有重大影响。人口分布固然受生产力配置的制约,但是在一定生产条件下,人口的合理分布反过来也能够促进生产力的合理分布。一方面,人口由已开发的人口密度高的地区迁移到未开发的人口密度低的地区,是开发经济落后地区的重要前提。另一方面,人口从一个地区大量的外迁,特别是劳动力年龄段人口的外流,在一定程度上会导致流出地区经济发展停滞和创新力的下降,对经济发展带来消极影响。

(二) 环境

"人口"本身就是一个多维度的概念,可以包括人口规模、人口分布、人口密度或者一个居住区的人口结构。"环境"也并非是简单的概念,可以包括人类和其他物种所依赖的空气、水和土地。人口对环境的影响更多是通过一些中介因素起作用的,这些中介因素包括技术因

---

① 李竞能编著:《人口理论新编》,中国人口出版社 2007 年版,第 253 页。
② 同上书,第 255 页。

素、政治因素、文化因素和经济因素等。①

1. 人口规模与环境

全球人口数量与土地、空气和水资源存在内在相关,这是因为每个人类个体都要利用环境资源并且会对环境产生一定的污染,即使资源的利用规模和垃圾的产生水平也因为个人和文化的背景不同而有所差异。通常学术界对于人口规模对环境产生的影响有两种观点。第一,每个人都需要食物,而食物的产出通常需要农业用地或者其他形式的必需品的生产,仅在最近的 40 年,土地的可用量就达到了一个食物产出的潜在临界点。第二,水在我们赖以生存的生态圈中处于中心地位,并且被人类用于消费、农业和能源生产。自 1950 年以来,全球水的使用已经增长了两倍。除了以上两个主要观点以外,还有一点也非常重要,即人口与环境之间的关系并不是简单的叠加关系,换一句话说,每一个人对环境产生影响的大小是不同的,所有个人与环境的综合因素决定了个人对环境的影响力,消费方式是一个重要的因素。②

2. 人口结构与环境

对诸如年龄结构、性别比和收入状况等人口学因素的考虑可以使我们对人口与环境的关系有更清晰的认识。第一,年龄对移民倾向有影响,年轻人移民的可能性是最大的。这一现象与一个潜在的环境意义有关——随着人口老龄化,退休移民水平预计会上升,比如在美国,到一些环境条件好的地区的永久性或季节性移民会上升,同时这些地区及其他地区的公园和休闲空间的利用会增加。第二,从性别结构上看,在一些文化中,特别是在发展中国家,男性进入到一个社区中或许会推动人口增长,因为可以结婚的单身汉也从外面带来了他的新娘,从而会对当地的环境带来一定的压力。第三,从收入结构上看,环境恶化经常会被归咎于生活在收入水平两个极端的个人——那些非常贫穷的人往往对环境无节制地开发而破坏可持续的原则,而那些最富有的人则是过度地消费环境资源。总体上收入和环境恶化会随着收

---

① 洛丽·亨特、罗伯·肯普:《人口与环境》,转引自梁在主编:《人口学》,中国人民大学出版社 2012 年版,第 457 页。

② 同上书,第 460—462 页。

入水平和污染物来源的种类不同而不同。

3. 人口分布与环境

人口分布与再分布对环境的影响主要体现在以下几个方面:第一,相对不发达国家因为生育率较高其人口在全球所占比例也越来越高,会加剧对环境的压力。第二,通过移民而实现的人口再分布相对地改变了由人类引发的环境压力,在一些地方缓解了环境压力,在一些地方可能加重了环境压力。第三,在大多数发展中国家,快速的城市化进程中大量的基础设施建设对环境产生了巨大的负面影响,大量的人口往城市聚集也加重了城市地区的环境污染问题。①

(三) 就业

1. 民工荒

中国人口在持续低生育水平的影响下,降低了每年新增农民工——尤其是初中文化程度农民工的供给数量。在中国成为制造业大国之后,沿海制造业企业的率先恢复、沿海劳动密集型企业向内地的转移以及国际金融危机打击之下发达国家和地区向中国内地产业转移速度的提升等,在增加沿海地区用工需求的同时,也扩展了中部地区和西北地区企业对农民工的需求规模。② 民工荒现象归根结底是一种劳动力市场供求关系的表现,既有其宏观经济周期因素,更反映了长期人口结构变化的趋势。劳动力供给的基础是劳动年龄人口。在经济高速增长期间,中国整体上具有劳动力无限供给的特征,即劳动年龄人口高速增长,其占总人口的比重迅速提高,为经济增长提供了人口红利。随着中国人口转变早已进入到低生育阶段,劳动年龄人口的增长已经显著减慢。2000 年以来,劳动年龄人口的增长率已经开始迅速减缓,每年平均只有 1%。因此,长期的劳动力供求格局已经发生了变化,成为用工荒的根本原因。③

2. 大学生就业难

目前大学生就业问题成为社会关注的一个热点,它不仅关系到数百万大学生及其家庭的生活,而且关系到我国经济长期发展和社会和

---

① 洛丽·亨特、罗伯·肯普:《人口与环境》,转引自梁在主编:《人口学》,第 464 页。
② 张翼:《近年来中国人口与就业热点问题研究》,《河北学刊》2011 年第 7 期。
③ 蔡昉:《"民工荒"现象:成因及政策含义分析》,《开放导报》2010 年第 4 期。

谐,因而具有很强的现实迫切性。大学生就业难的深层原因在于户籍管理和高等教育等相关制度。它们同时产生了相反的两种影响:一方面刺激了大学生的供给增加,另一方面则限制了大学生的需求增加,从而造成了大学生供求之间的严重失衡。鉴于此,我们把中国大学生失业称为制度性失业。大学生就业问题往往与高校扩招联系起来。简单地把大学生就业难归咎于扩招,或者简单地否认二者相关,都与事实不尽相符而令人难以信服。对于前者,第一届扩招生毕业是在2003年,而大学生就业难早在1999年就开始出现。而且,自第一届扩招生毕业以来,大学生就业问题的确凸显出来。实际上,二者之间的联系在于大学学历的分配功能,只不过扩招前后其地位发生了变化。当前中国大学生的就业问题,不能以供求总量、结构、预期以及扩招等因素简单解释。其深层原因在于现有制度下城市资源与学历之间的冲突。相关制度解释了大学生供给的总量和结构问题,我们把它概括为制度性失业。

二、世界主要人口问题

(一) 低生育率陷阱

1. 背景

20世纪80年代以来,生育率下降和人口老龄化是世界人口变化最主要的两大趋势。根据联合国的统计,2000年全球187个国家和地区中,只有16个没有表现出明显的人口转变的迹象,且对世界人口的影响力在减弱,生活在这些国家中的人口只占全球人口的3%。有64个国家(占全球人口约45%)生育率在更替水平或低于更替水平。另据美国人口咨询局的统计,到2004年,世界上一半以上的人口生育水平低于更替水平。

20世纪60年代,欧洲的总和生育率为2.5,1993年降到了1.5,2000年欧洲的总和生育率中位数只有1.31,略高于极低生育率水平(即总和生育率为1.3)。仅南欧、中欧和东欧就有17个国家的总和生育率在1.3及以下。西班牙、意大利等国总和生育率甚至在1.2以下。

2. 概念提出

很多学者对欧洲持续的低生育率现象及其原因进行了探讨,其中最有影响的理论之一是鲁茨等人提出的"低生育率陷阱"。按照鲁茨等人的观点,一国总和生育率一旦降到1.5以下,就会产生一种"低生育率自我强化机制",生育率就如同掉进了"陷阱",很难再回升到1.5以上。

在鲁茨等人看来,低生育率与"陷阱"一词的本意有三个共同特点:第一,是一种令人不愉快和不安的境地;第二,进入者不是本来就想要进入的;第三,一旦进入想要摆脱这种境地就很困难。①

3. 影响机制

(1) 人口学机制

低生育率导致出生队列规模缩小,进而未来进入生育年龄的妇女(或潜在母亲)越来越少,不断减少的生育人口亚群体将会产生向下的人口压力,使生育的绝对数量减少,粗出生率下降。

(2) 社会学机制

社会规范,特别是年轻一代的理想家庭规模受他们经历的环境的影响,年轻一代经历的环境中家庭孩子数越少,他们理想生活中的孩子数量就越少。

(3) 经济学机制

如果夫妇预期收入能力相对于他们渴望的水平而言更高,他们对前景更乐观,会对结婚生育感到更轻松;反之,他们会怯于结婚生育。判断夫妻的经济前景要考虑两个因素:一个是他们的预期收入能力;另一个是他们对物质的渴望。

生育数量的下降,人口出现快速老龄化,这就导致社会保障体系的必然变化,使再分配更加倾向于年老的一代。不仅年轻一代预期社会保障收益会恶化,而且人口快速老龄化导致生产率下降,作为经济全球化的结果,未来投资下降、经济增长放慢,这两个因素都会使今天的年轻一代对未来经济持更加悲观的态度。

(二) 人口老龄化②

1. 现状

当下,世界各国面临一个共同的课题:人口老龄化。在20世纪里,人口寿命发生了巨大变化,平均预期寿命比1950年延长了20年,

---

① 石人炳:《低生育率陷阱 是事实还是神话》,《人口研究》2010年第2期。
② United Nations Department of Economic & Social Affairs, *World Population Ageing 2015*.

达到 66 岁,预计到 2050 年将再延长 10 年;人口结构方面的这一长足进展以及 21 世纪上半叶人口的迅速增长意味着 60 岁以上的人口从 2000 年的大约 6 亿增加到 2050 年的将近 20 亿。2005 年联合国发布的预测显示,世界 60 岁以上老年人口比例将由 2000 年的 10.0%,上升到 2025 年的 15.1%,2050 年的 21.7%;65 岁以上老年人口比例相应由 6.9% 上升到 10.5%、16.1%;年龄中位数相应由 26.8 岁上升到 32.8 岁、37.8 岁。

2. 特点

(1) 人口老龄化的速度加快。

1950 年全世界大约有 2.0 亿老年人,1990 年则为 4.8 亿,2002 年已达 6.29 亿,占全世界人口总数的 10%。预计到 2050 年,老年人数量将猛增到 19.64 亿,占世界总人口的 21%,平均每年增长 9000 万。

(2) 老年人口重心从发达国家向发展中国家转移。

1950—2050 年的 100 年间,发达地区的老年人口将增加 3.8 倍,发展中国家的老年人口将增加 14.7 倍,因而世界老年人口日趋集中在发展中地区。1950 年—1975 年,老年人口比较均匀地分布在发展中地区和发达地区,2000 年发展中国家的老年人口数约占全球老年人总数的 60%。预计到 2050 年,世界老年人口中约有 82% 的老年人,即 16.1 亿人将生活在发展中地区,3.6 亿老年人将生活在发达地区。

(3) 人口平均预期寿命不断延长。

近半个世纪以来,世界各国的平均寿命都有不同程度的增加。19 世纪许多国家的平均寿命只有 40 岁左右,20 世纪末则达到 60 至 70 岁,一些国家已经超过 80 岁。2002 年世界平均寿命为 66.7 岁,日本平均寿命接近 82 岁,至今保持着世界第一长寿国的地位。

(4) 高龄老年人(80 岁以上老人)增长速度快。

高龄老人是老年人口中增长最快的群体。1950—2050 年间,80 岁以上人口以平均每年 3.8% 的速度增长,大大超过 60 岁以上人口的平均速度(2.6%)。

2000 年,全球高龄老人达 0.69 亿,大约占老年总人口的 1/3。预计至 2050 年,高龄老人约为 3.8 亿,占老年人总数的 1/5。

(5) 老年妇女是老年人口中的多数。

多数国家老年人口中女性超过男性。一般而言,老年男性死亡率高于女性。性别间的死亡差异使女性老年人成为老年人中的绝大多数。如美国女性老人的平均预期寿命比男性老人高6.9岁,日本为5.9岁,法国为8.4岁,中国为3.8岁。

(三) 移民与民族融合

1. 全球移民概况

目前,居住在出生地所在国之外的人的数量在历史上居于最高位,部分原因在于通信和搬迁比以前更便利。与传统观念不同的是,今天的"移民"概念并不限于贫困国移民涌入富裕国,还包括某个贫困国的大批移民进入另外的贫困国;富裕国的移民进入其他富裕国;一些国家成为过境走廊、中转站。

联合国人口署官员估计,全球有大约2亿国际移民,如果他们创立一个自己的国家,将是全球第五大国家。据联合国人口署统计,只有三分之一的移民从发展中国家前往发达国家。[1]

2. 西方国家的对策

(1) 美国

美国主流媒体的民调结果显示,抵制非法移民已成为美国社会的主流声音。更有甚者,一些保守派政客主张废除在美国执行了上百年之久的"出生公民权",剥夺非法移民在美国所生子女的公民身份。

(2) 欧洲

法国政府宣布抛弃过去不加挑选地接纳移民的方式,从2007年元旦开始实施《新移民法》,提高移民门槛,加大驱逐非法移民的力度。曾多次对非法移民实行"大赦"的西班牙在2010年9月也表示要严打非法移民和雇佣非法移民的人。荷兰规定不会讲荷兰语的人将被移民考试拒之门外。英国针对大量东欧移民涌入的现状,2010年10月宣布将对罗马尼亚和保加利亚两国劳工进入英国进行限制。

(3) 政策出台的原因

西方国家之所以对移民问题非常头疼,主要在于大量的移民涌入给本国带来了诸多的社会问题,主要基于以下几个方面的考量:

第一,以"面包"的名义:历史上,"反移民潮流"曾反复出现,反移

---

[1] United Nations Department of Economic & Social Affairs, *International Migration Report 2013*.

民的主要原因也相当一致——移民会抢走工作、分薄社会资源。第二,以"民族"的名义:改变人口结构和稀释民族特性,则是人们对移民的第二大担忧。第三,以"安全"的名义:2001年发生的"9·11"恐怖袭击也改变了各国政府对移民的态度,特别在美国,似乎一夜之间,阻止非法移民的进入不仅关乎国内的工作机会和人口控制,而且提升到关乎国家安全的高度。

3. 移民与民族融合的难题

在当前西方主要的发达国家,都面临着劳动力缺乏与移民问题的两难境地:如果驱逐移民,西方国家将出现劳动力短缺的现象,因为受教育程度低的移民通常干当地人不愿干的苦力活,受教育程度高的移民则成了"廉价劳动力"。

长期以来,为了解决劳动力短缺问题和广纳外来人才,欧盟、美国、加拿大和澳大利亚等发达国家和地区成了全球移民的主要目的地。移民数量的增加,不仅丰富了发达国家的多元文化和社会结构,更为它们的经济发展做出了重大贡献。事实也证明,发达国家在过去30年的经济发展和科技进步等都与外来移民密不可分。

三、中国主要人口问题

(一)计划生育

1. 计划生育政策的演变

(1)在矛盾中孕育和提出阶段(1949—1962年)

1949年新中国成立之初,政府全力支持和宣传鼓励人口增长和奖励多子女母亲的政策,鼓励人口增殖是社会主义的人口规律,体现社会主义制度的优越性,之后中国人口急剧增长,1953年人口普查,出生率上升到37.0‰,死亡率下降到14.0‰,自然增长率创下23.0‰的新高。1954年,开始支持群众避孕节育。1960年,政府提出在城市和人口稠密的农村进行节制生育,适当控制人口自然增长率,并大力提倡晚婚。

(2)形成和曲折发展阶段(1962—1980年)

20世纪60年代前期,中央领导和有关文件也提及控制人口和计划生育,但是没有真正贯彻下去。十年"文化大革命"的冲击,使控制人口和计划生育处于停顿或半停顿状态。1973年提出"结婚晚一点,胎次稀一点,生的少一点,培养好一点"。1978年国家明确提出"提倡一对夫妇生育子女数最好一个、最多两个",并将"国家提倡和推行计划生育"首次写入《中华人民共和国宪法》。

(3) 日臻完善阶段(1980年以后)

1980年中共中央发表《公开信》提倡"一对夫妇只生育一个孩子",标志着计划生育政策在中国正式实施。1982年政府提出"控制人口数量,提高人口素质"。1991年中共中央、国务院还发出了《关于加强计划生育工作,严格控制人口增长的决定》,在1991—1996年中共中央连续6年召开全国人口与计划生育座谈会,反复强调计划生育工作的重要性。1995年中共中央明确指出"要把控制人口、节约资源、保护环境放到重要位置,使人口增长与社会生产力的发展相适应,使经济建设与资源、环境相协调,实现良性循环"。2006年12月17日公布的《中共中央国务院关于全面加强人口和计划生育工作统筹解决人口问题的决定》再次强调,"必须坚持计划生育基本国策和稳定现行生育政策不动摇"。

2. 双独二孩政策

后来,我国各地根据中国的实际情况对计划生育政策进行了部分调整。虽然计划生育新政策仍需遵循一对夫妻只许生育一胎的基本原则,但对可生育二胎的法定条件作了适度放宽,不过对超生二胎以上的,仍然要依法征收社会抚养费。

2011年11月25日,河南省十一届人大常委会第二十四次会议表决通过了关于修改《河南省人口与计划生育条例》的决定,修改后的《条例》自公布之日起施行。根据此次修改,河南省规定,夫妻双方均为独生子女,要求生育的,经批准可生育第二子女;如果夫妻双方均为农村居民,夫妻只生育一个女孩,要求生育的,经批准也可生育第二子女。在此之前,从全国来看,山东、四川等27个省、直辖市、自治区在20世纪末已实行"双独"夫妻可生二胎政策,自湖北、甘肃、内蒙古在2002年实行此政策以来,河南省成为全国最后一个实行此政策的省份。①

---

① 河南人大:《关于修改〈河南省人口与计划生育条例〉的决定》,http://www.henanrd.gov.cn/hnrd/article_content.jsp?ColumnID=114&TID=20140925102817676669000。

3. 单独二孩政策

2013年11月15日,十八届三中全会通过的《中共中央关于全面深化改革若干重大问题的决定》对外发布,其中提到"坚持计划生育的基本国策,启动实施一方是独生子女的夫妇可生育两个孩子的政策",这标志着"单独二孩"政策的正式实施。

4. 全面二孩政策

2015年10月29日,党的十八届五中全会会议决定:促进人口均衡发展,坚持计划生育的基本国策,完善人口发展战略,全面实施一对夫妇可生育两个孩子政策,积极开展应对人口老龄化行动。这是继2013年十八届三中全会决定启动实施"单独二孩"政策之后的又一次人口政策调整。2015年12月27日,全国人大常委会表决通过了《人口与计划生育法修正案》,"全面二孩"将于2016年1月1日起正式实施。

(二) 人口老龄化

1. 现状

表10.4显示的是中国历次人口普查65岁及以上人口所占比例的变动情况:中国于2000年老年人口的比例首次超过7%,正式进入老龄化社会。2010年中国老年人口的比例为8.9%。

表10.4 六次人口普查中国人口年龄结构(单位:%)[1]

年龄\年份	1953	1964	1982	1990	2000	2010
0—14岁	36.3	40.7	33.6	27.7	22.9	16.6
65岁及以上	4.4	3.6	4.9	5.6	7.0	8.9

2. 特点

(1) 速度快

根据联合国的统计和预测,1950—2000年间,世界老年人口增长176%,中国增长217%;2000—2025年,世界增长90%,中国增长111%。65岁及以上人口比例从7%上升到14%所需的时间:法国为115年,瑞典为85年,美国为66年,英国为45年,中国约为25年。[2]

---

[1] 根据国家统计局公布的历次人口普查数据计算而得。
[2] United Nations Department of Economic & Social Affairs, *World Population Ageing 2015*.

（2）未富先老

中国人口老龄化的另一显著特点是未富先老。表10.5显示,中国在正式进入人口老龄化社会的2000年,在英克尔斯的10项现代化指标中,在人均GDP、第三产业占GDP的比例、农业劳动力占总劳动力比例、城市人口比例、成人识字率和大学普及率六项指标上远远低于标准,说明中国在进入人口老龄化的同时,还远远没有进入现代化社会。

表10.5 中国2000年进入人口老龄化时的现代化指标[①]

英克尔斯的10项现代化指标	标准值	中国(2000年)	备注
人均GDP(2000年价格美元)	6399	840	正指标
农业产值占GDP的比例	15	16	逆指标
第三产业占GDP的比例	45	33	正指标
农业劳动力占总劳动力比例	30	50	逆指标
城市人口比例	50	36	正指标
医疗服务(医生数/千人)	1	1.7	正指标
婴儿存活率	97	96.8	正指标
平均预期寿命	70	70	正指标
成人识字率	80	93	正指标
大学普及率	15	7.2	正指标

（3）地区不平衡

2010年,重庆60岁及以上人口占总人口的11.56%,为中国"最老"的地区;西藏60岁及以上人口占总人口的5.09%,为中国"最年轻"的地区,前者是后者的两倍。由于人口流动水平和生育水平的差异,导致中国各省之间人口老龄化水平差异较大。

---

① 朱庆芳、吴寒光:《社会指标体系》,中国社会科学出版社2001年版,第56页。

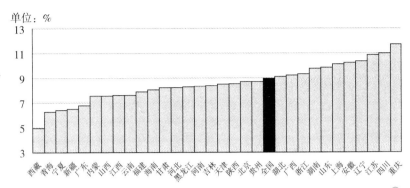

图 10.12　2010 年全国分省(自治区、直辖市)60 岁及以上人口所占比重排序[①]

(4) 规模大

中国人口基数决定了老龄人口规模十分巨大。国家统计局公布数据显示,截止到 2014 年底,中国 60 岁以上的老人占到总人口的 15.5%,达到了 2.12 亿。据预测,到 2050 年,全世界老年人口将达到 20.2 亿,其中中国老年人口将达到 4.8 亿,几乎占全球老年人口的四分之一。

(5) 高龄化

在中国老龄化进入快速发展阶段的同时,还伴随着高龄化的快速推进。数据显示,截止到 2014 年年底,中国 80 岁以上的高龄人口已接近 2400 万,占整个老龄人口的 11%。80 岁以上高龄老人以每年 100 万人的速度递增,而且失去自理能力的老人继续增加,从 2012 年的 3600 万人增长到 2014 年的 3850 万人。

3. 影响

(1) 对老年群体的影响

在养老保障上,到 2020 年,我国 65 岁以上老年人口将比 2000 年翻一番,达 1.7 亿,到 2040 年将再翻一番,达 3.22 亿,这种巨大的变化将会对我国尚未建立健全的社会养老保障制度带来巨大的冲击。根据有关学者预测,在现行生育政策不变的情况下,我国退休金缺口金额将由 2000 年的 735 亿增至 2030 年、2040 年、2050 年与 2080 年的 9591 亿、19 463 亿、40 360 亿与 215 619 亿;资金缺口金额占 GDP 的比

---

① 根据全国各省 2010 年第六次人口普查主要数据公报整理绘制。

例分别为 1.9%、2.7%、3.9% 与 7.4%。①

在医疗保障上,有研究表明,人均医疗费用与不同年龄的人群有关。一般情况下,60 岁以上年龄组的医疗费用是 60 岁以下年龄组的 3—5 倍。例如:美国 65 岁及以上老人医疗费用与 65 岁以下人口的医疗费用之比是 3.9∶1,德国是 2.7∶1,芬兰是 3.8∶1。② 这说明,人口老龄化对中国的医疗保障体系将产生巨大的压力。

(2) 对劳动力市场的影响

人口老龄化导致我国劳动力资源相对短缺。人口老龄化程度加深,会造成劳动适龄人口规模减小,即劳动力短缺。由于劳动适龄人口减少,直接导致社会劳动生产率下降,降低社会生产的经济总量,于是会对社会经济发展产生不利的影响;劳动适龄人口比重下降,即劳动力老化。劳动力老化对总体生产率提高和经济增长抑制作用较大,劳动者的身体素质成为劳动生产率高低的决定因素之一。

(3) 对产业结构的影响

人口老龄化的出现,导致我国现有的产业结构做出相应的调整,以满足老年人口对物质、精神文化特殊的需要。我国已经进入老年型国家,老年人口大量增加,其物质和精神需求增长,市场机制将引导社会资源向开发老年人生活用品、保健产品、医疗设备以及老年大学、老年旅游等产业转移。社会对第三产业的需求将会明显增大。人口老龄化带动第三产业的大发展,从而有助于调整国民经济增加值的产业结构,并且有力促进劳动力的产业转移,实质上是促进农业剩余劳动力向第三产业转移,实现劳动力就业的产业结构调整。

目前我国老龄产业的发展还存在一些制约因素,主要表现在:一是老年人的总体收入水平偏低,大多数老年人的收入水平及增长速度都低于社会平均水平,老年人口的购买力和消费倾向的相对保守性也因此决定;二是养老、医疗等社会保障制度的改革并不完善,抑制了老年人的消费欲望;三是推动老龄产业发展的制度建设滞后。因此,完善相关的制度框架和政策体系,突破老龄产业发展的瓶颈,是推动我

---

① 李建新:《中国人口结构问题》,社会科学文献出版社 2009 年版,第 57 页。
② 李玲、陈秋霖:《人口变化对医疗卫生体系的影响》,曾毅等主编:《21 世纪中国人口与经济发展》,社会科学文献出版社 2006 年版,第 89 页。

国老龄产业进一步发展的关键。

（4）对储蓄和消费的影响

人口老龄化势必通过劳动力增长率、消费当量人口、消费结构和预期寿命等因素对人均消费水平和储蓄率产生影响。人均消费水平不仅是衡量经济增长结果的重要指标，并且还从需求的角度影响增长。储蓄率则与投资相关联，为经济增长提供物质资本，因此人口老龄化对消费与储蓄率的影响不容忽视。

按照生命周期理论，人口老龄化发展到一定阶段，会使得整个社会的消费倾向增加，储蓄倾向降低。这种转变的后果会产生两个方面的影响：一是社会消费需求，包括用于老年人的公共支出将会增加，社会消费模式将发生根本性的变化；二是个人和家庭储蓄减少。按照经济学理论观点，储蓄等于投资。根据发达国家的经验，家庭和企业是资本积累的主要来源，因而，个人消费与储蓄倾向及模式的变化，会对生产基金的积累产生消极的影响。

我国目前仍处于人口老龄化的初期，虽然老年人口比重不断上升，但在今后10年内，劳动年龄人口比重仍保持上升势头，在一定程度上抑制消费与储蓄关系的变化。另外，养老金由现收现付制向部分或完全积累制的转变，将会促进个人储蓄倾向的增长。养老保险制度改革的不确定性将增加人们的储备性储蓄，抑制消费。

（三）流动人口

1. 我国流动人口政策的演变

（1）自由迁移与户籍制度的形成（1949—1957年）

在1949—1957年这个时期，人们可以自由迁徙，实行的是户口自由迁移政策。由于此时期城乡人口流动活跃，特别是大量农民流入城市，对城市稳定造成严重影响，在1953—1957年政府先后八次发出指示，劝阻农民盲目流入城市，逐步限制人口流动，控制城市人口规模，并把限制人口自由迁移纳入户籍管理，城乡分治的二元体系初步形成。

（2）控制迁移与户籍制度的确立（1958—1978年）

中国在"大跃进""三年自然灾害""文化大革命"时期，对于居民的迁移是严格控制的，主要贯彻了严格控制农村人口流向城市，实行严格的二元户籍制度政策。1977年12月出台《关于处理户口迁移的规定》,首次提出"农转非"的概念,全体公民被划分为"农业户口"和"非农业户口",城乡壁垒日益森严,二元社会结构逐步形成和固化。

(3) 相对开放时期(1984—1989年)

从1984年到1989年,我国政府对流动人口采取了较为开放的政策。改革开放之初,我国政府仍沿用城乡隔离政策,带有"防备"意识的流动人口控制思路依然存在。随着改革开放的深入,我国社会经济发生了巨大变化,人口流动成为时代的必然产物。随着城镇商品经济的发展,各大城市为了缓解建筑业、家庭服务业劳动力短缺的问题,促进城镇商业、饮食业、修理业等第三产业的发展,不仅鼓励外地人员进城经商和务工,而且开始有计划地招收农民工参与城市建设与服务。在流动人口开放政策阶段,农民可以从农村流向城市,既可以"离土不离乡",又可以"离土又离乡",甚至成为城镇户口。然而,此时的人口流动是相对开放的,当时主要仅仅允许农民在县以下集镇(不含县城关镇)落户,这与允许农民在城市,尤其是大城市里自由居住还存在一定的政策差距。

(4) 严格管制时期(1989—2000年)

从1989年至2000年,我国政府采取流动人口管制政策。随着大量流动人口涌入城镇,城市的铁路运输和基础设施建设面临巨大压力。1989年3月,国务院办公厅正式发出了《关于严格控制民工外出的紧急通知》,从此揭开了我国流动人口管制政策的序幕。

(5) 社会融合时期(2000年至今)

2000年6月13日中共中央、国务院发布《关于促进小城镇健康发展的若干意见》,允许我国中小城镇对有合法固定住所、稳定职业或生活来源的农民给予城镇户口,并在子女入学、参军、就业等方面给予与城镇居民同等的待遇;不得实行歧视性政策;不得对在小城镇落户的农民收取城镇增容费或其他费用。这表明我国流动人口政策发生了积极变化,也标志着我国流动人口政策开始进入融合阶段。此后,中央政府不断完善流动人口的就业、就医、子女就学、社会保障等公共服务,逐步实现流动人口和户籍人口公平对待,不断促进流动人口的社会融合。

2. 我国流动人口的现状

国家卫生计生委流动人口司发布的《中国流动人口发展报告

2015》显示,截至 2014 年年底,我国的流动人口呈现以下几个特征①:

(1) 流动人口增速放缓,城镇之间人口流动日趋活跃。

"十二五"时期,我国流动人口年均增长约 800 万人,2014 年年末达到 2.53 亿人。根据城镇化、工业化进程和城乡人口变动趋势预测,到 2020 年,我国流动迁移人口(含预测期在城镇落户的人口)将逐步增长到 2.91 亿,年均增长 600 万人左右,其中,农业转移人口约 2.2 亿人,城城之间流动人口约 7000 万人。"十三五"时期,人口继续向沿江、沿海、铁路沿线地区聚集。随着区域经济一体化的推进,区域间经济联系的加强,城镇之间人口流动将日趋活跃。

(2) 流动儿童和流动老人规模不断增长,流动人口中劳动年龄人口比重不断下降。

报告显示,近九成的已婚新生代流动人口是夫妻双方一起流动,与配偶、子女共同流动的约占 60%。越来越多流动家庭开始携带老人流动。2014 年,15—59 岁劳动年龄人口约占流动人口总量的 78%,较 2010 年下降两个百分点。流动人口的平均年龄不断上升,45 岁以上的流动人口占全部流动人口的比重由 2010 年的 9.7%上升到 2014 年的 12.9%。大专及以上文化程度的流动人口比例不断提高,由 2010 年的 7.6%上升到 2014 年的 12.1%。

(3) 流动人口的居留稳定性增强,融入城市的愿望强烈。

2014 年,流动人口在现居住地居住的平均时间超过 3 年,在现居住地居住 3 年及以上的占 55%,居住 5 年及以上的占 37%。半数以上流动人口有今后在现居住地长期居留的意愿,打算在现居住地继续居住 5 年及以上的占 56%。随着在现居住地居住时间的增长,流动人口打算今后在本地长期居住的意愿增强。

3. 我国人口流动存在的问题

在全国工业化、城镇化和经济全球化的大背景下审视最近 20 年的人口流动形势,虽然人口流动特征和流动人口构成发生了一些变化,但人口流动的区域模式和总体特征并未发生根本改变,预计未来也不会有显著变化。其根本原因是,人口流动主要由经济和人口因素

---

① 陈海波:《〈中国流动人口发展报告(2015)〉发布》,《光明日报》2015 年 11 月 12 日。

所决定,也受到地形和气候等条件的影响,这些因素都具有自身的规律或相对的稳定性,如沿海城市经济中心的地位和城市人口老龄化的加速都是可以预见并基本不可能改变的。即使有各地政府不同政策的努力,无论是控制、推动还是引导,人口流动的大格局将不会发生突变。国际经验表明,仅靠政府"一厢情愿"式的数量调控和对准入门槛的设置,都不能阻拦劳动力的流入。中国一些地区的"小城镇化"经历也说明没有就业机会的城镇是无法吸引年轻人的。大城市人口过分集中,可能会带来环境污染、交通拥堵等问题。流动人口分布的集中是产业布局、资源集中导致的,要使流动人口的布局更加合理均衡,就必须依据生态、环境状况合理规划产业布局和基础设施建设,使各区域的发展走入良性循环。目前,我国已形成的三大都市圈(长江三角洲都市圈、珠江三角洲都市圈、京津冀都市圈)吸收的流动人口占到全国流动人口的40%以上,如能继续加强大都市的经济辐射能力,扩大辐射范围,带领周边一批中小城市的发展,既可缓解流动人口过于集中的状况,也可促进人口、环境、经济之间的良性互动。

另外,目前中国的大部分在流入地居住多年的"流动人口"仍不能安居乐业,与人口流动相生相伴的各种问题长期得不到解决,需要各地政府高度重视。更为严重的是,超过2000万的流动儿童在流入地还不能得到平等地接受教育和升学的权利。如果不能解决这些问题,流动人口家庭就不能在城市站稳脚跟,成为真正意义上的城市居民。城市中如果有近一半居民处于这种状态,既不利于流动者本人,也不利于城市居民,更不利于城市的建设和发展。流动人口"市民化"的问题,直接影响中国的城镇化进程和小康社会建设,需要政府拿出真诚和有效的解决措施,并应当引起公众的高度重视。①

第三节 资源与环境

一、什么是资源

(一)资源的定义

广义的资源是构成社会、经济、生态环境三大运行系统所需要的

---

① 郑真真、杨舸:《中国人口流动现状及未来趋势》,《人民论坛》2013年11月。

一切物质的和非物质的总和。例如,阳光、空气、水、石油、土壤、动植物,也包括了人力、智力、心思、技术、管理等。狭义的资源则是指自然资源。① 日常生活中,我们大多使用的是狭义的资源概念。

联合国环境规划署(UNEP)认为,资源是在一定时间、地点、条件下能够产生经济价值、以提高人类当前和将来福利的自然因素和条件。《英国大百科全书》认为,资源是人类可以利用的自然生成物以及生成源泉的环境能力。《中国大百科全书》则认为,自然资源作为生产资料和生活资料的来源,一般包括了土地资源、水资源、生物资源、气候资源、旅游资源等。

对上述论述进行归纳,我们可以看到在关于自然资源的认识上,大家达成了这样的共识:自然资源是自然的、要被人类所用的一个相对概念。所以有人概括说,自然资源就是可以被人类利用的各种天然存在的自然物。②

自然资源具有以下四个特点:

(1) 自然资源是天然存在的自然物。早在人类出现在地球以前,自然资源就已经存在。它们的数量、质量、分布方式、地域组合特点都是自然形成并不以人类的意志为转移的。自然资源是一切人类活动的基础和前提。

(2) 自然资源是由人类发现的、有用途和价值的物质。"自然资源"并不是一种存在方式的描述,而是基于人类的需要进行的概念归纳。例如当前世界上最重要的资源石油。地质学家证明了在人类发现它的存在、意识到它的作用以前,它早已存在。北宋时期,沈括在《梦溪笔谈》已经记载了关于"石油"的故事。然而即便沈括已经意识到了石油是一种很有价值的能源,在当时它也没有普遍地应用于人类生活中。直到20世纪30年代,石油才开始对全球贸易发挥决定性作用。可见,人类对自然资源的认知和使用程度,对自然资源的价值具有至关重要的作用。

(3) 自然资源的内涵和外延随着人类生产力和认知能力的发展不断演进。人类生产力水平越高,科技越进步,能开发和利用的自然

---

① 欧阳金芳、钱振勤、赵俭:《人口·资源与环境》,东南大学出版社2009年版,第163页。

② 同上书,第164页。

资源就越多。例如我们在上文中提到的石油。虽然早在公元前5世纪就在今天的伊朗西南部发现过手工挖掘的石油井,但直到第二次工业革命中内燃机开始使用,石油才成了日益重要的新能源。

(4) 自然资源都具有稀缺性。永不短缺或还没有显现出短缺可能性的自然物,不能称为自然资源。阳光虽然对人类极其重要,但阳光本身因为几乎无穷无尽,并不能被视为自然资源。但当人们试图利用阳光中的太阳能,它就开始显示出稀缺性。因此,"尚未被发现或发现了但不知其用途的,或者虽然发现其有用但与需求数量相比太小的,因其没有价值或者没有实际应用价值的物质,就不能算是自然资源"①。

(二) 自然资源的分类

常见的自然资源划分标准有根据其用途的(如劳动型自然资源和生活型自然资源)、根据其在空间中的位置的(地表资源和地下资源等)等等。在这里,我们介绍两种最为常用的分类。

一种是按照自然资源是否可再生的性质将之划分为不可再生资源、可再生资源以及可持续利用资源。

表10.6 三种资源类型的划分

	不可再生资源	可再生资源	可持续利用资源
界定	对人类发展而言不可能再形成的自然资源	通过自然变化或人工经营可以不断形成,并能被人类反复利用的资源	可以不断供应的自然资源,它的更新过程和总供应量不受人类影响
典型代表	煤炭、矿藏、石油	耕地、气候、生物种群等	潮汐能、风能、地热等

另一种普遍使用的资源分类法是按照自然资源的物理特性,将之划分为土地资源、气候资源、水资源、矿产资源、生物资源、海洋资源、能源资源等等。

(1) 土地资源。土壤是从岩石分裂、剥落下来的矿物和从废物与动植物腐质转换成的有机物组成。所以表层土壤里含有绿色植物进行光合作用所需要的各种营养元素。几乎对地球上的一切生物而言,土壤都是其最初的食物来源。人类所需食物的98%来自土地。全世

---

① 欧阳金芳、钱振勤、赵俭:《人口·资源与环境》,第165页。

界的土地分布状况如图 10.13。目前,世界上可以开垦的土地几乎都已经开发殆尽。①

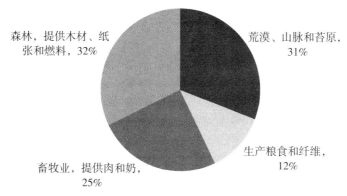

图 10.13　全球土地分布占比

（2）气候资源。人类可以利用的气候条件,主要指与气候条件有关的能源,如日照、热量、降水、风力等。气候资源往往和地理环境交互作用于人类的生活。例如我们在第六章提到过,日夜温差极大的乌尔城的气候导致当地居民选择庭院式住宅,而炎热的阿拉伯半岛的居民喜欢使用雕刻窗。这是气候影响人类活动的典型例子。气候资源从长期看,是年复一年、周而复始、取之不尽、用之不竭的;从空间分布上看,具有广布性和不均衡性;在时间分布上,具有连续性和不稳定性;由于气候要素之间的相互依存和相互制约,气候资源还具有整体性和功能性。②

（3）水资源。水是生命之源。一个成年人满足一天的日常生活的水用量大概是 100 公升。③ 水是一种可再生资源。但我们说到"水资源"的时候,并不指涉地球上所有的水体。通常"水资源"仅仅指向目前技术和经济条件下比较容易被人类使用的、补给条件好的那部分淡水量。值得注意的是,随着海水淡化技术的发展,原来并不纳入水资源的海水现在也开始被纳入广义的水资源中。④

---

① 李友梅、刘春燕:《环境社会学》,上海大学出版社 2004 年版,第 82—83 页。
② 《气候资源的基本成分》,http://www.igsnrr.ac.cn/kxcb/dlyzykpyd/zybk/qhzy/200610/t20061016_2155348.html。
③ 李友梅、刘春燕:《环境社会学》,第 88 页。
④ 欧阳金芳、钱振勤、赵俭:《人口·资源与环境》,第 167 页。

（4）矿产资源。这是一种经过地质成矿作用,使埋藏于地下或露出地表并具有开发利用价值的矿物或有用元素的含量达到具有工业利用价值的物质。很多矿产资源与人类的生活关系密切,并且很早就开始为人类所用。人们在对新疆伊犁喀什河中游的吉仁台沟口墓地的考古中发现了煤炭使用的痕迹。这说明最迟在青铜时代晚期,当地居民就已经开始使用煤炭了。

（5）生物资源。生物资源指的是生物圈中对人类具有一定经济价值的动物、植物、微生物等有机体以及它们所组成的生物群落。生物资源的丰富多样造就了一个生物多样性的世界。它不但为我们提供了相对稳定的生态环境,还为人类克服疾病、培养新物种等提供了前提条件。生物资源具有可更新性、多样性和可利用性的特征。

（6）海洋资源。形成或存在于海洋中的任何自然资源都可以被看作海洋资源。常见的海洋资源有海洋生物资源、海洋矿产资源、海洋动力资源等等。

（7）能源资源。任何能够提供某种形式的能量的物质或者物质的运动都可以被视为能源。地球上所有的能源最终都来自太阳的辐射能,随后绿色植物通过光合作用把太阳能转化为碳水化合物,继而通过其他动物的呼吸过程被消费和转化为动能。能量通过第二个物种消费第一个物种,并以此类推,通过生态系统进行过滤。当有机物储藏于沉积物和化石中,就产生了石油化石燃料——这正是当今世界最重要的能源。人类通过石油获得了生活必需的原料。①

（三）世界自然资源的状况

1. 世界土地资源状况

据统计,全球总面积大约为5.1亿平方千米,除去无法利用的南极洲和江河湖泊,能被人类利用的大陆和岛屿只有1.48亿平方千米,这其中还要包括大陆上的高山冰川。粗略算来,全球无冰陆地面积约为1.33亿平方千米。只考虑土地质量属性,陆地总面积中有20%属于极地和高寒地区,20%属于干旱地区,20%处于山地陡坡,10%是缺乏土壤的露岩,只有剩下的30%左右才是人类的宜居地区,地理学家和生

---

① 李友梅、刘春燕:《环境社会学》,第99页。欧阳金芳、钱振勤、赵俭:《人口·资源与环境》,第167页。

态学家通常称之为"适居地"。

然而这仅占到陆地面积不到三分之一的适居地也在不断受到土壤退化、土地沙化乃至荒漠化等问题的威胁。目前,地球上20%的陆地正在受到沙漠化的威胁。不合理的过度耕种和过度放牧、在降雨不足的地区把牧区改为耕地、在树木生长不易的地区砍光所有的树木等人为因素造成的沙漠化日趋严重,并由此造成了沙尘暴的频繁发生。此外,持续使用农药或者其他有毒的有机污染物、把工业有毒废物向土壤排放等行为也会大量杀伤土壤中的微生物或者直接毒化土壤,使其不能耕种。全世界的土质恶化约有12%是化学物质造成的。①

2. 世界水资源状况

地球上水资源总量达到近14亿立方千米,但海洋咸水就占到97.47%,仅有的不到3%的淡水储量只有0.35亿立方千米,且主要分布在冰川与永久积雪中(占68.7%)以及地下。这样计算下来,理论上能供开发利用的淡水不到全球总水量的1%。此外,全球每年的总降水量约为110万亿立方米。扣除落在无人区的、迅速进入海洋的、大气蒸发的、植物吸收的水量,江河径流中约有42.7万亿立方米的水量。

全球的水资源分布相当不均衡。巴西、俄罗斯、中国、加拿大、印度尼西亚、美国、印度、哥伦比亚和扎伊尔等9个国家已经占据了淡水资源的60%。仅以湖泊为例。全世界水量最丰沛的17个大湖中,加拿大和美国就占据了7个,中国也有青海湖、鄱阳湖2个大湖在列。②不但水资源的分布,水资源的获取和使用也存在着巨大的不均衡。《世界水资源发展报告》显示,非洲是获得高质量水资源最少的大陆,在撒哈拉以南非洲,得到可饮用水供应的区域不足60%。欧洲和北美是世界上人均消费水最多的地区。亚太地区对自然资源的频繁利用使得该地区的水域生态系统承受压力,导致食品安全问题的出现。在拉丁美洲、中东和西亚,对水资源的争夺甚至会引起跨国冲突。③ 可见,资源不平衡和突出的供需矛盾已经使得水资源成为国民经济发展的重要制约因素。

---

① 高峰:《世界资源环境问题警示录》,《中学政治教学参考》2009年Z1期。
② 数据来自中国科学院地理科学与资源研究所网站,《世界主要湖泊有哪些?》,详情参见 http://www.igsnrr.ac.cn/kxcb/dlzykpyd/zybk/szy/200609/t20060919_2155267.html。
③ 潮轮:《世界水资源现状堪忧》,《生态经济》2012年第5期。

3. 世界矿产和能源资源状况

全世界已经发现矿产近 200 种,广泛应用的非能源矿产资源有 80 多种,最主要的有铁、铜、铝土、锌、镍、磷酸盐、铅、锡、锰、黄金、白银等。根据对 154 个国家主要矿产资源的测算,世界矿产资源总储量的潜在价值约为 142 万亿美元。①

世界矿产资源储量分布广泛,但相对集中在少数国家和地区。美国、俄罗斯、中国、南非、澳大利亚、加拿大等国所拥有的矿产资源,种类和数量都居于世界前列。甚至就某种矿产而言,状况也是如此。如中国就占有全世界约 80% 的稀土资源,南非和俄罗斯的金矿和锰矿储量巨大,中东各国更是著名的石油输出国。从地理分布上看,在整体的矿产资源分布中,发展中国家远胜于发达国家。再有,虽然世界范围内的矿产资源保证程度较高,但地区与国家之间的差别较大。

近几个世纪以来,能源短缺的乌云一直笼罩着人类社会,很多人都在担心人类活动最终会把地球上的资源消耗殆尽。但目前也有人指出,这种担心也许并非必要。能源专家认为,目前为止人类社会面临的资源短缺并非源自资源的枯竭,而大多是经济性短缺、政策或体制性短缺、相对短缺或区域性短缺以及国际争端或地区冲突导致的供应中断或短缺。人类所使用的主要能源,从薪柴到煤炭到油气,归根到底都来自于太阳能。在地球和人类有限的存在时间内,太阳能的供应应该是无限的。技术的发展也会大大增加能源资源的剩余探明储量。例如全球剩余石油探明储量由 1971 年的 729.4 亿吨升至 2010 年的 1888 亿吨,储采比由 28.3 年提高到 46.2 年。世界煤炭剩余可采储量从 1978 年的 6364 亿吨增长到 2010 年底的 8609 亿吨。除此之外,每年都有几十种新的矿物被发现。除了不可再生的化石能源之外,数量可观的水、风、生物能等可再生能源,以及氢能、可燃冰、核聚变等大量潜在的能源都可以投入使用。②

(四) 中国自然资源状况

谈到中国的自然资源,有一个尽人皆知的结论:地大物博,人口众多,人均资源少,地区差异大。这个结论非常充分地表达了我国自然

---

① 欧阳金芳、钱振勤、赵俭:《人口·资源与环境》,第 174 页。
② 赵宏图:《世界资源短缺问题的再思考》,《现代国际关系》2010 年第 4 期。

资源的特征。

1. 资源总量大，但人均资源相对不足

我国的国土面积仅次于俄罗斯和加拿大，居世界第三位；跨热带、亚热带、暖温带、寒温带等多个气候带，气候类型多种多样；河床径流量仅次于巴西、俄罗斯、加拿大、美国和印尼，居世界第六位，水能资源更雄居世界第一；高等植物3万多种，动物种类达10万多种，具有十分丰富的生物资源；全世界已利用的160余种矿藏中我国拥有其中的148种，钨、锑、锌、钛、稀土、煤、镍、铅、锰、硫铁矿等20多种矿产的储量均居世界前列；拥有1.8万千米的海岸线，约6500多个岛屿和300万平方千米的海洋，各种资源的蕴藏十分丰富。①

但由于历史形成的人口基数很大，使得我国自然资源的人均拥有量很少。我国的人均耕地面积只有0.078公顷，人均草地面积为0.367公顷，人均森林蓄积量为9.048立方米，分别为世界人均水平的32%、53.58%和12.5%；河床径流量虽然位居世界前茅，人均水资源量却只有世界人均水平的1/6；矿产资源的人均占有量只有世界平均水平的58%；人均海岸线仅为世界水平的1/10，属于海洋地理不利国家。

2. 资源地域分布差异大、不平衡

由于生物、气候、地理、地质分异作用的复合影响，我国资源地域分布存在着巨大的差异，资源地区分布结构严重不平衡。

首先，我国自然资源东西部的差别极其显著。我国的耕地资源、森林资源、水资源的90%以上基本分布在由大兴安岭至青藏高原东缘一线以东，而能源、矿产为主的地下资源和天然草地相对集中于生态环境较差的西部，矿产资源的分布由西部高原到东部的山地丘陵地带逐渐减少。但我国的重工业却大部分在沿海，特别是中部、北部沿海地区，除了农业资源比较丰富，其他资源严重不足。

延伸阅读

中国水资源是指我国国土上可资利用的天然水的总称。我国的淡水资源总量仅次于巴西、俄罗斯和加拿大，名列世界第四位，但我国

---

① 郑丽：《自然资源的利用与可持续发展》，《国土与自然资源研究》2002年1期。

的人均水资源量仅为世界平均水平的1/4,是全球人均水资源最贫乏的国家之一。而且我国境内水资源的地区分布十分不均,由东南向西北递减。

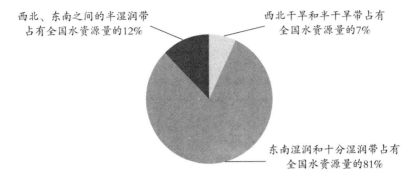

图 10.14　我国不同地区年水资源量占全国水资源的百分比

占中国国土面积47%的西北干旱和半干旱带,年水资源量只占全国水资源量的7%;

占全国面积约1/3的东南湿润和十分湿润带,却拥有全国水资源量的81%;

在西北、东南之间占全国面积19%的半湿润带,则占全国水资源量的12%。①

此外,我国资源组合的南北差异也比较大。长江以北耕地多(占全国耕地面积的63.9%)、水资源少(占全国水资源量的17.2%);长江以南则正好相反,耕地面积不到全国的36%,水资源却占了全国的82.8%。在煤矿储量上也有明显的南北差异。煤集中在山西、陕西、内蒙古、新疆4省(自治区);铁矿集中于辽宁、河北、四川3省的局部地区;铝集中在山西、河南、贵州、广西;磷矿集中于云南、贵州、四川、湖北;还有一些大型矿床分布于边远地区。我国资源富集区(西北)与资源加工区、消费区(沿海地区,特别是北部、中部沿海)距离遥远,北煤南运、西电东送、南水北调、南磷北运,致使资源成本上升、效益降低。

---

①　《你了解中国水资源的地区分布吗?》,http://www.igsnrr.ac.cn/kxcb/dlyzykpyd/zybk/szy/200609/t20060920_2155271.html。

3. 资源量多而质不高

我国资源质量不高在矿产资源上表现得尤为突出。我国矿产资源种类齐全,配套程度高,但质量相差悬殊,结构性短缺明显存在。中国是世界上探明矿产种类最多的国家之一,部分矿产在世界上具有优势,但铁、铜、石油、天然气、钾、硫等大宗性矿产资源不足。此外矿产资源质量相差悬殊:贫矿多,富矿少;难选矿多,易选矿少;中小型矿多,大型超大型矿少。

我国的地表资源质量也不算好。有水源保证和灌溉设施的耕地只有40%,中低产田占到我国耕地总面积的79%,其中大部分属于风沙干旱、盐碱、涝洼、红壤等;草地资源中有27%属气候干旱、植被稀疏型;森林资源中有15亿立方米木材为病腐、风倒、枯损,或者分布于江河上游、深山峡谷等不便开采的地方。①

二、什么是环境

(一) 环境的定义

1. 关于环境的几种常见理解

"环境"是大家日常生活中经常用到的概念。我们常说"某某城市/地区的环境很好""哪里的环境不太好,晚上出门要当心",又或者"经济大环境不好,再怎么努力也没逃过破产"。很显然,上述三个"环境"并不完全是一样东西。

那么,到底什么是环境呢?

《中华人民共和国环境保护法》指出,环境是"影响人类生存和发展的各种天然的和经过人工改造的自然因素的总体,包括大气、水、海洋、土地、矿藏、森林、草原、野生生物、自然遗迹、人文遗迹、风景名胜区、自然保护区、城市和乡村等"。很显然,这是对应"某某城市/地区的环境很好"的概念,更偏重于基于遗传意义上的环境。

人文社会科学认为环境是具体的人生活周围的情况和条件。这和第二、第三句话里使用的"环境"意义更为接近。在第二句话里它主要指涉日常生活安全问题,在第三句话里,它主要指涉社会经济状况或者其他结构性问题。

---

① 欧阳金芳、钱振勤、赵俭:《人口·资源与环境》,第183—184页。

可见,这个使用得十分普遍的概念在理解上至少应该有两层意思:偏重于自然条件的,或者偏重于社会条件的。一般说来,大家都认为环境是基于遗传产生的,并不强调它经受人类改变的那一面。而极端的建构主义者认为,世界上根本不存在所谓的自然环境,因为所有被人类感知的环境都经过人类文化的加工。例如我们中的绝大部分人都没去过南极,但我们都能形成对南极的直观印象。这种印象本身却并不是南极原本的样貌,而是通过照片、文字、视频或者其他各种人类的工具加工而来的"二手"印象。就这个意义而言,人类能认知的世界里的确没有纯粹的自然环境。

如果一定要为环境做一个界定,那么我们从以上的论述中总结出三个要点:周围的地方、环绕所管辖的区域以及周围的自然条件和社会条件。既然本章的主题是探讨环境与人类的关系,那么我们不妨把环境的概念简化为:人周围的一切事物的总和。这里的一切事物既包括了我们在上文中提到的各种自然的、社会的要素,也包括了要素之间的关系。这样的理解可以方便我们对不同区域环境内的人口与环境的关系进行探索。[①]

2. 环境的特征与类型

(1) 环境的特征

一般说来,我们认为环境具有整体性、区域性、滞后性、相对稳定和脆弱性的特征。

整体性主要是基于环境结构或者环境过程的整体性提出的。环境要素的相互作用通过地球物理化学的循环往往会产生其他区域甚至全球环境的变化。这往往也会导致环境变化或者环境问题的全球性。美国海洋生物学家蕾切尔·卡逊于1962年出版的《寂静的春天》一书里提到过一个著名的例子:有机氯农药的过度使用不仅杀死了害虫,也杀死了鸟语花香和健康,让春天寂静下来。更可怕的影响还在后面。在双对氯苯基三氯乙烷(DDT)被禁用十多年之后,人们在南极企鹅、海豹等生物和北极圈的北极熊体内都检测出 DDT 的痕迹。这两个例子充分证明了环境必须被整体性地加以认识。

区域性主要基于地球表面的海陆分布以及由此形成的环境地域

---

① 鲁礼新:《人口与环境简论》,黄河水利出版社2010年版,第11—12页。

性差异。对环境区域性的认识有利于人类把握环境规律。环境变化的滞后性主要指的是某地环境受到的影响的结果往往并不一定立刻显示出来。这个特性与环境的相对稳定性相关联。在具体的区域环境中,环境的自组织能力能调节不超过临界值的干扰,使环境能保持相对的稳定。而环境的滞后性正是使区域环境保持一定程度稳定性的原因。

但相对稳定性和滞后性并不意味着环境是牢不可破的。特别是在环境饱受人类活动干扰的前提下,环境的脆弱性表现得更加明显。环境的脆弱性来源于它的敏感性和抗干扰能力。环境的脆弱性指的是敏感的环境受到超过抗干扰能力的干扰后不能恢复到以前状态的现象。

(2)环境的类型

图 10.15 是对环境进行的类型学划分。

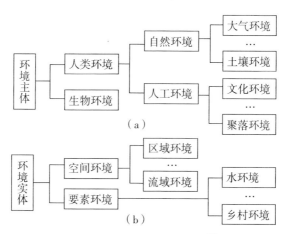

图 10.15 环境类型示意图①

根据环境主体划分,环境可以分为人类环境和生物环境。根据主体的性质,人类环境还可以进一步划分为自然环境和人工环境。其中自然环境指的是以人类为中心、直接或间接影响人类生存的一切自然界的事物构成的综合体;人工环境指的是在自然物质的基础上,通过人类长期有意识的社会劳动,加工和改造自然物质,创造物质生产体

---

① 鲁礼新:《人口与环境简论》,第 16 页。

系,积累物质文化等所形成的环境体系。

在不同尺度的空间构成的空间环境中,区域环境是不同地区的社会因素和自然因素的总和。以要素为依据,则可以把环境分为水环境、大气环境、水利环境和城市环境等等。①

3. 环境问题

环境问题古已有之,比如过度垦殖、放牧造成的自然资源衰竭和土地的荒漠化。但是,直到 20 世纪 60 年代以来,环境问题才日益成为社会普遍关注的焦点。此起彼伏的西方环保运动极大地推动了政治、经济、法律、宗教、学术等领域对环境问题的关注。在公共领域中,关于人类生存的生态条件以及社会与自然环境的关系的讨论也越来越多。

所谓环境问题,一般指的是"人类的、为了人类的、由于人类的"行为结果所导致的自然的、物理的、化学的、环境的变化或者恶化,对人类社会自身带来的各种各样的不良影响。② 也即是说,对环境问题的认知要受到时间、空间以及人类认知能力的影响。比如雾霾问题在 2013 年开始成为中国的年度关键词,直接的原因是这一年的 1 月里 4 次雾霾过程笼罩了 30 个省(自治区、直辖市)。冰冻三尺非一日之寒。这一问题的产生必定是远远早于 2013 年的。但只有当社会各界都开始认识到雾霾是一种灾害性天气现象而非一种偶然出现的天气状况并为此寻找应对之策时,大家才普遍将之视为一个环境问题。

目前主要的环境问题有人口问题、资源和能源的短缺问题、环境污染问题以及气候变迁问题。

资源是人类赖以生存的基本物质,人类需要从各种各样的资源里获取维持生命延续所需要的物质和能量。土地、水、生物资源和矿产资源等都对人类的生活有着举足轻重的意义。然而,如今它们都面临着短缺的危机。土壤严重退化、沙化,毁林开荒、开垦草原、砍伐雨林等行为侵蚀着宝贵的土地资源;断流、沼泽和湿地被排干、水污染造成了淡水资源的萎缩;湿地、沼泽、森林的迅速消失对野生动植物的生存而言是灭顶之灾。能源和矿产资源都是有限的,人类必须要寻找它们

---

① 鲁礼新:《人口与环境简论》,第 16 页。
② 饭岛伸子:《环境社会学》,包智明译,社会科学文献出版社 1999 年版,第 5 页。

的替代品,否则人类社会的生产要无以为继。

环境污染是人类产生的废弃物的去路问题。城市生活垃圾处理不当会造成饮用水资源和地下水资源的污染;工农业生产过程中也会产生大量有毒、有害的废弃物,造成酸雨、温室气体、臭氧层消耗等环境问题。

气候变迁问题主要涉及臭氧层损耗和全球变暖。20世纪70年代,科学界注意到卤代烃对臭氧层的损耗作用,随后于20世纪80年代,在南极上空发现臭氧层"空洞"。国际社会意识到抵达地球的紫外线辐射增强会对人类健康和环境构成风险。作为应对,各国经协商,于1985年通过了《保护臭氧层的维也纳公约》,并于1987年通过了《关于消耗臭氧层物质的蒙特利尔议定书》。2000年前后,臭氧层的损耗状况才有了好转。

全球变暖是另一个引人关注的环境问题。绝大多数气候学家认为,我们正在经历一个气候逐渐变暖的时期。从20世纪80年代以来,气候变暖的趋势越来越明显。照这样的趋势预测,2030年到2050年之间的气候系统将会显著改变。气候变暖还会导致一些气候现象的变化,例如极端高温和低温气候的增多、海平面上升等等。绝大多数科学家认为,化石燃料的燃烧和其他排放累积的结果导致的温室气体增加,是导致全球变暖的主要原因。

(二) 世界环境状况

在上文中我们提到过,环境是人周围的一切事物的总和。从这个界定中我们可以看出环境与资源的差异。相对而言,本章所涉及的环境是一个与人类行为互动的存在,因此谈及环境时我们会格外留意它如何受到人类活动的影响(特别是破坏),以及环境问题和社会问题的相互转化。而谈及资源时,我们更看重的是它物理性的一面,关注的是它的物理、化学性质、地理分布,以及这些自然性质如何限制了人类行动。因此,在谈到世界环境状况(当然也包括下面涉及的中国环境状况)时,我们谈到的其实更多的是环境问题。

1. 人口问题与环境压力

无论对于哪一个层次或类型的环境而言,人口都是最重要的组成部分,相应的,人口问题也是环境问题中最受关注的一个方面。在这里首先需要澄清的概念是,大规模的人口并不一定导致各种环境问题的出现,也不是导致环境问题出现的唯一原因。但是,当其他条件相同时,较大的人口数量会对环境和资源提出更高的要求、会导致更紧张的资源争夺、导致人类社会和经济环境的恶化,并由此导致一系列的分配、调节机制方面的问题,对自然环境带来更大的损害。

从整个人类发展史来看,在19世纪之前,全球人口增长的速度很慢,几乎花了一百万年人口总量才达到10亿。但之后就经历了一个高速增长的时期。全球人口从第一个10亿到第二个10亿只经历了短短130年。从1950年之后,人口翻番的时间锐减到35年。如果世界人口还以1.7%的速度增长,那么2025年的全球人口可能就是75亿甚或90亿。用"人口爆炸"来形容目前世界人口总数高速增长的现象并不夸张。但另一方面,我们也要注意到,无论是发达国家还是发展中国家,人口增长的速度都在下降,如果这种趋势能保持,人口最终也许能稳定在一定的限度内。无论如何,在世界人口已经超过70亿的今天,我们已经感觉到来自环境的压力。资源和能源的匮乏和紧张,环境的不断恶化都在挑战着地球的承受力。①

2. 资源短缺及其引发的问题

世界重要的农业区大多存在严重的土壤侵蚀,并随着更多边缘地块的开发耕种而愈演愈烈。尤其在发展中国家,土壤侵蚀正在破坏农业生产力,缩短水坝和灌溉设施寿命、淤塞运河港口、侵害高产湿地。许多地区土壤流失速度至少比形成速度快10倍。世界耕地地表土的年流失量估计已达250亿吨左右,陡峭边地的耕种、森林植被的减少以及灌溉不当,预计还会加快土壤的流失,其中以北非、中非、拉美高湿高原区和南亚大部地区最甚。②

> **延伸阅读**
>
> **中东内陆油田储量与水量综合风险**
>
> 从全球工业来看,最大的水资源需求来自于能源行业。
>
> 一份来自伍德麦肯锡和世界资源研究所的联合报告研究了全球三个最受关注的能源输出地区的能源行业所面临的水风险,并指出,

---

① 李友梅、刘春燕:《环境社会学》,第61—63页。
② 葛汝新:《1991年世界环境状况》,《环境导报》1991年6期。

美国的页岩气行业、中国的煤炭行业以及中东的石油行业等面临着较高风险,尤其值得关注。

中东石油:超过90%的内陆石油储存地位于水量综合风险中高到极高的地区。

全球能源行业在未来经济发展中会遇见越来越多的来自于水的风险。不过,新科技的开发、透明的生产活动和充分的公众交流是可以有效控制这些水风险的。只有能更好地理解企业对水的需求、发现自身水风险所在并在此之上开发出合理清晰的企业用水管理制度,企业才能成功地规避风险。[1]

随着人类用水量的增加,水污染和水资源的缺乏等问题越发显现出来。农业用水占据了全球用水的70%。然而这些水在用于灌溉之前就因为蒸发和渗漏损失了70%—80%。农业用水之外,地下水供应的危机也日渐严峻。过度消耗地下水让原本郁郁葱葱、农业发达的西班牙拉曼查平原变成了异常荒凉之地;让印度尼西亚海水倒灌内陆15公里;让墨西哥地面下沉4米多。除了农业用水,工业供水和由于人口增加导致的生活用水也在增加。工业用水占到全球用水的23%,而且还有逐年上升的趋势。家庭用水虽然只占到用水总量的8%,但日积月累也是个可观的数字。在可利用的水当中,很大部分由于淤泥、废水、工业污染、化学品、蓝藻等的侵蚀导致水质变差。人均可利用的优质饮水,无论在哪里都在逐渐减少。[2]

自从工业革命以后,世界能源的消费量大大提高了。人类在使用煤、石油和天然气等高质量、复杂形式的能源的过程,也是不断将它们降解为很难再利用的低等级能量的过程。由于能量无法制造,也不能循环,开掘、运输和提炼煤、石油和天然气的投资成本最终会超过它们的使用价值,这也就产生了能源缺乏和能源危机问题。据目前的推测,石油生产到下个世纪的前几十年内将达到稳定状态,然后在一个削减供应、提高价格的时期逐渐下降。按照目前的使用速度,天然气

---

[1] 世界研究所网站,http://wri.org.cn/zh-hans/node/41224。
[2] 李友梅、刘春燕:《环境社会学》,第89—92页。

的供应将持续 200 年以上,而煤炭则可达到 3000 年左右。①

3. 工业化与环境污染

工业化带来了经济高速发展,同时也伴生了环境污染的负面效应。矿产业、工业生产、工业化的农业污染、城市污染、核污染的产生,都与工业的低效率、有毒化工品的生产与排放、生产生活废料的倾倒以及核泄漏等意外事故相关联。

4. 气候状况的恶化

联合国政府间气候变化专门委员会(IPCC)在 2007 年 2 月 2 日发表的第四份气候变化评估报告中指出,对全球大气平均温度、海洋平均温度、冰川和积雪融化的观测以及对全球海平面的测量等已证实,全球气候正在变暖。专家们预测,到 2100 年,全球平均气温的"最可能升高幅度"是 1.8 ℃—4 ℃。造成这一趋势的原因至少有 90% 可能是人为活动。气候变暖的直接后果是冰川加速融化,导致海平面不断上升。而海平面每上升 1 米,全球受灾人口将达到 10 亿,其中 3 亿—4 亿人将无家可归。其次,冰川减少将直接影响河流的水源补给。最后,全球气候变暖对人体健康会造成威胁。不但年老体弱者将直接面临高温的折磨,暖冬的气候也有利于各种病菌、病毒、病虫害及有害动物的滋生蔓延。②

5. 臭氧层的破坏

1985 年英国科学家发现南极上空的臭氧层在冬季和春季会出现严重损耗,形成空洞。这一消息震惊了世界。接着在 1998 年 9 月,人们测量南极上空的臭氧空洞面积达到 2830 万平方千米,大约等于 3 个美国的领土面积。北极的情况同样不妙。人们发现欧洲上空的臭氧层臭氧含量比 1980 年时减少了 6%。在加拿大,有关部门发现该国上空臭氧层臭氧含量比正常值低 7.5%。

臭氧空洞是人类向大气中排放的氟氯烃化合物造成的。随着臭氧层的减少,太阳紫外线辐射能力会增强,对人类和动植物的影响是灾难性的。紫外线增强会导致眼睛和皮肤的疾病,增加人类罹患皮肤癌的危险。此外,臭氧层的破坏也会危害农业和渔业的生产,还会加

---

① 李友梅、刘春燕:《环境社会学》,第 101 页。
② 欧阳金芳、钱振勤、赵俭:《人口·资源与环境》,第 220—222 页。

速材料的分解和老化。[1]

（三）中国环境状况

自改革开放以来，中国三十多年经济的发展虽然一路高歌猛进，但其背后的高投资水平、高资源消耗、高浪费、高污染和低效率，使得经济增长的代价越来越高，且这一发展模式还将维持一段时间。

1. 空气质量问题严重

目前，我国消耗着全球21%的能源、11%的石油、49%的煤炭，排放了占世界26%的二氧化硫、28%的氮氧化物、21%的二氧化碳。尤其是作为PM2.5主要成分也是酸雨和臭氧污染的罪魁祸首的二氧化硫，其含量高达2218万吨，超过了美国（1036万吨）和欧盟（598万吨）二氧化硫含量的总和。除此之外，大气汞污染的问题也逐渐显现。据中国环境与发展国际合作委员会报告，初步估算目前全球每年人为活动约向大气排放2000吨汞，我国每年人为源的大气汞排放量约为全球汞排放总量的1/4还多，约为500吨/年—700吨/年。这其中，燃煤锅炉和有色金属冶炼两个行业占了中国汞排放量的一半。[2]

2. 水体污染十分严重

当前我国的水环境整体不容乐观。中国工程院院士、湖泊环境研究首席科学家刘鸿亮教授曾对全国55 000公里的河段进行过调查，结果显示：水质污染严重而不能用于灌溉的河段约占23.3%，45%的河段鱼虾绝迹，85%的河段不能满足人类饮用水标准，生态功能严重衰退。[3]

据《2012年中国环境状况公报》显示，我国超过20%的河流和超过50%的地下水不达标，在198个城市的4929个地下水监测点位中，优—良好—较好水质的监测点比例为42.7%，较差—极差水质的监测点比例为57.3%。农村地区的水环境问题更严重。试点村庄饮用水源地的水质达标率仅为77.2%，地下水饮用水源地水质达标率仅为70.3%，地表水达标率仅为64.7%。[4]

---

[1] 欧阳金芳、钱振勤、赵俭：《人口·资源与环境》，第222—224页。
[2] 马昌盛：《2030年：中国环境污染将跨越恶化拐点》，《节能与环保》2013年第6期，第44页。
[3] 欧阳金芳、钱振勤、赵俭：《人口·资源与环境》，第236页。
[4] 同上。

3. 土地资源迅速减少,土壤状况恶化

新中国成立以来,我国曾因开荒造田而使得耕地面积有所增加,但当前耕地减少的情形却很严重。由于人口迅速增加、城市用地规模过大、盲目兴办开发区、农业结构调整挤占耕地、农民建房、路边设店、建坟墓和办乡镇企业等占用了大量耕地,从20世纪末到21世纪初,我国净减少的耕地超过了8100多万亩,相当于江苏或吉林省的耕地面积。这直接导致了我国人均耕地面积减少到低于1.3亩,有些地区甚至到了联合国规定的人均耕地警戒线以下。①

植被破坏造成的水土流失、土地沙漠化等状况同样不容忽视。我国水土流失面积达到256万平方千米。不论山区、丘陵区、风沙区,或是农村、城市,都有不同程度的水土流失。水土流失最严重的是黄土高原。全区总面积54万平方千米,水土流失的面积就达到45万平方千米,占到83%。北方干旱、半干旱地区的沙漠化土地也在不断扩大。"三北"地区的11个省和自治区,沙漠化土地占到总面积的10%以上。除了干旱、少雨、大风等自然因素,人类的不合理开发建设活动是导致沙漠化不断扩大的主要原因。②

4. 植被状况令人担忧

中国历史上曾经是多林国家。西周时的黄土高原森林面积达到32万平方千米,覆盖率为53%。直到公元13世纪,这里仍然景色如画,得到过成吉思汗的赞美。但由于不注意环境保护以及连年战乱,到新中国成立前夕,黄土高原的森林覆盖面积只有5%。许多重要林区由于消耗量过大,加上毁林种粮、造林存活率低等因素,使得森林资源锐减。森林覆盖率一度高达82.5%的长白山地区,现在的森林覆盖率只有14.2%。草场退化也是植被覆盖率降低的表现之一。我国拥有草原面积4.17亿公顷,其中2.2亿公顷已经被利用。全国90%的草地经受了不同程度的退化,其面积达到了1.35亿公顷,其中中度退化以上的草地面积已占半数;更糟糕的是,草地退化的面积还以每年200万公顷的速度在增加。不合理的利用是破坏草原生态系统、致使草地退化的主要原因。

---

① 李友梅、刘春燕:《环境社会学》,第86—87页。
② 欧阳金芳、钱振勤、赵俭:《人口·资源与环境》,第236—238页。

5. 生物多样性不断减少

中国的生物多样性非常丰富,但这种多样性正受到来自人口增长与经济发展的双重威胁。近50年来,中国已经有许多物种灭绝,包括约200种高等植物,有15%—20%的动植物种类处于濒危或受威胁状态,其中大约有4600种高等植物和400多种野生动物。注入渤海的9条河流中的湖河性鱼、虾、蟹有5种已经绝迹。对鸟类和野生动物的乱捕滥猎破坏了生物资源、倾覆生态平衡。大别山区的野生原麝因为人类收购麝香而几近灭种。①

第四节 资源、环境如何影响我们的生活

一、人口、资源与环境的关系

(一) 理解人口、资源、环境关系的几个要点

当我们把人口、资源、环境放在一起研究它们之间的相互关系时,需要明确以下几点。

第一,在人口、资源、环境的关系中,不是研究三者的相互关系,而是研究以人口为一方,以资源、环境为另一方的相互制约和影响的关系。② 尤其要注意的是区别"资源"与"环境"这样两个概念。在上文中我们已经提到,资源是在一定时间、地点条件下能够产生经济价值、以提高人类当前和未来福利的自然环境因素和条件;环境则是围绕着人类而存在的各种自然因素。可以看出,自然资源与环境中偏向自然的一面存在着相互联系、相互转化的关系,是自然界客观物质条件的两个属性、两个不同侧面。人类赖以生产、生活的土地、水、森林等自然资源,既是人类生存所需的基本物质条件,也是人类赖以生产、生活的自然环境。自然环境和自然资源在一定范围内所指的是同一事物。③

---

① 周毅:《人的自然与自然的人——21世纪人口与资源环境可持续发展》,《地球学报》1998年总第19卷第3期。

② 邬沧萍、侯东民:《人口、资源、环境关系史》,中国人民大学出版社2010年版,第8页。

③ 顾杨妹:《日本人口与资源、环境的可持续发展研究》,《人口学刊》2005年6期。

第二,研究人口、资源、环境关系的演变,就是要研究人类活动与资源、环境的关系。这种人类活动主要包括:人口因素、人类需求因素以及技术和效率因素。人口因素主要指的是人口的规模、增长速度、人口结构、人口迁移等因素与自然界的交互作用;人类需求因素主要指人的需求对自然界的压力;技术和效率因素主要指人类向自然资源索取的能力和效率。①

第三,研究自然资源和环境对人口各个变量的影响和制约。

(二) 关于人口、资源、环境关系的两种态度

表 10.7　关于人口与资源、环境关系的理论有两种观点②

	悲观论	乐观论
代表人物	马尔萨斯、保罗·埃里奇(Paul R. Ehrlich)、罗马俱乐部	赫曼·康恩(Herman Kahn)、威廉·布朗(William Brow)、朱利安·林肯·西蒙(J. L. Simon)
主要观点	生活资料的增长速度远远赶不上人口的增长速度。因此,马尔萨斯认为迅速增长的人口将面临饥饿、疾病和战争,整个地球将面临毁灭性的灾难。 新马尔萨斯主义认为,随着人口不断地迅速增长,地球将会越来越拥挤,资源也将被耗尽,环境污染将日益严重,人类将会由于人口的剧增而走向毁灭。	资源和能源可能存在地区分布不平衡或者某种资源储备不足的问题,但并不是将要枯竭或被耗费殆尽,而且还存在着许多未被人类发现利用的资源和能源。

(三) 理解人口、资源、环境问题的一个模型

吉尔贝托·C.加洛潘、巴勃罗·古特曼和埃克托尔·马莱塔等人提出的系统研究方法很可能提供了一个理解人口、资源、环境关系的系统模型。

加洛潘等人认为,应当采取系统论的视角研究环境与社会之间的关系。但是,与一般系统论观点不同,加洛潘等人指出,社会—生态系

---

① 邬沧萍、侯东民:《人口、资源、环境关系史》,第 8 页。
② 顾杨妹:《日本人口与资源、环境的可持续发展研究》,《人口学刊》2005 年 6 期。

统最好是看作一套因果轮回和有待提出的问题,而不是看作一套子系统。这样做更具有适用性和灵活性,"能将要研究的变量或者过程逐步组织起来,并且指导今后按不同的情况将系统分解成有关的子系统"①。很显然,在他们看来,考察环境、资源、社会关系主要研究的应当是影响自然生态系统的一系列人为活动以及影响社会系统的一系列自然产生的生态效应。他们的研究框架如图 10.16 所示。

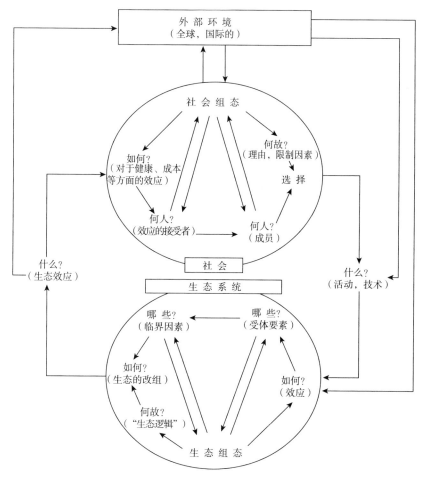

图 10.16　社会系统和生态系统的复杂关系、交互作用及主要问题②

---

①　转引自洪大用:《西方环境社会学研究》,《社会学研究》1999 年 2 期。
②　同上。

二、世界主要人口、资源、环境问题

人口、资源、环境问题的关系史贯穿于整个人类社会发展的始终。在这里,我们主要截取了二战至今这个世界主要发达国家经历了两次经济转型的时间段来看看国家的经济发展与转型和环境、资源之间的关系。

(一) 二战后发达国家经济的恢复和迅速发展

二战中美国本土没有遭受战争破坏,国民生产总值还增加了2倍多,因此,战后美国不存在经济恢复问题,但存在一个从战时经济向和平时期经济的转型问题。美国在二战中积累的数百万亿美元的巨额资本,和长期为战争所压抑、到战后才得到释放的居民消费需求相结合,帮助美国经济顺利地完成了这次转轨。为了遏制苏联的共产主义扩张,美国对战后的西欧和日本进行了经济扶植。从1947年开始实行马歇尔计划,到1950年,美国已经对外提供经济援助256亿美元。美国将日本等国的战争赔款搁置起来。此外,西欧和日本等国奉行凯恩斯主义,普遍加强了政府的经济干预,以扩大需求刺激经济发展,它们的"补偿生育"也进一步刺激了经济需求。因此,到了1950年,欧洲的大多数国家也恢复到或者超过了战前的经济水平,日本从20世纪50年代开始了它的经济腾飞。

持续了20年的经济高速发展有两个显著特点:生产率提高、产业结构升级。这两个特点的形成都与第三次技术革命相关。这些与人口、资源、环境密切相关的技术革新始于电子技术和生物技术,之后扩展到生产、生活的方方面面。对现代人类生活至关重要的新能源、新材料、新技术几乎都在这一时期出现:电子计算机、人造卫星、激光器、塑料、合成纤维、合成橡胶、宇航工业、自动控制工业、核能技术、生物技术等等。在这些革命性的技术发展背后起作用的经济和社会机制是:教育科研费用的大幅度增长、科学技术与西方产权制度日益强大的联盟、国家加大对经济的干预等等。当然,同样不能忽视的是,发达国家这一时期的飞速发展仍然是建立在不合理的国际政治经济秩序上的。它们继续用低价从发展中国家获得石油、矿藏等大量初级原料资源。直到1973年中东战争爆发,石油输出国组织大幅度提高油价,将之从1945年的1.05美元/桶提升到11.65美元/桶,资本主义发达国家的经济才遭受了沉重打击。以这一年的石油危机为标志,发达国家战后的黄金时代宣告结束。

从 1973 年到 1989 年,发达国家的经济进入了一个缓速发展的时期,我们称之为经济滞涨期。发达国家对经济理论和经济政策进行了反思和调整,减少了政府对经济的干预,调整了不堪重负的社会保障体系,实现减税、国有企业私有化、刺激私人投资等政策,更多发挥了市场机制的作用,并加大了对科研、教育、人力开发和人力培养的投资。苏联解体之后,原华约组织的国家迫切的振兴经济的要求,以及发展中国家经济的崛起,又给发达国家提供了资本与输出更大的市场。此后,随着 20 世纪 90 年代信息网络技术的发展,发达国家的生产和消费领域都出现了全新的景象。

从战后到 20 世纪 70 年代发达国家经济有史以来最迅速的增长,也意味着对资源、环境的影响迅速增加。也正是在 70 年代,发展中国家的人口爆炸,以及发达国家经济增长日益扩大的资源、环境影响,世界人口、资源、环境问题开始引起全球性的关注。[①]

(二)发达国家人口增长与经济发展的环境、资源后果

1. 高生产、高消费、高污染发展模式的形成

经济的迅速增长直接刺激了居民消费心理和消费行为的转变,科学技术又不断地创造出新的消费品、尽其所能地谋求更多利润。在这种内有消费驱动力,外有发展中国家提供的丰富廉价的自然资源的状况下,高生产、高消费、高污染的发展模式在战后迅速发展起来。与此同时,婴儿潮的出现促使了福利国家政策的调整。国家提供的福利,对研究和教育提供的大量资金,刺激了人们对服务的需求,国家在"有效需求"的安慰下喜不自胜,国民则放心大胆地消费。作为消费社会的直接后果,耐用消费品,如汽车、冰箱、洗衣机等的消费量在迅速攀升后一直保持在一个很高的水准,而新的消费领域(如电子产品)也迅速形成并且飞快地拥有了相当可观的市场。这种消费模式直接导致了人们对高消费、一次性消费、炫耀性消费的习以为常,把更多的资源转变成为垃圾。[②]

[①] 邬沧萍、侯东民:《人口、资源、环境关系史》,第 94—101 页。
[②] 同上书,第 102—105 页。

2. 资源高消耗与环境污染加重

战后发达国家生产、消费的增长，在导致资源消费强度大幅度增加的同时，也导致了环境污染问题日益突出。燃烧煤和汽油产生的废气、严重的水污染、固体废弃物问题、化学和成品的增加以及核废料的威胁，都对环境造成了不同程度的破坏。著名的世界八大公害事件几乎全部发生在战后高速发展的发达国家绝不是偶然。

延伸阅读

1956年，水俣湾附近发现了一种奇怪的病。这种病症最初出现在猫身上，被称为"猫舞蹈症"。病猫步态不稳，抽搐、麻痹，甚至跳海死去，被称为"自杀猫"。随后不久，此地也发现了患这种病症的人。患者由于脑中枢神经和末梢神经被侵害，轻者口齿不清、步履蹒跚、面部痴呆、手足麻痹、感觉障碍、视觉丧失、震颤、手足变形，重者精神失常，或酣睡，或兴奋，身体弯弓高叫，直至死亡。当时这种病由于病因不明而被叫作"怪病"。

延伸阅读

素有"雾都"之称的英国伦敦，1952年12月5日至8日，又被浓雾笼罩。在这一段时间里，许多人突然患上呼吸系统疾病，伦敦的各家医院一下子住满了病人。4天中，死亡人数较常年同期增加4000多人。死者中，45岁以上者居多，约为平时死亡人数的3倍；1岁以下的死亡者，较平时增加约1倍；事件发生的一周中，因支气管炎、冠心病、肺结核和心脏衰弱而死亡的人数，分别为事件前一周中同类病症死亡人数的9.3倍、2.4倍、5.5倍和2.8倍。因肺炎、肺癌、流感及其他呼吸道疾病的死亡者，较平时成倍增加。该事件与伦敦当时大量烧煤有关。煤烟尘经久不散，在恶劣的气象条件下，遇到逆温，靠近地面处大气污染物如烟尘、二氧化硫大量聚集，大雾变成了刺激性很强的酸雾。伦敦公害事件发生以后，1956年、1957年又连续发生烟雾事件。1962年12月3日—7日，烟雾再度发生，又有11 000人患病，其中136人魂归西天。

3. 西方环境运动的兴起

西方环境运动兴起于20世纪的五六十年代,最初是由于原子弹爆炸引发了人们对科学、技术是否能够正确地改造自然的怀疑和反思。以巴里·康芒纳为代表的科学家积极呼吁人们警惕技术对人类的威胁,要求在科学家的带领下强迫政府限制对环境有害的科技的发展和应用。他们的呼吁很快得到了公众和政府的支持。20世纪60年代,日本开始对环境问题立法。1969年,美国国会通过了《国家环境政策法》。1972年罗马俱乐部发表了著名的《增长的极限》,尖锐批评了发达国家高能耗、高消费的发展模式。同年5月发达国家组成的经济合作与发展组织委员会通过的《国际环境政策贸易方面指导原则》提出了著名的污染者付费原则,可以视作这一时期环境运动的突出成果。

(三) 战后资源消耗、环境污染与人口因素的关系

战后发达国家的补偿性生育直接引发了婴儿潮。从战后到20世纪70年代初,发达国家人口增长了40%。这导致了人们关于人口增长对环境、资源压力的担忧。发达国家人口的增长不仅在其国内导致了资源匮乏、造成环境灾难,也造成了全球范围的人口、资源、环境关系危机——只要发展中国家还以发达国家的模式为自己的榜样,那么全球范围的资源匮乏和环境灾难几乎是不可避免的。

1972年联合国人类环境会议以后,发达国家对人口、资源、环境关系进行了调整,主要通过技术进步、产业升级、污染治理、污染企业转移出境以及物资回收利用等方式试图减少资源消耗、治理环境污染,以便在经济继续发展、消费水平继续提高的同时,使环境得到改善,资源消耗不断降低,以化解环境问题。这种搭建在高消费基础上的可持续模型当然有其合理的一面,但当不断膨胀的世界人口仍然在竭力追求发达国家生活方式时,世界范围的可持续发展也许只是个假设。

三、中国主要人口、资源、环境问题

这一部分我们主要探讨的是中国的工业化进程如何影响我国的人口、资源和环境关系,环境、资源对我国人口结构形成了什么样的约束。至于中国人口对环境的压力、对资源的消耗和破坏在本章第三节中已有提及,在此不加赘述。

(一) 新中国建立以后,我国的工业化进程深刻地影响了我国的人口、资源、环境关系

1949年6月,新中国第一个五年计划鲜明地把实现工业化作为重要的目标和任务提上了日程。此后,中国的工业,特别是重工业在国民生产总值中的比重迅速提升。与此同时,中国的城市化水平也从1949年的10.64%提升到1957年的15.39%。可惜在"一五"之后,党内出现了急躁冒进的倾向,导致工业与国民经济其他部分、轻工业与重工业、重工业内部的加工工业和采掘工业的比例严重失衡。这导致了工业生产建设的经济效益大幅度下降,物资消耗增加、成本提高。此外,物资报废、损害的现象也十分严重。城市化水平在1960年达到19.75%的阶段性最高峰之后,到1965年减少为17.98%。在之后的十年"文化大革命"中,国民经济遭遇巨大损失。除了石油、化工、电子和某些轻工业产品产量增长较大以外,基础工业止步不前甚至倒退。工业发展速度的减缓也使得人口城市化徘徊不前。十年中,我国城市化水平从1966年的17.86%降低到1972年的17.13%,直到1976年才缓慢地回升到17.44%。

1979年后,我国工业开始逐渐恢复和发展。到1984年,轻重工业的比例逐渐开始平衡。城市化水平从1978年的17.92%骤升到1984年的23.01%。到1992年,我国工业经济已经获得长足发展。国家提出"必须坚定不移地贯彻执行注重效益、提高质量、协调发展、稳定增长的战略",力图改变计划经济体制下的以外延扩大再生产方式为主的状况,提高经济效益的同时减少资源消耗,遏制不断蔓延的环境污染问题。这是我国工业发展史上的一个重要时期,耐用消费品第一次开始供大于求。与之相应,1992年我国的城市化水平已经达到27.63%。

1992年之后,中国的改革开放和现代化建设进入了一个新的发展阶段。这一时期,我国确立了市场在国家宏观调控下对资源配置的基础性作用,进一步促进了资源的优化配置,提高了资源效应,减少了资源的过度消耗和环境污染。虽然在20世纪90年代初我国出现过较严重的通货膨胀,其后随着国家经济实行"软着陆"又一度出现通货紧缩趋势,整体说来,工业化和城市化的进展还是比较顺利的。这一时期,我国主要的工业产品产量在世界上位次连续上升,人口城市化的比例在2000年达到了36.22%。

当然,工业化、城市化的发展也必然付出资源、环境的代价。在此过程中,中国人口的迅速增长,也进一步加大了对资源、环境的压力。中国工业化、城市化进程中的资源、环境问题也逐渐显现。

(二)资源、环境对中国人口增长的约束

改善人民生活水平是推进现代化的主要目标,这意味着中国的人均资源消费量还将持续快速增长。即便我国人口达到峰值,人口对资源、环境的压力也还将继续增大。从节约资源、保护环境和维持生态安全的需要来说,对人口进行适当控制是有必要的。然而,在我国没有完成城镇化和工业化过程、没有实现城镇化和工业化过程、没有实现全面小康目标的情况下,却要提前进入老龄化社会,性别比失衡、社会抚育指数过高等问题也将严重影响经济发展和社会稳定。因此,适时开放二胎政策也是一条可行的思路。

另外,城乡人口转化也是一个不容忽视的问题。城镇人口受教育程度高、抚养能力强。但由于抚养成本高、可控性强、人口增长较慢。农村人口受教育程度较低、可控性差、增长较快。这样,从乡村、中小城镇到大城市,收入水平与人口的自然增长率呈相反的趋势,这就大大增加了人口城市化的社会成本。

显然,我国人口增长的调控需要考虑多方面的因素,资源存量和环境容量给可持续发展带来了诸多困难。即便为了避免过快老龄化等人口问题需要放开二胎生育,也要把握适度,谨防人口数量的大幅反弹。更应当重视人口结构的优化和人口素质的提高。加强性别比例调控,实施相同的城乡生育政策,改变乡村和落后地区人口增长快的问题。通过人口的城镇化、提高抚养成本,使人口控制机制由外部政策的被动约束转向家庭内部的主动约束。①

参考文献

[1] C. John & K. W. Susan:《老年学:多学科的视角》,杜鹏等译,中国人口出版社2006年版。

[2] 李建新:《转型期中国人口问题》,社会科学文献出版社2005年版。

---

① 牛叔文、李怡涵、马利邦、张馨:《资源环境约束下的中国人口增长问题研究》,《中国人口·资源与环境》2010年第20卷第3期。

［3］李竞能编著:《当代西方人口学说》,复旦大学出版社 2004 年版。
［4］彭希哲主编:《人口与人口学》,上海人民出版社 2009 年版。
［5］邬沧萍主编:《人口学学科体系研究》,中国人民大学出版社 2006 年版。
［6］邬沧萍、侯东民:《人口、资源、环境关系史》,中国人民大学出版社 2010 年版。
［7］崔凤、唐国建:《环境社会学》,北京师范大学出版社 2010 年版。
［8］Philip W. Sutton, *Nature*, *Environment and Society*, New York, Palgrave Macmillan, 2004.

思考题

1. 如何看待中国的计划生育调整及其影响?
2. 面对中国日益严峻的人口老龄化形势,你认为应该如何应对?
3. 中国会出现劳动力短缺的问题吗? 你认为应该如何解决?
4. 从工业革命到现在,人口、资源与环境的关系经历了什么样的变化?

第十一章 认识社会的方法

【本章提要】内容：本章主要讲授研究社会现象的经验研究方法，重点介绍人文社会科学领域常用的社会调查、实地研究和文献研究三种具体研究方法。**目的**：认识社会并对社会展开研究，可从经验层面展开，也可从理论层面展开。**重点**：从经验层面展开的研究，重点探究社会世界中人们的行为、态度、关系，以及由此所形成的各种社会现象，是科学研究的一个部分。**难点**：人具有特殊性、研究过程中的干扰性、社会现象的复杂性和研究会受到特定的制约等困难，导致认识社会要保持客观和中立具有一定的难度。

第一节 社会调查

一、调查研究方法概述

（一）调查研究的概念

调查研究指的是一种采用自填式问卷或结构式访问的方法，从一个取自社会群体的样本那里收集资料，并通过对资料的统计分析来认识社会现象及其规律的社会研究方法。从定义中，我们可以初步认识到调查研究的要素包含以下三个方面：

（1）抽样：调查研究的对象多数情况下是总体的一部分，需要通过对这一部分（样本）的调查来了解总体。

（2）问卷：通常分为自填式问卷或结构式问卷，是调查研究中收集资料的主要渠道。

（3）统计分析:调查研究强调对收集的资料(主要体现为数据)进行定量的统计分析,并通过分析样本的特征,将结论推论到总体。

(二) 调查研究的类型

社会调查研究有很多种类型,根据调查对象的范围不同,可以把社会调查研究划分为普遍调查和抽样调查。

1. 普遍调查

普遍调查又称普查,是对所要调查的总体中的每个个体进行逐个的调查。① 一般来说,普查往往是对较大范围的地区或部门进行的调查,例如全国、全省、全市、全行业、全系统等范围进行的普查,其规模很大,属于宏观的社会调查。通过普查能够对社会的整体状况做出全面而准确的描述,为了解整个国家或地区的基本状况以及大规模总体的概况提供最基本的资料;同时,通过普查往往能够得出具有较高的概括性和普遍性的结论,为国家及各部门制定政策、计划提供可靠的依据;此外,普查的成果也为各种社会科学研究工作提供重要的参考依据。

2. 抽样调查

抽样调查是指从所要调查的总体中,按一定方式抽取一部分个体作为样本,通过对样本进行调查得到的结果来推论总体状况的一种调查。在调查研究中,往往根据研究的目的和内容,决定是否采用抽样调查的方法,一般在以下几种情况下,常常采用抽样调查。第一,对于要了解其全面情况但又无法进行普遍调查的社会事物或现象,常使用抽样调查。第二,对于某些社会现象虽然可以进行普遍调查,但如果使用抽样调查也能取得同样的效果,就没有必要采用普遍调查而只采取抽样调查即可。对于具有较高同质性的社会事物或现象,也同样可以用抽样调查代替普遍调查。第三,在对普遍调查进行质量检验或补充修正时,常采用抽样调查。此外,如:为制定决策收集有关信息,在实施决策后收集反馈信息,或者了解特定社会背景下的民情民意,也常常使用抽样调查的方法。

(三) 调查研究的一般步骤

任何社会调查研究都是针对社会领域中的实际问题,有目的有计

---

① 水延凯等编著:《社会调查教程》,中国人民大学出版社2011年版,第82页。

划有步骤地进行的,一般来说,社会调查的一般程序通常是指对实际问题进行调查,研究和解答的全过程一般可以划分为四个阶段:准备阶段、调查阶段、研究阶段和总结阶段。

1. 准备阶段

准备阶段对于一项调查研究有重要的意义,如果准备工作比较充分,就能抓住现实中的关键问题,明确调查的中心和重点避免盲目性,使调查的实施工作比较顺利,使调查研究具有更大的理论价值和应用价值。一般来说准备阶段的主要工作包括以下几个方面:

(1) 通过对现实问题的探讨,来选择确定研究课题,明确调查任务。

(2) 经过初步探索和文献考察(或探索性研究)明确课题的目的、意义和要求。

(3) 确定研究的指导思想和理论基础,澄清研究的基本概念。

(4) 提出研究设想,按照调查研究的目的要求,明确调查内容和调查范围。

(5) 确定调查研究的类型和方式方法。

(6) 将调查内容具体化和操作化,确定分析单位和调查指标。

(7) 制定抽样方案,明确调查地区、单位、对象,选择抽样方法。

(8) 制定调查方案和调查大纲、表格,培训调查人员。

2. 调查阶段

调查阶段是整个调查研究过程中最重要的阶段,它的任务是利用各种调查方法收集有关资料。调查的实施是直接深入社会生活,按照调查设计的内容和要求,系统、客观、准确地获取经验材料。资料的客观性、准确性是一项研究成功的基本保证。

3. 研究阶段

研究阶段的主要任务是在全面地占有调查资料的基础上,对资料进行系统的整理、分类、统计和分析。

4. 总结阶段

总结与应用阶段的主要任务包括以下几个方面:

(1) 撰写调查研究报告。

(2) 将调查报告中的研究成果应用到实践领域或理论领域。

(3) 总结本次调查和研究工作中的优缺点。

(4) 对调查研究报告及其成果进行评估。

二、抽样

(一) 抽样的概念与作用

1. 抽样的概念

抽样对于一个好的调查研究至关重要,所谓的抽样,即指从组成某个总体的所有元素中,按一定的方式选择或抽取一部分元素(总体的一个子集)的过程。在抽样的过程中,有几组概念是需要厘清的。

(1) 总体:所有元素的集合(N),元素则是构成总体的最基本单位。在社会研究中,最常见的总体是由社会中的某些个人组成的,这些个人便是构成总体的元素。比如,当我们对某省大学生的创业意愿进行调查时,该省所有大学生的集合就是我们研究的总体,而每一位在校大学生就是构成总体的元素。

(2) 样本:从总体中按一定方式抽取出的一部分元素的集合(n)。或者说,一个样本就是总体的一个子集。比如,从某省的10万名大学生总体中,抽取1000名大学生进行调查,这1000名大学生就构成该总体的一个样本。

(3) 抽样单位:一次直接的抽样所使用的基本单位(个体、群体、家庭、社区)。

(4) 抽样框:即抽样范围,总体中所有元素的名单(与抽样框对应)。比如,以个体(学生)作为抽样单位,则符合条件的所有学生名单就是我们的抽样框;以群体(班级)作为抽样单位,则符合条件的所有班级就是我们的抽样框。

(5) 参数值:也称为总体值。它是关于总体中某一变量的综合描述,在统计中最常见的总体值是某一变量的均值。比如,某市总人口的平均年龄、某地区的平均收入等。需要特别强调的是,总体值只有通过对总体中所有的研究对象都进行调查才能得到,而这在实际调查中往往是难以做到的。

(6) 统计值:也称为样本值。它是关于样本中某一变量的综合描述。样本值是从样本的所有元素中计算出来的,通过样本值才能估计总体值。

2. 抽样的作用

为什么要进行抽样呢？因为研究者进行的大部分调查都不是普查，即不是针对所有符合要求的研究对象进行的调查，都是试图通过调查一部分样本来认识总体。抽样可以使我们得以集中使用资源，从而提高每一个工作人员收集数据的数量和质量，同时最大限度地减少数据的丢失。①

（二）抽样的类型

从大的方面看，各种抽样都可以归为概率抽样与非概率抽样两大类，这是两种有着本质区别的抽样类型。概率抽样是依据概率论的基本原理，按照随机原则进行的抽样，因而它能够避免抽样过程中的人为误差，保证样本的代表性。而非概率抽样则主要是依据研究者的主观意愿、判断或是否方便等因素来抽取对象，它不考虑抽样中的等概率原则，因而往往产生较大的误差，难以保证样本的代表性。

1. 概率抽样方法

（1）简单随机抽样

简单随机抽样又叫纯随机抽样，是概率抽样的最基本形式。它是按等概率原则从含有 N 个元素的总体中抽取 n 个元素组成样本（$N>n$）。根据随机数表，表中的数码和排列都是随机形成的，没有任何一点规律（也叫乱数表）。利用随机数表进行抽样的具体步骤是：

第一，先取得一份总体所有元素的名单（即抽样框）；

第二，将总体中所有元素一一按顺序编号；

第三，根据总体规模是几位数来确定从随机数表中选几位数码；

第四，以总体的规模为标准，对随机数表中的数码逐一进行衡量并决定取舍；

第五，根据样本规模的要求选择出足够的数码个数；

第六，依据从随机数表中选出的数码，到抽样框中去找出它所对应的元素。

（2）系统抽样

系统抽样又叫等距抽样或机械抽样。它是把总体的单位进行编号排序后，再计算出某间隔，然后按这一固定的间隔抽取个体的号

---

① 加里·T. 亨利：《实用抽样方法》，沈崇麟译，重庆大学出版社2008年版，第7页。

码来组成样本的方法。系统抽样的具体步骤是:

第一,给总体中的每一个个体按顺序编号,即制定出抽样框。

第二,计算出抽样间距。计算方法是用总体的规模除以样本的规模。假设总体规模为 N,样本规模为 n,那么抽样间距 K 就由下列公式求得: K(抽样间隔)= N(总体规模)/ n(样本规模)。

第三,在最前面的 K 个个体中,采用简单随机抽样的方法抽取一个个体。记下这个个体的编号(假设所抽取的这个个体的编号为 A),它称作随机的起点。

第四,在抽样框中,自 A 开始,每隔 K 个个体抽取一个个体,即所抽取的个体的编号分别为 $A, A+K, A+2K, \cdots, A+(n-1)K$。

第五,将这 n 个个体合起来,就构成了该总体的一个样本。

(3) 分层抽样

分层抽样也叫类型抽样,它是先将总体中的所有单位按某种特征或标志(如性别、年龄、职业或地域等)划分为若干类型或层次,然后再在各个类型或层次中采用简单随机抽样或系统抽样的办法抽取一个子样本,最后将这些子样本合起来构成总体的样本。

分层抽样方法的优点,就是在不增加样本规模的前提下降低抽样误差,提高抽样的精度;非常便于了解总体内不同层次的情况,以及对总体中不同的层次进行单独研究,或者进行比较。

在实际运用分层抽样的方法时,研究者需要考虑下列两个方面的问题:

第一,分层的标准问题。

——以所要分析和研究的主要变量或相关的变量作为分层的标准。

——以保证各层内部同质性强、各层之间异质性强、突出总体内在结构的变量作为分层标准。

——以那些已有明显层次区分的变量作为分层变量。

第二,分层的比例问题。

——按比例分层抽样:是指按各种类型或层次中的单位数目同总体单位数目间的比例来抽取子样本的方法。即在单位多的类型或层次中所抽取的子样本就大一些,在单位少的类型或层次中所抽的子样本就小一些。

——不按比例分层抽样:主要是便于对不同层次的子总体进行专门研究或进行相互比较,但若要用样本资料推断总体时,则需要先对各层的数据资料进行加权处理,即通过调整样本中各层的比例,使数据资料恢复到总体中各层实际的比例结构。

(4) 整群抽样

整群抽样与前几种抽样的最大差别在于,它的抽样单位不是单个的个体,而是成群的个体。它是从总体中随机抽取一些小的群体,然后由所抽出的若干个小群体内的所有元素构成样本。

采取整群抽样的方法,可以简化抽样的过程,还可以降低收集资料的费用,同时还能相对地扩大抽样的应用范围。

整群抽样所具有的简便易行、节省费用的优点,是以其样本的分布面不广、样本对总体的代表性相对较差等缺点为代价的。由于整群抽样所得样本中的个体相对集中,而涉及的面相对缩小,故在许多情况下会导致样本的代表性不足,使得结果的偏差较大。

(5) 多段抽样

多段抽样也叫多级抽样或分段抽样,它是按抽样元素的隶属关系或层次关系,把抽样过程分为几个阶段进行。在社会科学研究中,当总体的规模特别大,或者总体分布的范围特别广时,研究者一般采用多段抽样的方法来抽取样本。多段抽样的具体做法是:先从总体中随机抽取若干大群(组),然后再从这几个大群(组)内抽取几个小群(组),这样一层层抽下来,直到抽到最基本的抽样元素为止。

在运用多段抽样方法时,有一点需要注意,就是要在类别和个体之间保持平衡。或者说,保持合适的比例。如何确定每一阶段抽样的单位数目呢?主要考虑的因素有两方面:第一,各个抽样中的子总体同质性程度。同质性程度高的子总体,所抽的规模就应相对小一点;反之则应大一点。第二,要考虑研究者所拥有的人力和经费。

多段抽样的方法适用于总体范围特别大、对象层次特别多的社会科学研究。由于它不需要总体的全部名单,各阶段的抽样单位数一般较少,因而抽样比较容易进行。但由于每级抽样时都会产生误差,故这种抽样方法的误差较大,这是它的主要不足。在同等条件下减少多段抽样误差的方法是:相对增加开头阶段的样本数而适当减少最后阶段的样本数。所以,当研究者的人力和经费允许时,应尽量扩大开头阶段的抽样规模。

2. 非概率抽样方法

（1）偶遇抽样

偶遇抽样又叫方便抽样或自然抽样，是指研究者根据现实情况，以自己方便的形式抽取到偶然遇到的人作为对象，或者仅仅选择那些离得最近、最容易找到的人作为对象。

应该注意区分与随机抽样的差别。从表面看，二者的确有些相似，都排除了主观因素的影响，纯粹依靠客观机遇来抽取对象。但二者有一个根本的差别，这就是偶遇抽样没有保证总体中的每一个成员都具有同等的被抽中的概率。那些最先被碰到的、最容易见到的、最方便找到的对象具有比其他对象大得多的机会被抽中。正是这一点使我们不能依赖偶遇抽样得到的样本来推论总体。

（2）判断抽样

判断抽样又称立意抽样。它是研究者根据研究的目的和自己主观的分析来选择和确定研究对象的方法。

判断抽样的主要优点在于可以充分发挥研究人员的主观能动作用，特别是当研究者对研究总体的情况比较熟悉，研究者的分析判断能力较强、研究方法与技巧十分熟练、研究的经验比较丰富时，采用这种方法往往十分方便。但是由于它仍然属于一种非概率抽样，所以，其所得样本的代表性往往难以判断。在实际中，这种抽样多用于总体规模小，所涉及的范围较窄或时间、人力等条件有限而难以进行大规模抽样的情况。

（3）定额抽样

进行定额抽样时，研究者要尽可能地依据那些有可能影响研究变量的因素来对总体分层，并找出具有各种不同特征的成员在总体中所占的比例，然后依据这种划分以及各类成员的比例去选择对象，使样本的成员在上述各种因素、各种特征方面的构成及其在样本中的比例都尽量接近总体。

如果把各种因素或各种特征看作不同的变数的话，那么，定额抽样实际上就是依据这些变数的组合。

（4）滚雪球抽样

滚雪球抽样是一种极特殊的抽样方法。当我们无法了解总体情况时,可以从总体中少数成员入手,对他们进行调查,向他们询问还知道哪些符合条件的人;再去找那些人并再询问他们知道的人。如同滚雪球一样,我们可以找到越来越多具有相同性质的成员。如果总体不大,有时用不了几次就会接近饱和状态,即最后访问的人再介绍的都是已经访问过的人。

要研究退休老人的生活,可以清晨到公园去结识几位散步老人,再通过他们结识其朋友,不用很久,你就可以交上一大批老年朋友。但是这种方法的偏误也很大,那些不好活动、不爱去公园、不爱和别人交往、喜欢一个人在家里活动的老人,你就很难把雪球滚到他们那里去,而他们却代表着另外一种退休后的生活方式。

3. 概率抽样与非概率抽样的比较

抽样方法大体上可以分为概率抽样与非概率抽样。在两种抽样类型之间,必须从实际出发,在对每种方法所需的时间和人力物力等诸多因素综合考量之后,结合调查研究所希望达到的精确度和质量,来最终决定抽样的方式。① 一般而言概率抽样的费用高但质量也高,相对的,耗费的人力和物力也大一些。

三、测量

（一）什么是测量

美国学者史蒂文斯(S. S. Stevens)认为:测量就是依据某种法则给物体安排数字。② 这一定义被许多社会科学研究人员所采用。在此基础上,本书中则用下述定义来进一步解释测量的含义:所谓测量(measurement),就是根据一定的法则,将社会现象所具有的属性或特征用可观察的指标表示出来的过程。

（二）测量的四个要素

1. 测量客体

测量客体就是测量的对象。是客观世界中所存在的事物或现象,是我们要用数字或符号来进行表达、解释和说明的对象。在测量的四个要素中,测量客体所对应的是"测量谁"的问题。

---

① 加里·T. 亨利:《实用抽样方法》,第 26 页。
② 风笑天:《社会学研究方法》(第三版),中国人民大学出版社 2009 年版,第 88 页。

2. 测量内容

就是测量客体的某种属性或特征。实际上,在任何一种测量中,我们所测量的对象虽然是某一客体,但所测量的内容却并不是客体本身,而是这一客体的属性或特征。在测量的四个基本要素中,测量内容所对应的是"测量什么"的问题。

3. 测量法则

是用数字和符号表达事物各种属性或特征的操作规则。也可以说,它是某种具体的操作程序和区分不同特征或属性的标准。在测量的四个基本要素中,测量法则所对应的是"怎么测"的问题。

4. 数字和符号

是用来表示测量结果的工具。在测量的四个基本要素中,数字和符号所对应的是"如何表示"的问题。

(三)社会现象的测量的特征

对人及其社会行为的测量与对自然现象的测量有着十分不同的特点。

第一,人一方面作为测量的客体或对象,而另一方面又作为测量的主体,因而给社会现象的测量带来了无法回避的主客观矛盾。无论是作为测量主体的人,还是作为测量客体的人,都具有主观意识、思想感情、思维能力和价值观念,都会对测量的过程和方式做出种种反应;人与人之间还存在着各种各样、错综复杂的社会关系;这些都使得社会现象的测量在很大程度上受到人们的认识水平和价值取向的影响,带有明显的主观色彩。[1]

第二,社会测量的内容常常是社会中人们的行为,以及由人们的行为所构成的各种社会现象。然而,与此同时,人们对各种社会现象所进行的测量活动本身也是一种社会行为,也是一种社会现象。二者相互联系也相互影响,特别是由于任何一种社会测量都会干扰和影响现实生活中它所希望测量或正在测量的现象,就像自然科学中的"测不准原理"那样,因而会给实际的测量工作带来许多困难。[2]

第三,在自然科学中,由于测量的对象相对单一和稳定,因而测

---

[1] 风笑天:《社会学研究方法》(第三版),第89页。
[2] 同上,第89页。

量的可重复性强、量化程度比较高。特别是这种测量常常可以建立起某种公认的、通用的单位标准。

（四）测量层次

由于社会科学研究中所涉及的现象具有各种不同的性质和特征，因而对它们的测量也就具有不同的层次和标准。史蒂文斯 1951 年创立了被广泛采用的测量层次分类法。他把测量层次分为四种，即定类测量、定序测量、定距测量和定比测量。

1. 定类测量

也叫类别测量和定名测量，它是测量层次中最低的一种。定类测量在本质上是一种分类体系，即将研究对象的不同属性或特征加以区分，标以不同的名称或符号，确定其类别。

由于定类测量实质上是一种分类体系，因而必须注意所分的类别既要具有穷尽性，又要具有互斥性。即所分的类别既要相互排斥，互不交叉重叠，又要对各种可能的情况包罗无遗。这样我们所测量的每一个对象都会在我们的分类体系中占据一个类别，且仅仅只会占据一个类别。

2. 定序测量

定序测量也称为等级测量或顺序测量。定序测量的取值可以按照某种逻辑顺序将研究对象排列出高低或大小，确定其等级及次序。或者说，定序测量可以按照某种特征或标准将对象区分为强度、程度或等级不同的序列。

定序测量不仅能够像定类测量一样，将不同的事物区分为不同的类别，而且还能反映事物或现象在高低、大小、先后、强弱等序列上的差异。因此定序测量所得到的信息比定类测量所得的更多。

3. 定距测量

定距测量也称为等距测量或区间测量。它不仅能够将社会现象或事物区分为不同的类别、不同的等级，而且可以确定它们相互之间不同等级的间隔距离和数字差别。

需要注意的是，定距测量的值虽然可以为零，但这个零却并不具备数学中我们所熟悉的零的含义。从测量的角度看，此时的零只不过是一个特定的数字而已，它是人们主观认定和选取的。

4. 定比测量

定比测量也叫等比测量或比例测量。定比测量除了具有上述三种测量的全部性质外,还具有一个绝对的零点(有实际意义的零点)。

所以,它测量所得的数据既能进行加减运算,又能进行乘除运算。是否具有实际意义的零点(绝对零点)存在,是定比测量与定距测量的唯一区别。

为了进一步清楚地说明这四种测量的差别,我们将它们各自的数学特性总结在表11.1中。

表 11.1　四种测量层次的数学特性总结

	定类测量	定序测量	定距测量	定比测量
类别区分($=,\neq$)	有	有	有	有
次序区分($>,<$)		有	有	有
距离区分($+,-$)			有	有
比例区分($\times,\div$)				有

明确不同的测量层次所具有的不同数学性质,这一点十分重要。因为在社会科学研究资料的整理和统计分析中,需要根据不同测量层次所具有的数学特性采用不同的统计方法。

另外在对社会现象进行测量时,有一个重要的规则:尽可能对它们进行高层次的测量。即凡是能够用定比测量或定距测量的,就一定不要只用定序测量甚至只用定类测量。因为高层次测量所包含的信息更多,且高层次测量的结果很容易转化为低层次的测量结果。反之则不行。

(五) 测量的信度与效度

1. 信度

信度即可靠性,它指的是采取同样的方法对同一对象重复进行测量时,其所得的结果相一致的程度。换句话说,信度是指测量结果的一致性或稳定性,即测量工具能否稳定地测量所测的事物或变量。大部分信度指标都以相关系数(r)来表示,其基本的类型主要有以下三种:

（1）再测信度

对同一群对象采用同一种测量，在不同的时间点先后测量两次，根据两次测量的结果计算出相关系数，这种相关系数就叫作再测信度。

（2）复本信度

复本信度采取的是另一种思路：如果一套测量可以有两个以上的复本，则可以根据同一群研究对象同时接受这两个复本测量所得的分数来计算其相关系数。

（3）折半信度

即将研究对象在一次测量中所得的结果，按测量项目的单双号分为两组，计算这两组分数之间的相关系数，这种相关系数就叫作折半信度。

2. 效度

也称作测量的有效度或准确度。它是测量工具或测量手段能够准确测出所要测量的变量的程度，或者说能够准确、真实地度量事物属性的程度。

测量的效度具有三种不同的类型，即表面效度、准则效度和构造效度。它们分别从不同的方面反映测量的准确程度。同时，人们在评价各种测量的效度时，也往往采用这三种类型作为标准。

（1）表面效度

表面效度也称为内容效度或逻辑效度，它指的是测量内容或测量指标与测量目标之间的适合性和逻辑相符性。也可以说是指测量所选择的项目是否"看起来"符合测量的目的和要求。

（2）准则效度

准则效度也称为实用效度，它指的是用一种不同以往的测量方式或指标对同一事物或变量进行测量时，将原有的一种测量方式或指标作为准则，用新的方式或指标所得到的测量结果与原有准则的测量结果作比较，如果新的测量方式或指标与原有的作为准则的测量方式或指标具有相同的效果，那么我们就说这种测量方式或指标具有准则效度。

（3）构造效度

它涉及一个理论的关系结构中其他概念（或变量）的测量。

对于同一种对象,人们常常会采取各种不同的测量方法、常常会采用各种不同的测量指标。也许这些方法和指标都没有错,但它们相互之间一定会在效度与信度这两方面存在程度上的差别。信度高,效度未必高,即调查结果反映调查对象实际情况的可信度高,但对于调查所要说明的问题来说,它的效度可能高,也可能不高;信度低,效度必然低,即调查结果反映调查对象的实际情况的可信度低,它就必然不能说明调查所要说明的问题;效度高,信度必然高,即调查结果能有效说明所要研究的问题,那么必然反映的调查情况是可信的。[①]

四、问卷设计

(一) 什么是问卷

问卷是社会调查中用来收集资料的工具,一种类似于体温表、测力器、磅秤、米尺那样的工具。

问卷是调查研究中用来收集资料的主要工具,它在形式上是一份精心设计的表格,其用途则是用来测量人们的行为、态度和社会特征。

(二) 问卷的结构

尽管实际调查中所用的问卷各不相同,但是它们往往都包含这样几个部分:封面信、指导语、问题、答案、编码等。

1. 封面信

是一封致被调查者的短信。在封面信中,一般需要包括以下几方面内容:

第一,要说明调查者的身份,即说明"我是谁"。

第二,要说明调查的大致内容,即"调查什么"。

第三,要说明调查的主要目的,即"为什么调查"。

第四,要说明调查对象的选取方式和对调查结果保密的措施。

2. 指导语

指导语即用来指导被调查者填答问卷的各种解释和说明,其作用和仪器的使用说明相似。有些问卷的填答方法比较简单,指导语很少,常常只在封面信中用一两句话说明即可。比如,"请根据自己实际

[①] 水延凯等编著:《社会调查教程》,第149页。

情况在合适的答案号码上画圈或者在空白处直接填写",在邮寄填答法的封面信中,除了上述填答方法的指导语外,往往还要加上类似于"为了减少您的麻烦,我们为您准备了一个写好地址、贴好邮票的信封。您填完调查表后,只需将它放进信封,封好口,投入邮筒就行了,请一定在9月25日之前填好寄出"这样的指导语。

3. 问题及答案

从形式上看,问题可分为开放式与封闭式两大类。

所谓开放式问题,就是那种只提出问题,但不为回答者提供具体答案,由回答者根据自己的情况自由填答的问题。简言之,就是只提问题不给答案。而封闭式问题则是在提出问题的同时,还给出若干个答案,要求回答者根据实际情况进行选择。根据开放式问题与封闭式问题的不同特点,研究人员常常把它们用于不同的调查中,比如在探索性调查中常常用开放式问题构成的问卷;而在大规模的正式调查中,则主要采用以封闭式问题构成的问卷。

4. 编码及其他资料

在以封闭式问题为主的问卷中,为了将被调查者的回答转换成数字,输入计算机进行处理和定量分析,需要对回答结果进行编码,即赋予每一个问题及答案一个数字作为它的代码。编码既可以在问卷设计的同时就设计好,也可以等调查完成后再进行。前者称为预编码,后者称为后编码。除了编码以外,有的问卷还需要在封面上印上问卷编号、调查员编号、审核员编号、调查日期、被调查者住地、被调查者合作情况等有关内容。

(三) 题型及答案设计

1. 问题的形式

(1) 填空题

即在问题后画一短横线,让回答者直接在空白处填写。填空式一般只用于那些对回答者来说既容易回答,又容易填写,通常只需填写数字的问题。比如"请问您家有_____口人?""您生育过_____个孩子?其中男孩_____个,女孩_____个"。

(2) 二项选择题(是否题)

即问题的答案只有是和不是(或其他肯定形式和否定形式)两种。回答者根据自己的情况选择其一。比如:"您是共青团员吗?是□不是□""您是否赞成民主选举厂长？赞成□不赞成□"。

（3）多项单选题

即给出的答案至少在两个以上，回答者根据自己的情况选择其一。这是各种调查问卷中采用得最多的一种问题形式。比如："您的文化程度是（请在合适的答案号码上√）①小学及以下②初中③高中或中专④大专及以上""您的婚姻状况是（请在合适答案上打√）①未婚②已婚③离婚④丧偶"。

（4）多项限选题

即给出的答案至少在两个以上，回答者根据自己的情况选择有限的多项。比如："您最喜欢的电视节目？（请从下列答案中选择三项在号码上打√）①新闻②电视剧③体育④广告⑤教育⑥歌舞⑦少儿⑧其他（请写明）"。

（5）多项排序题

即给出的答案至少在两个以上，回答者根据自己的情况选择有限的多项并按要求排序。比如："在以下国家大事和社会事务中，您最关心的两项是什么？01.加入世贸 02.环境保护 03.反腐倡廉 04.社会治安 05.男女平等 06.医疗改革 07.国企改革 08.两岸统一 09.土地承包 10.西部开发 11.教育改革 12.减轻农民负担 13.其他（请注明）_____"。

（6）多项任选题

即给出的答案至少在两个以上，回答者根据自己的情况选择任意数量的答案，可以只选一项，也可以选择全部的答案。比如："您的工作或劳动环境是否存在下列不利于健康的因素？01.高温 02.低温 03.化学毒物（含有毒农药）04.过量负重 05.噪音 06.高空作业 07.危险作业 08.烟尘 09.粉尘 10.电磁辐射等物理伤害 11.其他（请注明）_____ 12.无不利健康的因素"

（7）矩阵式

即一种将同一类型的若干个问题集中在一起，构成一个问题的表达方式。

矩阵式的优点是节省问卷的篇幅，同时由于同类问题集中在一起，回答方式也相同，因此也节省了回答者阅读和填写的时间。

2. 答案设计

由于社会调查中大多数问卷主要由封闭式问题构成，而答案又是封闭式问题非常重要的一部分,因此答案设计得好坏就直接影响到调查的成功与否。关于答案的设计,除了要与所提的问题协调一致以外,特别要注意做到使答案具有穷尽性和互斥性。

五、调查资料的收集

社会调查中的资料收集方法主要有两种基本类型:自填问卷法和结构访问法。自填问卷法指的是调查员将问卷表发送给(或者邮寄给)被调查者,被调查者自己阅读和填答,然后再由调查员收回的资料收集方法。结构访问法则是指调查员采取口头询问和交谈的方式,向被调查者了解社会情况收集有关社会现象资料的方法。在这两个大的类别中,又根据具体操作方法不同,可以进一步划分出不同的子类型。比如自填问卷法中又可分为个别发送法、集中填答法和邮寄填答法;结构访问法中又可分为当面访问与电话访问等。

(一) 自填问卷法

1. 个别发送法

个别发送法是自填问卷法这一大类中最常用的一种。它的具体做法是:研究者将问卷印制好以后,将问卷逐个发送到被调查者手中,同时讲明调查的意义和要求,请他们合作填答,并约定收取时间、地点和方式。当然,在有些情况下,比如调查的内容不涉及敏感的问题或上级关系时,也可以由某种行政组织系统代为发放和回收。

个别发送法既不像邮寄填答法那样与被调查者完全不见面,又不像结构式访问那样,与每一个被调查者都交谈相当长的一段时间,而是介于二者之间,较好地处理了调查的质量与数量之间的关系。

2. 集中填答法

在条件允许的情况下,我们也可以采取集中填答法来收集调查资料。集中填答法的具体做法是:先通过某种形式将被调查者集中起来,每人发一份问卷;接着由研究者统一讲解调查的主要目的、要求、问卷的填答方法等事项;然后请被调查者当场填答问卷;填答完毕后再统一将问卷收回。收回问卷的方式可以采用投入问卷回收箱的办法,以消除集中填答所带来的某些顾虑。

集中填答法比个别发送法更为节省调查时间、人力和费用;比邮寄填答法更能保证问卷的填答质量和回收率。由于有调查员在场进行解释和说明,并可以解答被调查者的疑问,因而被调查者错答和误答的现象将大大减少,而问卷的回收率也会比邮寄填答法更高。集中填答法最主要的局限,在于许多社会调查的调查样本根本不可能集中。而一旦被调查者不能集中,这种方法的优点自然也就不复存在。同时,将众多的被调查者集中在一起,有时会形成某种不利于个人表达特定看法的"团体压力"或"相互作用",这也是我们在运用集中填答法时需要注意的两个方面。

3. 邮寄填答法

邮寄填答法是社会调查中一种比较特殊的资料收集方法。它的一般做法是:研究者把印制好的问卷装入信封,通过邮局寄给被调查者,待被调查者填答后再将问卷寄回调查机构或调查员。在寄给被调查者问卷时,一般应该写好回邮地址和收信人(或收信单位),贴好足够邮资的信封,以便于被调查者将填答好的问卷顺利寄回。这种方法在西方一些国家中使用比较普遍,目前在我国采用这种方法来收集调查资料的还比较少。

用邮寄问卷的方式来收集调查资料,的确是一种新颖的思路,对广大的社会调查研究人员来说,也的确具有很强的吸引力。研究者只需把问卷装进信封,就等着那一份份填好的问卷从邮局寄回了,特别省时、省力、省钱。可以说,邮寄填答法是社会调查中最方便、最便宜、代价最小的资料收集方法;它的调查范围最广,且不受地域的限制;被调查者可以在他们方便的时候,从容不迫地填答问卷。但邮寄填答法的缺点也十分明显:它需要有调查对象的地址和姓名,对于许多社会调查来说,并不存在一份现成的和完整的总体成员的名单(一份包括所有调查对象的姓名、地址及邮政编码的名单),因此,邮寄调查的样本往往无法抽取,问卷也不知道该往哪里寄;问卷的回收率难以保证。这也是邮寄填答法的一个致命弱点。有许多的主、客观因素会导致被调查者放弃问卷填写的工作,会阻碍调查问卷寄回到研究者手中。据美国社会学家介绍,邮寄调查的回收率有时低到10%,达到50%的回收率就被认为是足够的(这种比例在一般调查中往往是较难接受的)。

(二) 结构访问法

1. 当面访问

当面访问的基本做法是,研究者先选择和培训一组调查员,由这组调查员带着访问问卷分赴各个调查地点,按照调查方案和调查计划的要求,与所选择的被调查者进行访问和交谈,并按照问卷的格式和要求记录被调查者的各种回答。在访问中,调查员严格依据调查问卷提出问题,并严格按照问卷中问题的顺序来提问;调查员不能随意改变问题的顺序和提法,也不随便对问题做出解释。

当面访问的方法与自填法中的个别发送法最为接近,它们都要求调查员逐个找到被调查者。所不同的是,个别发送法中调查员只需向被调查者稍作解释,并将问卷送交给被调查者即可,至于问卷的填答工作,则完全是被调查者的事;而当面访问中,调查员则要亲自依据问卷向被调查者进行提问,并亲自记录被调查者的回答。

当面访问法的优点在于能够对调查过程加以控制,从而提高调查结果的可靠程度;回答率较高,当面访问法是由调查员来配合完成每一份问卷的,所以,它的回收率往往可以得到很好的保证;可以对调查资料的效度与信度进行评估。这是因为,调查员在询问和记录的同时,可以对被调查者的表情、态度和行为,甚至对某些家庭状况进行观察,从而帮助分辨和判断被调查者回答的真实性程度。但当面访问法的调查费用大大高于自填式问卷调查;当面访问法所花费的时间也大大长于自填式问卷调查。由于上述两方面的弱点的影响,采用当面访问法收集调查资料时,其调查的范围和规模往往受到很大局限;另外对于某些较敏感问题的调查,采用当面访问法的效果也往往比不上自填式问卷调查。自填式问卷调查具有很好的匿名性,可以减轻被调查者的心理压力和思想顾虑。但当面访问法由于有调查员在场,并且是当面提问、当面回答,这样,很多被调查者的思想压力就可能很大,顾虑就可能比较多。所有这些,显然会直接影响到他们回答问题的态度和所提供的答案的真实性及可靠性。

2. 电话访问

电话访问法是指调查员通过打电话的方式对被调查对象进行问卷访问的方式,这种资料收集的方式是随着电话的日益普及而发展起来的。进行电话调查需要有一套"计算机辅助电话访问系统"(Computer-Assisted Telephone Interviewing,CATIS)的支持。这套系统既有计算机、电话等硬件,也有专门用于进行电话访问的特定软件。

电话访问的一般做法是:第一,根据调查目的的要求设计好电话访问的问卷,并将问卷按照"计算机辅助电话访问系统"的格式录入计算机;第二,在系统中设计好随机抽取电话号码的计算机程序;第三,挑选和培训一组电话调查员;第四,调查员实施电话访问。①

电话访问的主要优点是十分迅速,而且所收集的资料可以直接录入计算机,方便进行统计分析,对于问卷题目简单的调查是十分合适的;缺点主要是通过抽取电话号码的形式产生被访者,样本的代表性会存在一定的偏差,另外对于调查内容比较复杂的问卷,电话调查也不太适用。

六、调查研究的特点

(一) 优点

当研究对象是一个大群体时,调查研究方法是非常适合的,调查研究能够很好地描绘大样本的特征,并对总体做出推论;调查研究遵循严格的步骤和程序,所得的结果具有较高的信度和效度。

(二) 缺点

调查研究的缺点也十分明显。首先是缺少弹性,通常调查研究总是事先完成研究设计,并在研究中保持不变;其次,无法了解被访者的具体生活情境,调查研究是用问卷来收集被访者的信息的,调查访问仅限于问卷设计的内容且时间较短,研究者很难深入到被访者的生活情境中;最后,容易受到人为因素的干扰,一般来说客观的问题,诸如年龄、性别等人口统计指标回答会比较准确,但对于一些涉及态度的调查,就非常容易受到人为因素的干扰。②

第二节 实地研究

一、实地研究及其类型

(一) 实地研究的概念

实地研究是一种深入到研究现象的生活背景中,以参与观察和非

---

① 风笑天:《社会学研究方法》(第四版),中国人民大学出版社2013年版,第189页。
② 郝大海:《社会调查研究方法》,中国人民大学出版社2012年版,第9页。

结构式访谈的方式收集资料,并通过对这些资料的定性分析来理解和解释现象的社会研究方式。按照不同的标准,它常常被区分为参与观察和个案研究等。实地研究中用来收集资料的主要方式有观察法和访谈法两种。它们包括非正式的、随生活环境和事件自然进行的各种观察、旁听和闲谈,也包括正式的采访、座谈和参观等。

（二）实地研究的逻辑

实地研究是一种定性的研究方式,也是一种理论建构的方式。实地研究方式的基本特征是强调"实地",即研究者一定要深入到所研究对象的社会生活环境中。研究者在确定了所要研究的问题或现象后,不带任何假设进入到现象或对象所生活的背景中,通过参与观察,收集各种定性资料,在对资料进行初步的分析和归纳后,又开始进一步的观察和归纳。通过多次循环,逐步达到对现象和过程的理论概括和解释。

（三）实地研究的类型

实地研究根据研究对象的不同,通常分为个案研究和社区研究。个案研究即对一个个人、一件事件、一个社会集团或一个社区所进行的深入全面的研究。它的特点是焦点特别集中,对现象的了解特别深入、详细。当研究的个案是一个社区时,通常又称之为社区研究。

二、实地研究的过程

（一）进入现场的准备工作

实地研究必须深入实地。因此,"实地"的选择是进行实地研究的第一步。研究者在与被研究者接触之前应该尽可能地做一些准备工作。首先,研究者应该设法了解当地的权力结构、人员关系以及人们一般认可的行为规范。如果研究者认识当地的人或者他们的朋友和家人,可以事先与这些人取得联系,尽量充分地了解当地的情况,听取他们对进入研究现场的建议。

如果所研究的问题对于当地人来说是一个敏感的话题,研究者预料当地人不一定会热情地接待自己,那么研究者可以考虑先到实地去进行一个初步的调查。有时候为了增加自己身份的可信度,研究者可以在研究开始之前获取一封介绍信或批文。但是,这么做又必须十分小心,因为单位领导的介绍信或批文可能会给被研究者造成心理压力,使他们强迫自己参加研究。

很多来自实地的研究表明,研究者进入研究现场通常靠的不是理论,而是研究者本人的机敏和个人素质,特别是研究者本人处理人际关系的策略和应变能力,这些能力往往都是需要通过多次的研究积累起来的,不是一蹴而就的,也不是完全从书本上可以学到的。

(二)获准进入

获准进入在实地研究中是一个非常重要、非常关键的一个环节。研究者不仅需要正式的、合法的身份以及单位或组织的介绍信,还需要某些"关键人物"或"中间人"的帮助。"中间人"一般可以分为合法的和不合法的两种类型。对合法的关键人物,研究者应该表示尊重,慎重地征求他们的意见,努力获得他们的许可。其中,关键人物还分为正式的和非正式的。前者指的是那些对被研究者来说具有正式权威头衔或职位的人。后者指的是那些没有正式官衔的人,但是他们在被研究者群体中享有一定的声誉,受到其他成员的广泛尊敬。另外,对不合法的关键人物要敬而远之,避免与他们接触。关键人物的确定:首先应该了解被研究者所处环境中的权力结构及其与我们的关系;其次,被研究者对自己的熟人和朋友推荐的人比较信任,因此愿意与研究者合作。

1. 谁是"中间人"

研究者在开始研究之前,必须决定谁是"中间人",而每一项研究因其具体情况不同其"中间人"的类型也有所不同。在确定"中间人"的时候,应首先了解被研究者所处环境中的权力结构及其与我们的关系。进入现场不仅仅是一个方法技巧的问题,也是一个关系协调的问题。①

一般来说,如果展开对某一机构或村庄的深入研究,那么我们就必须获得这一机构或村庄领导的批准。如果我们只获得了被研究者本人的同意,而没有征求领导的意见,那么研究往往可能会受阻。假设我们计划调查一个工厂里的部分农民工,希望通过访谈和观察的方式,了解他们的生活和工作情况,如果我们征得了他们本人的同意,而

---

① 陈向明:《质的研究方法与社会科学研究》,教育科学出版社2009年版,第152页。

没有与工厂领导协商,则工厂领导有可能阻碍研究的进行,或是由于担心研究的主题对工厂不利而产生反感和不满。

虽然大多数情况下,研究者要首先联系权力高位者的意见,但有时候如果首先接触被研究者的上级,获得了他们的批准后才接触被研究者,或者完全由上级指派被研究者,则在有些情况下会使得被研究者感到没有受到尊重,或是出于压力被迫参与研究,会使他们产生一定的抵触情绪。

因而,"中间人"就像一把双刃剑,既可能产生不好的作用,也可能产生积极的作用。在不同的文化里,"中间人"的作用也可能不一样。所以,如何恰当地选择"中间人",需要根据不同的研究主题和研究对象多方面考量决定,有时候还需要在几类"中间人"之间进行比较,反复尝试。

2. "中间人"与研究的关系

"中间人"由于自己特殊的位置,通常对研究有一定的考虑或顾虑。他们通常会有一种自我防御的心理:或希望影响研究者,以便获得对他们自己有利的研究结果;或希望限制研究者,使研究者只能与某些特定的人接触。例如前文中提到的,调查一个工厂里面的农民工,工厂负责人一般都对工厂的形象十分在意,不愿意过多地暴露自己工厂中不好的一面,更不希望研究者把自己的工厂报道得一无是处。因此,在研究的过程中,他们很有可能想方设法阻止研究者了解工厂的阴暗面,或者对研究加以干涉。①

通常,"中间人"和当地的被研究者对研究都抱有一定的期待。他们认为研究者是某一领域里的专家,应该有能力对他们的工作进行指导。在这种情况下,研究者可能被当成一个权威,不得不做一些没有能力做的事情,比如为调查机构出谋划策。这样研究者不得不努力扮演一个专家的角色,因而可能会失去很多向当地人和被调查者学习的机会,研究者的身份会遭到一定的破坏。另外,作为一名专家,研究者的存在也会使"中间人"感到不安,甚至会觉得研究者在对自己的工作进行审视和评价,因而会故意包装自己而使研究观察到的事实并不是"真实"的。

---

① 陈向明:《质的研究方法与社会科学研究》,第153页。

(三) 进入现场的方式

1. 隐蔽地进入

在有的情况下,研究者预料到自己会受到"中间人"的拒绝,因此只能采取隐蔽进入的方式。隐蔽式研究使研究者避免了协商进入研究现场的困难,而且研究者有较多的个人自由,可以随时进出现场。但是,这种隐蔽式的进入方式也有一定的弊端。由于研究者成了一个"完全的参与者",不可能像在公开型研究中那样广泛和完全地接触研究对象,只能在自己掌控的范围内接触有限的研究对象。研究者随时都要面临自己的身份被暴露的危险,而且一旦暴露,与研究对象建立的良好关系可能会毁于一旦,研究不得不终止。①

2. 逐步地暴露

在进入现场时,如果研究者预料到"中间人"会对研究有一定的顾虑,也可以采用逐步暴露的进入方式。在研究开始的时候,研究者可以简单地向被研究者介绍一下自己的研究计划,然后随着被研究者对自己信任程度的增加而逐步展开。其实,大部分被研究者并不需要了解研究的全部内容和过程,他们通常只关心:"你是什么人?你要干什么?我需要告诉你什么?"因此,研究者只要对上面的问题作简单的解释就可以了。不必详细介绍研究的具体程序和细节。②

另外,在实地研究中,研究的问题和方法都会随着研究的进行而不断变化,研究者事先设定的研究步骤和框架不一定会完全实现。一开始就向被研究者告知全部的复杂计划不但没有必要,也不可能符合今后真正会发生的实际情况。被研究者也可能会对复杂的研究计划不知所措,甚至因此拒绝参与合作。

在有的情况下,被研究者中有一部分人会拒绝合作,而其他人则没有异议。那么研究者可以对后者坦诚相告,而对前者暂时保守秘密。随着研究的进行,那些知道研究细节的人,会逐步把研究情况告诉其他不知道的人。如果他们之间相互信任,那么那些拒绝的人会逐步愿意接受合作。

---

① 陈向明:《质的研究方法与社会科学研究》,第155页。
② 同上书,第156页。

（四）实地研究中的记录

参与观察的记录通常是先看在眼里,然后再记录在本子上。一般必须在当晚进行回忆和记录。白天观察时,研究者应该尽可能多地记住所观察到的行为、现象、人物和事件,记住关键人物说的关键话语。并且只要可能,在白天就要找机会粗略地记下有提示作用的词语或符号标记,到了晚上,再将白天的观察进行回忆并详细记录下来。

访谈的记录可以分为两种情况:一种是比较正式的、事先约好的访谈。另一种是非正式的、偶然的、闲聊式的访谈。访谈一般有两种记录方式:当场记录,想要把被访者说的每一句话、每一个字都记录下来是不可能的,而且也没有必要,应该有重点、有选择地进行记录。重点记录事件(时间、地点、人物、状况、性质等)、对某一事件的观点或态度等,过渡性的话、语气词一般不需要记录。另一种是事后记录,是在访谈后靠回忆进行追忆的方法。其优点是不会影响访谈时访谈双方的互动,又能够消除被访者的心理压力和紧张感,但缺点是往往遗漏很多,且所记录的内容不够确切。

三、观察法

（一）观察法的概念

观察是人类认识周围世界的一个最基本的方法,也是从事科学研究(包括自然科学、社会科学和人文学科)的一个重要手段。观察不仅是人的感官器官直接感知事物的过程,而且是人的大脑积极思维的过程。

在社会研究中,我们所说的观察指的是观察者根据研究课题,用自己的感官和辅助工具去直接地、有针对性地了解正在发生、发展和变化着的现象,以取得研究所需资料的一种方法。它要求观察者的活动具有系统性、计划性和目的性,而且要求观察者对所观察到的事实做出实质性的和规律性的解释。

（二）观察法的分类

1. 实验室观察与实地观察

实验室观察就是在备有各种观察设施的实验室内,对研究对象进行的观察。这种观察方式在心理学研究中经常使用。实地研究即是指在自然环境下对当时正在发生的事情进行观看、倾听和感受的一种活动。

2. 参与观察与非参与观察

参与观察就是研究者深入到所研究对象的生活背景中,在实际参与研究对象日常社会生活的过程所进行的观察。最早使用"参与观察"一词的学者是林德曼,他在1924年提出将社会科学研究中的观察者分成两大类型:客观的观察者和参与观察者。最早将参与观察法运用于田野工作的是马林诺夫斯基,他于1915年到1917年在特罗比恩岛上对当地的土著人进行了两年之久的参与型研究。非参与观察是指观察者处在被观察的群体或现象之外,完全不参与其活动,尽可能地不对群体或环境产生影响。

非参与观察的长处是研究者可以有一定的距离对研究对象进行比较"客观"的观察,操作起来比较容易一些。但其弱点是:观察的情境是人为制造的,被研究者知道自己在被观察,往往比参与型观察受到更多的"研究效应"或"社会赞许"的影响;研究者较难对研究的现象进行比较深入的了解,不能像参与型观察那样遇到疑问时立刻向被研究者发问;可能受到一些具体条件的限制。

其实,参与型观察和非参与型观察不一定是一个截然分开的类型,它们之间还可以有很多结合的形态。高德将参与观察分成四种类型:完全的观察者(局外人);作为参与者的观察者(研究身份公开);作为观察者的参与者(隐蔽);完全的参与者(当地社会的普通成员)。

3. 结构观察与无结构观察

结构观察指的是按照一定的程序、采用明确的观察提纲或观察记录表格对现象进行的观察。它与结构访谈的形式有点相似。

无结构观察则指的是没有任何统一的、固定不变的观察内容和观察表格,完全依据现象发生、发展和变化的过程所进行的自然观察。它与无结构访谈的特征相类似。

4. 其他分类法

按照公开的程度来分,观察可以分为隐蔽型与公开型。前者指的是观察者在被观察者不知道的情况下进行观察,被观察群体不知道研究者的真实身份。公开型观察指的是被观察者知道研究者在对自己进行观察,研究者事先向他们说明了自己的身份和任务。根据观察者以及所观察事物的状态来分,观察可以分为静态观察和动态观察。按照观察的目的,实地观察可分成探索型实地观察和验证型实地观察两种形式。根据观察者与观察现象的接触方式来分,观察分成直接型观察和间接型观察。按照观察的时间来分,实地观察还可以分成长期观察、短期观察和定期观察。

(三)观察法的步骤

无论是采用参与式观察还是非参与式观察的方式,观察法的步骤一般包括以下几个方面:确定观察的问题、制订观察计划、设计观察提纲、进入研究现场、进行观察活动、记录观察材料、整理和分析观察资料、检验研究结果、撰写研究报告等。本节只对较为核心的步骤进行详细介绍:观察前的准备、具体观察的方法和策略、记录观察内容的方式、观察者的自我反思。

1. 观察前的准备

(1)确定观察的问题

在实施观察之前,研究者应该首先确定观察的问题。"研究的问题"是研究者在所要探究的研究现象中提炼出来的、学术界或实践界尚有疑问的、研究者个人认为有必要回答的问题;而"观察的问题"是研究者在确定了"研究的问题"之后决定选择使用观察的方法,根据观察的需要而设计的、需要通过观察活动来回答的问题,后者是前者完成的一个工具。

(2)制订观察计划

观察的问题确定以后,可以着手制订一个初步的观察计划。一般来说,观察计划应该包括以下几个方面:

第一,观察的内容、对象、范围:我计划观察什么?我想对什么人进行观察?我打算对什么现象进行观察?观察的具体内容是什么?内容的范围有多大?为什么这些人、现象、内容值得观察?通过观察这些事情我可以回答什么问题?

第二,地点:我打算在什么地方进行观察?观察的地理范围有多大?这些地方有什么特点?为什么这些地方对我的研究很重要?我自己将在什么地方进行观察?我与被访者之间是否有距离?这个距离对观察结果有什么影响?

第三,观察的时刻、时间长度、次数:我打算在什么时间进行观察?

一次观察多长时间?我准备对每一个人(群)或地点进行多少次观察?为什么选择这个时间、长度和次数?

第四,方式、手段:我打算用什么方式进行观察?是隐蔽式还是公开式?是参与式还是非参与式?观察时是否使用录像机、录音机等设备?是否准备现场进行笔录?

第五,效度:观察中可能出现哪些影响效度的问题?我打算如何处理这些问题?我计划采取什么措施获得比较准确的观察资料?

第六,伦理道德问题:观察中可能出现什么伦理道德问题?我打算如何处理这些问题?我如何使自己的研究尽量不影响被观察者的生活?①

(3)设计观察提纲

初步计划拟定以后,我们可以开始编制具体的观察提纲,以便将观察的内容进一步具体化。观察提纲应该遵循可观察原则和相关性原则,针对那些可以观察得到的、对回答观察问题具有实质意义的事情进行观察。一般来说,观察提纲要回答以下五个方面的问题:

第一,对象:有谁在场?他们是什么人?他们的角色、地位和身份是什么?有多少人在场?这是一个什么样的群体?群体中成员各自扮演什么角色?

第二,内容:发生了什么事情?在场的人有什么行为表现?都各自做了什么?相互之间是如何互动的?哪些行为是日常生活中的常规?哪些是特殊的表现?不同的参与者在行为上有什么差异?

第三,时间:行为或事件是什么时候发生的?这些行为和事件持续了多久?发生的频率是怎样的?

第四,过程:这件事情是如何发生的?事情的各个方面相互之间存在怎样的关系?体现出了什么规范或规则?

第五,为什么:这些事情为什么会发生?促使这些事情发生的原因是什么?不同的人会有什么不同的看法?事情涉及的不同人其目的、动机是什么?②

---

① 陈向明:《质的研究方法与社会科学研究》,第237页。
② 同上书,第238页。

2. 具体观察的方法和策略

观察的步骤一般是从开放到集中,先进行全方位的观察,然后逐步聚焦,无论是在开放还是在聚焦的过程中,研究者都面临着如何与被观察者互动及如何选择观察内容的问题。

(1) 开放式观察

一般来说,在观察的初期,研究者通常采用比较开放的方式,用一种开放的心态对研究的现场进行全方位、整体的、感受性的观察。研究者尽量打开自己的所有感觉器官,去体会现场所发生的一切。

在对观察现场获得一个整体感受的同时,作为观察者,还应该训练自己对周围事物的敏感度和反思能力:这是一个什么地方?这个地方有什么特色?这个地方的空间是如何安排的?为什么空间布局是这样的?现场有些什么人?分别具体都是干什么的?行为、举止有什么特点?相互之间是呈现一种什么样的关系?

在这个阶段,观察记录应该以全面描述为主,尽可能记录下所看到、听到和体会到的东西。如果是初次进入场景,体会到的感觉会比较敏锐和强烈,因此应该及时将这些感触记录下来;如果是很熟悉的环境,也应该保持开放的态度,因为也许过去我们的印象是错误的,这一次会有不同的感受。总之,每一次的观察,都是一次理解,都是一次重构。

(2) 逐步聚焦

对观察的整体现场获得了一定的感性认识,明确了自己希望回答的观察问题之后,我们便可以开始聚焦了。聚焦的程度取决于研究的问题、具体的观察对象以及研究的情境等因素。

一般来说,聚焦时的视野可以有狭窄和开阔两种方式。前者聚焦比较集中,对单一现象或行为进行集中的观察;后者的焦点比较开阔,强调对整个事件进行全方位的关注。比如:想研究公园里跳交谊舞的群体,针对一对舞伴的互动和眼神交流的观察属于狭窄聚焦;针对所有舞伴的观察则属于开阔聚焦。

需要注意的是,聚焦式的观察不等于封闭式的观察。前者指的是一种虽然有焦点但形式开放的聚焦方式:研究的问题相对比较集中,但是观察的方式始终是开放的。而封闭式的观察是一种事先设定了角度和内容的观察方式,只对某一类行为进行观察,而且对观察到的内容进行量的计算。

(3) 回应式互动

在观察过程中,研究者应该尽量自然地将自己融入当地的文化中。要做到这一点,研究者可以有意识地采取一些策略。比如:与当地人一起生活,一起共事,保持谦逊友好的态度,不公开表达与当地人不一致的意见,观察活动尽可能与当地人的日常生活相一致。在此基础上,对当地人发起的行为做出相应的反应,而不是自己采取主动的行动。

回应式行为不仅可以帮助研究者比较自然地融入当地人的日常生活,避免使当地人对研究者的存在感到突兀,而且可以帮助研究者比较深入地理解当地人的文化。如果研究者死死抱住自己的思维方式不放,一味地按照自己的计划向当地人发问,那么也无法进入对方的"生活世界"。如果研究者采取回应的方式,根据当地人发起的行为做出回应,那么研究者遵循的就是对方的行为模式,而不是自己的文化习惯,因此可以比较深入地理解对方。

(4) 选择观察的内容

无论是在观察的早期、中期还是晚期,研究者都需要对观察内容进行选择。那么如何才能做到有意的选择呢?首先,必须牢记自己的研究问题,问题明确了,才能确定观察的重点,然后才能对看到的事情进行选择。其次,取决于观察者本人的习惯。观察不仅仅是研究者了解别的人和事的一个过程,同时也是研究者自己观察习惯的再现。最后,作为观察者,我们应该在进行观察时注意了解自己的观察风格。如果我们对自己的习惯了解得比较透彻,便有可能知道自己是如何观察到所观察的事情的、自己是如何选择观察内容的、自己的观察结果是否可靠。

3. 记录观察内容的方式

(1) 记录的重要性

人的记忆是有限的,不可能将所有看到和听到的事情都回忆起来。记录可以使我们对自己所观察到的事情更加熟悉。记录本身就是一个澄清事实、组织思路的过程,书写本身便是思考。记录不仅可以帮助我们对手头的资料进行整理,而且记录这一过程本身便是一个十分有价值的资料来源。记录可以对我们的记忆力和关注力进行训练。

(2) 记录的程序

通常在观察的一开始,可以画出观察现场图,这张图应该包括观察现场的物质环境,还包括观察现场的人文环境。画现场图是最直观的表现形式,图画好以后应该在下面附上文字说明,这一说明除了将图示现场进行详细记录以外,还应该包括研究者本人的第一反应。对观察活动进行记录要求按时序进行,所记录的事情之间要有连续性。另外,记录时注意完整、细密,以便为今后在研究报告中进行"深描"提供资料基础。

(3) 记录的格式

观察中的记录不像问卷调查那么统一、固定,往往因研究内容而异。通常的原则是清楚、有条理。一般的做法是:在记录的第一页上方写上观察者的姓名、观察内容的标题、地点、时间,然后在笔记的每一页标上笔记的标号和页码。在每一页的左边或右边留下一定的空白,以便今后补充、分类和编码。记录的部分也可以分为两大部分,一边是事实笔记,即研究者在观察中看到和听到的"事实";一边是个人的思考,即研究者本人对观察内容的感受和解释。

(4) 记录的语言

第一,要具体、清楚、实在。首先,应该使用具体的语言,不要用抽象的、概括性的或总结性的词语;其次,要清晰、易懂,不要使用含混不清、指代不明的词语;最后,要平实、实在,尽量使用朴实、中性的词语,避免使用过于文学化的语言、具有特定含义的用语、过于通俗的民间用语。

第二,命名准确。一般来说,当我们看到一个在自己的语言中有相应表达词语的事物时,可以直接使用这个词为该事物命名。在这个过程中,有一个特别需要注意的问题,那就是"从谁的角度""使用谁的语言"来为事物命名。一般来说需要考虑三种不同的角度:观察者本人及其所代表的研究者群体;被观察者及其所代表的文化群体;读者。"命名"在表面上看是将一个名称放到一个与其相应的事物上面,但实际上反映的是观察者通过自己的语言对观察到的事物进行选择的过程。

4. 观察者的自我反思

观察者在做实地研究时,应该从以下几个方面进行反思:

(1)反省自己的思维方式,询问自己是如何进行观察的,如何注意到目前自己手头收集到的资料所反映的观察内容,自己为什么会对这些内容加以注意。

(2)了解自己使用的具体研究方法和过程,分析自己观察的角度、记录时使用的语言等。

(3)对观察中出现的有关伦理道德问题进行反省,检查自己是否在某些地方违背了公认的伦理原则和研究规范。

(4)反省观察者自己对研究问题的前设、个人生活经验、政治立场、宗教信仰、种族、性别、社会地位、受教育程度等的影响。

(5)对目前自己仍感到困惑的地方加以澄清。

四、无结构访谈法

(一)无结构访谈的概念

无结构访谈又称非标准化访问,它与结构式访谈相反,并不依据事先设计的问卷和固定的程序,而是只有一个访谈的主题或范围,由访谈员与被访者围绕这个主题或范围进行比较自由的交谈。无结构访谈适合于并主要应用于实地研究。访谈可以深入了解人们的经验、观点、价值观、理想、态度和情感。从结构式访谈到无结构式访谈,研究者从通过预先提出的问题以试图控制访谈,到激励应答者根据自身的情况来回答某一问题。[1]

(二)无结构访谈的类型

1. 重点访谈法

重点访谈法又称集中访问,它是集中于某一经验及其影响的访问。这个方法是美国社会学家默顿等人创造的,他们认为这种方法可作为一般性的访问方法,并在对大众传播等社会及心理效果的研究中多次使用这种方法。

重点访谈的具体做法是:首先,选择一定的情境,并把调查对象安

---

[1] 迪姆·梅:《社会研究:问题、方法与过程》,李祖德译,北京大学出版社2009年版,第111—112页。

排到这一预先设置好的情境中去。然后,对他们进行访问,调查他们在情境当中的主观经验,即个人对情境的认识与解释,这种主观经验即是重点访问的重点所在。研究者对被访者的回答进行分析与解释。重点访谈法是建立在这样一种假设基础之上的,即透过某种刺激,可使调查对象在情境上产生特殊的反应。研究者从这些反应获得信息,再加以解释。

2. 深度访谈法

深度访谈法又称临床式访问,它是为收集个人特定经验的过程及其动机和情感资料所做的访问。最初常用于个案工作的调查、囚犯的调查和精神病人的调查,后来广泛应用于对一般人的个人生活史及有关个人行为、动机、态度等的深入调查中。对个人生活史的访问是个人生活史研究中获取资料的主要方法之一。

深度访谈与重点访谈相似,可以说是一种半结构式访问,它选取研究问题的某些方面向调查对象提问题,访问是机动的或结构松散的,但重点与焦点是有的。

3. 客观陈述法

客观陈述法又称非引导式访谈,最大的特点是让调查对象对他自己和他周围的社会先做一番考察,再客观地陈述出来,即调查者鼓励调查对象把自己的信仰、价值观念、行为以及他所生活的社会环境客观地加以描述。

客观陈述法是一种能让被访问者发表意见的方法,一种能使研究者直接接触被访人的信念、价值观或动机一类抽象概念的方法。它常用于了解有关个人、组织、团体的客观事实及访问对象的主观态度。

4. 群体访谈

群体访谈是将若干个访谈对象集中起来,同时进行访谈的方法。其最大的特点是,访谈中不仅是存在着访谈员与被访者之间的社会互动,同时还存在着不同的被访者相互之间的社会互动。群体访谈是一种很有价值的调查方式,能够让研究者围绕他们正在研究的课题,对群体的准则与变迁进行考察。

一场典型的群体访谈需要八至十二人,他们在采访者的引导下,在一个半小时或两个小时之内讨论一个正在被考虑的话题。对互动性的研究来说,规模太小的群体与那种规模大得可能妨碍所有的组内成员参与讨论的群体,在这两者之间需要有一个平衡。这将取决于研究者对环境的控制能力,以及调查的目标和可利用的资源。[①]

(三) 无结构访谈的程序与技巧

1. 访谈的准备

对于无结构式访谈,访谈前的准备工作首先是根据研究目的和理论设想,准备详细的访谈提纲,并将其具体化为一系列访谈问题,同时还要充分准备与调查内容有关的各种知识。

为了访谈的成功,在准备工作中还要对被访人的社区特征有所了解。这里所说的社区特性包括社区人文环境和社会文化特征。

确定适当的访谈对象,并对他们进行初步了解。在访谈对象选定后,就要尽可能充分了解被访问者。

在上面的工作结束后,应当拟定实施访问的程序表,对要做的工作与时间进行安排。

另外,还要准备工具。工具分为两类:一类是普通工具,如纸、笔等;另一类是特殊工具。此外,还应有调查机关所发的公文、介绍信、证件等。

2. 进入访谈

在实地访问之前,有必要与调查对象所属的省(自治区、直辖市)、市、区、乡等政府机关或派出所、街道这样的地方机构取得联系,在获得对方的允许后,才能进行访谈。

"进入访问"是访谈的开始,它是由请求及第一批问题组成,目的是使回答者产生回答问题的动机;做好回答问题的准备。访谈者在接近被访谈者时,首先要进行自我介绍,然后说明来访目的以及为什么要进行此项研究,请求他的支持与合作。此外,还要告诉被访者,他是如何被选出来的,根据具体情况有时告诉他是依据科学方法随机抽样的,无特殊目的,他的回答将给予保密。

3. 访谈的控制

(1) 提问控制

第一,题目转换。刚进入访问时,最好不要马上切入研究主题,而是需要有一些过渡性的题目。如:您的工作真忙,回到家里可以轻松

[①] 迪姆·梅:《社会研究:问题、方法与过程》,第116页。

一下吧?

第二,追问问题。复述问题,被访者支吾或看来并不理解问题时,应复述问题;复述回答,当调查者不能肯定自己理解被访者的回答时,可复述一下被访者的回答;表示理解和关心,访问者可表示自己已听到回答,从而激发回答者继续谈下去;停顿,若认为回答不完全,调查者可停顿不语,表示等待他继续谈完。

第三,提问原则。保持中立态度,尽力避免倾向性,不允许诱导;把握方向及主题焦点,尽量减少题外话,集中注意力讨论重要问题;注意时间上的顺序,特别在研究变迁问题时;以能达意为原则,不要用带有情感的字眼;根据访问对象特点,灵活掌握问题的提法与口气。

(2) 表情与动作控制

在访谈过程中,研究者的表情与动作对访谈的推进起着非常重要的作用,需要研究者根据不同的访谈情况随机应变。比如:访谈到一定阶段跑题了,是不是被调查者倦怠了还是不想配合了,可以通过送水递烟的方式加以缓和;多给予被调查者鼓励(连连点头、匆匆记录);研究者始终保持礼貌、谦虚、诚恳、耐心的表情,避免毫无表情或过于严肃;给予适当回应,谈到挫折、不幸时(同情、惋惜),谈到不平的事(回应义愤的表情),谈到隐私时(做出理解的表情),谈到成就时(表示高兴)等。

4. 结束访谈

结束访谈应掌握两个原则:适可而止,访谈时间不宜过长,一般以1—2小时为宜;要把握住结束谈话的时机。

总之,访问者在访问过程中始终应该:细心细致;不带某种权威的架子;不要采取忠告或训诫式的态度;不要和对方进行议论。以下情况应停止提问:需要帮助对方进行议论,需要解除交谈对象的恐惧不安,等等。

5. 访谈记录

(1) 当场记录

当场记录即边访问边记录,需征得被访者的同意。其优点是资料完整,不带偏见;缺点是可能失去对方的表情、动作所表达的信息。如果被访者许可录音,则既可获得最完整、详细的资料,又可专注谈话。如果被访者不同意录音,则可采用两个访问员同时访问一人,一位访谈一位记录的方式。

(2) 事后记录

事后记录即访问之后靠回忆进行记录。其优点是不破坏调查者与被访者的互动,提高对无记名的相信程度;缺点是由于访问者的个人偏好,其认为不重要的话在凭记忆记录时可能根本消失,失去许多情报。

五、实地研究的特点

(一) 优点

实地研究最大的优点是直观性,通过访谈和观察的方式直接感知客观对象,获得大量的第一手资料;其次是可靠性,实地调查所收集到的资料受人为干扰的因素相比调查研究而言更少一些;最后,实地研究非常适合对研究对象进行深入和持续的考察,灵活性较强,可随时进行并能够随着调查的不断进行而适时调整。

(二) 缺点

实地研究最大的缺点是偶然性,在实地研究中所获得的资料是在特定的时间、地点、条件下收集的,往往带有一定的偶然性;另外,实地研究所获得的资料会随着研究者立场、观点和角度的不同,以及知识结构和水平的不同,而产生一定的偏差。[1]

第三节 文献研究

一、文献与文献研究

所谓文献,指的是包含我们希望加以研究的对象的任何信息形式。根据文献具体形式和来源的不同,我们既可以将其分为个人文献、官方文献及大众传播媒介三大类,也可以把它分为原始文献和二次文献两大类。通常在学术研究中,文献来源有以下几个方面:

(一) 日记、回忆录和自传

这三者都是当事人亲自写的第一手文献。日记对于研究人们的

---

[1] 水延凯等编著:《社会调查教程》,第197页。

思想、感情,理解人们的行为、性格,无疑具有很高的价值。回忆录对于研究过去发生的某一事件或运动以及社会变迁来说,有较高的价值。

(二)信件

信件常常作为一种描述事件或者人们对于某种事物的个人感情的资料。

(三)报刊

这是文献研究中用得较多的资料来源之一。从报刊的版面、封面、标题,直到刊登的文章、消息、报告等等,都可以是人们进行社会研究尤其是采用内容分析方法进行研究时所采用的材料。

(四)官方统计资料

在利用官方统计资料时,应注意两个问题:一是应该对统计资料的内容、对象、范围、特点等都具有清楚明确的认识。二是对于各种统计指标、比率和数字的实际含义、它们的计算方法等应十分清楚,不能含糊。

文献研究是一种通过收集和分析现存的,以文字、数字、符号、画面等信息形式出现的文献资料,来分析和探讨各种社会行为、社会关系及其他社会现象的研究方式。

二、文献研究的类型

(一)内容分析

1. 内容分析的概念

内容分析是20世纪才开始兴起的一种文献研究方法。它通过考察人们所写的文章、书籍、日记、信件,所拍的电影、电视及照片,所创作的歌曲、图画等等,来了解人们的行为、态度和特征,进而了解和说明社会结构及文化变迁。

2. 内容分析的步骤

(1)抽样

内容分析中的抽样通常分为三个主要的阶段,它涉及三个不同性质的总体。首先是名称的抽样,即对什么类型的文献展开内容分析;其次是文献期号的抽样,即从期刊或报纸的所有期号中抽取若干期号,或从电视台所有时段中抽取不同的阶段,或是从所有栏目中抽取不同的栏目等;最后是内容的抽样,即针对文献的什么主题进行研究。

(2) 编码

与编码工作有关的问题有两个,一是要选择编码的单位;二是要制定一份编码单。选择编码单位,即是选择具体的观察和计算单位。要注意把它与研究的分析单位加以区别。编码单是对文献资料进行观察和记录的工具,在某种程度上,它同结构式观察所用的记录单十分相似。

3. 内容分析的实例

例1.全家合影相片中反映的家庭关系

社会学家费希尔对30户美国家庭在1729年到1871年之间的全家合影照片的内容进行了分析。他发现1775年前,都是父亲位于其他家庭成员之上,母亲则坐着,子女在母亲之下,1775年以后,这种暗示着父亲的家长角色和父母高于子女的等级角色的垂直安排,被一种水平安排所取代。

例2.媒介对独生子女报道的内容分析

南京大学风笑天教授在《独生子女:媒介负面形象的建构与实证》一文中,运用内容分析的方法,对网络新闻中有关独生子女的报道进行了内容分析。整个研究步骤如下[1]:

步骤一:

在新浪网"爱问"搜索系统中选择"新闻搜索",关键词为"独生子女",限定搜索时间为1998年7月10日到2008年5月12日。

步骤二:

找到9180篇新闻,筛选后符合要求的新闻有586条,作为分析的样本。

步骤三:对新闻进行编码。

变量一,新闻的标题所体现的对独生子女的评价。取值分为:正面、负面和中性。

变量二,新闻的来源。取值分为:网络和报纸。

变量三,新闻来源媒体的性质。取值分为:主流和一般。

---

[1] 风笑天:《独生子女:媒介负面形象的建构与实证》,《社会学研究》2010年第3期。

变量四,新闻来源媒体的级别。取值分为:国家级和地方级。

分析结果如下(见表 11.2):

表 11.2 样本中转载最多的前 20 篇新闻的题目、转载次数及其对独生子女的评价

序号	新闻标题	转载次数	评价
1	《"80 后"独生子女离婚多》	75	负面
2	《南京节后出现离婚高潮 离婚者中独生子女比例高》	64	负面
3	《养老压力大 "80 后"独生子女夫妇生育意愿提高》	58	中性
4	《独生子女家庭结构是支撑中国房价上涨的重要因素》	53	负面
5	《为蹭饭 独生子女结婚愿与父母做邻居》	52	负面
6	《全国有近 1 亿独生子女 低收入者结婚难度加大》	49	负面
7	《"85 后"独生子女遭就业歧视 不能吃苦成代名词》	41	负面
8	《于丹忧心独生子女素质教育 呼小学增加公益教育》	28	负面
9	《90%小学生诉父母侵隐私 独生子女有攻击性需要》	28	负面
10	《中国 9 成独生子女不做家务 一起动手有多难》	27	负面
11	《高额成本吓退双独生子女夫妇生二胎念头》	26	中性
12	《城市独生子女靠边站》	25	负面
13	《河南部分企业招聘卡"出身" 不要城市独生子女》	24	负面
14	《春节:独生子女婚姻"年检"?》	24	中性
15	《孩子像宠物没学会感恩 新一代独生子女"草莓化"》	23	负面
16	《六成独生子女夫妻不要二胎》	21	中性
17	《企业拒聘"城市独生子女" 就业歧视折射教育缺失》	21	负面
18	《中国第一代独生子女迎来婚恋高峰》	21	中性
19	《双独生子女父母"只生不养"?》	21	负面
20	《独生子女当父母 会生不会养?》	20	负面

4. 内容分析的特点

内容分析的最大优点是省钱又省时,它还允许我们研究在一个长时期中所发生的过程。最后,内容分析是一种非干扰性的研究方法,它不会打扰我们的研究对象,不会对这些研究对象发生影响。

内容分析也有自身的弱点。它只局限于对记录下来的信息进行分析和研究。同时,资料的效度也存在一定的问题。

(二) 二次分析

1. 二次分析的含义

二次分析也称第二手分析,指的是对那些由其他人原先为别的目的收集和分析过的资料所进行的新的分析。这种分析主要有两种类型:一种是从别人为研究某一问题而收集的资料中,分析与该问题所不同的新的问题;另一种类型则是用新的方法和技术去分析别人的资料,以对别人的研究结果进行检验。①

二次分析所用的资料是别的研究者或研究机构通过实地调查所得到的原始数据。由于计算机在社会研究中的普及和应用,社会研究人员分享各种实地调查和统计所得到的大量数据资料成为可能。例如:中国国家调查数据库(Chinese National Survey Data Archive, CNSDA)是受中国国家自然科学基金重点项目资助的、由中国人民大学中国调查与数据中心(National Survey Research Center, NSRC)负责执行的经济与社会数据共享平台。

2. 二次分析的步骤

从理论上说,我们应该总是在取得资料之前就明确要研究什么问题,但在实际中,却往往是先发现一组特别令人感兴趣或特别丰富的数据资料,然后再构想出一个能利用这些资料的研究问题,但一般来说,正常的二次分析应遵循以下步骤:

(1) 选择研究主题

适用于二次分析的主题可以是相当大的,它有时不仅仅只能采用那种在一个国家规模上所得到的数据资料。一旦你提出了某个假设或某个研究问题,就必须思考操作化的方式,因变量和自变量要如何测量。在这一主题与资料的关系上,二次分析往往要求主题去适应资料,而不是相反,这主要是因为数据资料是已定的、无法变动的,研究者只能在处理和分析资料的方法上、技术上动脑筋,而研究主题则是可以随时调整的。

---

① 风笑天:《社会学研究方法》(第三版),第 243 页。

(2) 寻找合适的资料

由于二次分析所用的都是原始调查或统计所得到的数据资料,因此我们应该对这种资料的主要来源有所了解。在西方,各种规模的数据库已陆续建立且日益完善。在国内,数据库建设仍处于起步阶段,但也有一些比较大型的调查其原始数据已逐步开放,一般可通过在线申请的形式下载。除了上文提到的中国国家调查数据库中的数据以外,影响力比较大的还有:中国家庭跟踪调查(CFPS)、中国劳动力动态调查(CLDS)、中国健康与养老追踪调查(CHARLS)等。

对于二次分析来说,明确所寻求的资料十分重要。也许一个研究人员寻找和发现潜在的、具有吸引力的资料来源的最好途径,是去阅读一份相关的研究,通过阅读过去一段时间内的期刊而得到有关大型调查数据资料的情况。当发现一组对你似乎十分有吸引力的数据资料时,你可以仔细阅读论文中对数据内容、收集方法的介绍部分。这些方式,都有助于进行一个好的二次分析研究。

(3) 对资料进行再创造

得到所需要的数据资料后,往往需要对这些资料进行加工才能更好地为自己的研究服务。首先,必须从资料中寻找或重新定义你所要研究的变量;其次,应该仔细研究每一个变量,以及决定如何去利用这些变量为自己的研究主题服务;最后,你也可以只取原始数据样本中的一部分作为分析的对象。总之,二次分析可以重新创造出许多新的资料去适合你的研究。

(4) 分析资料

二次分析的最主要的工作,就是对资料进行重新分析。在这种分析中,各种统计分析方法和技术都同样适用。调查研究往往是研究者根据自己的研究目的去实地收集第一手资料,也可以说他们是"创造"出资料,然后再对这些资料进行分析。而二次分析则是研究者自己不去进行实地的调查,不去"创造"第一手资料,只是根据自己的研究目标在别人"创造"出的各种原始资料堆中去"寻找"合适的资料进行分析,即把别人"创造"好的资料拿来为自己所用。[1]

---

[1] 风笑天:《社会学研究方法》(第四版),第 245 页。

3. 二次分析的特点

二次分析首先具有省时、省钱又省力的优点。它可以使研究人员从复杂辛劳的原始资料收集工作中,以及单调、枯燥的数据登录、输入等工作中解脱出来,以便能集中更多的时间和精力来分析他的资料。二次分析的另一个优点是特别适合于比较研究和趋势研究。比如,我们可以通过对不同的研究者在不同地区分别收集的资料进行二次分析,来对比不同地区的情况;可以把研究者在不同时期对同一问题所做的若干次研究的资料聚集在一起进行二次分析,以便研究事物发展的趋势等。

二次分析的主要缺点在于其资料的准确性或适用性。原始数据不一定正好满足我们的研究主题,可能只有部分变量有所涉及,或者测量的指标并不是我们正好所期望的,这些都会导致二次分析存在一定的局限性。

(三) 对现存统计资料的分析

1. 现存统计资料分析的概念

在社会科学研究中,人们常常运用各种现存的统计资料来进行自己的研究。这种现存的统计资料,既可以为研究提供历史背景资料,又可以成为研究本身的数据和资料的一种来源。后一种情况下,研究就被称作现存统计资料分析。

现存统计资料的分析与第二手分析有一个相似的地方,这就是它们所用的资料都是别人已收集好的。只是第二手分析所用的是原始数据资料,而现存统计资料的研究者则是利用那种以频数、百分比等统计形式出现的汇总资料。毫无疑问,我国最有价值的统计资料是由国家统计局编辑的《中国统计年鉴》,以及诸如《中国社会统计资料》《中国人口统计年鉴》《中国城市统计年鉴》《中国教育统计年鉴》等。

针对现存统计资料分析的认识,通常有三种思想流派:第一种是实在论学派,主要特征是将官方统计当成他们所知的现象的客观反映;第二种是制度主义学派,这一思想学派不同意官方统计是他们所试图描述的社会状况的客观反映,相反他们认为官方统计告诉我们的更多的是一个组织的行为或者其中的个人主义的自由行为,而不是现象本身,即我们所看到的只是冰山一角,绝大部分的行为是看不到的;第三种是激进主义的观点,在赞同官方统计反映的是一个组织的优先权或者它们是自行实践行为的产物的同时,进一步把这些现象放到了关于社会动力的更为宽泛的理论中进行考察。①

2. 现存统计资料分析的步骤

(1) 选择合适的资料

许多研究常常要求大量的汇总资料与之适应。比如,任何涉及全国范围内某种社会现象的趋势研究,都要求这种资料。如果你所研究的问题可能与某种汇总资料相适应,那么,你必须仔细考虑能够用来回答这一问题的统计证据的类型。要从各种统计部门所编制的现存统计资料中,选择最适合你的研究问题、最有代表性的和最有说服力的证据。

(2) 比较与分析资料

由于汇总资料都是基于一定的基础之上建立起来的,所以想进行分解的研究是不可能的。比如,当你发现某一时期的就业率资料时,该资料本身没有进行性别区分,那么你就不可能将这一资料分解成男性就业率和女性就业率。在这种情况下,可以考虑从别的角度进行比较与分析,如以省、市为单位(不同地区的省、市比较,不同经济发展水平省、市的比较),以时间为单位(不同时期的比较)等。总之,我们只能在现有统计资料本身的结构中去比较,在不同的比较中去发现问题。

(3) 说明资料来源

现存统计资料分析中的一个很重要的工作,就是要说明所用的现存统计资料的来源,并使这种资料能够被理解。研究者必须对所用资料的各种注释、总体基础以及测量指标的确切类型等都有明确的认识。不明确这些资料的收集方法、指标含义、总体范围和某些特定的说明,往往不能很好地使用这些资料;而不确切地说明资料的来源、出处,别人就会对你的证据的可靠性和准确性产生疑问。

3. 现存统计资料分析的信度和效度

现存统计资料分析的信度在很大程度上依赖于统计资料本身的质量,即这些统计资料是否精确地报告了它们所要报告的内容,如果统计资料本身不精确,就会造成严重的问题。这通常需要对数据和报

---

① 迪姆·梅:《社会研究:问题、方法与过程》,第76页。

表的性质进行调查和了解,对数据失真的程度做出估计,从而加以修正。

三、文献研究的特点

(一) 文献研究的优点

1. 无反应性

文献研究不会打扰研究对象,也不会对这些研究对象产生影响。由于各种形式的文献研究都不需要直接同人打交道,而只是利用和分析那些业已存在的文字材料、数据资料以及其他形式的信息材料。所以,在整个研究过程中,研究对象不会受到研究者的影响而发生变化。

2. 费用低,省时省钱

尽管进行一项文献研究的费用会根据文献的类型、分布广度、获取方式不同而有所差异,但一般来说,它与进行一项大规模调查、一项严格的实验或一项深入的实地研究所需要的费用相比要少得多。因为它所需要的资料一般通过借阅、复印等形式就可得到。

3. 可以研究那些无法接触的研究对象

文献研究可以对某一历史时期的人和事件进行分析,而调查、实验和实地研究是无法做到的。只要我们能够找到足够多的与这些人或事件相关的文献资料,文献研究能涉及的研究对象就会更为广泛一些。

4. 适用于纵贯分析

由于调查、实验和实地等方法研究的都是现时的情景,因而往往难以用来进行纵贯研究或趋势研究。文献研究则有着其自身的优势。随着时间的流逝,各个不同历史时期的社会现象和社会生活,或多或少总会以各种不同的文献形式记录和描述出来,这些资料可以很好地用来进行纵贯的历时分析。

(二) 文献研究的缺点

1. 文献质量难以保证

无论是个人的日记、信件,还是报纸上的各种报道文章甚至是官方的统计资料,都常常隐含着由个人偏见、作者主观意图以及形成文献过程中的客观限制所形成的各种偏误,从而影响到文献资料的准确性、全面性和客观性,影响文献的质量。

2. 有些资料不易获得

由于许多文献都不是公开和可以随意获得的,因此对于某些特定的社会研究来说,往往很难获得足够的文献资料。

3. 有些资料缺乏标准化的形式,难以分析

有些文献特别是个人文献,由于撰写目的、内容或对象不同,长度、语言等表达形式的不同等等,通常以非标准化的形式出现,这种情况给研究者的编码和分析带来很大的困难。

4. 信度和效度存在一定的问题

研究者对文献资料进行编码的结果是否真的反映了他所希望测量的概念和所希望研究的变量呢?很多时候并非如此。另外,在许多情况下,文献研究中的编码主要依据研究者对文献中的隐性内容所进行的主观鉴别、判断和评价。由于缺乏相对客观的标准,因而这一过程中又常常存在编码的信度问题。

参考文献

[1] 风笑天:《现代社会调查方法》(第四版),华中科技大学出版社 2013 年版。
[2] 巴比:《社会研究方法》(第十一版),邱泽奇译,华夏出版社 2009 年版。
[3] 塞德曼:《质性研究中的访谈:教育与社会科学研究指南》,周海涛译,重庆大学出版社 2010 年版。
[4] 仇立平:《社会研究方法》(第二版),重庆大学出版社 2015 年版。
[5] 陆益龙:《定性社会研究方法》,商务印书馆 2011 年版。
[6] 纽曼:《社会研究方法——定性和定量的取向》(第五版),郝大海译,中国人民大学出版社 2007 年版。
[7] 丹尼·L.乔金森:《参与观察法:关于人类研究的一种方法》,张小山、龙筱红译,重庆大学出版社 2015 年版。

思考题

1. 如何理解概率抽样中的随机性原则?
2. 社会现象的测量与自然现象的测量的联系与区别。
3. 结合实际情况说明自填问卷法和结构访问法各有什么特点。
4. 实地研究中参与式观察与非参与式观察的主要区别是什么?
5. 文献研究区别于其他几种研究方式的本质特征是什么?

后 记

"社会原理"是中南财经政法大学为进一步推进学校通识教育、提升学生人文社会知识素养,结合学校经济学、法学、管理学等学科特色而新开设的一门课程。在2016年的培养方案中,这一课程被列为学校本科通识教育体系中社会科学类的核心课程之一。中南财经政法大学是一所以经、法、管等应用性社会科学为主干学科和特色学科的大学,开设这门课程旨在向学生传授有关社会的基本知识,为学生的专业学习奠定共"通"的知识基础,并以此彰显本科人才培养的"融通性"特色。

参与编写本书的主要是中南财经政法大学哲学院社会学专业的教师。但作为一部通识教材,本书主要介绍"社会"的各方面基本知识,而不凸显社会学的专业理论,因此,本书是可供各专业学生使用的教科书。

本书是由主编进行顶层设计、执行主编组织实施、专业教师分工撰写而共同完成的。撰写分工如下:谭明方负责第一章;李薇负责第二章;周冬霞负责第三章;雷茜、郭俊霞负责第四章;陈薇负责第五章;陈薇、郭俊霞负责第六章;罗雪飞负责第七章;徐鹏负责第八章;高飞负责第九章;熊波、陈薇负责第十章;熊波负责第十一章。

在本书编写过程中,我们查阅参考了国内外著名高校相关通识课程的教材大纲。在确定本书大纲、内容特色和写作风格等问题时,我们汲取了清华大学社会学系沈原教授、华中科技大学社会学院雷洪教授、华中师范大学社会学院江立华教授给予的中肯意见和宝贵建议。在此对上述专家致以诚挚谢意。

由于客观条件和我们水平的限制,本书尚存在种种不足,敬请学界同仁及广大读者予以指正。

谭明方

2016 年 6 月 27 日